KB156201

知의 형성과 변용의 사상사

소라이학, 반소라이학, 그리고 조선유학

知의 형성과 변용의 사상사

소라이학, 반소라이학, 그리고 조선유학

이 기 원

景仁文化社

　나는 어느 사상가의 텍스트를 읽고 그것을 통해 그 사상을 재구성적으로 복원하는 방법을 될 수 있는 한 피하려고 했다. 그것보다는 해당 언설이 사회 문화 속으로 퍼져가는 메카니즘이나 그 사회에 미친 영향력, 혹은 그 사상을 사회에 보급시켜가는 전략적 방법, 그러한 사상에 입각하여 저술, 간행한 책을 독서하는 사람들 등 이른바 사회 문화안에서 살아서 기능해가는 '사상'을 보려고 했다. 문화공동체 안에서 살아가는 다양한 사람들이 '사상사'라는 장에서 벌이는 지적 격투를 입체적으로 그려보고 싶었던 것이다.

　문화는 활물이며 사상도 또 활물이다. 즉 생명체가 태어나 성장발육하면서 드디어 죽음을 맞이하는 생물처럼 문화나 사상도 태어나고 성장발육하고 끝내는 퇴화해간다. 극한에 달해서는 사라지는 경우도 있다면 다른 문화에 기생하면서 새로운 문화와 사상을 만들어 내기도 한다. 수용된 문화와 사상은 새로운 땅으로 전해지면서 변용되며 혹은 융합하면서 발전해 간다. 예를 들어 조선에 수용된 유교는 서당이나 서원, 성균관 등의 교육기관을 통해 자생력을 확보하고 과거제도를 통해 유교적 이념은 사회 전체로 전파되어 갔다. 그러한 과정에서 유교적으로 생각하고 유교적으로 행동하며 유교적으로 판단하는 이른바 '유교적 인간'이 탄생한다. 일본에 수용된 유교도

가쿠몬주쿠(学問熟)나 번교(藩校), 쇼헤이코 등을 통해 유교적 세계관을 형성하여 유교적 인간을 만들어 냈다. 이처럼 문화와 사상은 수용, 전파의 과정에서 토착문화와 융합하기도 하고 변용되면서 그 사회 문화로 침투해 가며 뿌리를 내린다.

본서는 이러한 사상과 문화의 사회내적 의미를 탐구하는 것의 가능성이 들어있다. 중국에서 태어난 유학이 조선에 수용되고 조선의 유학이 다시 일본에 수용된다. 이와는 반대로 일본의 유학이 조선이나 중국으로 다시 흘러 들어가는 경우도 있다. 문화와 사상은 상호 교류하면서 하나의 담론을 형성하기 마련이다. 동아시아를 무대로 서로 갈등하면서 변천하고 발전해 가는 사상의 다이나믹한 모습과 그곳에서 살고 있는 인간의 생생한 모습을 찾아보는 것이 본서의 기획의도이다. 또한 본서는 동아시아 사상사 구축의 가능성을 전망하고 있다. 그 일환으로 일본사상사를 대륙문화의 수용사라는 측면에서 보는 시선에서 이탈하여 동아시아 사상사와 연동하면서 형성되는 일본사상사의 모습을 그리고 있다.

본서는 두 가지 방향에서 구성되어 있다. 하나는 경서해석의 사상사, 또 하나는 경서 주석을 통해 정립되는 유학적 인간의 존재 문제이다. 이 문제를 소라이 이후의 반소라이학의 등장과의 관련성 안에서, 나아가서는 조선의 학문 사상과의 관련성 안에서 찾고 있다. 유학이란 성인의 언어인 경서를 정확하게 읽고 그 가르침에 따라 사회에서 실천하는 학문이다. 유학사에서 많은 주소석서가 존재하는 것은 이러한 이유가 있다. 주자학이 탄생한 이래로 동아시아에서는 사서중심의 주자학이 보편학으로 인식되어왔다. 그러나 일본 근세인 18세기의 고문사학의 출현은 주자학적 경서주석방법을 해체하는 이른바 경서해석의 재구축이 시작된 것을 의미한다.

그렇다면 고문사학은 새로운 학문의 재구축을 통해 무엇을 열고 무엇을 전망한 것일까? 또한 소라이의 이러한 고문사학에 강하게 반발한 반소라이학은 소라이의 고문사학의 무엇을 어떻게 극복하려 했는가? 그 결과로서 출현하는 절충학이나 문헌고증학은 어떻게 하여 태어나 전개되어 간 것일까? 나아가 경서해석에 입각해서 정립되는 인간론의 문제가 있다. 소라이가 개척하고 슌다이로 계승되는 인간론과 반소라이학의 인간이해가 정면에서 충돌하는 현장을 확인하고 그 이유나 결과를 해명하며 그것을 통해 소라이 학적 인간관이 일본사상사에서 갖는 의미도 새롭게 전망하고 있다. 이러한 작업을 통해 일본 근세의 학문과 사상의 세계를 생생하게 그릴 수 있다고 생각했다. 일본의 근세를 살았던 인간에게 있어서 학문과 사상이란 무엇이 었는가를 새롭게 볼 수 있는 시점을 설정해보고 싶었던 것이다.

한편으로는 근세 일본의 내부에서 형성된 소라이학상을 다른 동아시아의 문화권 내부에서 생각하는 작업이 본서가 갖는 또 다른 특징이다. 이 문제를 주로 조선의 학문과 사상의 측면에서 다루고 있다. 조선의 유학자는 일본의 유학자와 필담을 통해 교류했다. 그렇다면 그들의 눈에는 일본 지식인의 학문이나 사상이 어떻게 비춰졌을까? 물론 주자학을 보편학이라 간주하는 조선의 지식인에게 반주자학을 표방하는 이토 진사이나 오규 소라이 및 그 문인들이 이단으로 보였던 것은 당연할 것이다. 그러나 그럼에도 조선의 지식인들은 일본 유학자의 저작을 가지고 와서 읽는다. 그 과정에서 이단이라 간주되는 학문과 사상에 흥미를 갖는 조선 유자도 나타났다. 이 문제를 조선실학의 대성자 정약용을 통해 검토하고 있다. 즉 조선 유학 세계의 내부에서 논의되는 일본의 학문과 사상에 대한 평가이다. 조선의 유자들은 근세 일본에서 탄생한 이단으로 간주한 유자의 저작을 통해 무엇을 발견한 것일까? 그것은 소라이학이 조선사회에서 생장하기 시작하는 그 순간을 파악하려는 것이다. 사상이나 학문이 활물로서 부활하는 모습이기도 하다. 경서 텍스트는 조선에서도 일본에서도 공유되었으며 그 텍스트의 읽기(해석)를 둘러싸고 상호간 대화와 갈등이 보인다. 사상 전개의 다이나믹함을 그리는 시도이다.

본서는 교토대학에 제출한 박사학위논문을 바탕으로 하고 있는데 교토대학에서 출판 조성금(京都大学総長裁量経費 若手研究者出版助成事業)을 지원받아 2011년 일본 페리칸사에서 『徂徠学と朝鮮儒学—春台から丁若鏞まで』라는 제명으로 먼저 출판한 것을 수정 보완하여 간행하게 되었다. 학문 후속세대에 대해 아낌없는 지원을 해준 교토대학에 감사를 전한다.

내가 교토대학에서 유학할 수 있었던 것은 쓰지모토 마사시(辻本雅史) 선생님 덕분이다. 유학하면서 가장 큰 어려움은 어떠한 방법론으로 연구할 것인가에 있었다. 동아시아를 필드로 사상과 문화가 서로 연동하면서 교착, 계승, 유포, 변용, 전달되어가는 다이나믹한 지(知)에 대한 상을 그릴 수 있었던 것도 쓰지모토 선생님의 덕분이다. 또한 고마고메 다케시(駒込武) 선생님께도 감사드린다. 고마고메 선생님 역시 동아시아를 아우르는 시점으로 각 국과의 연동안에서 사상사를 정립한다. 근대에 시점을 두고 있으면서도 전근대 사상과의 연속, 불연속, 혹은 계승이나 변용 등의 문제도 다루기 때문에 근대의 시선으로 전근대 사상사를 볼 수 있는 시점을 배울 수 있었다.

유학하는 동안에 많은 분들에게 신세를 졌다. 사와이 케이이치 선생님, 이노우에 아츠시 선생님, 나카무라 슌사쿠 선생님, 우노타 쇼야 선생님은 연구회에서, 또는 학회에서 제 발표에 대해 조언을 아낌없이 해 주신 분들이다. 여러 선생님들의 조언을 들으면서 자신의 연구의 문제점들을 새롭게 생각할 수 있게 되었다.

일본사상사를 연구하게 된 것은 은사이신 이광래 선생님의 지도가 있었기 때문이다. 그 당시에는 일본사상사라는 학문의 영역이 시작단계에 있었다. 한국에서 일본사상사 연구의 역사도 그리 오래되지 않았던 시기였다. 동아시아 사상사를 새로운 관점으로 재해석하면서 미래의 사상사 연구에 대한 방향성에 대해 아낌없이 조언해주신 선생님께 감사한 마음뿐이다.

교토대학과 후지제록스 고바야시 세츠타로 기념기금, 일본문부과학성으로부터도 많은 지원을 받았다. 깊은 감사의 말씀을 전한다. 또한 교토대학 교육학연구과 연구실 동학들에게도 감사를 전하고 싶다. 동학들의 도움이 없었다면 학업을 무사히 마칠 수 없었을 것이다. 출판사정이 어려운 점을 감안하면 출판을 흔쾌히 허락해준 경인문화사에 깊은 감사를 드린다.

서생을 업으로 삼아 살아가는 사람의 가족으로 산다는 것은 어쩌면 참기 어려운 고통의 시간일지도 모른다. 사랑하는 가족에게 감사한 마음뿐이다. 그리고 이 모든 만남을 준비해주신 하나님께 감사를 드린다.

진리가 우리를 자유케 하리라.

2013년 2월 14일 이기원

목차

지의 전달 매체로서의 경서

『설문해자』에 의하면 경(經)은 베틀에 거는 날줄이라 하여 천을 짤 때 기준으로 삼는데 이것은 경이 항상 제자리에 있는 줄, 즉 변하지 않기 때문이다. 경에 항상, 상도, 상법, 혹은 법, 준칙, 강기, 강령 등의 의미가 있는 것도 변하지 않는다는 인식의 반영이다. 유학의 경서는 시공을 초월하여 우리 정신의 '보편'을 내장하고 있다고 인식되어 왔다. 경학이라 하면 경서에 관한 창조적 해석에 기초한 주석을 중심으로 한 2천년 이상에 걸쳐 이루어진 지적 영위를 말한다.[1]

경서는 시대의 변천과 함께 자구의 해석에 변화가 불가피해졌다. 전한 말기부터 출현하기 시작하는 위서, 유흠이 배포한 것으로 알려진 고문경전의 출현 등으로 인해 경서에 대한 정확한 고증이 필요해졌는데 금문과 고문 논쟁이 그것이다. 문자나 텍스트 해석의 상이함, 의거하는 경전의, 사상의 차이 등에 의한 대립, 항쟁 등이 발생한 것이다. 수 당대에 『오경정의』의 간행

---

1 溝口雄三, 『中國思想文化事典』, 東京大學出版會, 2001, 참조.

이나 송 대의 12경에 대한 소의 간행, 왕안석이 과거개혁을 위해 편찬한『삼경신의(三經新義)』(『주례』·『서경』·『시경』), 『13경주소』의 간행, 주희에 의한『사서집주』의 간행 등은 모두가 경서의 원의를 정확히 고증하기 위한 것들이다. 청대에 발달하는 교감학, 목록학, 서지학 등의 문헌학과 이에 연동하여 생겨나는 언어음운, 제자학, 금석학 등의 출현도 역시 경학과 함께 발달한 학문들이다. 육경학이나 사서학의 논쟁 역시 그러하다.

이러한 사실들은 결국 유학에서 경서의 역할과 위치를 확연히 알 수 있게 해준다. 유학이라는 학문이 경서를 읽는 것에서 시작하여 경서를 읽고 해석하는 것으로 마치는 이유도 전술한 것처럼 보편적 진리인 성인의 언어가 문자화된 것이 바로 경서라고 믿었기 때문이다. 일점일획도 고칠 수 없는 바이블로서의 경서, 따라서 성인의 언어를 그대로 자기화 또는 신체화하면 되는 것이다. 이것은 곧 성인과의 일체화 혹은 성인의 내재화라고도 할 수 있다.

유학의 공부법에 독강(獨講)이라는 학습 단계가 있다.[2] 독강은 유학의 경서를 암송하기 위한 읽기 과정이다. 이때의 독서는 입만 사용하는 것이 아니라 신체를 동반한 독서이다. 다시 말하면 상체를 좌우 앞뒤로 흔들며 소리내면서 일정한 리듬에 맞춰 읽는 신체를 사용한 독서 행위이다. 그렇다면 여기서 서책을 전부 독강하는 이유는 어디에 있는가의 문제가 발생한다. 서책을 아무런 이유없이 소리내어 읽고 암송해야 하는 독강은 어떤 면에서는 독서의 즐거움을 느끼지도 못하게 만드는 지루하고 강제적인 독서일 수도 있다.

조선시대의 서당이나 서원, 일본의 데나라이주쿠(手習塾), 번교(藩校)나 가쿠몬주쿠(學問塾) 등에서는 서책을 읽는 '읽기 교육'이 주를 이루었는데 그 이유도 여기서 찾을 수 있다. 거기에는 이른바 "반복읽기로 숙달되고 체달되

---

2 조선시대에는 강독이나 독강(獨講)이라 했는데 이것은 문장의 의미를 체득할 때까지 자기 혼자서 읽는 것을 말한다. 일본에서는 소독(素讀)이라는 용어를 사용한다.

는 규율, 즉 훈련적인 신체적 이해의 방법"이 독강이라는 학습의 배후에 도사리고 있다.[3] 독강은 "말의 울림과 리듬을 반복적으로 암송하는 조작을 통해 일상적 언어와는 차원을 달리하는 정신의 언어"(성인의 언어)의 형식을 주입시키는 학습 과정이다. 비록 의미를 이해하지 못하더라도 "문장의 울림과 리듬의 패턴은 거의 생리적으로 체득"된다.[4] 독강은 신체적 규율, 훈련을 통해 지역이나 출신 성분의 차이를 넘어 '지적 연대감'을 형성하게 한다는 것이다. 이러한 '지적 연대감'은 베네딕트 앤더슨이 지적하는 '민족(또는 국민)의식'의 형성으로 이어진다.[5]

이처럼 민족 또는 국민의식이 독강 과정을 통해 형성된다고 한다면 어떤 텍스트에 의해 즉 어떤 주석본에 의해 경서를 독해하는가가 또한 중요한 문제가 될 것이다. 여기에는 동아시아 각 문화권의 사회 문화, 정치, 경제적 상황과 맞물려 경서이해가 서로 달라지기 때문에 각 문화권의 독자적인 경서해석에 의한 '국민의식'이 형성될 것이다. 그렇기 때문에 경서의 이해, 해석이 중요해 질 수 밖에 없다. 해석자에 따라 의미와 해석이 달라지기 때문이다.

경서 해석의 문제는 단순하게 텍스트의 해석의 차이로 끝나지 않는다. 거기에는 공맹의 정맥이 누구인가, 이른바 '도통'의 문제가 도사리고 있다. 맹자와 고자의 논쟁이나 양묵 비판, 정주학과 양명학과의 논쟁 등은 모두가 유학에서 무엇이 정통이고 이단인가를 가르기 위한 싸움이다. 공자의 충실한 계승을 정학(正學)이나 성학(聖學)이라 규정하고 그 반대의 경우를 사설(邪說), 이교(異敎), 이학(異學), 사학(邪學) 등으로 규정하는 것이 그러하다. 유

---

3 中村春作, 『江戸儒教と近代の「知」』, ぺりかん社, 2002, 107쪽(한국어 역으로는 김선희 옮김, 『에도유교와 근대의 지』, 선인, 2010)

4 마에다 아이 지음·유은경, 이원희옮김, 『근대 독자의 성립』, 이룸, 2003, 174쪽.

5 베네딕트 앤더슨지음·윤형숙역, 『상상의 공동체』, 나남, 2002, 참조. 나카무라 순사쿠는 독서의 문제를 베네딕트가 지적하는 국민의식 형성과 연관지어 설명하고 있다.(中村春作, 위의 책, 111쪽)

학에서 정통과 이단의 구분은 학문적 헤게모니 싸움에서 끝나는 것이 아니라 정치적 헤게모니를 다투는 것으로까지 발전한다. 예를 들어 조선 시대 주자학의 경서 해석에 문제를 제기한 남인의 윤휴가 주자학자인 송시열 등에게 사문난적(斯文亂賊)으로 몰려 죽임을 당한 것이 그러하다.

여기서 잠시 유학의 도통 확립과정을 보자. 한유는 요-순-우-탕-문-무-주공으로 계승되는 유학의 도통의 계보를 확정했다.[6] 이어 그는 "맹가는 자사를 스승으로 섬겼는데 자사의 학문은 대개 증자에서 나온다. 공자가 죽은 뒤에 여러 제자들이 책을 쓰지 않은 것은 아니지만 유독 맹가씨의 해석이 그 종을 얻었다."(『韓昌黎文集校注』권20)라고 하여 공자-증자-자사-맹자로 이어지는 도통론을 완성한다. 한유가 유가의 도통 확립에 힘을 쏟은 것은 급속히 세력을 확장해가는 불교에 의한 사회 문화의 풍속이 무너지고 국가의 기강이 흔들리는 것을 막기 위한 자구책이었다. 이어 남송의 주희는 『중용장구』 서문에서 도통은 공자-안자-증자-자사-맹자를 거쳐 이정(정호와 정자)형제에게 전해졌다고 하면서 도통의 맨 마지막에 자신을 위치시켰다. 주희는 유가의 도통을 확정하고는 『예기』의 한 편명에 지나지 않았던 「대학」과 「중용」을 따로 독립시키고 『논어』, 『맹자』와 함께 사서(四書)라는 이름으로 묶어 도통을 전수하는 경전체계를 확정했다. 여기에 활성화되기 시작한 출판문화를 이용하여 유통시키는 것으로 주자학이라는 학문이 정통학으로 군림할 수 있었다. 주자학은 도교와 불교에 반대하여 이기론을 바탕으로 한 우주론이나 심성론의 입장에서 경서를 해석하는 새로운 해석을 시도했는데 이것은 선진유가에서는 볼 수 없는 해석이다. 이러한 주자학의 경서 해석이

---

6 『韓昌黎文集校注』권11, 「原道」. "요는 도를 순에게 전했고 순을 이것을 우에게 전했으며 우는 이것을 탕에게 전했고 탕은 이것을 문, 무, 주공에게 전했으며 문, 무, 주공은 이것을 공자에게 전했고 공자는 이것을 맹가에게 전했다. 맹가가 죽은 후에는 도가 전해지지 않았다."

결과적으로 주자학이 유가의 도통의 맥을 잇고 있는 정통학이 될 수 있었던 배경이다.

그런데 따지고 보면 주희의 경서 해석, 예를 들어 『대학』의 격물에 대한 자신의 견해를 서술하면서 '격물보전장'을 마련하여 방법론화 한다거나 『대학』의 3강령인 친민(親民)을 신민(新民)으로 해석하고 신(身)을 심(心)으로 해석하는 것 등은 앞에서 지적한 것처럼 주희의 자의적인 경서해석에 지나지 않는다. 이러한 주자학의 경서해석에 반감을 가진 양명학은 심즉리를 바탕으로 하여 지행합일과 치양지로 발전해 갔다. 양명학이 『고본대학』을 중심으로 경서의 해석을 시도한 것도 주자학과는 다른 경서 해석인 것이다.

조선과 일본에 수용된 유학은 중국의 유학을 받아들이면서도 중국과는 다른 유학적 특징을 보여주는데 이것은 조선이나 일본이 중국과는 다른 문화적 전통위에 성립되었기 때문이다. 비록 조선의 경서 해석이 주자학을 있는 그대로 복원하는 것에 치중했다고는 하지만 그러한 해석을 가능하게 만든 것은 조선의 사회 문화, 경제나 정치 체제 등의 상황이었다. 하야시 라잔(林羅山, 1583~1657)이 주자학의 리를 상하 정분의 도리로 해석하여 리의 주재성이나 형이상학적 의미를 퇴색시킨 것도 일본의 특수한 상황아래서 나온 해석이다.

이처럼 유학의 경서는 각 문화권의 고유한 문화와 정치, 경제 체제에 맞게 다양히 변용되면서 새로운 해석과 의미를 획득하여 독자적인 지(知)를 형성해 왔다. 그렇기 때문에 동일한 텍스트라도 독자의 입장에 따라 이해에 차이가 발생하듯이 각 문화권의 문화나 정치, 경제적 상황에 따라 달리 이해될 수 밖에 없다.

이렇게 보면 각 문화권에서 형성되는 유학지의 문제를 검토할 필요성에 직면하게 된다. 어떤 텍스트에 의해 유학이 보급되는가의 문제이다. 이처럼 절대 불변의 진리, 성인의 언어로 이루어진 경서의 해석을 둘러싸고 수많은 주석본이 등장한다. 그러한 주석본은 유학의 사회 문화사 안으로의 내재화 과정으로 이해할 수 있으며 그 자체를 하나의 완성된 지로 규정할 수 있다. 이렇게 보면 유학의 경서를 해석하는 유학자의 사회내적 의미도 검토되어야 한다. 예를 들어 정약용의 실학적 방법에 의한 유학지, 오규 소라이(荻生徂徠, 1666~1728)의 고문사학적 해석방법에 의한 유학지, 주자학적 경서해석 방법에 의한 유학지 등은 이질적이다. 정약용은 육경과 사서를 종합한 유학지이며 소라이의 고문사학은 육경중심의 유학지, 주자학은 사서중심의 유학지이다. 여기에는 육경학과 사서학에 의한 지의 차이가 존재하게 된다. 여기서 서로 다른 지를 학습하는 학습자의 존재 문제가 드러나게 된다. 본서는 이러한 문제를 염두에 두면서 동아시아 사상사를 시야에 넣고 한·일간 유학자들 사이에서 벌어지는 경서 해석과 이를 바탕으로 해석되는 '인간'의 문제를 다루고 있다.

「일국사상사」를 극복한다.

에도시대의 일본사상사는 소라이학(徂徠學)을 중심으로 전개되었다는 것이 일반적이다. 소라이학의 출현 이전과 이후의 학문과 사상의 세계에는 분명한 전환이 보인다. 마루야마처럼 "주자학적 사유방법의 전면적 붕괴"를 소라이학에서 찾지 않아도 소라이학은 경서의 '치밀한' 해석에 의해 구성되는 경학과 이것을 기반으로 해서 만들어지는 '사상'의 '체계적 유학'을 구축한 유학자였다는 것은 틀림없는 사실이다.[7] 소라이학을 학문과 사상의 분수령으로 보는 것도 이러한 이유가 있기 때문이다. 쓰지모토 마사시(辻本雅史)

---

7 黑住眞, 『近世日本社會と儒敎』, ぺりかん社, 2003, 참조.

는 '소라이 이후'의 소라이학과 반소라이학의 사상 구도에서 소라이학은 "절충학이 융성해가는 토양"을 만들고 "막번제의 정치적 세계에 유학이 정치개혁을 주도해 가는 이념이 되는 상황을 창출하는 전제"가 되었다고 한다.[8] '소라이 이후'의 사상계는 소라이학의 계승자나 반소라이학자 모두에게 소라이학의 유산을 흡수하는 것에 전력하는 소라이 이후의 사상사의 상이 존재한다.

그러나 소라이학은 일본사상사의 내부에서뿐만이 아니라 일본사상사의 외부에서도 사상적으로 논의되어 왔다. 소라이의 『논어징(論語徵)』·『변도(辨道)』·『변명(辨名)』, 소라이 제자인 다자이 슌다이(太宰春台, 1680~1747)의 『논어고훈외전(論語古訓外傳)』 등의 저서가 중국과 조선에 전해진 것이 그러하다. 조선의 경우 그것을 가능하게 만든 것은 문화의 운반체라고도 할 수 있는 조선통신사였다. 통신사는 조선의 문화와 학문을 일본에 실어 나르고 일본의 문화와 학문을 조선에 전하는 역할을 맡았다.

후마 스스무(夫馬進)에 의하면 1748년의 조선통신사 일행이 일본의 유자들과 필담하고는 일본의 진사이학(仁齋學)이나 소라이학(徂徠學)이 주자학을 비방한다는 점을 논쟁했다는 사실과, 슌다이의 문인 마츠자키 칸카이(松崎觀海)와의 필담으로 소라이와 슌다이의 학문을 소개한 점을 들어 조선통신사 일행이 청대 학술동향의 변화를 모른채 청의 고증학과 유사한 소라이학의 고문사학적 경학의 방법론에 접하게 되었다고 했다.[9] 물론 조선의 문인들

---

8 辻本雅史, 『近世教育思想史の研究-日本における「公教育」思想の源流-』, 思文閣出版, 1990, 74쪽.

9 후마 스스무는 조선에서는 중국에 사신들이 자주 왕래하여 대량의 물자가 이동하지만 청조의 학술은 극히 제한된 정보밖에는 들어오지 않는다고 단언한다. 그 한 예로 1719년의 통신사로 일본에 간 신유한은 교토의 서상에서 조선은 중국과 왕래하기 때문에 현재 중국 지식인들 중에 누가 가장 걸출한가라는 질문을 받고는 사실은 사절은 왕래하지만 청조인과는 교제하지 않기 때문에 학문의 동향에 대해서는 잘 모른다고

이 소라이학의 실체를 접하게 되는 것은 이보다 훨씬 앞인 1711년 통신사때부터이다. 조선통신사와 일본의 유학자 사이에서 벌어진 논쟁은 주자학적 입장에 서 있는 조선통신사의 '윤리도덕'과 그 주자학적 '윤리도덕'을 비판하는 일본 유학자의 학문적 대립이었다. 그러한 대립은 결국 '경서해석방법'에 관한 논쟁으로 볼 수가 있을 것이다. 그리고 조선통신사는 주자학을 '보편'이라 생각하는 조선유학을, 이제는 더 이상 '선진학문'이나 '선진문화'라 여기지 않는 일본 학술계의 동향도 느꼈을 것이다.

한편 중국의 경우도 소라이의 『논어징』·『대학해(大學解)』·『중용해(中庸解)』가 수입되어 읽혀졌다. 예를 들어 청대 오영(吳英)의 저작인 『죽석재경구설(竹石齋經句說)』은 『논어징』을 8개소, 오자기(狄子奇)의 『논어질의(論語質疑)』에는 『논어징』 13개소의 인용이 보인다. 또한 청대 논어학의 대표작으로 평가되는 유보남(劉宝楠)의 『논어정의(論語正義)』에도 『논어징』의 인용이 있다. 1836년 철영(錢泳)은 소라이의 『변도』와 『변명』을 합본하고 여기에 「일본소라이선생소전(日本徂徠先生小傳)」을 더하여 『해외신서(海外新書)』라는 이름으로 출판한다.[10] 본서는 이러한 소라이 이후의 소라이학의 전개를 동아시아 사상사를 축으로 생각하는 시점에 서 있다.

한국에서의 소라이학 연구

먼저 한국에서 일본사상사 및 소라이학 연구의 동향을 살펴보자. 한국

답했다고 한다. 이 내용은 일본측 사료인 『桑韓塤篪集』 권10에 실려 있다.(夫馬進, 「朝鮮通信使による日本古學の認識」—朝鮮燕行使による淸朝漢學の把握を視野に入れ一」, 『思想』 981호, 2006, 25~26쪽)

10 王家驊, 『日中儒學の比較』, 六興出版, 1988, 232~233쪽.

의 경우는 소라이의 사상 그 자체에 관한 연구보다는 대부분이 비교사상이라는 시좌에서 연구가 이루어졌다. 그러한 연구는 조선실학과 청의 고증학, 일본의 고학을 비교대상으로 삼아 조선 실학의 특질을 밝히려는 의도에서 이루어졌다.[11] 그 중에서도 특히『논어고금주(論語古今注)』에서 소라이와 슌다이의『논어』주석을 다량 인용하고 있는 정약용이 비교사상의 중심에서 다루어 졌다. 이러한 연구들은 대체적으로 세 가지 유형으로 나눌 수 있는데 첫째 정약용과 소라이의 사상적 '유사성'과 '상위성'을 확인하고는 정약용의 사상사적 특징을 강조하거나, 둘째 정약용이 중국뿐만이 아니라 일본 유학자의 학설까지 폭넓게 수용한 점을 높이 평가하여『논어고금주』를『논어』주석사에서 '집대성적 작품'이라는 점을 강조하는 경우, 세째 정약용이 조선 실학을 확립하는 과정에서 정약용의 실학적 사유가 주자의 도학적 사유와 구별되는 점을 더욱 선명하게 부각시키기 위해 오규 소라이와의 비교 이해가 도움이 된다는 경우가 그것이다.

그렇다면 정약용이 소라이학을 접하여 거기서 어떠한 사상적 변동이 일어났는가, 정약용의 사상체계 안에서 소라이학의 위치나 역할 등 왜 소라이

---

11 하우봉은 일본의 고학파가 조선후기 실학파와 사상적 유사성을 띠고 있는 점에 착목하여 소라이와 정약용의 사상사적 상호 관련성을 검토했다. 이것을 통하여 정약용과 소라이의 사상적'유사성'과 '상위성'을 확인하고는 정약용의 사상사적 특징을 강조한다.(하우봉,「다산 정약용의 일본유학연구」,『한국문화』9, 서울대출판부, 1988,「정약용과 오규소라이의 경학사상비교연구」,『다산학』3호, 2002년,『조선후기 실학자의 일본관연구』, 일지사, 1989, 참조. 김언종은 정약용이『논어고금주』에서 일본 고학파의 학설을 수용한 것을 검토했다. 김언종은 정약용이 중국뿐만이 아니라 일본 유자의 학설까지 폭넓게 수용한 점을 높이 평가하여『논어고금주』를『논어』주석사에서 '집대성적 작품'이라는 점을 강조한다. (김언종,「다산『논어 고금주』에 수용된 훤원학파 논어설」,『다산학』3호, 2002). 정약용과 소라이의 경서를 주된 비교 대상으로 한 연구로서는 금장태가 있다. (『도와 덕 – 다산과 오규소라이의『중용』『대학』해석』, 이끌리오, 2004) 본 서는 정약용과 소라이의『대학』과『중용』이해가 주된 검토의 대상이 되고 있다. 이 외에도 최근 주로 소라이의『논어징』을 주된 소재로 하여 소라이의 사상을 정면에서 다루려는 시도가 이루어지고 있다는 점도 주목된다.

학이 필요했는가와 같은 물음에 대한 답을 찾는 것이 이후 연구의 방향이 될 것이다. 즉 조선사상사의 문맥에서 정약용이 일본 유학의 그리고 소라이 학에 주목한 이유를 찾는 것이 필요하다.

확실히 조선통신사는 일본에 '학문'과 '문화'를 전하는 '문화운반체'의 역할을 했다. 그러나 그렇다고 하여 일본의 학문계가 반드시 조선을 문화의 선진국으로만 간주하지는 않았다는 견해도 존재한다. 적어도 소라이학이 유행하는 18세기에 오게 되면 일본의 지식인들은 조선통신사와의 필담에서 일본 유학의 정보와 학문의 수준 높음을 강조하면서 그것을 전달하려 애를 썼다. 그러한 인식의 뒤편에는 주자학을 존중하는 조선유학을 낮춰보려는 태도가 있었던 것이다. 결국 조선통신사들과 일본의 지식인들과의 필담, 특히 소라이학 문인들과 행해진 필담에 주목할 필요가 있다. 그 필담에서 오고간 내용을 통해 조선 지식인들과 소라이 문인들이 서있는 서로 다른 사상의 지평을 알 수 있을 것이다. 이처럼 사상의 교차를 보는 것도 조선 지식인들의 유학에 대한 인식의 단면을, 혹은 이미지를 볼 수 있다는 점에서도 필요한 것이다.

일본에서의 소라이학 연구

마루야마 마사오는 서양 근대 사상의 발전과정에 일본의 역사 발전 과정을 대입시켜 이른바 근대화의 내재적 준비를 소라이학에서 찾았다.[12] 소라

---

12 예를 들어 마루야마는 소라이의 『태평책』을 마키아벨리의 『군주론』에 비견하면서 소라이학의 반주자학적 특징을 유럽 중세말의 보편논쟁이나 종교개혁과 근대 초기의 자연과학적 혁명에 이르는 과정과 유사성을 지적하기도 했다. 丸山眞男, 『日本政治思想史硏究』, 東京大學出版會, 1952, 82쪽, 185~186쪽.

이학의 '정치의 발견'이나 '유학의 내재화', '제도작위론'을 근대화의 요소라 간주한 마루야마는 소라이학에 봉건적 사유 양식을 해체하고 근대적 사유의 성장이 설정되어 있다고 간주했다.[13] 그러나 이 마루야마의 논리에 따르는 한 보력기(宝曆期)에서 천명(天明)·관정기(寬政期)의 18세기 후반기에 걸쳐 전국적으로 유학교육의 폭발적 보급, 예를 들면 "번교의 증가에 따르는 무사 교육의 일반화, 민중의 교화활동의 활발화, 데나라이주쿠의 광범위한 보급과 침투, 사숙의 증가와 다양화등 전사회적인 교육과 학습의 고양"등을 어떻게 볼 수 있을지, 이 물음에 대한 답을 찾을 수 없다.[14]

이러한 문제점을 안고 있음에도 불구하고 마루야마의 소라이상은 소라이학 연구에서 커다란 영향력을 갖고 계승되어왔다. 예를 들어 마루야마의 『일본정치사상사연구』를 분석 비판하고 새로운 '마루야마의 소라이상'의 창출을 추구한 히라이시 나오아키(平石直昭)에게는 "마루야마의 일본근대화론과 소라이학"이 연구의 목표로 설정되어 있다. 히라이시는 전후 일본사상사 연구 및 소라이학의 연구를 회고하면서 "마루야마의 소라이학설중에서 무엇이 옳고 무엇이 불충분했는지를 정면에서 전면적으로 분명하게 다루지는 못했다."라고 하면서 "마루야마씨의 관심을 계승하면서 오히려 마루야마씨 이상으로 철저히 근대의 시각을 소라이 분석에 일관시키는 것으로 그 사상이 갖는 거대한 사상사적 의의를 남김없이 해명할 것"을 목적으로 한다고

---

13 마루야마는 소라이 이후의 반소라이학의 움직임과 관정이학의 금에 의한 주자학의 재등장에는 침묵하고 대신에 안도 쇼에키(安藤昌益, 1703~1762)-모토오리 노리나가(本居宣長, 1730~1801)-혼다 토시아키(本多利明, 1743~1821)-사토 노부히로(佐藤信淵, 1769~1850)-가이호 세이류(海保靑陵, 1755~1817)로 이어지는 작위적 논리를 찾아내어 근대사유의 성장을 도식화했다. 이러한 마루야마의 소라이론 문제점에 대해서는 히라이시 나오아키의 고찰이 있다. 平石直昭, 「戰中·戰後徂徠論批判一初期丸山·吉川兩學說の檢討の中心に一」, 『社會科學硏究』39권 제1호, 東京大學社會科學硏究所, 1987, 참조.

14 辻本雅史, 앞의 책, 110~111쪽.

하여 마루야마의 후계자임을 분명히 했다.[15] 그에게는 마루야마에서 보이는 것처럼 일본근대화가 소라이학 연구의 표면에 있을 것이다. 이러한 소라이학과 일본근대화에의 논의는 "소라이상이라는 것은 근대에 관한 하나의 역사철학적 스토리 안에 구성된 것", 혹은 "그러한 스토리를 소라이에 대입시킨 것"에 지나지 않는다는 비판에 직면해 있다.[16]

마루야마의 근대화론과 관련하여 유학의 일본화에 대한 논쟁이 있다. 유학의 일본화란 외래사상인 송학(혹은 유학)이 에도 시대의 조건들에 적응해 가는 과정에서 발생하는 수용, 변용, 정착에 관한 논의이다. 이러한 의미에서 유학의 일본화 논의는 사상사 연구의 신지평을 열었다. 중국이나 조선의 유학과는 다른, 일본 고유의 유학 사상이 존재한다는 것을 증명하는 유학의 일본화 논쟁은 요시카와 코지로(吉川幸次郎)의 「일본적 사상가로서의 소라이」나 「민족주의자로서의 소라이」의 일련의 논고와 비토 마사히데(尾藤正英)의 「국가주의의 조형(祖型)으로서의 소라이」, 와타나베 히로시(渡辺浩)의 『근세 일본사회와 송학』 등의 연구가 있다.

「소라이학안」을 발표하여 소라이의 고문사학과 경학의 관련성을 고찰한 요시카와 코지로에 의하면 중화주의자로서의 소라이상과는 별도로 소라이가 후지산을 중국과 조선에도 없는 세계 제일의 명산이라 자랑한 점이나 더

---

15 平石直昭, 앞의 논문, 67~69쪽. 마루야마의 근대화론의 계승자 야마구치 다케히코(野口武彦)는 소라이와 현대의 우리들의 접점은 소라이가 에도의 학문사상에서 몇 가지의 근대적 사고방법의 계기를 도입한 것에 있다고 했다. 이러한 의미에서 소라이 정치학은 일본의 근대의 특이한 형성에 하나의 원리를 제공했다고 서술한다. 그리고 카시러나 세이바인등 근대화론의 견지에서 제도작위론을 중심으로 한 정치사상에 소라이학의 근대적 요소를 찾고 있다(野口武彦, 『江戸人の書と夜』, 筑摩書房, 1984, 68~71쪽). 그러나 이러한 야마구치의 견해는 실제로는 소라이에 입각하여 구체적으로 분석한 것은 아니다. 도의 타당성의 근거에 대해서도 마루야마의 논의를 답습한 것에 지나지 않는다고 비판한다(平石直昭, 앞의 논문, 72쪽).

16 子安宣邦, 『「事件」としての徂徠學』, 靑木社, 1990, 23쪽.

이상 성인의 도를 상실한 중국에 대해 성인의 도의 후계자는 자신이라고 자랑하는 소라이의 의외의 얼굴이 있다고 한다. 또한 소라이의 경천, 귀신설이 실은 일본의 신도에 시사받은 바 크다고 간주하고는 나아가 소라이의 성인신앙에도 신란(親鸞)의 영향이 작용했다고 서술하고 있다.[17]

와타나베 히로시는 나카에 토주(中江藤樹, 1608~1648)부터 오규 소라이를 사정에 넣고 이 시기의 유학 사상의 발전과정에서 중국과 조선에서는 정치체제와 표리를 이루는 정통적인 사상으로서 군림하던 송학(주자학)이 일본 사회에 적응하는 과정에서 특히 고학자에 의한 다수의 수정을 거쳐 한층 더 일본사회에 침투해갔다는 점을 밝히고 있다.[18] 또한 비토 마사히데는 국학과 미토학(水戶學)이 소라이학의 영향 아래 성립했다고 서술하고는 소라이학이 "근대 일본의 국가체제 및 국가 의식의 형성에서 소라이의 사상이 중요한 역할을 담당했다"는 점에 주목하고 있다.[19]

유학의 일본화와 관련하여 쿠로즈미 마코토(黑住眞)는 "오산의 선승, 신도가, 공가 지식인"등의 일부에 한정되어 있던 중세의 유학에 비해 일본 근세는 민간의 주쿠나 번교, 그리고 다수의 출판물 등을 매개로 한 "유학적 교양이 열린 정보로 기능"했다고 말한다. 이러한 과정을 거쳐 드디어 진사이와 소라이의 독창적 유학이 탄생하여 유학의 체계화가 진전되었으며 그것을 유학의 일본화라 규정한다.[20] 여기에는 유학의 정착과정이 안사이학-진사이

---

17 吉川幸次郎,「民族主義者としての徂徠」,「日本的思想家としての徂徠」,『仁齋·徂徠·宣長』, 岩波書店, 1975, 참조.

18 와타나베는 유학의 일본화 과정을 "서로 다른 문화 체계가 만든 사상에 접하여 그것을 자신의 것으로 수용하는 것, 또 혹은 그것을 수정하고 포섭하며 때로는 거기에 대항해 가는 세계사적으로도 결코 과거의 일이 아닌 사상의 드라마를 이해하고 하나의 참고할 수 있는 예시를 제공가능하다."고 이해하고 있다.(渡辺浩,『近世日本社會と宋學』, 東京大學出版會, 1985, 4~5쪽)

19 尾藤正英,「國家主義の祖型としての徂徠」참조(『荻生徂徠』, 日本の名著16, 中央公論社, 1974).

학-소라이학으로, 그리고 소라이학 이후의 유학의 양태를 유학의 일본화-유학의 체계화-유학의 사회화 라는 도식으로 파악하고 있다. 쿠로즈미는 이러한 점이 중국이나 조선의 사대부 계층이 독점한 유학에 비해 상당히 특징적이라 간주한다. 이러한 유학의 일본화 논쟁의 중심에 소라이학이 있다.

원래 유학의 일본화론은 유교문화권론이나 한자문화권론과의 관련상에서 논의되어 왔는데 복잡화되고 다양화되어 가는 근세 일본의 사회안에서 각각의 학파에 의해 탄생하는 유학지의 교차·변용과정을 바깥에서 보는 시점이 부족하다. 예를 들어 나카무라 슌사쿠(中村春作)는 중국에도 없고 조선에도 없는 일본 독자적인 유학지가 탄생하고 거기서 "유교 표상이 얼마나 동원되었으며 어느 정도의 새로운 의미를 파생시켜왔는가, 그러한 문제를 스스로의 내성적 과제로서 해독해가려는" 자세가 보이지 않는다고 지적한다.[21]

코야스 노부쿠니(子安宣邦)는 마루야마의 근대화론과 유학의 일본화의 논의를 비판하고는 소라이학 및 일본사상사 연구의 새로운 지평을 개척했다. 코야스는 "18세기 언설의 세계"에서 소라이학의 출현 자체를 '사건'으로 규정하고는 거기서 "새롭게 등장하는 소라이의 언설의 무엇이 사건적이었는가"를 묻는 방법을 사용하고 있다. 예를 들어 "공자의 도는 선왕의 도", 혹은 "선왕의 도는 예악뿐이다."는 소라이의 언설이 소라이학의 내부에서 갖는 의미가 아니라 그 "소라이의 언설이 바깥의 언설과의 관련에서 갖는 의미"를 문제 삼는다.[22] 코야스가 추구한 것은 "18세기에서 19세기를 거쳐 근대에 이르는 일본의 언설 세계에 미친 소라이 예악론의 파문과 반동, 혹은 그 재

---

20 黑住眞, 『近世日本社會と儒敎』, ぺりかん社, 2003, 65~68쪽.
21 中村春作, 앞의 책, 4쪽.
22 子安宣邦, 앞의 책, 8~19쪽.

생하는 모습을 보다 명료하게 해독하기 위한 시좌의 재확인 작업"이었다.[23]

이러한 의미에서 본서는 코야스의 방법에서 시사를 얻었다. 공자의 도는 선왕의 도, 혹은 선왕의 도는 예악뿐이다라는 소라이의 언설이 일본 일국사상사를 초월한 장(동아시아 사상사)에서 갖는 의미를 찾는다면 일본사상사 및 소라이학은 어떻게 보일 것인가? 일본사상사의 내부에서 논의되고 형성되는 소라이학상과 일본사상사의 바깥(중국이나 조선)에서 논의되고 형성되는 소라이학상과 사상사적인 이질성이 발견된다면 그것은 왜 그런가와 같은 문제가 발생할 것이다. 이것도 또한 소라이학상이다.

동아시아 사상사의 가능성

사와이 게이이치(澤井啓一)는 이러한 비교사상연구가 갖는 결점으로 "거기서 분명히 밝혀지는 일본유학의 특질인 일본유학의 혹은 그것을 생산하는 일본사회의 특수성을 강조한 것밖에는 없다." 라고 비판한다. 사와이는 유학의 언설에 치중한 기존의 분석 방법을 지양하고 언설과 프락티스(관습적 실천)의 상관성의 분석을 주장한다.[24] 사와이의 시점을 소라이학에 입각

---

23 예를 들어 주자학을 배운 니시 아마네(西周)가 『백일신론(百一新論)』에서 행한 정치 (法)와 도덕(敎)의 구분이란 소라이의 "선왕의 도는 예악뿐이다."라는 예악론의 재발견이라 코야스는 단정한다. 더욱이 "명치 계몽은 일본의 자립적 성립을 향한 치심과 안민, 도덕과 정치의 구분을 명확히 하고는 안민적 관심의 대상으로서의 인간의 외면적 기능을 추구한" 것에, 즉 명치 계몽을 담당하는 지식인에 의해 소라이학은 다시 환기되었다고 한다.(子安宣邦, 『江戶思想史講義』, 岩波書店, 1998, 189쪽)

24 澤井啓一, 『記号としての儒學』, 光芒社, 2000, 106쪽. 여기서 프락티스라는 것은 "의례나 일상적으로 반복되는 관습으로서 나타나는 행위"로 유학의 언설을 수용자가 어떠한 입장에서 받아들이며 어떻게 토착되고 무엇을 생산해 내는가를 검토하여 거기로부터 비교의 시점을 도입하여 동아시아 사상사를 구상가능하다고 서술하고 있다.(78쪽)

하여 말한다면 소라이학이 동아시아의 사상사 안에서 어떻게 읽혀지고 거기서부터 어떠한 사상적 변용, 토착 과정을 거쳐 새롭게 무엇을 만들어 냈는가를 분석하는 것이다. 그러나 그러한 연구적 시선이 기존의 비교 연구에서는 이루어지지 않았다고 했다.

코야스와 사와이의 방법을 염두에 둔 나카무라의 연구가 있다. 나카무라는 에도시대의 유교 언설이 근대지의 형성에 어떠한 상관관계가 있는지를 추적하여 "일본에서 국민국가의 발현과 거기에서의 유학지의 변용, 재구성의 모습"을 밝히는 것을 목적으로 삼았다. 이 문제를 해결하기 위해 동아시아 사상사에 문제축을 둔 것이다. 그리고 소라이학 이후 반소라이학의 등장, 관정이학의 금에 의한 막부 차원에서의 소독실시가 시작된 점을 강조하면서 소독이 출판붐에 편승하여 전국적으로 퍼져가 동일한 지를 공유하고 습득, 지역과 출신의 차이를 넘어 정신적 동질성을 확인하면서 그것이 국민의 자기동질성으로 연결되는 것으로 근대 국민국가를 형성하는 균질한 지(지적 공동체)가 탄생했다고 서술하고 있다.[25] 그는 소라이학에 의해 즉발되고 전개된 일본에서의 국민국가의 발현과 유학지의 변용과 재구성의 모습을 동아시아 사상사 내부에 문제 축을 설정하면서도 일본의 국민국가와 유학지가 동아시아 사상사와 어떠한 관련성을 갖으면서 전개되었는가에 대해서는 언급하고 있지 않다. 그의 관심은 동아시아 사상사 속에서 일본의 국민국가 형성에 있었기 때문이다.

---

25 中村春作, 앞의 책, 참조.

본서의 구성과 방향

이 책에서는 소라이 이후 일본사상사의 내부와 외부의 조선사상사에서 인식되는 소라이학을 둘러싼 논의를 중심으로 고찰하여 소라이의 고문사학적 경서 해석방법이 사상사에 던지는 의미를 살펴보고자 한다. 이 연구의 주된 분석축은 소라이의 고문사학과 인간론이다. 왜냐하면 경서해석과 그것을 바탕으로한 자기형성 과정이 사상사의 전개과정 그 자체이기 때문이다. 물론 이 문제를 일본 사상사 내부에서 살펴볼 필요성, 예컨대 반소라이학이 주로 소라이의 고문사학과 인간론에 많은 반발을 보였으며 드디어 관정이학의 금에 의한 주자학의 부활로 이어지는 문제, 조선의 정약용도 소라이의 고문사학과 인간론에 커다란 관심을 보였다는 것도 작용했다.

먼저 첫째로 소라이의 고문사학이 명대 고문사파의 영향으로 이루어진 것을 다시 고찰하여 소라이가 언어에 중점을 둔 이유를 밝혔다. 다음으로는 반소라이학의 등장을 목격하면서 소라이의 제자 다자이 슌다이에 초점을 맞추어 소라이학의 계승문제를 밝혔다. 슌다이 사상의 전체상을 소라이학파의 내부와 반소라이학의 저항이라는 측면에서 파악한다면 슌다이가 왜 소라이의 고문사와 인간이해에 문제점을 이끌어 내고 있는지가 비로소 이해될 것이다.

다음으로는 소라이학의 주변에 모여든 많은 유자들이 반소라이학으로 전향해가는 과정을 고찰한다. 먼저 절충학자 가타야마 겐잔(片山兼山, 1730~1782)과 겐잔을 이어 출현하는 오타 긴죠(太田錦城, 1765~1825)를 중심으로 검토하고 있다. 겐잔과 긴죠는 호소이 헤이슈(細井平洲, 1728~1801), 이노우에 긴가(井上金峨, 1732~1784), 쓰카다 다이호(塚田大峰, 1745~1832)등에 가려져 사상사에서 그다지 주목받지 못했다. 키누카사 야스키(衣笠安喜)는 고증학파가 "현실과의 관련에서는 어떠한 사상적 창조를 생산하지 못한 원인"을 겐잔 등의 절충학파에 묻고 있다.[26] 그러나 겐잔과 긴죠의 사상사적 의미는 방대한 경서 주석에 몰두하여 경서주석을 단행한 점에 있다. 겐잔과 긴죠의 경서 주석이 갖는 의미를 협소화시키거나 무시해서는 안될 것이다. 이들이 소라이 고문사학적 경서 해석방법을 극복하여 문헌고증학으로 전환해가는 이유를 밝히고자 한다.

다음으로는 소라이학의 인간론의 문제점을 자각하고 그것을 재구성하는 슌다이가 다시 비판당하는 이유를 고찰했다. 반슌다이론이 출현하는 것에 관하여는 지금까지 사상사의 사각지대에 있었다. 그러나 소라이학파에서의 슌다이의 위치를 고려한다면 반슌다이론이 나오는 것이 갖는 의미는 크다고 할 수 있다.

마지막으로는 일본사상사의 외부에서 논의되는 일본사상사 및 소라이학 상을 고찰한다. 이 문제를 조선의 사상사, 특히 정약용과 관련시켜 살펴보고자 한다. 조선사상사에서 정약용은 조선실학의 집대성으로서 평가받고 있다. 정약용은 저서 『논어고금주』에서 일본의 진사이, 소라이, 슌다이의 『논어』주석을 인용하고 있는데 이러한 사실이 갖는 의미를 다시 생각해보기로 한다. 조선 주자학의 결점을 극복하는 사상적인 과제를 떠맡은 정약용이 『논어고금주』에서 일본의 지식인의 경설을 인용하는 의미와 정약용의 사상 내부에서 어떠한 형태로 존재하는지 그 모습을 선명하게 드러내보고 싶었다. 이러한 작업을 통해 조선 지식인과들에게 일본의 유학은 어떠한 모습으로 비춰졌는지를 다시 생각해보는 시점을 얻을 수 있을 것이다.

이처럼 소라이학을 둘러싸고 일본과 조선의 유학자들 사이에서 사상의 다이나믹한 격론이 존재한다. 그러나 지금까지 소라이학은 주로 일본사상사의 내부에서만 다루어져 왔는데 동아시아로 확대하여 동아시아 사상사에

---

26 衣笠安喜, 『近世儒學思想史の研究』, 法政大學出版局, 1976, 165쪽.

서 일본사상사가 갖는 의미(긍정적이든 부정적이든)를 새롭게 살펴볼 필요성에 직면해 있다. 동아시아 사상사에서 소라이학의 무엇이 문제였는가를 다시 묻고 이를 통해 동아시아 사상사에서 일본사상사의 '문제'를 가늠해 볼 수 있을 것이다.

제1부
소라이학파의
경서해석과 인간

제1장

오규 소라이의 고문사학(古文辭學)

1. 주자학에서 고문사학으로

소라이학의 유행

소라이의 설은 향보의 중기 이후는 참으로 일세를 풍미했다. … 세상
사람들 그 학설을 기뻐 배우기를 참으로 미친 듯 했다.(『학문원류(學問源
流)』[1])

난카쿠가 말하길 지금의 학자는 모두 소라이옹에게 개안되어 눈을 떴
다.(『문회잡기(文會雜記)』[2])

위의 인용문에는 에도 사회에서 소라이학의 대유행에 대한 당대의 반응
이 잘 묘사되어 있다. 소라이학은 에도 시대의 주자학에 경도된 지식인 사회

---

1 那波魯堂, 『學問源流』, 24쪽(『日本文庫』6, 博文館, 1891).
2 湯淺元禎, 『文會雜記』, 193쪽(『日本隨筆大成』14, 吉川弘文館, 1975).

에 새로운 패러다임이 되었다. 그것은 일종의 대중적 문화코드와도 같았다. 이처럼 소라이학이 유행한 이유에 대해 도학주의의 반발과 기질불변화설, 혹은 심법론의 부정 등이 지적되고 있다.[3] 또한『당시선』의 대유행과 고문사학의 유행, 시문중심의 문인사회의 성립도 소라이학의 영향이다.[4] 그러나 소라이학은 회덕당(懷德堂) 지식인들[5], 절충학(折衷學)이나 정학파 주자학(正學派朱子學)에 의한 비판을 받았다.[6] 이른바 반소라이학이 등장한 것이다. 이렇게 소라이학의 출현 이후 일본 사상사는 소라이학을 중심으로 전개되고 있었다고 해도 지나치지 않을 것이다. 소라이학은 에도 시대의 일본사상사를 전개시키는 동력적 존재였다.

오규 소라이(荻生徂徠, 1666~1728)는 일본사상사에서 다양한 평가를 받아왔다. 예를 들어 마루야마 마사오는 소라이학을 유학의 정치화, 또는 정치의 발견이라 평하면서 근대적 사유 양식의 성장을 소라이학에서 찾는다.[7] 요시카와 코지로는 소라이에게 '민족주의자'와 '중화주의자'등의 평가를 부여했다.[8] 고야스 노부쿠니는 소라이학의 출현을 '사건'으로 취급한다. 고야스는 에도시대 사상사에 소라이학이 던진 파문을 18세기 일본 사상사 내부의 언설 공간 안에서 소라이학과 '반소라이학'의 사상 대립을 축으로 다루었다.[9] 고야스에 의하면 소라이가 유학사에 던진 '언설'이 '사건'이라는 것이다.

3　日野龍夫,『江戸人とユートピア』, 朝日新聞社, 1977, 99쪽. 小島康敬,『徂徠學と反徂徠』, ぺりかん社, 1994, 224쪽.

4　中村春作,『江戸儒教と近代の「知」』, ぺりかん社, 2002, 145쪽.

5　宮川康子,『自由學問都市大坂』, 講談社, 2002, 38~58쪽.

6　절충학이나 정학파 주자학은 "소라이학이 경세학으로서 갖는 약점"이나 "소라이학의 인간 내면 세계의 결핍"을 비판하고 "현실의 정치 사회 질서의 재편과 통합을 목표로 한 경세학의 구축"을 도모했다고 한다. 辻本雅史,「十八世紀後半期儒學の再檢討-折衷學·正學派朱子學をめぐって」,『思想』766호, 1988, 참조.

7　丸山眞男,『日本政治思想史硏究』, 東京大學出版會, 1952, 참조.

8　吉川幸次郎,「徂徠學案」,『仁齋·徂徠·宣長』, 岩波書店, 1975, 참조.

한편 근대 일본 철학의 아버지로 불리는 니시 아마네(西周, 1829~1897)가 주자학이라는 우물에서 벗어날 수 있었던 것도 소라이와의 만남이 결정적인 역할을 했다. 츠와노번(시마네현)의 번의(藩醫)의 아들로 태어난 그는 번교 양로관(養老館)에 들어가 번학인 정주학을 배우면서 자기형성한 인물이다. 그런데 18세 무렵이라고 알려져 있는데 병상에 누워있던 니시 아마네는 소라이의 『논어징』과 『소라이집』을 읽고 17년간의 큰 꿈에서 깨어나는 경험을 했다고 술회한다. 소라이학에 의해 사상적으로 깨어난 그는 한 대와 송대의 학문적인 차이를 알았으며 공리는 일용에 유익하지 못하며 예악이 귀중하다거나 인욕은 정화할 수 없고 기질은 변화시킬 수 없다는 고백을 한다.[10] 여기에는 주자학의 엄격한 도덕주의나 공리공담의 무용함을 버리고 소라이학이 강조하는 예악의 강조가 제시되어 있다. 이러한 니시 아마네의 자연과 작위의 구분이 그가 구상한 서양철학을 기반으로 한 통일과학에 드리워져 있다. 이처럼 일본사상사에서 소라이만큼 시대에 따라 긍정과 부정의 다양한 얼굴로 그려지는 인물도 없다.

소라이학의 사상적 토대는 고문사학(古文辭學)이다. 요시카와는 소라이학의 발전 과정을 어학-문학-철학의 3단계로 구분하면서 고문사학은 시문의 제작 방법이나 학문상의 보조수단이었다고 평가한다.[11] 이러한 견해에 대해 사와이 케이이치(澤井啓一)는 "경전의 배후에 숨어있는 암묵의 의미를 파악해내려는 것"이 고문사학이며, 그런 의미에서 고문사학은 "세계를 총체적으로 파악하는 경전해석의 새로운 방법"이라는 점을 강조한다.[12] 히라이시 나오아키(平石直昭)는 '소라이학의 재구성'을 시도하면서 "고문사학과 경학 사

---

9 子安宣邦, 『「事件」としての徂徠學』, 淸土社, 1990, 참조.
10 大久保利謙編, 「徂徠學に對する志向を述べた文」, 『西周全集』第1卷, 宗高書房, 1960, 5쪽.
11 吉川幸次郎, 앞의 책, 참조.
12 澤井啓一, 「〈方法〉としての古文辭學」, 『思想』766호, 1988, 116쪽.

이의 관련성"을 이끌어 내고는 "평천하를 추구한 도의 제작을 중심으로 하
는 소라이의 경학설이 고문사학과 밀접하게 관련되어 있다."라고 했다.[13]

소라이의 고문사학은 명대 고문사파 이반용(李攀龍, 1514~1570)과 왕세정
(王世貞, 1526~1590)의 고문사 운동에 시사받은 바 크다. 그는 이들과의 만남
을 통해 주자학에서 고문사학으로, 그리고 주자학에서 선진유가로 복고하
게 된다. 에도 사회에 『당시선』의 대유행을 몰고 왔고 시문이 문인들의 취미
와 일종의 놀이로까지 인식된 것도 명대 고문사파의 영향이 있었다.

가즈사(上總) 체험과 곽의 발견

여기서 한 가지 덧붙인다면 소라이의 고문사학의 제창은 이른바 '가즈사
(上總) 체험'과 깊은 관련이 있다는 것도 빼놓을 수 없다는 점이다.[14] 에도에
거주했던 소라이는 부친의 유배로 14세 무렵에 시골(南總:上總의 별칭으로 지금
의 치바현의 중부)에 가서 13간의 어린 시절을 보냈다.[15] 소라이는 "13년을
지내고 에도로 돌아와보니 죠카마치(에도)의 모습이 이전 보다 너무나 변했
음을 보고" 충격을 받았는데, "처음부터 죠카마치에 살았다면 풍속은 자연

---

13 平石直昭, 「徂徠學の再構成」, 『思想』766호, 岩波書店, 1988, 참조.

14 쿠로즈미나 히라이시는 소라이의 시골 체험과 고문사학의 제창을 연관시켜 설명하고
있다. 黑住眞, 「荻生徂徠—差異の諸局面」, 『現代思想』10권12호, 1982, 平石直昭, 위의
논문 참조.

15 『정담(政談)』1권, 290쪽(日本思想大系36, 岩波書店, 1973)에는 "나는 어렸을 때 시골
에 내려가 13년을 카즈사(上總)에서 살았는데" 라고 되어 있다. 『역문전제』에는 "나
는 14세 때에 난소우(南總)에 가 25세 때에 사면이 되어 에도로 돌아왔다."라고 하면
서 "中間十有三年"이라는 표현이 나온다. 난소우에서 13년간 있었다는 의미이다. 사료
마다 부정확하게 기록되어 있기는 하지만 대체적으로 13년 정도를 난소우라는 시골
에서 살았던 것으로 보인다. 소라이는 1690년에서 1692년 사이(25세에서 27세 무렵)
에 에도로 돌아왔다.

히 변해가는 것이기에 마음이 들 떠 아무런 생각도 들지 않았을 것이다."[16] 라고 하여 13여 년간의 에도 공백이 사상의 전환점으로 작용했음을 짐작할 수 있다.

에도 시대는 농업 발달에 따르는 잉여 농산물의 상품화와 유통시스템의 확충 등으로 상품경제체제로 전환되면서 도시를 중심으로 한 화폐경제가 발달했다. 이러한 발전에 힘입어 소라이가 살았던 17세기 말엽의 에도는 급격한 팽창을 이룬 거대도시로 성장했다. 이러한 시대의 변화를 소라이는 『정담』(권2)에서 "지금으로부터 30~40년 전에는 도오신(同心:하급 사무라이)의 집에 타타미를 깐 사람이 없었으며 가미시모(上下:사무라이들의 예복)를 입은 사람이 없었지만" 지금은 모든 것이 다 변했다고 증언하고 있다. 소라이가 에도를 떠나기 이전과 이후의 에도는 전혀 다른 세상이 된 것이다.

그런데 소라이의 말처럼 만약 에도에만 있었다면 세상의 변화를 감지하지 못했을 것이다. 소라이는 에도의 '밖'에 있었기 때문에 세상의 변화를 포착하고 그것을 계기로 주자학적인 세계관에서 벗어날 수가 있었다. 그는 이것을 『태평책(太平策)』에서 '곽(廓)'이라 표현하고 있다. 소라이는 "모두 이 나라 사람들이 지금의 풍속에 물들어 마음 씀씀이, 지혜를 사용하지 않는 것은 모두 곽(廓)을 벗어나지 못했기 때문이다."[17]라고 했다. 이처럼 '곽'의 발견이 소라이로 하여금 주자학(신주)이라는 '곽'에서 나와 고문사학(고주)의 '곽'으로, 사서라는 '곽'에서 나와 육경이라는 '곽'으로 '유학 다시 읽기'를 구상할 수 있었다. '가즈사 체험'이 가져다 준 것은 주자학과 선진 유학 사이의 경계에 서서 유학사를 재검토할 수 있는 시점의 확보였다고 할 수 있다. 소

---

16 『정담』1권, 290쪽.

17 『태평책』, 449쪽(日本思想大系36, 岩波書店, 1973). 곽이란 성 주위를 둘러싸고 있는 성곽을 말한다. 이광래는 소라이의 '곽'의 발견을 "밖으로의 사고실험"이라 지적한 바 있다. 이광래, 『일본사상사연구』, 경인문화사, 2005, 296~299쪽.

라이가 "제자백가 곡예의 선비는 되어도 도학선생이 되고 싶지는 않다."(『학칙』7)라는 말을 『학칙』의 마지막에 덧붙이고 있는 것도 따지고 보면 주자학이라는 '곽'이 사상사에 던진 유학의 황폐화 현상을 비난하는 언사인 것이다.

이러한 과정에서 경학자 소라이가 체험한 것은 중국과 일본의, 중국인과 일본인의 언어가 서로 다르다는 '단순한' 진리의 발견이었다. 그는 『역문전제(譯文筌蹄)』에서 중국어와 일본어의 상이함에 대한 진지한 논의를 전개하고 있다. 그런데 소라이의 언어 연구가 중국어와 일본어의 차이라는 '단순한' 진리의 발견이라고 볼 수만은 없는 이유는 세계의 변화가 시간과 공간의 차이를 유발하며 진행된다는 것을 인식하고 있었다는 점이다. 소라이는 이것을 "도예, 사물, 언어는 모두 상고로부터 시작되어 점차 윤색되고 점차 파괴되고 혹은 나누어지고 혹은 합해지며 혹은 성하고 혹은 쇠하며 연혁이 바뀌니 반드시 옛 것(古)를 먼저하고 지금(今)을 뒤로 하고 모든 근원을 명확히 한 연후에야 잘못이 없게 된다."(『역문전제』제언)는 것으로 설명하고 있다. 시대의 변천이 당연한 것처럼 언어의 변천도 필연적이다. 그러므로 어디에 기준을 두어야할 것인가, 기준의 문제가 대두될 수 밖에 없다. 그런데 당대의 보편 학문으로 여겨졌던 주자학은 시대의 변천이 언어의 변천을 동반한다는 '단순한' 진리를 간과해 버렸다. 결국 보편학으로 인식되어왔던 주자학을 버린다면 보편학의 기준을 새롭게 설정해야만 한다. 그러한 기준의 하부에 언어가 위치할 수 밖에 없다. 경서의 언어는 진리를 내장한 성인의 언어로 간주되기 때문이다. 경서가 진리인 이상 경서에 제시되어 있는 언어(문장)의 정확한 해독이 중요해지는 것이다. 그런데 주자학적인 언어가 경서 해독의 기준이 될 수 없다면 기준이 되는 언어는 무엇이 될 것인가? 소라이가 직면한 문제는 여기에 있었다. 이것은 기존의 경서 주석으로는 불가능 한 것이며 결국 경서 텍스트의 해독을 위한 '새로운' 언어의 등장을 기다려야만 하는 것이다. '새로운' 언어는 경서에 제시된 성인의 도를 완전한 형태로 이해 가능하게 만들어 주기 때문이다.

학문은 역사에 지극하다

소라이의 "학문은 역사에 지극하다."(『徂徠先生答問書』상)라는 언설도 이와 관련되어 있다. 학식이 고금의 중국과 일본에 정통하지 못하면 모든 것이 지금의 풍속 안에 눈을 두게 되는 것으로 그러한 상태는 우물안 개구리 같은 신세를 면하지 못하게 될 뿐이다. 아무리 유학의 경서를 많이 읽어도 역사를 모르게 되면 지금의 사실로 성인 시대의 것들을 미루어 보는 것이 되기 때문에 오류가 생길 수밖에 없다. 역사적 사실을 모르는 상태는 곧 지금의 풍속에 눈이 가려진 상태가 된다. 그러나 문제는 성인의 시대로 돌아간다고 해서 당시의 언어로 쓰인 경서를 읽을 수 있는가에 있다. 당시의 언어를 모르기 때문에 경서의 자의적인 해석이 난무하게 된다.

주자학이 그 대표적이다. 예를 들어 주자학은 『자치통감강목』을 중요하게 여겼으며 『자치통감』보다는 『자치통감강목』의 독서를 강조한다. 그런데 소라이에 의하면 『자치통감강목』은 주자학적인 '리학'의 폐해일 뿐이다. 주희 그 자신의 관점으로 역대 인물들을 평가한 것에 지나지 않는다. 주희가 설정한 틀에 의해 도장을 찍듯이 정해진 '도리'에 따라 평가한 것에 지나지 않는다.[18] 그러므로 "학문은 역사에 지극하다."라는 언설은 고대 성인 시대로 돌아가 그 시대로부터 지금 시대를 조망해야 됨을 각인시키고 있다. 고대 성인의 시대로 돌아가기 위한 통로가 바로 언어였다. '가즈사 체험'이 소라이에 가져다 준 충격은 『역문전제』에 잘 나타나 있는 것처럼 기존의 유학 학습법

---

18 『徂徠先生答問書』상, 432쪽(『荻生徂徠全集』권1, みすず書房, 1973).

을 벗어날 수 있는 새로운 방법의 발견에 있다.

당시 유학의 학습법으로 널리 통용되던 것이 강석이다. 강석이란 유학을 학습하는 방법의 하나로 경서 텍스트의 주소석서에 근거하여 경서 본문의 의미를 확정해 가는 과정이다. 강석에서는 자의적인 해석은 금물이며 전적으로 전거에 의거한 주해만이 요구된다. 이러한 이유로 학파에 따라 의거하는 주소석서는 정해져 있기 마련이다. 당시 강석이라는 학습법을 강조한 대표적인 학파로 안사이학파가 있다. 주자의 학문을 조술(재현하는)할 것을 추구한 안사이는 주자학의 진리의 세계를 구어로 전달하는 것이 목적이었다. 다른 해석은 용납되지 않았으며 오직 주자의 해석을 그대로 체인하는 것에 목적을 두었다. 이처럼 강석주의는 경서 해석의 자유를 부정한다.

소라이는 강석을 싫어하여 강석을 듣지 말도록 했는데 '강석이 주는 열가지 해악론'(講釋十害論)까지 써서 안사이학파의 강석을 비판하고 있다.[19] 이는 곧 안사이학파의 강석이 그 정도로 널리 보급되어 있었다는 것을 의미한다. 강석에 의한 이러한 학습법에 의하지 않고는 어려운 경서를 이해할 수 없었던 당시의 학습 풍토에서 그 체질을 완전히 바꿀 수 있는 방법의 발견이 『대학언해』 독서에서부터 시작되고 있었다. 소라이는 『대학언해』 한 권을 읽고는 한문으로 된 다른 책들도 무리없이 독서할 수 있었다는 것을 『역문전제』

---

19 강석십해론은 다음과 같다. 강석은 자구 한 자 한 자의 정확한 의미를 찾기 위해 본문에 관련되는 것들 모조리 늘어놓고서는 옳고 그름을 판단한다는 점, 배우는 자들의 수준을 고려하지 않기 때문에 억측이 발생하고 비루한 견해를 갖게 만든다는 점, 강석에만 의존하고 스스로 독서하려는 자세를 버리게 만든다는 점, 강석만으로는 수많은 책을 다 알지 못한다는 점, 본문에 토(訓墨:捨て仮名)가 없으면 읽지 못한다는 점, 스승이 강석하는 것을 일일이 기록하여 한자도 틀리지 않으려 하며 그것만이 전부라고 생각한다는 점, 훈독 없이는 독서가 불가능하다는 점, 강석하는 자는 대부분이 문장을 모르고 한자의 쓰임도 모른다는 점, 이로 인해 학문의 대업을 이루지 못한다는 점, 잔박한 자들이 강석이라는 장을 열고는 자신이 공맹이나 정주학의 정맥이라고 자부하게 만든다는 점이다.

에서 밝히고 있는데, 이는 곧 강석에 의하지 않는 유학 학습의 새로운 방법론을『대학언해』를 통해 제시하려 한 것으로 이해할 수 있다.[20] 소라이는 선대부의 서물함에서『대학언해』한 권을 얻어 "이것을 연구하여 오래도록 힘을 써 드디어 강설에 의지하지 않고도 널리 많은 책들에 통할 수 있었다."(『역문전제』, 3쪽)[21] 라고 했다. 당시의 가즈사는 그야말로 벽지였기 때문에 스승으로 삼을 만한 사람도, 빌려볼 수 있는 책조차 구할 수 없는 곳이었다. 그러한 환경에서 소라이는『대학언해』의 독서를 통해 세계를 보는 시점을 확보할 수 있었다. 다시 말하면 '책을 읽는다'는 것의 의미, 즉 서책을 관념적인 시선에서 보는 것이 아니라 가즈사라는 생활공간을 직접적으로 경험해 가면서 독서가 갖는 의미를 새롭게 깨달은 것이다.

2. 역학(譯學)과 중화(中華)에의 시선

언어라는 매개체

그렇다면 소라이는 왜 언어에 관심을 갖게 된 것일까? 또한 그가 언어에 관심을 갖게 된 것이 갖는 의미는 무엇일까? 소라이의 고문사학은 두 가지

---

20 소라이가 읽은『대학언해』가 어떠한 판본인지에 대해서는 의견이 분분하다. 하야시 라잔의 저작중 하나(특히『大學抄』1권)라는 이마나카 칸지의 설과, 중국의 백화문에 의한 유학서의 주석으로 '언해'라 불리는 책들이 존재하며 그것으로 소라이의 중국어 연구의 시발점이 되었다는 요시카와 코지로의 설이 있다. 다만 요시카와설에 대해서도 의문점이 있다. 소라이가 말하는『대학언해』는 소라이의 선대부의 것으로 과연 그가 중국어를 해독할 수 있었는가하는 점과, 소라이 자신이 중국어 공부를 시작한 것은 야나기 요시야스에 들어가는 1711년(46세)부터로 알려져 있다는 점이다. 村上雅孝,「近世漢文訓讀における一問題ー荻生徂徠の訓讀の世界」,『國語學』123호, 國語學會, 1980, 참조.

21 『역문전제』,『荻生徂徠全集』권2, みすず書房, 1974.

의 구조로 되어 있다. 소라이가 "중국(華)과 일본(和)을 합하여 이것을 하나로 하는 것 이것이 우리의 역학이며, 고금을 합하여 이것을 하나로 하는 것, 이것이 우리의 고문사학이다.(『역문전제』)"라고 밝힌 것처럼 중국과 일본의 공간적 차이를 없애는 방법이 '역학'(譯學), 고와 금의 시간적 차이를 해소하는 방법이 '고문사학'이다. 이때의 '고문사학'은 협의의 의미로서의 고문사학이다. 소라이가 『역문전제』나 『훈역시몽(訓譯示蒙)』 등에서 허자(虛字:동사, 형용사), 조자(助字:조사, 부사), 당음 학습 등에 많은 관심을 기울였던 이유는 육경의 언어에 접근하여, 언어의 배후에 있는 '도(道)의 세계'를 파악하는 방법을 발견하기 위해서 였다고 할 수 있다. 소라이의 고문사학이 역학(번역학), 즉 언어학에서부터 출발하는 이유가 여기에 있다. 소라이는 일본어와 중국어 연구를 바탕으로 성인의 언어인 중국어에 접근해 간다.

> 동해에는 성인이 나오지 않았다. 서해에도 성인은 나오지 않았다. 오직 (중국의) 시서예악만이 가르침(의 내용)으로 있는 것이다. 옛날 초나라는 대국이었지만 그(군주의 행동을 기록하는)좌사인 기상(倚相)이 암송하고 있었던 것은 삼분(三墳)·오전(五典)·구구(九丘)·팔색(八索)이라는 서책으로 이것을 제외한다면 학문을 할 수 없었다. 그래서 이후 초나라의 호걸 진량의 무리들은 모두 북쪽의 중국에서 배웠다고 한다. 그렇다면 우리 동방의 백성들은 어디로 가야한단 말인가?(『학칙』1)[22]

윗 글은 소라이 『학칙(徂徠先生學則)』(1727년 간행)의 첫 문장이다. 여기서 소라이가 강조하고자 한 점은 성인은 일본에도, 중국에도 그 어디에도 이제는 존재하지 않는다. 성인은 오직 중국의 고대에만 존재했으며 성인이 존재하

---

22 『학칙』, 日本思想大系36, 岩波書店, 1973.

지 않는 현재는 고대 선왕이 남긴 시서예악(육경)을 통해 성인의 도를 알 수 있다는 것에 있다. 여기에서 보듯이 소라이는『학칙』에서 학문의 대상이 무엇인지에 대한 명확한 규정을 제시하고 있다. 그것은 바로 시서예악(육경)이 유일한 학습의 대상이라는 것이다. 성인이 없는 동방의 백성은 어떻게 해야만 성인의 도를 알 수 있다는 것인가?

　이러한『학칙』의 선언은 다름 아닌 우리 동방의 백성(일본)은 어디에서 배워야 하는가에 대한 방법론적인 고찰을 제시한 것으로 고문사학의 방향성이 분명하게 드러나 있다. 그렇다면 언어상 본질적으로 서로 다른 중국어와 일본어의 언어론적 차이를 해소하기 위한 방법은 무엇일까? 여기서 소라이는 일본인들이 전통적으로 아무런 비판없이 시행해 온 한문의 훈독에 대한 문제점을 제기하기 시작했다.

> 그쪽(중국)에서 이것(일본어)을 주리격설(侏離鴂舌: 의미를 알 수 없는 야만인의 말)이라고 하는데, 우리가 중국어를 보는 것 역시 그들이 말하는 것(일본어에 대한 태도)과 같다. 공자가 뗏목을 타고 자로가 공자를 따라 일본에 놀러와도(말이 통하지 않으니) 또한 어쩔 수 없는 것이다. 기비씨라는 사람이 나와 서쪽인 중국에 가서 배우고 화훈(和訓)을 만들어 이것으로 나라 사람들에게 가르쳤는데, … 한문의 앞뒤를 바꾸어 읽고 착종하여 두 나라의 뜻을 통하게 했다.(『학칙』1)

　윗 글에서 알 수 있듯이 중국인이 일본어를 주리격설(侏離鴂舌)의 말이라 여기는 것처럼 일본인들 역시 중국어를 주리격설의 말이라 느낀다. 그것은 두 언어의 차이에서 발생하는 피할 수 없는 간격이 존재하기 때문이다. 이러한 언어상의 차이를 해소하기 위해 기비노 마키비(吉備眞備, 695?~775)가 만들어 보급시킨 것이 화훈(和訓)이었다.[23] 화훈은 한자의 음과 뜻을 적당히 배합하여 표현하는 훈독이다. 화훈에 의한 경서 학습이란 중국인처럼 한문을 위에서 부터 아래로 읽는 것(從頭直下)이 아니라, 앞뒤의 순서를 바꾸고 착종시켜(顚倒錯綜) 읽는 방법이다.

유학 학습이 고양된 에도시대는 다양한 훈독법을 표기한 경서들이 대량으로 출판되었다. 기비노 마키비의 훈독 보급이래로 훈독은 유학지 형성에 중요한 역할을 했다. 유학 학습도 훈독 없이는 불가능했다. 훈독이라는 매개체를 통해 한문에 접근하여 경서의 내용을 해석할 수 있다. 진사이의 아들인 이토 토가이(伊藤東涯)가 『용자격(用字格)』이라는 한문법 책을 쓴 것도, 소라이가 『역문전제』와 『훈역시몽』을 쓴 것도 한문을 정확히 읽고 쓰며 정확히 해석하기 위해서는 한자의 정확한 이해가 바탕이 되어야만 했던 것이다. 이후 토가이와 소라이에 자극되어 한문을 읽기 위한 사전격인 '한어문전(漢語文典)'이 상당수 간행된다. 한문은 막부의 공적인 언어는 아니었지만 지적 언어로서 에도 사회에 광범위하게 보급되었다. 물론 이러한 한문의 훈독을 국학자들, 예를 들어 가모 마부치(賀茂眞淵)나 모토오리 노리나가(本居宣長) 등은 비일본적인 것이라 하여 비판적이었다. 이들은 한문이나 훈독법에 의한 사고방법을 한의(漢意, からごころ)라 하여 일본인들의 정감을 정확하게 포착하여 표현해 낼 수 없다고 했다. 그러나 현실은 훈독에 의할 수 밖에 없었다. 당시는 소라이가 증언하듯 화훈이 없는 무점본의 책을 읽을 수 있는 사람을 찾기란 쉽지 않았다.

---

23 기비노 마키비. 그는 나라시대의 인물로 717년 견당유학생으로 중국에 가서 735년에 일본으로 돌아왔다. 당에서는 유학 이외에도 천문학, 음악, 병학 등을 배웠으며 귀국 후에는 효겸(孝謙)천황에게 『예기』, 『한서』 등을 강의했다. 최초로 화훈을 만들어 보급시킨 인물로 알려져 있으나 확실하지는 않다.

『역문전제』의 화훈비판

이처럼 중국어와 일본어의 차이점을 최초로 인식하고 그러한 문제를 집중적으로 제기한 것이 『역문전제』이다. 『역문전제』는 소라이가 25~26세 무렵에 증상사(增上寺) 앞에서 주쿠를 개숙하여 증상사의 스님이나 유생들에게 강의한 것을 승려인 덴쿄(天教)와 소라이 문인 요시다 유린(吉田有隣)이 1692년 무렵에 필기한 것이다. 『역문전제』는 자음·자해·용례들을 제시한 일종의 사전이다.[24] 증상사 시절의 소라이는 한문을 읽는다는 것의 의미와 방법에 대해 성찰하고 있었다. 이 시절에 소라이가 깨달은 것은 종래의 훈독에 의한 한문읽기가 갖는 문제점이었다. 소라이는 『역문전제』에서 에도 시대 유학 학습방법의 오류를 근본에서부터 문제 제기하고 있다.

> 이쪽의 학자들은 일본어로 책(경서)을 읽는데 이를 이름 붙여 화훈(和訓)이라 한다. 이것으로 훈고의 뜻을 취하려 하는데 그것은 실제로 번역인 것이다. 사람들은 화훈이 (중국어의) 번역이라는 것을 모른다. … 중화에서는 책을 읽는데 종두직하한다. 우리들이 다라니경을 염불하는 것과 같다. 그러므로 그 뜻을 해석하지는 못하며 이것을 읽는 것일 뿐이라는 사실을 모른다. 이쪽의 독법은 순역회환(順逆廻環)하는 것, 반드시 중화의 문자를 옮겨 여기에 우리말을 붙여 한 번 읽고 해석한다. 해석하지 못하면 읽지 못한다. … 일본에는 일본의 언어가 있으며 중화에는 중화

---

24 『역문전제』는 초편 6권이 1715년에, 후편 3권이 1753년과 1796년에 각각 출판되었다. 이마나카 칸지(今中寬司)에 따르면 『역문전제』서문에 해당되는 '제언10칙(題言十則)'은 1715년 간행 당시에 쓰여졌다고 한다. 이 '제언10칙'에는 소라이의 고문사학의 골격과 방향성이 분명하게 드러나 있다. 또한 소라이는 이토 토가이(伊藤東涯)가 쓴 한문법 책인 『용자격』을 상당히 의식하고 있었다고 한다. 今中寬司, 『徂徠學の基礎的研究』, 吉川弘文館, 1966, 59쪽.

의 언어가 있다. 체질이 본래 다른데 무엇으로 들어맞게 하려는가? 화훈으로 회환(廻環)하는 독서가 비록 통할 수 있다고 하지만 실은 견강부회이다. … 모두 신발을 사이에 두고 발바닥의 가려움을 긁는 것과 비슷하다. … 이것이 재앙을 초래하는 것이다.(『역문전제』4쪽)

윗 글에 나타난 소라이의 주장은 명료하다. 소라이가 생각하기에 화훈으로 경서를 읽는 행위는 어디까지나 경서를 일본어로 번역해서 읽는 '역문'에 불과했다. 일본인은 화훈(送り仮名, 返り点을 사용)으로 한문을 읽으면서 한문을 완전히 이해했다고 생각하지만 실제로 한문이 외국어라는 점을 간과하고 있다. 여기에 소라이의 일본어에 대한 인식이 분명하게 드러나 있다. 소라이는 일본어에 의한 한문의 훈독을 '번역'으로 이해하고 있었다. 중국과 일본의, 한문을 이해하는데 최대의 걸림돌이 여기에 있다.

중국인들은 한문을 종두직하하여 읽으면서 해석하지 않아도 그 의미를 알지만 일본인들은 앞뒤의 순서를 바꾸어 읽으면서 해석을 한다. 해석하지 않으면 의미를 파악할 수 없다. 훈독으로 경서를 이해할 수 있다고 여기는 것은 중국어와 일본어의 언어상 체질이 다르다는 것을 알지 못하기 때문이다. 배우는 자들은 반드시 중국인의 언어에 나아가 한문의 진면목을 깨달아야 한다. 소라이가 훈독을 "신발을 사이에 두고 발바닥의 가려움을 긁으려는" 행위에 비유하는 것처럼 '재앙'은 훈독에서 시작된다.

소라이는 『역문전제』에서 한자의 정확한 이해를 돕기 위해 의미가 유사한 한자를 모아 그 자의를 해설하면서 읽는 방법과 의미를 자세하게 밝히고 있다. 예를 들어 誘자에 대해 "조용히 인도하는 것이다. 좋게 인도하는 것에도 나쁘게 인도하는 것에도 사용한다."라고 하여 誘자의 의미를 설명하고 있다. 諺자에 대해서 "コトハザ(고토와자)라 읽으면 적당하다. 사람들이 말하는 것처럼 습관적으로 그렇게 말하는 セワ(세와)이다.", 說자에 대해서는 "トク

(토쿠)라고 읽을 때는 이유를 말하는 것이다. セツ(세쓰)라고 음으로 말할 때는 업사(言辭)와 같은 문자가 되지만 약간 다르다."와 같은 방식이다.[25] 소라이는 이러한 방식으로 당시 일반적으로 널리 사용하고 있던 한자의 정확한 의미와 읽기를 제시하고 있다.

이렇게 하는 주된 이유는 언어의 쓰임이 서로 다르다는 것을 인식해야 했기 때문이다. 시가의 언어, 문장가의 언어, 교정가의 언어, 경생가의 언어, 관부 율령가의 언어, 문서가의 언어, 속어, 시정 상인들의 언어등등 각각의 처한 입장에 따라 언어의 쓰임이 다를 수 밖에 없다. 당시(唐詩)를 배우려면 당시의 언어를 분류할 줄 알아야 하며 혼동해서 사용하면 곤란하다. 소라이는 이러한 언어의 정확한 분류를 통해 가장 적절한 언어를 사용할 것을 주문하고 있다.

소라이가 한자 음의 정확한 일본식 표기나 발음에 민감하게 작용한 것은 그의 어린 시절의 체험이 관련되어 있다. 소라이 7,8세 무렵에 의사였던 아버지는 그날에 있었던 일들을 어린 소라이에게 들려 주고는 일일이 필기하게 했다. 예를 들어 공무와 관련된 일이나 집에 찾아오는 손님들, 또는 날씨, 집안에서 일어나는 사소한 일들에 대해 한문으로 기록하게 한 것이다(『역문전제』, 10~11쪽). 소라이는 이러한 훈련을 통해 의미는 같지만 발음이 다른 한자의 미세한 차이를 체득하게 된다. 이러한 과정을 거쳐 소라이는 11,12세 무렵에는 이미 누구의 도움 없이도 혼자 책을 읽을 수 있게 되었다고 고백하고 있다. 언어의 구분에 눈을 뜬 것이다.

---

25 『역문전제』후편, 권3.

안사이와 진사이를 넘어

그런데 이처럼 소라이가 화훈에 의한 한문 읽기가 결국 '재앙'을 초래하고 말 것이라고 강조하는 그 배후에는 무엇이 있었던 것일까? 『역문전제』와 비슷한 시기에 간행된 『훤원수필(蘐園隨筆)』[26](1715년 간행)의 5권째에 해당하는 『문계(文戒)』에서, 소라이는 화훈의 문제점을 3가지로 지적한다. 화자(和字)·화구(和句)·화습(和習)이 그것이다. 화자란 화훈으로 한자의 자의를 잘못 해석하는 것이다. 화구란 어리착종(語理錯綜)하여 상하의 위치(位置上下) 법칙을 잃어버리는 것이다. 전도회환하는 '화훈'에 의한 잘못이다. 화습이란 화자나 화구에 의한 잘못을 범하지 않았다 해도 그 어기(語氣), 성세(聲勢)가 순수한 중화의 것이 아닌 것을 말한다. 다음의 예를 보자.

> 「화자(和字)를 경계한다」: 儉而好施者, 爲誠大德之人(『童子問』). 誠자는 실로 眞자로 써야 한다. 그렇지 않으면 옮겨 爲자 위에 있으면 옳다.(『文戒』, 316쪽)

> 「화구(和句)를 경계한다」: 仁齋先生語孟字義曰, 予嘗敎學者, 以熟讀精思語孟二書, 使聖人之意思語脈, 能瞭然于心目間焉(『語孟字義』). 能자는 실로 使자 위에 있어야 한다. 그 숙독(熟讀), 정사(精思), 能, 使는 모두 학자에 속한 것이며 '意思語脈瞭然'을 단절하면 안되기 때문이다.(『文戒』, 318~319쪽)

---

26 『훤원수필』5권은 소라이도 말하듯이 정주학을 벗어나지 못하던 무렵에 저술된 것이지만 소라이 고문사학의 발전 과정을 이해하기 위해서는 아주 중요한 저작에 속한다. 『훤원수필』은 내용의 대부분이 이토 진사이 비판에 할애하고 있을 정도로 진사이 비판이 주목적이었다. 이마나카 칸시에 따르면 소라이는 『훤원수필』을 5권으로 구상했으며, 「문계」가 5권 째에 해당된다고 단정한다. 今中寬司, 앞의 책, 107쪽.

「화습(和習)을 경계한다」: 闇齋先生近思錄序曰, 孟子沒而聖學不伝者, 其無此階梯也. 「其無此階梯也」는 화습이다. 其자를 없애야 의미가 통한다.(『文戒』, 332쪽)

그런데 소라이가 『문계』에서 잘못된 화훈으로 제시하는 예문의 전부를 안사이와 진사이의 글에서 인용하고 있다. 따라서 『문계』의 저술 의도로 보면 소라이가 '재앙'으로까지 비판한 대상은 안사이학과 진사이학이었다고 추측하기는 어렵지 않다. 이들은 화훈이 중국어의 번역인지도 모른 채, 화훈에 의한 경서의 독서를 자명한 것으로 받아들였다고 소라이는 판단한 것이다.

안사이가 실시한 주자학의 강석은 생생한 구어로 이루어졌는데 경우에 따라서는 속어나 의태어등도 사용된다. 예를 들어 '土'자를 'つち'라고 훈독하고는 이어서 'いつつ', 'つつしみ'라고 분해하는 방법이다. 한문을 일본어(和語)로 바꾸고 이것을 다시 속어로 바꾸어 읽는다.[27] 생생한 구어에 의한 경서의 전달이 그가 추구한 이상적인 방법이었다. 안사이의 이와 같은 태도에 대해 『학문원류』에는 다음과 같은 평이 실려 있다.

단지 사서집주, 근사록의 종류만을 공부하며 … 조금이라도 경의의 설에 맞지않는 것은 사설로 간주하여 물리치며 … 그 선생의 설에 이르러서는 강의, 강록이라 하여 그 말을 한 자 한 자 가나로 기록하여 서로 베껴 쓰며 비밀스런 책처럼 이것을 감추고 그 설을 믿지 않는 자는 외람되게 이것을 보여주지 않는다. … 경의(敬義)의 설에 따르는 사람은 열

---

27 井上厚史,「荻生徂徠の「物」をめぐる言說」,『島根縣立國際短期大學紀要』5호, 1998, 참조.

명이면 열 명, 백 명이면 백 명, 누구라도 듣고 도장을 찍는 서화처럼 일률적이다. 평생 학을 담론하여 다른 문인들과는 교제하지 않고 오직 그들의 동문들과만 교제할 뿐이다.(『학문원류』, 14쪽)

그런데 안사이의 강석에 대한 소라이의 한탄, 즉 "해내 미연(靡然)하여 (안사이의)풍으로 향한다."라는 소라이의 탄식은 "강석은 배우는 자들의 재앙"(『훤원수필』권2)이라고 까지 격앙되어 있다. 전술한 것처럼 소라이가 강석십해론을 쓴 것도 이러한 이유에서 였다.

주자학의 경서주석을 비판하고 새로운 학문적 방법을 주장한 진사이의 고의학도 경서를 정확히 읽지 못하는 안사이와 다를 바 없었다. 진사이는 주자의 의리중심의 경서해석에서 벗어나 경서의 본래의 의미를 추구하기 위해 『어맹자의』와 『논어고의』, 『맹자고의』를 저술했다. 진사이학을 고의학이라 칭하는 이유가 여기에 있다. 이 진사이의 고의학은 주자에 의해 지나치게 자의적이 되어버린 자의의 해명을 위한 작업이었다. 진사이는 『어맹자의』를 저술하고 자의의 해명에 심혈을 기울인 이유에 대해 다음과 같이 설명하고 있다.

나는 일찍이 배우는 자에게 가르치기를 『논어』와 『맹자』 두 책을 숙독하고 정밀하게 생각하여 성인의 의사어맥을 제대로 마음과 눈에 요연하게 새긴다면 단지 공맹의 의미 혈맥을 아는 것 뿐이 아니다. 또한 제대로 그 자의를 이해하고 큰 잘못에 이르지 않게 된다. 그 자의의 학문은 진실로 작은 것이다. 그러나 하나라도 그 뜻을 잃으면 즉 당함이 작지 않다. 단지 실로 하나 하나 이것을 『논어』와 『맹자』에 근본하여 제대로 그 의사어맥에 합한 후에 정확하게 된다. … 그러므로 『어맹자의』한 편을 지어 『논어고의』와 『맹자고의』의 뒤에 부친다.(『어맹자의』상권)[28]

진사이는 『논어』와 『맹자』를 숙독하고 정밀히 생각하여 공자의 가르침과 사상의 문맥이 명료해진다면 성인의 도를 알 수 있다고 판단했다. 공맹의 가르침을 부정하는 것은 자의가 명료하지 않기 때문이다. 그러나 소라이는 진사이의 '공맹의 의사혈맥'에 대해 "나는 무슨 말을 하는지 잘 모르겠다. 또한 그것은 그 사사로운 말이다."라고 치부해 버렸다.[29] 진사이와 안사이는 화훈이 중국어의 번역이라는 것을 모른 채 화훈에 의한 경서의 독서에 중화의 세계, 즉 성인의 도를 알 수 있다고 생각한 것이다. 소라이가 '재앙'이라고 강하게 비판한 대상은 진사이와 안사이의 화훈이었다.

화훈은 전제이다

소라이가 지적하듯이 화훈은 어디까지나 '전제(筌蹄)'를 벗어나지 못한다. 소라이가 "(장자에) 통발, 통발, 물고기를 잡으면 통발은 버리는 것이다.(『학칙』1)"라는 점을 강조하는 이유가 여기에 있다. 소라이가 예화로 드는 『장자(莊子)』「외물편(外物篇)」의 '통발의 비유'란 목적을 달성하면 수단(그물)은 필요 없게 된다는 의미이다. 화훈은 학문에 입문하기 위한 입문자가 한문을 어느 정도 선까지 이해할 수 있게 만드는 수단에 지나지 않는다고 소라이는 단정했다. 화훈에 의존하여 시서예악을 읽는 것은 어디까지나 '기비의 시서예악'일뿐 '중국의 시서예악'은 되지 못한다. 주리격설이 되고 말 것이다.

그러면 중국과 일본의 언어적인 차이를 극복할 수 있는 방법은 무엇일까?

---

28 『伊藤仁齋·伊藤東涯』, 日本思想大系33, 岩波書店, 1971, 115쪽.
29 『문계』, 311쪽.

먼저 기양(崎陽)의 학을 하는데 속어로 가르치며 화음(중국음)으로 암송한다. 이곳의 속된 말(俚語)로 옮기며 절대로 화훈회환의 읽기를 하지 않는다. 처음에는 간단한 것을 시작으로 두 자 세 자로 구(句)를 이루며, 후에 책을 읽게 한다. 기양의 학이 이루어지면 비로소 중화인이 될 수 있다. 후에 조금씩 경자사집(經子史集), 4부를 읽으면 파죽지세의 힘을 얻게 될 것이다. 이것이 최상이다.(『역문전제』, 9쪽)

기양(崎陽)의 학이란 나가사키(長崎) 통사가 배우는 중국어학을 말한다. 소라이는 먼저 한문을 중국어의 원음(華音)으로 읽고 암송하면서 일본어의 구어로 이해해야 한다고 했다. 처음에는 간단한 한 두 글자를 시작으로 하여 점점 독서의 양을 늘여나가 중국어로 경서를 읽을 수 있게 되면 경자사집에 관통할 수 있게 된다. 소라이는 이렇게 중국어 학습(구어)을 통해 경서를 읽는 방법, 이것을 최상의 방법으로 제시한다. 화음주의(華音主義)를 주장하는 것이다.[30]

그런데 소라이가 제시하는 중국어로 경서를 읽어야 한다는 화음주의는 일본인의 언어적 현실에 비춰어 보면 불가능하다. 중국 음으로 경서를 읽는다는 것은 어디까지나 이상적인 방법일 뿐이었다. 소라이는 이러한 현실성을 인정하여 '제2등의 방법'을 제시한다(『역문전제』, 9쪽).

'제2등의 방법'은 폭넓은 독서를 전제로 하고 있다. 소라이는 먼저 훈독을 사용하여 사서나 『소학』, 『효경』, 「오경」, 『문선』 등을 소독(素讀)한다. 알기 쉽다고 판단되는 한 두 구절을 선택하여 일본어의 속어로 설명해주지만 문

---

30 소라이가 중국어 공부에 사용한 텍스트로서는 소라이의 중국어 교사 오카지마 칸잔(岡島冠山)이 편찬한 『당화편용(唐話便用)』, 『당화류찬(唐話類纂)』, 『당화찬요(唐話纂要)』, 『당화아속어류(唐話雅俗語類)』, 『자해편람(字海便覽)』, 『당역편람(唐譯便覽)』등이었다. 今中寬司, 앞의 책, 90~94쪽.

장의 뜻이나 도덕, 성명(性命)의 이치 등 어려운 내용은 설명하지 않는다. 모르는 것은 사전을 통해 스스로 강구하게 한다. 이러한 방식으로 매일 반복적으로 독서해 가면 자력으로 한적을 읽는 힘이 생기게 된다. 여기서 주의해야 할 것은 소라이가 훈독으로 독서의 기초를 다진다는 것을 강조했다고 하여 훈독에 의한 경서의 독서를 강조한 것은 아니라는 점이다. 소라이에게 훈독은 어디까지나 '전제'였고 방편이었다. 소라이가 최종적으로 제시하는 독서법은 다음의 인용문에 잘 나타나 있다.

> 중화인중에 많은 사람들이 독서, 독서를 말한다. 나는 책을 읽는 것은 보는 것과 같지 않다고 생각한다. 중화와 이쪽의 언어가 같지 않기 때문에 일본인의 입과 귀는 모두 힘을 얻지 못한다. 단지 한 쌍의 눈만이 삼천 세계의 사람을 합해 모두 다른 것이 없다. … 단지 마음과 눈 이 둘에 비추어 보면 비로소 그 경지를 엿볼 수 있게 된다. 그러므로 역어의 힘은 결국 미치지 못하는 바가 있다. 역(譯)을 전(筌)이라 하는 것은 이 때문이다.(『역문전제』, 11쪽)

일본인은 입으로 말하는 것과 귀로 듣는 것이 중국인과 서로 달라도, 눈으로 보고 있는 것은 중국인과 동일한 경서이기 때문에 눈으로 경서를 '간서'한다. '간서'는 '묵독'과 비슷하다. 입으로 소리를 내지 않고 눈으로 읽는 것이다. 소라이는 눈으로 읽는 간서에 마음으로 읽는 심독(心讀)을 더하여 최상적인 독서법을 제시한다. 소라이는 중국어와 일본어의 간격을 없애는 방법으로 눈과 마음에 의한 독서를 통해 해소가능하다고 판단한 것이다. 소라이의, 일본인이 처한 현실인식은 여기에서 분명히 드러난다.

소라이가 『역문전제』에서 주장한 것은 훈독이 역학이라는 점이다. 소라이가 "중국(華)과 일본(和)을 합하여 이것을 하나로 하는 것 이것이 우리의 역학"이라고 간주하는 한, 소라이는 중화에 시선을 두고 있었다고 보아야한다. 따라서 유학자가 배워야할 언어는 일본어가 아니라 중국어이어야만 했다. 소라이가 1711년(46세)부터 14년 동안 자신의 저택에서 역사(譯社)라는 중국어 강습회를 개최한 것도 이러한 맥락에서 이해해야 한다.

이러한 소라이의 훈독 부정은 경서 독서에 대한 전면적인 개혁이었으며, 그것은 새로운 학문의 탄생을 예고했다. '주자학지'에서 '소라이학지'로 유학지(儒學知)의 중심 이동과 재구축이 시작되고 있었다. 소라이는 일본어와 중국어 연구를 바탕으로 성인의 언어인 중국어에 접근해 간다. 거기서 고문사를 접함으로써 물(物, 모노)로써 제시되어 있는 육경의 세계를 보게 된다. 육경의 세계는 고언(古言)이나 고어(古語)를 통해 파악된 세계이다.

3. 명대 고문사파와 고문사 학습

하늘의 총영

> 나는 우린씨(이반용)의 가르침을 받들어 고(古)를 보고 사(辭)를 닦고 이
> 것을 배우고 배움이 오래되자 여기에 동화되어 사기(辭氣), 신지(神志)가
> 모두 닮게 되었다. 사기, 신지가 모두 닮자 눈이 보는 것, 입이 말하는
> 것이 무엇을 고르겠는가?(『학칙』2)

윗 글은 소라이가 이반용의 고문사 운동에 심취했음을 단적으로 보여준다. 소라이가 이·왕을 접하는 되는 것은 그의 나이 39~40세 무렵인데 다음과 같은 에피소드가 전한다. 어느 장서가가 파산하여 그가 소장하던 책이 (1706년 전후) 시중에 나왔는데 소라이는 금 160냥을 주고 전부 사들였다. 그중에 이·왕을 비롯한 명대 서적들이 상당수 포함되어 있었다고 한다(『고문

구』서문). 이 당시 소라이가 접한 이·왕의 서적으로는 요시카와에 의하면 이 반용의 『창명집(滄溟集)』16권과 왕세정의 『엄주산인사부고(弇州山人四部稿)』 174권이다.[31] 이와 관련하여 당시 문인들의 에피소드를 기록한 『문회잡기』[32] 에도 『사부고(四部稿)』와 『우린집(于鱗集)』이라고 명기하고 있기 때문에 요시 카와의 견해는 신빙성이 크다.

윗 글에 의하면 소라이는 이반용의 방법을 통해 사기와 신지, 즉 언어와 정신 모두가 옛사람과 하나가 될 수 있었다. 소라이가 명대 고문사파인 이· 왕과의 만남을 "하늘의 총영(寵靈)"이라고까지 하는 것은 위와 같은 이유에 서 였다. 소라이는 고문사를 습득하기 위해 이·왕의 문장을 집중적으로 모 아 간행했다. 명말 청초는 57종류의 이·왕을 중심으로 한 고문사파 관계 시 문집과, 21종류의 『당시선(唐詩選)』의 이본(異本)이 간행되어 있었다. 소라이 가 발문을 쓰고 제자인 핫토리 난카쿠(服部南郭)가 선집한 『당시선』(1724년 간행)이 출판되기 이전에 이미 일본에 33종류의 이·왕의 시문집과, 7종류의 『당시선』의 이본이 유입되어 판각되어 있었다. 후지와라 세이카(藤原惺窩)와 하야시 라잔(林羅山)이 이·왕의 문장을 언급한 일(『당시선』의 언급은 없다), 가 이바라 에키켄(貝原益軒)도 『당시선』의 수준 높음을 평가하였으며, 아라이 하쿠세키(新井白石)도 성당시(盛唐詩)의 학습을 추천했다고 한다.[33] 또한 『훤원 잡화(蘐園雜話)』에 의하면 소라이도 가즈사 시대인 25살 무렵 『당시언해(唐詩 言解)』를 읽었던 적이 있었다.[34] 그러나 소라이 이전 단계에서의 명대 고문사

31 요시카와, 「소라이학안」, 667쪽

32 『문회잡기』, 185쪽.

33 藍弘岳, 「德川前期における明代古文辭派の受容と荻生徂徠の「古文辭學」-李·王關係著 作の將來と荻生徂徠の詩文論の展開-」, 『日本漢文學硏究』第3號, 二松學舍大學21世紀 COEプログラム, 2008, 참조.

34 저자미상, 『蘐園雜話』, 103쪽(『續日本隨筆大成』第4卷, 吉川弘文館, 1979).

파의 유입은 한시에 대한 관심이었으며 그것이 그대로 경서 주석의 방법론으로 이어지지는 않았다.

소라이가 간행한 고문사 관계서적은 『사가준(四家雋)』 6권, 『당후시(唐後詩)』 7권, 『고문구(古文矩)』 1권, 『절구해(絶句解)』 1권, 『절구해습유(絶句解拾遺)』 1권 등이 있다. 『사가준』(1720년 무렵 저술, 1761년 간행)은 한유(韓愈, 788~824), 유종원(柳宗元, 773~817), 이·왕 4명의 문장을 선별하여 초학자를 위해 편찬한 책이다. 『당후시』는 이반용과 왕세정의 시를 선집한 책이며, 『절구해』와 『절구해습유』(1723년 저술)는 이반용과 왕세정의 시를 해설한 저작, 『고문구』(1722년 무렵 저술)는 이반용의 문장 6편을 상세하게 해설한 것이다. 『당시선』 7권 3책은 고문사학의 일본 보급에 절대적인 공헌을 했다. 소라이는 이러한 이·왕의 문장을 선별하여 고문사 학습의 참고서로 삼았다.

『사가준』의 집필

『사가준』은 슌다이, 난카쿠, 신수이 3명이 교열에 참가하였는데 슌다이는 한유와 유종원 문장의 교열을 맡았다. 권1,2는 한유와 유종원을, 권3 이하부터는 이반용과 왕세정의 문장을 싣고 있다. 소라이가 『사가준』을 집필한 것은 그의 나이 55세 무렵으로 알려져 있다. 『사가준』은 처음에 『한후문(漢後文)』이라 했다가 후에 『사가준』으로 개명한 것이다.[35]

『사가준』에는 집필 범례에 해당하는 「준례육칙(雋例六則)」이 있다. 그 내용을 보면 다음과 같다. 제1칙에는 당시 에도 사회에서 문장을 배우기 위해 광범위하게 보급되어 있었던 『고문진보(古文眞寶)』나 『문장궤범(文章軌範)』의 문

---

35 『훤원잡화』(96쪽)에 따르면 "당시전형(唐詩典形)은 당후시의 범례로 쓴 것이며 당후시는 원래는 당후전형이라 하는 것이고 사가준을 당후문이라 하는 것을 후에 개명한 것"이라 되어 있다. 여기서 보면 『당후시』 역시 당후전형이라 했음도 알 수 있다.

제점을 지적하고 있다. 제2칙에서는 한유, 유종원의 문장이 구양수와 소식보다 우수하다는 점을 밝히고 있다. 제3칙에서는 이·왕이 다른 명대 고문사파의 문장보다 훌륭하다고 하면서 후학들의 규구준승이 될 것을 밝히고 있고, 제4칙에서는 문체는 『문선』에 기초하여야 한다는 당위성을, 제5칙에서는 문장에는 문장의 법이 있음을 피력하고 있다. 마지막으로 제6칙에서는 한문은 중국어로 독해해야 참뜻을 알 수 있다는 점 등이 강조되어 있다.

그러면 소라이는 왜 『고문진보』나 『문장궤범』을 통해서는 올바른 문장을 배울 수 없다고 했을까? 소라이에 의하면 『고문진보』는 상인이 집록한 것으로 좋은 문장(藝文:학술적 가치가 있는 문장)을 갖추지 못하고 있는데도, 많은 학자들이 『고문진보』를 대단히 좋게 평가하여 그것으로 문장을 배우지만 결국 대성하지 못하는 세태를 비판한다(「雋例六則」一則). 또한 『문장궤범』에 관하여는 "그 책은 원래 거업(擧業)에 좋은데, 거업은 논책(論策)을 주로 한다. 그러므로 문장궤범에 선별되어 있는 것은 논의를 주로 한 것으로 서사(叙事)에는 미치지 못한다."(「雋例六則」一則)라고 했다. 소라이가 볼 때 『문장궤범』은 '거업', 즉 과거시험 준비를 위한 글공부를 위해 만든 책으로 논책 중심의 문장으로 이루어져 있다. 소라이는, 문장에는 '달의'(達意)와 '수사'(修辭-서사) 둘을 갖추지 않으면 안 된다고 생각했기 때문에 논책 중심인 『문장궤범』을 비판한 것으로 보인다.[36]

소라이는 초학자의 문장 학습 참고서라고 할 수 있는 이러한 책들의 문제점을 지적하면서 『사가준』 편찬 의도를 다음과 같이 말하고 있다.

생각하건대, 육경 13家는 만세불후의 언어이며 문장의 본업으로 이것을 나두고 다른 것이 있을 리가 없다. 문장의 체는 문선에 갖추어져 있지

---

36 白石眞子, 앞의 논문, 23쪽.

만 육조의 (문장의) 편향은 한·유가 리(理)로 여기에 이겨 별도로 문호를 열었다. 송·원의 폐해는 이·왕이 사(辭)로 여기에 이겨 복고의 업이 비로소 갖추어졌다. 또한 천세가 지났다 해도 오직 다만 이 4家, 문을 짓는 규구준승(規矩準繩)을 이루었다. … 이것이 내가 선집하여 기록한 뜻이다.(「雋例六則」一則)

소라이는 "만세불후의 언어"이며 "문장의 본업"인 육경 13가에 이르기 위해 한·유·이·왕 이 4명의 문장을 모아 간행했다고 한다. 그런데 이렇게 소라이가 이들 4명을 문장의 규구준승으로 생각한 이유는 소라이의 고문사학에 기초한 문의식에서 찾아야 한다. 소라이가 송문(宋文:주자학)을 비판할 때에 명대 고문사파의 문장으로 대응한 것과 화훈(和訓)과의 관계도 분명해지기 때문이다.

간문과 용문 사이에서

소라이는 "중국어는 간문이며 이쪽의 말은 또한 용리(冗俚)이다. 그러므로 이쪽의 사람으로 이것을 중국에서 구한다."라고 말하고 있다.[37] "이쪽의 말"이란 화훈(和訓)을 말한다. 화훈은 "용리(冗俚)", 즉 번잡하고 조잡하기 때문에 간결한 "간문(簡文)"인 중국 문을 학습해야 한다. 그런데 중국문 이라고 해도 모두가 "간문"은 아니다. 소라이는 "고서의 말은 모두 간단(簡短)하며 후세의 문사는 모두 용장(冗長)", "송의 구양수, 증공 이하의 극히 용장비약(冗長卑弱)한 것을 배우니 모두 똑같은 병일 뿐이다."라고 간주하여 송문을 번잡하고 장황한 '용장'(冗長)이라 했다.[38] 소라이는 화훈과 송문을 똑같이

---

37 『역문전제』, 14쪽.

'용장'으로 취급하고 있었다. 또한 "경(經)은 고이며 전(傳)과 주(注)는 금(今)이다. 전과 주로 경을 해석하는 것은 금으로 고를 보는 것이다."[39]라고 하여 '전주'를 '금'으로, '경'을 '고'로 보았다. 소라이는 전과 주에 해당하는 송문으로는 고에 해당하는 경서를 이해할 수 없다고 판단한 것이다.

다시 말하면 소라이는 금문과 고문의 단절과, 전주에 의한 경서의 해석을 동일한 것으로 인식하고 있었다. 그것이 경(성인의 도)의 세계를 알 수 없게 만드는 주된 원인이다. 또한 소라이는 전과 주를 통해 경서를 이해하려는 행위를 "왜훈(倭訓)을 빌려 중국어(華言)를 읽는'[40]것에 비유하는데, 송문을 배우는 것과 화훈으로 경서를 읽는 행위를 같은 것으로 파악하고 있었다고 보인다. 금문으로 고문을 해석하거나 전과 주에 의한 경서의 해석은 훈독으로 경서를 이해하려는 행위와 같은 것이었으며 그것은 결국 고문의 번역에 불과하다. 고문사로 되어있는 육경을 고문사로 이해해야 된다는 소라이의 주장이 문장론에서 강하게 드러나 있다.

> 나는 어렸을 때부터 송유의 전과 주를 지켜 받들기를 수년, 적습의 병으로 또한 그 잘못을 자각하지 못했다. 하늘의 총영으로 중년에 이르러 두 공(이·왕)의 업을 얻어 이 것을 읽었다. 처음에는 들어가기 어려웠다. 두 공의 문장은 옛 말(古辭)에 기인한다. 그러므로 고서에 익숙하지 않으면 이것을 읽을 수 없다. 고서의 말(辭)은 전과 주로는 해석할 수 없다.(「答屈景山」第一書)

---

38 『역문전제』, 14쪽.
39 『徂徠集』권27, 「答屈景山」第二書.(平石直昭篇, 『近世儒家文集集成』3, ぺりかん社, 1985)
40 『徂徠集』권27, 「答屈景山」第二書.

여기서 또 하나 생각해야할 것은 소라이가 이·왕·한·유를 문장의 모범으로 생각하면서도 특히 이·왕을 고문사의 문장으로 인정했다는 점이다. 소라이에 의하면 문장에는 '달의'(達意)와 '수사'(修辭) 두 파가 있으며, 하·은·주 3대의 시대는 달의와 수사가 분열하지 않았었다. 그런데 후한 때부터 두 파의 분열이 현저하게 일어나면서 당에서 최고조에 달했다. 그래서 소라이는 다음과 같이 말하고 있다.

> 한(韓)과 유(柳)는 달의(達意)로 문을 진작시켜 우주를 일신했다. 그런데 한·유는 이것을 고에서 찾았기 때문에 융성해졌다. 송의 구(歐)와 소(蘇)는 이것을 한·유에서 찾았기 때문에 또한 쇠퇴했다. 시대를 내려와 원·명에 이르러서는 문장이 모두 어록중의 말, 조자(助字)가 별도의 한 법을 이루어 저 멀리 상고와 맞지 않자 고금 간에 결국 일대 홍구(鴻溝)를 이루었다. 그러므로 이·왕은 수사(修辭)로 이것을 진작했으며 오직 고에서 법칙을 삼았다.(『역문전제』, 14쪽)

여기서 소라이는 이·왕과 한·유를 취하는 이유를 설명하고 있다. 한·유는 달의와 수사가 분열한 상황을 고에 기준을 두는 것으로 극복했다. 그런데 송의 구양수(歐陽修), 소순(蘇洵), 소식(蘇軾), 소철(蘇轍)은 문장의 기준을 고에서 찾지 않고 한·유에서 찾게 되자 문장의 도가 쇠퇴해지는 원인이 되었다. 또한 원·명에 이르러서는 어록의 말이 되어버렸다. 고금 간에 커다란 간격이 만들어지는 이유이다. 소라이는 한·유와 이·왕의 업적을 고에 기준을 둔 것에 있다고 보았다. 그런데 소라이는 "사(辭)를 닦지 않으면 달의할 수가 없다.[41]"고 하면서 달의는 "문장의 본연이 아니다.[42]"라고 했다. 이러한

---

41 『역문전제』, 14쪽.

사실을 바탕으로 추측해보면 소라이는 달의에 문장의 중점을 두었던 한·유 보다는 수사에 중점을 두었던 이·왕의 문장을 높게 평가했다고 할 수 있다. 또한 소라이가 주자학을 비판한 양명학이나 진사이학을 취하지 않았던 이유도 그들이 문장의 도를 "사(辭)와 사(事)에서 찾는 것을 모르니 또한 송인의 부류이다.[43]"라고 한 말에서 추측할 수 있다.

소라이가 생각하기에 육경은 모두가 사(事)와 사(辭)로 되어 있는데[44], 그것은 언어에 의해 문장의 형태로 나타난다. 고문사는 "고대 중국의 훌륭한 언어표현"이기 때문에 수사가 문제가 되는 것은 당연하다.[45] 공자의 편찬에 의해 육경은 고대 중국어라는 언어의 옷을 입고 우리들은 언어를 통해 육경의 세계로 들어갈 수 있다. 거기에서 '모노(物)로서 존재하는 '원육경'을 만날 수 있게 된다. 소라이의 고문사학은 이러한 명대 고문사파의 문장을 배우는 것으로 시작된다. 그것도 이·왕의 문장을 표절모의해도 괜찮다고 생각하여 "오래도록 하여 여기에 변화되고 습관이 천성처럼 되면 밖에서 들어오는 것이라 해도 나와 하나가 된다. 그러므로 자사가 말하길 내외를 합하는 도라 했다. 따라서 모의하는 것을 병이라 여기는 것은 배움의 도를 모르는 것이다.[46]"라고 말하고 있다.

이러한 소라이학파의 시문의 특징으로 이·왕의 고문사를 흉내 내어 "언어와 각 구마다 진한, 성당에 용례가 없는 것은 사용하지 않는 엄격한 의고주의"이며, "격조설에서 배운 성당시의 격조를 흠모하여 표현의 조탁에 힘썼다.[47]"라는 평가가 있는 것처럼 고문사파는 언어의 표현을 '연기'하는데 노력

---

42 『徂徠集』권27, 「答屈景山」第一書.

43 『徂徠集』권27, 「答屈景山」第一書.

44 『徂徠集』권27, 「答屈景山」第一書.

45 澤井啓一, 위의 논문, 123쪽.

46 『徂徠集』권27, 「答屈景山」第一書.

했다. 이러한 모방의 과정을 거치면서 고문사에 접근해 갈 수 있는 길이 열리는 것이다.

4. 명(名)과 물(物)의 세계

고문사의 학습

소라이가 『역문전제』에서 제시한 화음주의가 "한문을 어떻게 읽을 것인가"에 대한 일반적인 고찰이라면 『학칙』은 "중국어로 쓰인 시서예악(육경)을 어떻게 배울 것인가"에 관한 물음이 고찰의 대상이다.[48] 한문을 읽는 것과 육경을 배우는 것은 표리의 관계에 있다. 여기서 고문사의 학습이 요청된다. 학습의 대상인 육경은 고대 중국어, 그것도 고문사로 되어 있기 때문이다.

나는 하늘의 총영으로 왕·이 두 가의 책을 얻어 이것을 읽고는 처음으로 고문사가 있다는 것을 알았다. 그래서 조금씩 육경을 취하여 이것을 읽었다. 오랜 시간이 흘러 점점 물(物)과 명(名)이 합하여지게 되었다. 물과 명이 합하여진 후에 훈고가 처음으로 분명해져 육경에 대하여 말할 수 있게 되었다.(『변도』1)[49]

소라이는 "하늘의 총영(寵靈)"으로 이·왕등 명대 고문사파와 만났으며, 그들을 통해 배운 고문사로 육경을 읽어감에 따라 점차적으로 명(名)과 물(物)

---

47 日野龍夫, 『徂徠學派』, 筑摩書房, 1975, 11쪽, 45쪽.
48 宇野田尚哉, 「書を讀むは書を看るに如かず」, 『思想』809호, 1991, 38쪽.
49 『변도』, 日本思想大系36, 岩波書店, 1973.

66 _ 知의 형성과 변용의 사상사

이 일치하게 되었다고 말하고 있다. 명(명칭)과 물(대상)이 일치하게 되자 비로소 육경의 내용을 알게 되었다. 고문사를 통하지 않고서는 명과 물이 일치하지 않는다는 것이 된다.

> 사람이 생겨난 이래로 물이 있으면 명이 있다. 명은 원래 보통사람이 이름짓는 것이다. 이것은 형태가 있는 것에 이름 짓는 것일 뿐이다. 형태가 없는 것에 이르러서는 즉 보통사람이 볼 수 없는 것으로 성인이 이것을 세워 여기에 이름을 지었다. (『변명』서문)[50]

위의 인용문에는 유형의 사물과 무형의 사물에 대한 명명주체가 보통사람(常人)과 성인으로 상정되어 있다. 여기서 주의할 것은 유형의 개별 사물에 대한 명명 주체가 보통사람이라는 것이며 유형의 사물은 각각의 보는 주체에 따라 이름을 달리한다는 점이다. 소라이의 의도는 보통사람의 명명행위란 전체를 포괄하고 통괄하는 통일성이 없다는 점을 보여주려 한 것에 있다. 성인은 유형의 사물을 포함하여 무형의 사물(소라이는 『훤원2필』에서 "중국의 성인은 인의예지 등의 이름을 만들었다"고 했다)을 명명하여 전체를 통일시키는 주체이다. 성인의 명명행위에 의해 명과 물이 결합하여 개념화된다는 점에 주의해야 한다. 성인에 의해 확정된 개념들은 백성들을 가르치는 도구가 된다. 소라이는 『변명』에서 75개의 추상명사에 대한 개념을 정리하면서 그 의미를 규정하고 있는데 무형의 사물에 대한 성인의 명명행위는 이와 관련되어 있다. 명과 물이 어긋나기 이전의 본래적인 의미를 회복하고자 한 것이다.

---

50 『변명』, 日本思想大系36, 岩波書店, 1973.

정주 여러 선생들은 호걸의 선비이지만 고문사를 모른다. 그래서 육경을 읽고도 이것을 알지 못한다. 오직 중용, 맹자 등의 읽기 쉬운 것만을 좋아하여 … 또한 금문으로 고문을 보고 그렇게 하여 물에 어두워 물과 명이 유리하여 결국 의리가 홀로 행한다.(『변도』1)

송유들이 고금의 언어적 차이를 알지 못한 채 금문으로 고문을 보는 잘못을 범하자 이로 인해 명과 물이 유리되고 의리, 즉 이론만이 홀로 행해지는 현상을 초래하고 말았다. 명과 물이 서로 상응하지 않는 결과이다. 소라이는 『학칙』(3)에서 "수레를 헤아리면 수레는 없지만 수레의 이름은 있다.(數車無車 而有車之名)"고 했다. 이것은 수레를 분석하여 헤아려 본다면 수레는 각 부분의 명칭으로만 존재하게 되며 수레는 없어지게 된다는 『노자』에 출전을 갖는 문장이다. 물론 수레라는 명칭은 남는다. 수레는 통명이기 때문이다. 명에는 개별적인 (사)물에 대한 명칭이 있고 또한 그것을 총괄하는 명칭이 존재한다. 소라이는 명을 '기호'(『讀荀子』)라 정의한다.[51]

소라이가 말하는 '도'(道)라는 것은 선왕의 도이며 선왕이 제작하여 백성들을 다스리는 구체적인 술(내용)의 전체를 말한다. 여기에는 주자학에서 상정하는 리로서의 도의 성격은 탈각되어 있다. 『변도』(16)에는 "선왕의 가르침은 물로 하는 것이지 리로 하지 않는다. 가르치는데 물로 한다는 것은 일로 일삼는다는 것이다."라는 문장이 있다. 여기서 소라이가 말하는 "일을 일삼

---

51 1705년에서 1709년 사이에 집필된 『독순자』(간행은 소라이 사후인 1763년)는 『역문전제』에서 『학칙』에 이르는 고문사학이 완성되어 가는 과정에서 저술된 것으로 "소라이의 언어 기원에 관한 성찰"이 전개되어 있다. 緒形康,「荻生徂徠の言語論「『讀荀子』から『辨名』へ」,『寺小屋語學文化研究所論叢』3호, 寺小屋語學文化研究所, 1983, 124쪽. 『독순자』에 대한 평가는 다음의 논문을 참조. 井上厚史,「荻生徂徠の「物」をめぐる言說」,『島根縣立國際短期大學紀要』5호, 1998, 中村春作,「徂徠學の基層-「名」と「物」の世界における俗の形成」, 大阪大學 『日本學報』3호, 1994.

는다."는 것은 주자학에서 상정하는 리와 같은 형이상학적인 내용을 말하는 것이 아니다. 구체적인 '사실'을 말한다. 선왕은 일(事)을 통해 백성들을 가르친다, 즉 신체화시킨다. 교화의 방법은 언어로 깨닫게 하는 것이 아니라 구체적인 실천행위를 통해 각인시키는 것이다. 이처럼 금문과 고문의 단절과 명과 물의 단절은 같은 선상에서 파악되고 있다.

물은 가르치는 조건

소라이의 물 개념은 한마디로 정의하기 어렵다. 예를 들어 소라이는 "천지간에 물은 셀 수 없이 많다. 수화목금토를 벗어나지 않는다.", "백성이 생겨난 이래 물이 있으면 이름이 있다."라고 했다. 이것은 사물일반을 물로 본 것이다. 그러면서도 한편으로는 "경례 3백, 위의 3천은 모두 물이다.", "물이란 선왕이 제작한 것이다.", "육경은 물이다. 도는 모두 여기에 있다."라고 하여, 예악과 관련된 것을 물이라 칭하고 그것이 발전하여 육경 전체를 하나의 물로 파악하고 있다.[52] 이렇게 보면 소라이는 물이 문자화된 것을 육경이라 판단했다는 것을 알 수 있다. 육경이 '물'이라는 것은 육경이 개념이 들어 있는 경전이 아니라 선왕의 구체적인 행적, 구체적인 사실 등이 제시되어 있다는 것을 의미한다. 그래서 소라이는 "물이란 선왕이 제정한 것"(『훤원3필』)이라 하여 선왕의 가르침은 물에 집약되어 있다. 물에는 모든 이치(衆理)가 들어 있기 때문이다. 물은 곧 소라이학의 근저에 놓여 있는 사상의 핵이 된다.[53]

---

52 『변명』「음양오행」, 『변명』서문, 『변명』「예」, 『학칙』3.
53 소라이의 물 개념에 대해서는 다양한 견해가 존재한다. 예를 들어 마루야마는 '역사적 사실'이라 했으며(『日本史政治思想史研究』), 니시다는 '객관적 구체적 사물', '구체적 내용이나 사물'(『일본사상대계』의 『변명』「物」의 주석), 비토는 '구체적인 사물과

물은 가르치는 조건이다. 옛 사람은 배워 덕을 자기에서 이룰 것을 요구
한다. 그러므로 사람을 가르치는 자는 가르치는 조건으로 가르친다. 배
우는 자도 또한 조건으로 이것을 지킨다.(『변명』물)

물이라는 것은 모든 이치가 모인 것이다. 그런데 반드시 일에 따르기를
오래도록 하면 마음이 실제로 이것을 안다.(『변명』물)

위의 인용문에서 알 수 있듯이 선왕이 제정한 물은 사회 공동체와 인간
을 인도하는 규범이 된다. 이러한 규범은 위로부터의 강제적 주입에 의한 순
응이라기 보다는 "일에 따르기를 오래하면"에서 알 수 있듯이 우리 몸으로
물을 신체화하여 마음으로 깨닫는 방법을 따른다. 물에는 변화시키는 능력
이 있기 때문이다. 위 인용문을 통해 리와 같은 개념화된 것으로는 사람과
세상을 변화시킬 수 없다는 소라이의 인식을 엿볼 수 있다.
　이처럼 소라이가 염두에 두었던 육경의 세계는 '명'과 '물'이 일치된 고문
사의 세계 그 자체였으며, 거기에 성인의 도의 세계가 있다. 소라이는 성인
이 존재하던 시대는 명과 물이 완전히 합치된 세계였지만, 고문사를 모르는
유학자들이 만들어낸 유학의 세계는 명과 물이 불일치된 세계였다는 것을
강조하는 것이다.
　소라이의 『독순자』에 의하면 명과 물의 불일치를 가져온 원인에 대해 "사
물마다 형태를 달리하고 사람마다 마음을 달리하며 마음을 달리하는 사람
마다, 각각 그 마음으로 그 사물을 형용하여 이것으로 사람에게 깨닫게 하
려하기 때문에 명실(名實)이 서로 혼동된다."라고 서술하고 있다.[54] 각 사물마

그 사실에 입각한 경험적 인식'(『江戸の思想家たち(上)』), 요시카와는 '선왕이 제시하
는 표준적 사실'(『徂徠學案』)이라 정의한다.
54 『독순자』「정명편」, 510쪽(『荻生徂徠全集』, 河出書房新社, 1975).

다 고유한 이름이 있음에도 불구하고 각자 자신이 보는 바에 따라 사물에 서로 다른 이름을 부여하기 때문에 명과 물의 불일치가 발생하게 된다. 따라서 이름과 지시대상(물)이 일치하기 위해서는 사람들마다 동일한 대상에 대하여 동일한 이름을 사용해야만 한다.

> 선왕이 이름을 제정하는 처음에는 하늘(天)을 하늘이라 이름하고 땅 (地)을 땅이라 이름하여 이 뜻을 만민과 서로 약속하고 이것으로 기호 로 삼아 여기에 이름을 명했다.(『독순자』「정명편」, 511쪽)

소라이는 성인의 명명행위가 성인의 작위에 기초하면서도 만민과의 약속을 강조하고 이것으로 명과 물이 완전히 일치된 세계를 만들었다고 보고 있다. 성인의 명명행위는 성인의 작위이지만 만민과의 약정이라는 공공성이 전제되어 있다. 성인이 만민과 약속하여 제정된 명은 공동체 안에서 실제로 사용되면서 관습화되고 사회 속으로 정착되어 간다. 이로써 동일한 기호를 바탕으로 한 언어와 그 언어를 배워 사회 전체적인 풍속(俗)을 이루는 공동체가 가능해진다. 소라이가 궁극적으로 지향했던 것은 사회 공동체의 풍속을 이루는 것에 있다.

명과 물의 불일치

그런데 성인이 없어진 지금 제자백가가 나타나 자신들의 생각에 따라 사물에 이름을 부여하였으며, 후한의 마융(馬融)이나 정현(鄭玄)에 의해 경서의 취사선택이 이루어졌다. 비록 당의 한유가 문장의 복고를 주장했지만 자신이 정한 기준에 의한 복고였기 때문에 문장의 변질을 초래할 수 밖에 없었다. 이렇게 되자 명과 물의 불일치는 더욱 심하게 되었다. 명물의 불일치가 절정에 이른 것은 고문사를 전혀 모르는 정주의 출현이다. 정주학은 금언으로 고문사로 되어 있는 육경을 해석해 버리는 잘못을 범한 것이다.

이러한 사실을 간과한 일본의 유학자들은 훈독으로 경서를 이해하기 때문에 명물의 불일치는 더욱 심해졌다. 중국과 일본, 고와 금의 거리는 더욱 멀어지고, 언어의 혼돈과 혼란은 더욱 깊어질 수밖에 없었다. 소라이가 훈독을 재앙이라고까지 폄하하는 이유이다. 예를 들어 "문자는 모두 중화의 언어이며 이쪽에는 즉 화훈전도하는 독서가 있다. 이것은 화어를 화언에 배열한 것으로 그러나 중화, 이쪽의 언어는 원래부터 같지 않다. 배열할 수 없다."(『훤원수필』권2)라는 것이나 "독서할 때는 빨리 화훈에서 벗어나야 한다. 이것이 진정한 독서의 방법"(『역문전제』, 10쪽)이라는 인식이 그러하다.

중화의 언어를 중화의 언어 그자체로 이해하고 독서해야 하는데 화훈으로 중화의 언어를 이해한다는 것은 곧 명과 물이 불일치하는 현상을 초래하고 만다. 명(중화의 언어)은 물에 대한 기호이며 약정이기 때문이다. 이 기호를 화훈으로 이해한다는 것은 어불성설이다. 중화의 언어를 일본의 화훈으로 이해하는 순간 그것은 일본이라는 특수한 사적 세계에만 통용되는 자의적 해석을 생산해 낸다. 소라이가 안사이와 진사이의 강석을 비판한 것도 이와 관련되어 있다. 언어의 배후에 존재하는 성인의 도를 화훈으로는 알 수 없다는 것이다. 이러한 사실을 알리없는 진사이나 안사이는 결과적으로 성인의 법을 문란하게 만들고 말았다. 이처럼 화훈으로 중화의 언어를 이해한다는 발상은 성인의 도 그 자체가 보편적일 수 없고 사적이며 특수한 세계로 빠져버리게 만드는 요인이 된다.

소라이는 "우(宇)는 주(宙)와 같으며, 주는 우와 같다. 그러므로 금언(今言)으로 고언(古言)을 보고 고언으로 금언을 본다면 이것은 주리격설의 말과 동일하다."(『학칙』2)라고 했는데, 이것은 금언으로 고언을 알 수 있다고 보는 주자학자들이나 훈독으로 경서를 알 수 있다고 보는 일본의 유학자들에 대한 비난의 언사였다. 그러한 비난은 "세상은 말을 싣고 변해가며 말은 도를 싣고 변해간다. 백세의 뒤에 처하여 백세나 위의 것을 전한다는 것은 월상씨(越裳氏-주대에 현재의 베트남 남부에 살았던 부족)가 아홉 번의 중역을 거쳐 (주나라 성왕에게 조공하러) 온 것과 같다."(『학칙』2)는 언사에서 절정에 달한다. 고언과 금언은 연속적이지 않고 단절되어 있다. 이것을 인식하지 못하면 경서를 해석할 수 없게 된다. 여기서 소라이가 고언과 금언의 단절을 이해하지 못한 채 중역을 거듭하면서 조공하러 오는 월상씨에 비유하는 자들 역시 주자학자들과 훈독을 묵수하는 학자들이었다. 이처럼 소라이가 금언과 고언의 단절을 강조한 것은 원전으로서의 육경과 주소를 바탕으로 해석되어 온 육경에는 간격이 있을 수밖에 없으며, 원형의 파괴나 변형은 불가피함을 말하기 위해서였다.

그러므로 소라이는 "고(古)를 먼저하고 금(今)을 나중에 한 후에야 그 원위(源委)를 분명히 밝혀 잘못됨이 없다."(『역문전제』, 14쪽)라고 했다. 기준의 설정이다. 이렇게 소라이가 고(古)에 기준을 두어야만 한다고 생각한 이유는 분명하다. 고에는 고언(古言)이 있었기 때문이다. 선왕의 도가 무엇인가를 알기 위해서는 선왕 시대의 언어를 알지 않으면 안 된다. 고언은 바로 선왕시대의 언어이다. 그리고 고언은 고문사를 배우는 것으로 알 수 있다고 소라이는 주장한다. 소라이가 명대 고문사파의 문장을 집중적으로 모아 간행한 것도 고문사에 의한 고언을 학습하는 기초적 작업이었기 때문이었다.

그러므로 성인의 도를 구하려는 자는 반드시 이것을 육경에서 구하여 이것으로 물을 알며 이것을 진한 이전의 서책에서 구하여 이것으로 명을 안다. 명과 물이 어긋나지 않으면 그런 후에야 비로소 성인의 도를 얻어 말할 수 있다. 그러므로 변명을 지었다.(『변명』서문)

『변명』은 고와 금이 분리된 지금의 시점에서 선왕의 도의 전체상을 알기 위한 명과 물의 합치의 방법을 제시한 저서이다. 진한 이전의 서책을 통해 고대에 존재한 명의 상태를 알고 육경을 통해 고대에 선왕이 제정한 물을 알게 되면 그 배후에 제시되어 있는 궁극적인 세계, 즉 성인의 도와 그 세계를 알게 된다.

5. 고언(古言)과 선왕의 도

육경은 물, 논어는 의

전술한 것처럼 소라이는 이·왕의 책을 통해 고문사를 알게 되었으며, 고문사의 습득을 통해 명과 물이 일치되자 비로소 훈고가 분명해졌다고 했다. 또한 『논어징』 「제언」에서 "나는 고문사 배우기를 10년, 거의 고언이 있음을 알게 되었다. 고언이 분명해진 후 고의(古義)가 정해지고 선왕의 도를 얻어 말할 수 있었다."(『논어징』 「제언」)라고 했다. 이러한 사실을 종합해 보면 소라이는 고문사 습득을 통해 '고언'을 알게 되었으며 이로써 경전의 정확한 훈고가 분명해 육경의 세계를 알게 되었던 것이다. 따라서 고문사의 학습은 '고언'이 무엇인지를 알게 해주는 것이며, '고언'이 무엇인지 알게 되면 육경에 펼쳐져 있는 성인의 도의 전모를 알게 된다고 소라이는 생각했다.

소라이는 육경안에 성인의 도의 모든 것이 들어있다고 하면서도 육경의 주석서를 저술하지 않았다(『학칙』3). 육경은 주석적인 행위를 통해 알 수 있는 것이 아니라고 소라이는 인식한 것일까? 그런데 육경은 완전한 상태로 있는 것이 아니라 결여되어 있다.[55] 소라이가 『논어징』을 저술한 의도가 여

---

55 『학칙』7.

기에 있다.

소라이에 의하면 공자는 육경을 편찬할 때에 고대로부터 전해 내려오는 전(傳)이나 기(記)에서 선별하였다. 그리고 『논어』는 "육경을 편집하면서 남은 단편적인 말들(緖言)"(『논어징』「제언」)을 모아놓은 책이다. 소라이는 "육경은 물이다. 『논어』는 의(義)이다. 육경이 있으면 논어가 있고 육경이 없어지면 논어는 보잘것없는 헛된 말의 공론이 된다."(『경자사요람(經子史要覽)』, 517쪽)라고 했으며, "의는 반드시 물에 속한 후에 길이 정해진다. 즉 그 물을 버리고 오직 그 의만 취한다면 넘쳐 스스로 정도를 넘지 않음이 드물다."(『변도』1) 라고도 했다. 이처럼 물과 의의 상관성을 무시하게 되면 육경도 『논어』도 의미를 알 수 없게 되는 위험성이 있다. 불완전한 상태의 육경은 의인 『논어』를 통해서 비로소 완전한 물로서의 육경이 된다. 『논어』는 육경에 들어가기 위한 통로인 셈이다.

소라이는 『논어징』「제언」에서 "사람들은 공자가 배운 바를 배우려 하지 않고, 공자를 배우려한다."라고 했다. 여기서 소라이는 "학습"에 대한 정의를 하고 있는데, 그것은 공자를 배워야 함을 강조한 것이 아니라, "공자의 배운 바"가 무엇인지를 아는 것에 중요성을 부여하고 있다는 점이다. 따라서 소라이가 고문사 학습을 통해 깨닫고자 한 것은 공자의 배후에 펼쳐져 있는 육경과 선왕의 세계가 무엇인지에 대한 것이었다. 소라이는 학(學)을 정의하여 "학이란 선왕의 도를 배우는 것"이라 하면서 "선왕의 도는 시서예악에 있다. 그러므로 배우는 것도 시서예악을 배울 뿐"(『변명』「학」)이다. 따라서 "공자의 배운 바"의 내용은 결국 시서예악, 즉 육경이다.

그런데 소라이가 "공자의 배운 바"를 강조하는 이유는 공자의 존재 이유에 대한 소라이의 평가에 기인한다. 소라이에 의하면 공자는 비록 '도의 제작자'는 되지 못했으나 선왕의 도를 당대에 시행하는 것이 아니라 후세에 전하는 것을 천명으로 받았다고 보았다.[56] 여기서 중요한 것은 공자가 후세에 전하려 한 '도'의 내용을 아는 것이다. 따라서 공자가 무엇을 배웠으며 무엇을 전하려 했는가를 아는 것에 소라이의 '학습'과 '고언'의 의미가 있다. 공자가 전하려고 한 '도'는 '고언'을 밝히는 과정에서 구체적으로 드러난다.

『논어징』과 고문사

소라이의 『논어징』은 『변도』, 『변명』이나 『학칙』 등에서 방법화한 고문사학적 방법을 적용하여 주석한 저서로 평가받는다. 『논어징』에는 『논어』 본문의 자구를 해석할 때에 '고언'이나 '고어(古語)' 또는 '고경(古經)의 말', '고서(古書)의 말'이라는 표현이 자주 사용되고 있다. 그러한 예를 들어 보자.

子曰父在觀其志章(『논어』「학이편」)

"부모가 살아 있을 때는 그 뜻을 보며 부모가 돌아가시면 그 행위를 본다"는 것은 사람을 보는 방법이다. "그런 연후에 삼년동안 부모의 도를 바꾸지 않으면 효자라고 할 수 있다". 즉 부모가 비록 돌아가셨는데도 그 행위를 볼 수 없는 자가 있다. 이 두 구는 고어(古語)이며, 아래 두 구는 공자가 그 뜻을 보충한 것이다. (『논어징』「학이편」)

소라이는 "부모가 살아있을 때에는 그 뜻을 보며, 부모가 돌아가시면 그 행위를 본다."라는 두 구를 '고어'라고 단정한다. 이어 "삼년동안 부모의 도를 바꾸지 않으면 효자라고 할 수 있다."는 공자가 '고어'인 "부모가 살아 있을 때에는 그 뜻을 보며, 부모가 돌아가시면 그 행위를 본다."라는 구의 뜻

---

56 『변명』, 236~237쪽.

을 보충하여 말한 것이라고 보고 있다. 이 부분의 소라이 주해와 관련하여 「리인편」의 '子曰三年無改於父之道, 可謂孝矣'장의 주석을 보자. 여기서 소라이는 "부모가 살아있을 때에는 그 뜻을 보며, 부모가 돌아가시면 그 행위를 본다는 것은 고언이다. 삼년동안 부모의 도를 바꾸지 않으면 효자라고 할 수 있다는 것도 또한 고언이다."(『논어징』「리인편」) 라고 주해하고 있다. 소라이는 「학이편」과 「리인편」의 동일한 문장에 대해 고언과 고어를 특별히 구분하지 않고 사용하고 있다는 것을 알 수 있다. 다시 말하면 소라이는 공자가 "삼년동안 부모의 도를 바꾸지 않으면 효자라고 할 수 있다."의 '고언'을 사용하여 "부모가 살아있을 때에는 그 뜻을 보며, 부모가 돌아가시면 그 행위를 본다."의 '고언'을 보충하고 있다고 해석하고 있는 것이다.[57]

子曰君子不重則不威章.(『논어』「학이편」)

공자는 많은 고언을 암송하면서 문인을 가르친다. 혹은 병인하여 서로 깨닫게 한다. 혹은 완전히 암송하여 홀로 행한다. 이 장의 절반은 다른 편(자한편)에도 보인다. 그러나 주자는 그 절반은 없는 것이라 하고, 진사이 선생은 그 말이 비슷하지 않은 것으로 보아 같은 시기의 말이 아니라고 했다. 모두 공자가 고언을 암송하고 있다는 것을 모르기 때문이다.(『논어징』「학이편」)

본문에 대한 소라이의 해석에서 특징적인 점은 공자가 문인을 교육하는 방법으로 '고언'을 암송한다는 점이다. 공자는 '고언'을 암송하면서 문인들이 서로 상장하도록 하는 방법을 취하고 있다고 소라이는 판단했다. 또 하나의

---

57 白石眞子, 「太宰春台と荻生徂徠の「古言」「古語」-『論語古訓外傳』と『論語徵』」, 『漢文學解釋與研究』第3輯, 2000, 70쪽.

특징으로 소라이는, 「자한편」에도 있는 본문에 대한 해석에서 주자와 진사이는 공자가 '고언'을 암송한다는 사실을 몰랐기 때문에 잘못된 해석을 한다고 비판하는 점이다. 이처럼 기존의 주석이 '고언'을 모른다고 비판하는 유형은 『논어징』에서 자주 발견된다. 『논어징』은 가상의 적으로서 주자의 『집주』와 진사이의 『논어고의』가 의식의 저편에 있었기 때문이다.

> 송유의 성(性)은 불씨의 성상(性相)의 성(性)과 같다. 크게 고언을 잃었다.(『논어징』 「학이편」)

> 송유는 리로 이것을 말한다. 말하지 않음이 없이 탁연히 봐야한다. 적어도 이것을 사(辭)에서 구하지 않으면 또한 천착하는 것일 뿐이다.(『논어징』 「학이편」)

> 대저 후세의 유자는 단지 글자(字)만 알뿐 고언을 모른다. … 고언을 모르고 글자로 이것을 해석하려 하기 때문에 잘못되는 것이다.(『논어징』 「팔일편」)

주자학의 세계를 리와 기로 해석하는 것에 대한 소라이의 위화감이 잘 나타나 있다. 리가 아니라 사(辭)에서 구해야 한다는 소라이의 인식은 곧 송유들이 고언을 모르기 때문이라는 그의 특유의 고언설에 입각해 있다. 자(字)는 반드시 의(義)를 알아야만 하며, 그것을 모르고 글자만을 안다면 그것은 곧 텅 빈 그림자일 뿐이다.[58] 이처럼 주자의 논어 주석의 문제점을 고언

---

58 "대저 송유는 자의를 소홀이 하여 천취하여 그 설을 이루었다. … 입에 맡겨 리를 말하면 말하지 못하는 것이 없다. 그러나 자는 그 의를 잃으면 또한 그림자일 뿐이다." (『논어징』 「팔일편」)

과 관련시켜 비판하는 소라이의 입장은 진사이 비판에도 그대로 드러나 있다.[59]

옛 주석에서 견고(堅固)하지 않다 라는 것은 고언이 아니다. 진사이 선생은 말하길 학문의 효과는 사람으로 하여금 고루하지 않게 하는 것이라고 했다. 이러한 해석은 학문에 대한 생각이 아주 잔박한 것이다. 크게 공자의 뜻이 아니다.(『논어징』「학이편」)

소라이는 공문의 사제관계는 구속적인 엄격한 관계가 아니라 자유로운 분위기가 넘치는 관계라 보고 이것이 옛도(古道)라 하면서 후세에는 이러한 뜻이 불분명해졌다고 했다. 공자는 하나의 설을 강고하게 고수하지 않았는데 이것을 견고하지 않다고 해석한 후유들에 대해 소라이는 고언이 아니라고 단언한다. 이것은 곧 진사이가 후유들의 해석을 따라 고루하지 않다고 주해한 것에 대한 비판인데 진사이의 주해가 고언을 몰랐다는 것을 간접적으로 드러내고 있는 대목이라 할 수 있다.

有子曰爲人也,而好犯上者鮮章.(『논어』「학이편」)

근본은 시작이다. 임방이 예의 근본을 물었다(「팔일편」). 천하의 근본은 나라이다. 나라의 근본은 집이다. 집의 근본은 몸에 있다. 덕은 근본이다. 재물은 말이다. 모두 시작하는 바를 말하는 것이다. 고언이 그러하

---

59 소라이가 진사이를 비판하는 계기가 된 것은 잘 알려진 것처럼 소라이가 진사이를 흠모하며 보낸 한 통의 편지 때문이다. 소라이의 편지를 받은 진사이는 소라이에게 답장을 보내지 않았다. 그런데 진사이 사후 진사이의 유고집을 정리간행하면서 진사이의 유고집에 소라이가 보낸 편지가 무단으로 게재된다. 이 사실을 안 소라이는 무척 불쾌하게 여겼다. 이것이 계기가 되어 소라이는 맹렬한 진사이 비판자가 되었다고 한다.

다. 고언은 모두 행사를 위주로 하기 때문이다. 후세에 체용의 설이 일

어나 체로 근본을 삼으며 용으로 말을 삼고, 리를 근본으로 삼았으며

일을 말로 삼았다. 모두 보는 바를 위주로 하기 때문이다. 장주의 내성

외왕의 설이 아니겠는가?(『논어징』「학이편」)

    소라이는 본문의 주해에서 예의 근본은 '몸'에 있다고 하면서 "고언은 모

두 행사를 위주로" 삼는다고 했다. '고언'은 단순한 말이 아니라 직접적인 '행

사'의 동반, 신체의 실천 행위를 통해 이루어진다고 소라이는 보고 있다. 소

라이는 그러한 '행사'를 동반하는 실천 행위를 '근본'에 놓는다. 주자학적인

체용설은 성인의 본지를 벗어난 것으로, '고언'에는 체용설 같은 것은 없다

고 소라이는 간주한다.

    이처럼 가상의 적으로서 주자나 진사이의 주석은 전술한 것처럼 명과 물

이 어그러지는 결과를 초래한다. 소라이는 주자학의 리로 가르치는 행위를

비판하여 언어는 상세하지만 구체성이 결여되어 있다고 했다. 세계는 리라

는 추상적 언사에 의해 설명될 수 있는 성질이 아니다. 고대 선왕이 남긴 예

악형정이라는 구체적 문화의 총체로서 세계인 것이다. 소라이가 고문사학적

방법을 통해 읽어낸 세계는 "점차 윤색되고 점차 파괴되고 혹은 나누어지

고 혹은 합해지며 혹은 성하고 혹은 쇠하며 연혁이 바뀌어"[60] 가는 끊임없

이 변화하는 과정에 놓여있다. 이러한 점을 주자나 진사이는 간과해 버린

것이다. 그 결과 세계를 고정화된 질서안에 붙들어 매려는 우를 범하고 말

았다.

    소라이는 공자의 '고어'에 의한 어투는 『효경』의 "선왕의 법언이 아니면

감히 말하지 않는다."라는 "선왕의 법언"에 기초하고 있다고 했다. 소라이의

---

60 『역문전제』, 13쪽.

이 표현으로 추측해보면 공자가 '고어'를 암송한다고 할 때의 고어는 "선왕의 법언"이 된다. 고언이 선왕의 법언인 이상 실천해야만 되는 당위성이 있다.[61] 이러한 의미에서 소라이의 '물'은 '고언'과 함께 현실 세계에서 실체로 존재한다고 할 수 있다.

6. 통명(統名)으로서의 성인의 도-보편성과 개별성의 통합

소라이가 '고언'의 해석을 통해 전망한 선왕의 도의 세계는 정치적 세계이다. 소라이가 "공자의 도는 선왕의 도이다. 선왕의 도는 안천하의 도이다."(『변도』2) 라고 말한 부분에서 분명한 것처럼, 성인의 도는 '안천하'가 목적이다. 소라이는 "선왕의 도는 선왕이 만든 것"이라고 단정하면서 "예악형정을 떠나 별도로 도라는 것은 없다."(『변도』3)고 했다. 이러한 성인의 도는 노장이나 주자학적인 "천지자연의 도"(『변도』4)도 아니며, "사물당연의 도"(『변도』19)도 아니다. 복희·신농·황제·전유·제각을 거쳐 요·순·우·탕·문·무·주공의 성인들이 총명예지의 덕으로 '작위'한 것이다(『변도』4). 소라이가 육경을 물의 집적체라 본 것도 장구한 역사를 통해 만들어진 문화의 총체였기 때문이었다.

후세의 유학자들은 저마다 자신들이 보는 바에 따라 도를 정의해왔다. 소라이가 보기에 후세의 유학자들은 모두가 도의 한 부분만을 말한 것이지

---

61 『변명』물. 中村春作,「荻生徂徠の方法」,『日本學報』5, 大阪大學, 1986, 5쪽. 나카무라는 소라이의 고언설을 『논어징』에서 찾으면서 『논어징』의 방법을 주자주와 대비시키는 형식으로 고찰하고 있다. 그에 의하면 소라이는 『논어』에서 공자가 육경의 세계를 암시하기 위해 사용하는 언어를 고언이라 할 때 이러한 고문사나 고언의 배후에는 언어와 밀착된 형태로 고대의 문화적 사실의 존재, 다시 말하면 고대 선왕의 정치적 세계를 인식하고 있었다는 견해를 제시했다. (같은 논문, 13쪽)

도의 전체를 말한 것은 아니다. 소라이가 정의하는 '성인의 도'는 포괄적 성격을 갖는다.

> 도는 통명(統名)이다. 효제인의에서부터 예악형정에 이르기까지 합하여
> 이것을 이름했다. 그러므로 통명이라 한다.(『변명』도)

여기에서 보듯이 선왕의 도는 효제인의에서 예악형정이라는 각각 개별적인 것으로 분화되어 있다. 도가 분절성을 속성으로 하면서도 전체를 포괄하는 통명으로서의 속성을 가지고 있다. 개별적 도는 통명아래 포섭된다. 소라이는 송유 및 제가의 설을 폐기하는 것은 바람직하지 않고 노장이나 불교, 주자학 및 여러 학문들도 성인의 도를 알아 가는데 보조수단으로서 필요하다고 했다. 예를 들어 소라이는 "불교는 마음을 다스리는 것을 가르치니까 결코 성인의 도에 방해가 되지 않는다."는 인식까지도 갖고 있다.[62] 불교의 승려도 천하 백성의 한사람 이라는 것이 자각되어 있다. 여기서 성인의 도는 대(大)가 되는데 소라이는 대가 서면 소(小)는 저절로 이루어진다고 하면서 노장, 불교, 송유 및 제가들을 성인의 도 아래로 포섭하고 있다(『변도』11). 이처럼 모든 도를 포괄하는 통명으로서의 도에는 타자에 대한 적극적 수용도 전망되어 있다. 소라이가 주장한 인한 정치는 위와 같은 내용을 함의하고 있는 것이다.

소라이는 고문사의 학습을 통해, 단절되고 관념에 갇힌 고대 성인의 세계와 성인의 도를 다시 공론화했다. 이러한 이면에는 육경을 정리 편찬하여 후

---

62 『변도』에서 소라이는 "노장이나 불교의 말이라 하지만 모두가 우리를 돕는데 족하다. 하물며 송유 및 제가의 설에 있어서랴!"(『변도』25)라고 했으며, 『답문서』상(440쪽)에서는 "불교도 말세에는 상응하는 이익이 있습니다."라거나 "승려도 물론 천하 백성의 한 사람입니다."고 했다.

세에 성인의 도를 전한 공자와 자신을 동일시함으로서, 공자이후 성인의 도의 계승자는 소라이 자신이라는 것을 고문사학이라는 경서해석법으로 말하려고 한 소라이의 얼굴이 드러나 있다.

이러한 소라이적인 성인의 도에 대한 관점에서 한 가지 더 부연해 두고 싶은 것은 소라이가 도를 '사'(事, 또는 物)로 파악하고 있다는 것의 의미 부여의 문제이다. 도가 '사' 또는 '물'로서 존재한다는 것은 그것을 운용하는 '주체'의 문제로 파악하고 있다는 것을 의미한다. 다시 말하면 누가 성인의 도를 운용하는 주체인가의 문제와 함께 성인의 도가 존재한다. 여기에는 이미 자기 내면의 문제를 해결하기 위한 시점(주자학적인)은 탈각되어 있다. 성인의 도를 실현하는 인간 주체의 '활동'에 주안점이 있다.

> 옛 성인의 도도 가르침도 행사(ワザ, 業이나 技)로 존재하는 것이므로 그 행사만이라도 행해진다면 이치(理)는 모른다 해도 자연히 풍속이 옮겨가 사람의 마음도 고쳐지고 나라 천하도 다스려집니다. 또 한 인간에 한해서 보아도 풍의가 옮기는 바에 의해 자연히 지견이 각별히 열려 재덕(才德)을 이루는 것입니다. 이것이 성인의 도, 성인의 교법의 묘용입니다. (『답문서』상, 472쪽)

그런데 이때의 '주체'라는 것은 '일반 백성'을 의미하는 것은 아니다. 왜냐하면 위의 "이치는 모른다."는 것의 주체가 '일반 백성'을 의미하기 때문이다. '일반 백성'은 '행사(ワザ, 業이나 技)'의 대상, 즉 도가 무엇인지 그 내용을 알 필요 없이 행하면 되는 것이다. 윗 글에서는 성인의 도를 시행하는 주체가 별도로 존재한다는 것도 이면에서 읽을 수 있다. 이렇게 보면 '일반 백성'들은 주어진 것을 그대로 따르는 맹목적인 존재처럼 보일지 모른다. 물론 소라이가 여기까지는 말하고 있지 않지만 다음 장에서 다루는 소라이의 인간론에

서 보면 이러한 의문은 그냥 의문으로만 끝나지는 않을 것이다. 성인의 도를 운용하는 주체와 성인의 도의 대상이 분명하게 구분되어 있음을 알 수 있다.

제2장

오규 소라이의 인간학

1. '유학적 인간'의 탄생

유학의 보급과 윤리도덕

막부는 전국시대를 통일하면서 사회 질서의 안정화를 위해 유학을 적극적으로 받아들였다. 『토쿠가와 실기(德川實紀)』에 따르면 "무릇 천하 국가를 다스리고 사람의 사람다운 도를 행하기 위해서는 성현의 도 외에는 다른 길이 없다."라 하여 성현의 도, 즉 유학적 오륜질서의 확립에 적극적이었다. 유학을 통한 질서의 유지가 가장 시급한 과제였기 때문이다. 이는 불교에서 사상적으로 전향한 후지와라 세이카(藤原惺窩, 1561~1619)의 삼강령의 주해에 잘 나타나 있다. 그는 『대학요략(大學要略)』에서 명덕이란 군신·부자·부부·장유·붕의의 오륜이며, 명덕을 밝힌다는 것은 위정자의 입장에서 민중들이 오륜의 덕을 발휘하도록 교화하는 것이라 했다. 이어 친민이란 백성(사농공상)을 친애 양육하는 것으로 오륜 이외의 길을 가르친다거나 오륜을 가르치지 않는 것은 이단이 된다. 지어지선은 명덕과 친민의 근원이 나오는 곳으로 거기에 머무는 것이라 주해하고 있다.[1] 하야시 라잔(林羅山, 1583~1657) 은 또

어떤가? 그는 명덕을 "본심"이라 하면서 "사람이 태어나면서 자연히 하늘로부터 부여받아 자신의 몸에 갖추어진 것"[2]이라 했다. 추상적인 원리로서의 명덕이 아니라 우리 마음속에 존재하는 자연스러운 것으로 이해하고 있다. 이어 "군신, 부자, 부부, 형제, 붕우의 오륜은 고금 천지간에 항상 존재한 것"이라 하여 유학의 오륜질서의 확립을 가장 중요한 과제로 삼았다.[3] 이러한 에도 시대 초기 유학자들의 노력은 유학적인 사회 문화 풍습을 만들어 내는데 중요한 역할을 하게 된다.

물론 쿠마자와 반잔(熊澤蕃山, 1619~1691)이 말하는 것처럼 일본이 중화의 나라인 중국으로부터 각종 도(예컨대 예약, 서적, 궁실, 의복, 농구, 무구, 의약, 관직, 위계, 군법, 궁마의 도등 백공기예)를 받아 들였기는 하지만 "도덕의 진실이나 대학의 도만이 아직 일본에는 시행되지 않았다."라고 하면서 "중화는 일본에 커다란 공이 있지만 그 도와 그 가르침은 아직 일어나지 않았다."(『集義外書』권2)[4]는 증언은 에도시대에 과연 유학이 사회에 어느 정도 유포되어 있었는지를 가늠해볼 수 있는 중요한 시점을 제공해 준다.

유학이 사회적으로 유포되는데 중요한 역할을 한 것으로 가쿠몬주쿠(學問塾), 번교(藩校)등의 보급을 들 수 있다. 번교는 에도시대를 통하여 전국적으로 295개가 존재했다. 다만 번교가 보급되기 시작한 것은 거의 18세기 후반의 일이다.[5] 교토의 이토 진사이나 야마자키 안사이, 에도의 소라이 등 유학자들의 대부분이 주쿠를 개숙하여 후학을 양성했다. 예를 들어 히로세

---

1 藤原惺窩, 『大學要略』42~43쪽(『藤原惺窩·林羅山』, 日本思想大系, 岩波書店, 1975).

2 林羅山, 『三德抄』下, 173쪽(『藤原惺窩·林羅山』, 日本思想大系, 岩波書店, 1975).

3 林羅山, 『三德抄』上, 159쪽.

4 『熊澤蕃山』, 日本教育思想大系, 日本図書センター, 1970, 25쪽

5 쓰지모토 마사시 지음·이기원 옮김, 『일본인은 어떻게 공부했을까』, 지와사랑, 2009, 참조.

단소가 규슈 분고의 히타에 문을 연 간기엔(咸宜園)은 히로세 단소가 활동하던 무렵에만도 3천명 가까운 학생들이 찾아들었다.

이러한 가쿠몬주쿠나 번교가 유학을 지식인들 사이에서 배워야만 될 '학문'으로 정착시키는데 중요한 역할을 했다면, 유학에 기반한 통속 도덕을 서민들 사이에 보급시키는데 중요할 역할을 한 것에 데나라이주쿠(手習塾)가 있다. 데나라이주쿠는 민중들이 글자를 배우던 곳으로 유학 학습만을 위한 장도 아니며 따라서 유교가 학습의 중심도 아니었다. 하지만 데나라이주쿠에서 사용된 텍스트인 교훈과 『오라이모노(往來物)』들을 보면 데나라이주쿠가 유학에 기초한 통속 도덕을 일반 민중들 사이에 보급시키는데 일정한 역할을 했다는 것을 알 수 있을 것이다. 예컨대 『실어교(實語敎)』, 『여소학(女小學)』, 『여중용(女中庸)』, 『여대학(女大學)』, 『여논어(女論語)』 등을 보면 유교의 오륜을 비롯한 유학의 학습이 어느 정도 이루어진 것을 알 수 있다.[6] 교훈과 『오라이모노』는 전체 『오라이모노』의 17%를 차지하는데 교훈과는 도덕서로 기능했다. 여기에는 지켜야만 될 규준이나 마음의 자세에 관한 내용, 즉 비근한 일상 도덕이 중심이었다. 상품경제의 발달에 따라 욕망과 사치 등의 팽창이 가져오는 사회적 변동이나 이완이 유교의 덕목을 요청했다고도 볼 수 있을 것이다.

유학자들의 활동에 이어 17세기에 접어들면서 민간서사에 의해 폭발적으로 증가되는 출판물의 대량보급 역시 유학을 전사회적으로 보급하는데 중요한 역할을 했다는 점도 빼놓을 수 없다.[7] 출판물의 대량보급으로 유학은

---

6 이외에도 『신실어교(新實語敎)』·『동자교(童子敎)』·『효자교(孝子敎)』·『본조삼자교(本朝三字敎)』·『대화대학(大和大學)』·『무교소학(武敎小學)』·『여실어교(女實語敎)』·『여훈효교(女訓孝敎)』등이 있다.

7 예를 들어 『江戶時代出版書籍目錄』에 의하면 출판물은 1660년대에만 이미 2천점을 돌파했고 1690년대에는 6천점을 넘었으며, 1730년대에는 1만점을 넘었다고 한다. 위의 통계는 유학 서적 뿐만이 아니라 일반 교양서적까지 포함하고 있다. 橫田冬彥編, 「書物

일반 민중들의 생활과 공동체를 유지시키는 통속도덕으로서의 역할을 하게 된다.

이러한 유학 관련 출판물의 대량 보급과 교육이 유학지(儒學知)를 대량화, 대중화시키고 균질화 시켜갔다. 이러한 과정에서 정형화된 유학적 인간상이 창출된다. 상업경제로 발전해가는 사회 경제적 흐름에 따라 유교로 자기형성하면서 유교를 생업으로 삼고 유교에 뜻을 두는 이른바 '유자(儒者)'들이 출현하기 시작하는 것이다. 이들의 사회 전면의 등장은 상업출판의 도래가 커다란 힘으로 작용했다.

지금까지 도쿠가와 막부의 유학 수용이 갖는 의미와 일본 유학의 특질에 대한 다양한 연구가 제기되었다.[8] 그러나 유학수용을 통한 인간 형성 과정, 즉 '유학적 인간'의 존재 양태 혹은 사회적 위치나 역할 등에 대해서는 아직까지 분명하게 밝혀졌다고 할 수는 없다.[9] 유학으로 자기형성하면서 사회의 전면에 등장하는 에도시대의 '유자'들을 '유학적 인간'이라 보고, 그들이 에도시대의 학문과 사상의 형성에 어떠한 역할을 했는가를 규명하는 것은 유학의 사회 침투 과정을 이해하는 중요한 단서가 된다.

をめぐる人びと」, 『知識と學問をになう人びと』, 吉川弘文館, 2007, 2~3쪽. 출판물의 대량화 시대의 도래와 더불어 가이바라 에키켄(貝原益軒, 1630~1714)처럼 출판업 붐에 편승하여 자신이 저술한 유학 관련 저서를 대량 간행 보급시키는 유학자도 출현했다(쓰지모토 마사시 지음·이기원 옮김, 앞의 책, 138쪽).

8 예를 들어 渡邊浩 지음·박홍규 옮김, 『주자학과 근세 일본 사회』, 예문서원, 2007.

9 이러한 연구로는 우노다 쇼야(宇野田尙哉)를 들 수 있는데 그는 에도시대 유학적 지식을 소유한 '유자(儒者)'들의 사회적 역할과 동태 등을 분석했다(宇野田尙哉, 「儒者」, 『知識と學問をになう人びと』, 2007).

'소라이학적' 인간의 등장

이러한 문제를 오규 소라이의 인간론과 연관시켜 생각해 본다면 중국이
나 조선과는 양상이 다른 에도시대의 유학의 특질을 볼 수 있을 것이다. 소
라이의 인간론은 소라이 이후 반소라이학이 등장하는데 중요한 촉매로 작
용했다. 소라이가 주장한 기질불변화설과 도학주의의 반발, 심법론의 부정
등은 소라이학의 유행과 더불어 그대로 반소라이학의 쟁점이 되었다.[10] 반
소라이학은 소라이가 주장한 인간이해에 강한 반발을 보였던 것이다.

소라이의 인간이해에 대한 선행연구로는 대표적으로 쓰지모토 마사시(辻
本雅史)가 있다. 쓰지모토는 에도시대의 '교육'이라는 틀 안에서 18세기 후반
기 막부와 번의 공권력에 의해 구축된 교육 정책들이 어떠한 구조와 특질을
가지는지에 대한 교육사적 의의를 밝히고 있다. 그러한 출발을 오규 소라이
의 교육사상에 두고 있다. 쓰지모토는 소라이가 주장한 기질불변화설에서
인간의 다양성과 개별성을 읽어내고 있는데, 그러한 개별성과 다양성이 에
도 시대의 사회 틀에서 갖는 내재적 의미를 밝히면서 전문인의 탄생등 인재
론으로 연결된다고 했다.[11] 고야스 노부쿠니는 특히 소라이의 예악론에서
"외부에서 내부로 향한 교화적 시선이 예악에 수반되어 있다."는 점을 밝히
고 있다.[12] 소라이는 예악이라는 수단을 통해 인성의 외부에서 인성의 내부
를 교화하려는 시점에 서 있다는 것이다. 소라이의 인간론은 주로 인성의

---

10 日野龍夫, 『江戸人とユートピア』, 朝日新聞社, 1997. 99쪽. 小島康敬, 『徂徠學と反徂徠學』,
　　ぺりかん社, 1994, 224쪽.

11 辻本雅史, 『近世教育思想史の研究』, 思文閣出版, 1990, 75쪽. 한편 구로즈미 마코토
　　(黑住眞)는 소라이가 법이나 방법보다 인간을 더 중요하게 여긴 이유를 성인과 도, 천
　　지자연과의 관계, 사회 안에서의 인간의 위치등과 결부하여 설명하고 있다. 黑住眞,
　　「荻生徂徠の人間論に向けて」, 『近世日本社會と儒教』ぺりかん社, 2003, 485쪽.

12 子安宣邦, 『江戸思想史講義』, 岩波書店, 1998, 172쪽.

다양성이나 개별성의 의미, 성인과 도, 천지자연사이에 존재하는 '인간'의 위치, 소라이가 예악을 강조하는 이유 등에 초점이 맞추어져 있음을 알 수 있다.

이러한 평가와 아울러 예악의 습숙을 통한 신체의 규율화 과정에서 도덕성이 양육된다는 것의 의미도 좀 더 명확하게 밝힐 필요가 있다. 왜냐하면 일본 유학자들의 인간에 대한 시선은 마음의 내적 문제를 해명하기 보다는 신체라는 외부의 문제를 해명하는 쪽으로 발전해 가면서 예악을 통한 인성의 수양을 강조하기 때문이다. 이것은 하야시 라잔이나 야마자키 안사이, 야마가 소코, 이토 진사이 등에서도 공통적으로 발견된다. 예악에 의한 수양의 강조는 다름 아닌 신체의 규율화과정으로 이해할 수 있다. 신체의 규율화과정의 정점에 선 사상가가 오규 소라이 였다. 여기에는 도덕을 보는 시점의 이동이 있다. 도덕 윤리를 내면화된 문제로 보는 주자학과 차별되는 부분이다.

소라이가 주자학을 해체하면서 도덕성의 양육 문제를 어떻게 이론화했으며, 그 과정에서 특히 마음보다 신체의 규율에 더 중점을 둔 이유와 그러한 수신의 방법이 갖는 의의, 나아가 소라이의 인간론의 지향점은 어디에 있었는가를 전망할 수 있다. 이러한 소라이의 인간이해는 결국 일본사상사에서 '소라이학적 인간' 이해가 의미하는 바는 무엇이었는가의 문제로 귀결될 것이다.

2. 인성은 다양하다(人性多類)

인과 지는 덕, 예와 의는 도

소라이가 보기에 유학사에서 성(性)이 문제화되기 시작한 것은 노장이 출현하기 시작하면서부터이다. 원래 성인의 도에는 성이 무엇인지에 대한 논란은 없었다. 소라이에 의하면 자사와 맹자는 인의예지가 인위적으로 생겨났다고 주장하는 노장의 말에 대항하기위해 성선을 제기했으며, 순자는 자사와 맹자의 주장이 예악을 폐하게 만들 것이라 보고 성악을 제기하여 자사와 맹자에 대항하려 했다고 보았다.[13] 성선이나 성악과 같은 말들은 노장의 출현에 위기감을 느낀 맹자와 순자가 성인의 도를 지키기 위해 고안해 낸 시대적 산물에 지나지 않는다. 마찬가지로 주자학에서 주장하는 본연지성이나 기질지성 같은 개념들로 이론화된 인성론도 작위된 것들에 불과하다. 인의예지를 성의 범주로 파악하기 시작한 것도 한 대 이후부터 시작되어 송유들에 의해 이론적으로 완성된 가공의 산물에 지나지 않는다는 것이 소라이의 인성론사에 대한 평가이다.

그러면 소라이는 성을 어떻게 판단하고 있었던 것일까? 성이라는 말이 애당초 성인의 도에는 정말 없었던 것일까? 그렇지는 않다. 소라이는 성인의 도가 담겨있다고 보는 육경에서 성이라는 말이 어떤 의미로 사용되었는지를 집요하게 분석하고 있다. 그 결과 소라이는 인의예지의 성에 대해 다음과 같이 정의 내리고 있다.

인이란 사람의 어른이 되어 백성을 편안히 하는 덕을 말한다. 이것은 성인의 대덕이다.(『변명』인)

지도 또한 성인의 대덕이다. 성인의 지는 측량할 수 없다. 또한 얻어서 배울 수 없다.(『변명』지)

---

13 『변도』13·14.

예는 도의 이름이다. 선왕이 제작한 사교(시서예악)와 육예(예악사어서수),
예는 그 하나에 있다.(『변명』예)

의도 또한 선왕이 세운 바로 도의 이름이다.(『변명』의)

위에서 보듯이 소라이는 인의예지를 성의 영역에서 분리하여 인과 지를
덕에 배속시키고 예와 의를 도에 배속시켰다. 인의예지를 성으로 보기 시작
한 것은 한유와 송유였는데 이들이 연원으로 삼은 것은 맹자였다. 하지만
소라이가 보기에 맹자(『진심장』)는 인의예지가 마음에 근거하는 것을 성이라
했으며 인의예지 그 자체를 성이라 하지는 않았다. 맹자의 의도 역시 선왕이
사람의 성에 따라 도와 덕을 세웠다는 것에 있다. 소라이가 보기에 성은 인
의예지를 넘어 별도의 영역에서 존재한다.

소라이가 송유적인 성을 부정하면서 제시하는 성은 "기질이란 천성이다."
(『변도』14), "성은 생질(生質)이다."(『변명』성정재)[14]에서 알 수 있듯이 기질지성
을 본연의 성이라 간주한다. 소라이는 주자학의 본연과 기질의 이중 구조를
부정하면서 성을 기질지성의 단일 구조로 파악하고 있다. 이러한 기질로서
의 성은 만품(萬品)을 속성으로 한다. 소라이는 만품으로서의 성에서 인성
은 다양하다는 인성다류(人性多類)를 읽어내고 있다.[15] 기질로서의 성은 사람
마다 특수하며 사람마다 다르다. 인성은 다양성을 본래성으로 한다.

---

14 『변도』(24)에서는 '性은 性質'이라 했다.
15 『변명』성정재, 『변도』7.

기질지성의 행방

그런데 소라이가 기질지성을 본연의 성으로 보는데 계기로 작용한 것은 성악을 주장한 순자이다. 소라이는 『독순자』에서 "성악은 순자의 특견(特見)"이라고 하면서 다음과 같이 말한다. 만약 성선을 주장한 맹자의 견해가 옳다면 모든 사람은 요순이 될 것이다. 맹자가 주장한 것은 요순은 선천적이며 걸주는 후천적이라는 점이다. 그러나 현실에서 요순같은 성인이 특별한 예에 해당한다면 성은 결국 악할 수밖에 없을 것이다. 이러한 이유로 소라이는 "기질 이외에 이른바 성은 없으며 성이 선하다고 말할 수 없다."[16]라고 하여 기질지성이 본연의 성이라는 결론에 도달한다. 그러나 그렇다고 하여 소라이가 순자의 성악설을 수용한 것은 아니다. 소라이는 순자의 성악을 '특견'이라고까지 평하면서도 순자적 성에 빠지지 않고 거기서 기질지성만을 읽어내고 있었다고 보아야 할 것이다.[17]

주자학에서는 모든 사람은 순선한 성(리)을 하늘로부터 품부 받았기 때문에 정하고 조잡함(精粗), 맑고 탁함(淸濁)등 다양한 기질의 차이에 의해 형성되는 기질의 다양함에도 불구하고 근본적으로 동일성을 갖추고 있다고 한다. 인간이 도덕적 존재인 이유도 인간에게 선한 성이 갖추어져 있기 때문이다. 주자학은 기질의 다양성에 의해 형성되는 인간의 차별이나 차이는 인

---

16 『독순자』「성악편」. 소라이는 『독순자』, 『독한비자』, 『독여씨춘추』를 합하여 「徂徠山人外集」라 했다. 『독순자』는 1763년 간행되었는데 자필원고는 1711년 이전으로 알려져 있다.

17 今中寬司, 『徂徠學の基礎的研究』, 吉川弘文館, 1966, 179~180쪽. 소라이는 순자의 성 개념을 기질의 성으로 이해했다. 순자는 성악을 주장하면서 사람이 선을 행하는 것은 인위적인 것이라고 했는데, 소라이는 순자의 성악설을 부정하면서도 순자가 주장한 '인위적'이라는 부분에는 주목하고 있었다. 이것은 바로 선한 인간이 되기 위해서는 인위적인 것이 필요하다는 소라이의 인간이해로 연결되고 있다는 점에서 주목된다.

간의 본래성이 아니기 때문에 부정되어야만 하는 것이었다. 인간이 지향해야 하는 것은 기질지성의 다양성이 아닌 본연지성의 동일성 회복에 있다. 복초설이 그것이다.

그런데 소라이가 보기에 주자학자들의 이러한 주장은 "인성은 모두 성인과 다르지 않다. 다른 바는 기질뿐이라고 하고 급기야 기질을 변화시켜 성인에 이르려 한다"(『변명』성정재)는 것에 지나지 않았다. 소라이에 의하면 주자학자들의 본연 기질지성을 따른다면 금수나 인간의 구별이 없게 된다. 금수역시 리로서의 성을 부여받았기 때문이다. 소라이는 기질지성을 본연의 성으로 간주하면서 최종적으로 기질로서의 성은 변화시킬 수 없다는 인식에이른다.

> 기질은 하늘에서 품부 받아 부모가 낳아 주신 것입니다. 기질을 변화시킨다고 하는 것은 송유의 망설로서 불가능한 것을 사람에 강요하는 아주 무리한 짓입니다. 기질은 어떤 것으로도 변화시킬 수 없습니다.(『답문서』중, 465쪽)

소라이는 송유들이 본연 기질지성을 만든 이유를 다음과 같이 설명하고있다. 만약 사람에게 본연의 성만 있고 기질의 성이 없다면 사람들은 모두성인이 될 수 있다. 배울 필요가 없다. 또 만약 기질만 있고 본연의 성이 없다고 하면 배워도 성인이 되지 못하기 때문에 무익하다. 학문의 쓰임이 없다. 그래서 송유들이 본연과 기질지성을 만들게 된 것이다(『변명』성정재).

그렇다면 기질 그 자체는 선도 악도 없는 무선 무악한 상태일까? 소라이는 맹자와 순자의 성선과 성악에 대한 논쟁은 그들이 자신의 문호를 세우려는 것에 지나지 않은 것으로 "무용한 논변(無用之辨)"(『변명』성정재)이라 간주했다. 그런데 소라이가 "자운(子雲양웅의 호)의 선악이 혼재해 있다는 것과,

퇴지의 성에 삼품이 있다는 것이 어찌 이치에 어긋나겠는가?"(『변명』성정재)라고 말한 것을 보면 적어도 선악혼재설과 성삼품설은 인정하고 있었다.[18] 이 문제를 『논어』 '상지하우장(上知下愚章)'의 소라이 주해와 관련시켜 생각해 볼 수 있다.

> 상지와 하우는 옮겨지지 않는다고 하는 것은 성이 서로 다름을 말하는 것이다. … 이루면 이전과 다른 부분이 있다. 이것을 옮긴다(移)고 하는 것이다. … 성을 옮긴다는 것이 아니다. 배우는 자들은 이것을 잘 살펴야 한다.(『논어징』「양화편」)

그런데 기질이 선천적인 이상 절대로 변화불가능하다면, 또한 그러한 기질에 선악이 혼재해 있다면 어떻게 도덕적인 인간을 양성할 수 있을까? 소라이의 선악혼재설과 성삼품설의 인정에는 이처럼 도덕적인 인간의 양성 문제를 안고 있었다. 소라이는 '移'를 인성을 '옮긴다(移)'는 의미로 사용하지 않는다. 상지와 하우의 성을 바꾸는 것이 불가능하듯이 기질로서의 인성은 천성이기 때문에 절대 불변이다. 소라이가 사용하는 '移'는 "배워서 이것을 기르고 기른 후에 재(材)를 이룬다."(『논어징』「양화편」)라는 말에 함축적으로 잘 드러나 있다. 기질지성을 그대로 인정하면서 천성적으로 서로 다른 기질 그대로를 양육하여 더 좋은 상태로 만든다는 의미이다.[19] 소라이가 강조하고자 한 것은 어떻게 하면 선악이 혼재해 있는 인간 심성에서 선한 부분을 잘

---

18 소라이가 주장하는 선악혼재설에 대해 이마나카는 "소라이의 선은 적극적인 인위이며 악은 선이 불완전한 것, 혹은 아직 선한 곳에 이르지 못한 것"이라 보고 있다(今中寬司, 앞의 책, 181쪽).

19 마루야마에 의하면 소라이는 옮긴다(移)는 말을 기질의 양적인 변화를 말하는 것이라 해석하고 있다(마루야마 마사오 지음·김석근 옮김, 『일본정치사상사연구』, 통나무, 1995년, 205쪽).

기르고 양육할 수 있는가 하는 점이다. 소라이가 "단지 기질을 길러 태어난 그대로 이루는 것이 학문입니다."(『답문서』중)라고 한 것에서 그러한 인식을 읽을 수 있다.

인성-외부로의 시선

인성론에서 또 하나의 문제는 정(情)을 어떻게 파악하고 있었는가에 대한 것이다. 소라이는 주자학처럼 욕망의 부정을 인정할 수 없었다. 오히려 욕망이 있다는 것은 자연스러운 것이다. 송유들은 욕망을 부정하여 말하길 마음을 명경지수와 같은 상태(그러한 상태가 곧 성인의 마음과 같다하여)로 유지해야 한다고 하면서 존심이나 지경 같은 수양의 방법을 제시한다. 그런데 송유들의 이러한 생각은 마음이 잠시라도 가만히 있지 못하고 움직이는 속성을 가진다는 것을 모르기 때문이다.

> 인성은 모두 욕구하는 바가 있다. 욕구하는 바는 성에 따라 다르다. 7정은 욕구를 주로 삼는다. 욕구하는 바를 따르면 희, 락, 애가 되고 욕구를 거스르면 노, 오, 애, 구가 된다. 성은 욕구하는 바가 있어 정에서 나타난다. 그래서 욕정이라고 하고 천하의 동정이라고 하는 것은 모두 욕구하는 바를 가지고 말하는 것이다. 성은 각각 다른 바가 있어서 정에서 나타난다.(『변명』성정재)

인간의 욕망을 어떻게 발산하는 가에 따라 정은 달리 드러난다. 인성의 욕구를 따르면(順欲) 희·락·애의 정이 드러나고 욕구를 거스르면(逆欲) 노·오·애· 구의 정이 드러난다. 그러므로 인성이 무엇을 욕구하는가가 중요하다. 욕구를 억누르고 없애는 것만이 능사는 아니다. 이 문제에 대해 소라이는 "선하게 배우면 선해지고 악하게 배우면 악하게 된다."(『변명』성정재)고 하여 선한 것을 주입하는 방법을 제시하고 있다. 이 문제는 『학칙』에서 "사물이 양육(養)을 받지 못하면 악이 되며 그 자리를 얻지 못하면 악이 된다. 길러 이것을 이루고 그 자리를 얻게 되면 모두 선이 된다."(『학칙』6)에서 분명히 알 수 있다. 즉 천성인 기질이 '양육(養)'을 얻어 충분히 옮겨갈 수 있는지 없는지가 관건이며, 선하게 양육되어진 후에는 모두가 특정한 '자리(所)'에 처하여 자신에게 주어진 일을 감당할 때에 선하다거나 악하다거나 판단할 수 있다.

그렇다면 소라이의 성과 정에 대한 정의에서 마음(心)은 어디에 위치하는가? 기본적으로 소라이는 마음이 우리 몸을 주재한다는 인식을 하고 있다. 선과 악 역시 마음에 달려 있다. 이것은 나라에 임금이 있는 것과 같다. 나라에 임금이 있으면 다스려지고 임금이 없으면 문란해지듯이 사람의 몸도 마찬가지이다. 마음을 보존하면 깨끗해지고 마음을 잃어버리면 어두워진다. 그런데 만약 걸주같은 인물이 임금이 되면 나라가 망하는 것처럼 마음을 올바르게 보존하지 않으면 귀한 존재가 될 수 없다.[20] 소라이는 마음을 움직이는 것(動物)이라 했다. 마음은 움직이는 속성을 가지고 있기 때문에 마음이 스스로 마음을 단속하고 검속하는 것은 불가능하다. 결국 마음을 붙들어줄 주체는 외부에 있지 않으면 안된다. 따라서 주자학처럼 마음이 성과 정을 통섭한다는 심통성정(心通性情)의 논리는 소라이에게는 성립하기 어렵다.

그런데 소라이는 『변명』에서 "상지와 하우는 옮겨지지 않는다고 했으니 (상지와 하우를 제외한) 다른 자들은 모두 선으로 옮겨갈 수 있다는 것을 말한 것이다."(『변명』성정재)라고도 말하고 있다. 상지는 지배계층인 통치자를 지칭

---

20 『변명』심지의.

하고 하우는 상인(常人), 즉 백성들이다. 상지와 하우를 제외한 자들은 중간 계층으로 이들은 선한 것을 들려주면 스스로의 판단에 의거하면서 도덕적으로 선한 인간으로 변화될 수 있다. 그러나 일반 백성들은 스스로에 의한 변화가능성이 없다. 소라이의 이러한 인식에서 스스로의 능력에 의한 변화 불가능한 백성들은 위로부터의 개입이 필요하다는 점을 읽어낼 수 있다. 하우에 해당하는 백성들에게는 도덕적인 것에 대한 상을 제시해주고 제시된 것대로 따르게 만드는 것이 최상의 방책이 될 수 있다. 이러한 인식은 결국 막부에 의한 정치적 강제력을 긍정한 것이 된다.

3. 예로 마음을 제어한다:신체의 규율

선으로의 습숙

소라이에 의하면 도덕성은 양육되어진다. 그런데 소라이식의 도덕성 양육은 맹자가 주장하는 도덕성의 확충과는 이질적이다. 맹자에 의하면 도덕성의 확충이란 선한 본성의 단서가 되는 사단지심을 소유하고 있는 인성이 스스로의 자율적 통제에 의해 선한 것을 자신의 심성 내부로 충만하게 만드는 것이다. 맹자는 사람의 본성이 생물적인 욕구나 감성에 지배당해 선한 본성이 가려졌다고 보아 사단지심을 마음에 확충할 것을 요구한다. 사단을 확충해 나가면 최종적으로 인의예지인 성이 발현된다. 이러한 맹자의 확충설은 심성 내부에 시선을 두는 내재적 관점에 바탕을 두고 있다. 주자학 역시 맹자와 같은 심성의 내재적 시선에 서 있다.

그런데 소라이는 사단을 확충한다는 것 자체가 잘못된 것이라 판단했다. 왜냐하면 '사단의 확충'은 원래 육경에 없는 것으로 맹자가 노장들과의 논쟁을 위해 만든 것(論說)에 불과하다고 보았기 때문이다(『변명』인). 예를 들어 측은지심에 대해서 소라이는 "사람을 사랑하는 마음이 있다 해도 은택이 사물에 미치지 못한다면 인이라 하기에 부족하다."라고 하면서 그런 의미에서 보면 맹자의 견해는 망령된 것(妄意)에 지나지 않는다(『변도』7). 맹자에 의해 주창된 도덕성의 '확충'에 대한 강한 반감이 작용하고 있다는 것을 알 수 있다.

맹자의 확충설이 망령된 것이라면 어떻게 하면 도덕성을 확충이 아닌 다른 방법으로 기를 수 있는가가 관건이 된다. 사단 확충설의 부당성을 제기하는 소라이가 주장하는 수양이란 "선을 길러 악을 제거하는 것"(『변도』9)이다. 소라이가 보기에 공자 이후의 자사와 맹자로부터 주희에 이르기까지 이들이 수양론으로 제기하는 천리인욕, 치지역행, 존양성찰론은 만들어진 개념들에 불과하다(『변도』16). 다시 말하면 공자시대에는 없었던 개념들이 후대에 생겨났다는 것이다. 소라이는 다음과 같이 말하고 있다.

> 선왕의 가르침은 물(物)로 하는 것이지 리(理)로 하지 않는다. 가르치는 데 물로 한다는 것은 반드시 사(事)로 일삼는다는 것이다. 가르치는데 리로 하면 언어는 상세하다. 물이라는 것은 모든 이치가 모인 것이다. 그런데 반드시 일을 따르기를 오래도록 하면 즉 마음이 실제로 이것을 안다.(『변도』16)

소라이가 보기에 성인의 시대에는 도리를 인성에 들려주어 깨닫게 하는 것으로 인성의 수신을 도모하는 방법은 없었다. 소라이가 여기서 말하는 "가르치는데 리로 하면 언어는 상세하다."는 것은 주자학적 교화의 방법을 염두에 둔 발언이다. 소라이는 당시 유행하던 유학자들의 강석(講釋)을 대단히 싫어했는데 그 이유는 도리를 사람에게 들려주고 깨닫게 하여 성인이 되게 만드는 방법이라 간주했기 때문이다. 소라이가 주자학의 언어적인 방법을 비판하면서 제기하는 것이 물로 가르치는 방법이다. 소라이에게서 "물이란 가르치는 조건"(『변명』물)이다. 물로 가르치는 방법이란 도덕 원리를 언어로 들려주어 스스로 깨닫게 만드는 것이 아니다. "事로 일 삼는다."는 표현에서 알 수 있듯이 구체적인 행위나 행동을 하게 만드는 것이다.

도덕의 상−物

그렇다면 문제는 인성이 따라야할 행위나 행동 규범을 어떻게 정할 것인가에 있다. 기질지성을 본연의 성으로 갖는 인성 내부에는 도덕성을 추구할 수 있는 내용이 갖추어져 있지 않다. 그렇기 때문에 인성의 외부에서 인성을 따르게 할 도덕적인 상을 제시해 주어야 한다. 소라이가 선왕의 가르침을 물이라 간주하는 이유를 여기에서 찾을 수 있다. 소라이는 선왕(성인)은 인성의 밖에 물이라는 상을 만들어놓고 그것으로 인성이 따라야만 하는 표준이자 길로 삼았다고 했다. 이렇게 보면 물이란 "마땅히 행해야 될 규범" 혹은 "실체적 내용"(『변명』물)을 말한다고 할 수 있다. 물이 인성 수양에 대한 마땅한 상이라면 물의 내용을 검토해 보지 않으면 안 될 것이다.

이 문제를 살펴보기 전에 소라이가 왜 물을 리보다 우월한 것으로 보았으며 그것이 바로 선왕 시대의 가르침의 방법이라고 하여 선왕의 권위를 빌리면서까지 강조하고 있는지를 먼저 설명하지 않으면 안 된다.

> 리는 형태가 없다. 그러므로 기준도 없다. … 그것을 중용이라 하거나 당행의 리라고 하는 것은 그 사람이 보는 바일뿐이다. 보는 바는 사람마다 다르다. 사람마다 각각 그 마음으로 이것은 중용이다, 이것은 당행이다 라고 한다. 이러한 것뿐이다. 인간이 북에서 보면 남쪽이 되니 또한 어떤 것으로 기준을 삼을 것인가? … 송유가 이것을 만들었으나

무용한 논변이다(『변도』19).

소라이는 리라고 하는 것이 모든 만물의 원리가 되고 그것이 인성에 내재하는 내재적 원리가 된다고 인식하지 않았다. '이것이 리이다.'라는 것은 어디까지나 주관적인 것일 뿐이다. 보는 사람에 따라 다르기 때문이다. 리는 "사물이 반드시 이렇게 되는 것" 또는 "반드시 이렇게 되지 않는 것"의 속성을 갖지만 한편으로는 "내 마음으로 추측하는"[21] 것에 지나지 않는다.

> 마음은 형태가 없으니 얻어 이것을 제어할 수 없다. 그러므로 선왕의
> 도는 예로 마음을 제어하는 것이다. 예를 제쳐두고 마음을 다스리는 길
> 을 말하는 것은 모두 사지망작한 것이다. 다스리는 것은 마음이며 다스
> 리는 바의 것도 마음이다. 내 마음으로 내 마음을 다스린다는 것은 비
> 유하면 광인이 스스로 광기를 다스리는 것과 같다. 어찌 능히 다스리겠
> 는가? 그러므로 후세의 마음을 다스리는 설(治心之說)은 모두 도를 모르
> 는 것이다(『변도』18).

소라이에 의하면 마음으로 마음을 다스린다는 것은 광인이 자신의 광기를 다스린다는 것과 같은 것이다. 마음에 대한 강한 불신이 드러나 있다. 그런데 이처럼 심법론에 대한 강한 부정은 주자학적 수신론의 강한 부정을 표면화 한 것이다. 주자학의 수신이란 '마음으로 마음을 다스리는 것'이다. 마음에 대한 강한 신뢰성을 바탕으로 형성된 것이 주자학의 인성론이며 수신론이다. 그런데 예를 들어 소라이는 주자학의 '존심지경'설에 대해 "마음을 잡고 있는 것이 마음인데 마음으로 마음을 붙잡으면 이 둘이 서로 다투어

---

21 『변명』이기인욕.

싸움이 끊이지 않을 것이다."(『변명』공경장신독)라고 했다. '존심'이나 '지경'은 결국 서로 다른 두 마음의 끊임없는 싸움이나 갈등의 연속 국면을 만들어 낼 뿐 마음을 다스리는 것이 아니고 오히려 마음을 더 혼란한 상태에 처하게 할 뿐이다.

마음은 불완전하기 때문에 내 마음으로 추측하는 것은 어디까지나 추측일 뿐 추측에서 오는 불안성을 벗어날 수 없다. 인성이 사람마다 다르듯이 마음의 판단 역시 사람마다 다를 수 밖에 없다. 이러한 이유로 소라이는 리가 내재적 규범이 될 수 없다고 판단한 것이다. 여기서 소라이가 문제시한 것은 주관적인 리가 모든 만물의 '기준'이 될 수 있는가에 있었다. 그러면 '마땅히 행해야 될 규범'이나 '실체적 내용'이 리가 아니라면 무엇이 되어야 하는가?

신체와 예악

이처럼 소라이가 주자학적 수신론을 부정하면서 마음의 수신 방법으로 제시하는 것이 선왕의 도, 즉 예악이다. 소라이가 주장한 물이라는 것은 예악이 된다. 예악이 행동의 규범이자 가르침의 내용이다. 주체의 인간 형성도 예악이라는 외부의 힘에 의존한다. 소라이는 선왕이 예악을 제정한 이유에 대해 다음과 같이 말하고 있다.

선왕은 언어로 사람을 가르치는데 부족함을 알아 예악을 만들어 이것으로 가르쳤다. 형정으로 백성을 편안히 하는데 부족함을 알아 예악을 만들어 이것으로 변화시켰다. … 군자는 이것을 배우고 소인은 이것으로 말미암는다. 배우는 자는 여기에 습숙하고 묵묵히 이것을 안다. 묵묵히 이것을 알면 모르는 바가 없다. 언어가 미치는 바이겠는가? … 예

악을 말하지 않고 무엇이 언어로 사람을 가르치는데 뛰어나겠는가? 변
화하기 때문이다. 습숙하면 아직 깨닫지 못한다 해도 그 심지신체가 이
미 서서히 여기에 변화된다(『변명』예)

언어로 가르친다는 것은 전술한 것처럼 도덕적인 훈계 내용을 언어로 인
성에 들려주어 인성이 스스로 깨닫게 하는 것이다. 그것은 주자학적인 교화
의 방법이다. 또한 소라이는 형정이라는 강제적 법률에 의한 교화의 문제점
도 알고 있었다. 이렇게 언어나 법적인 교화를 배제하면서 그 대신에 예악이
라는 새로운 교화의 수단이 부상해 온다. 소라이는 선한 인성을 양육하기
위해서는 선한 것을 배워 거기에 푹 젖어 습관이 되도록 해야 한다고 했다.
마음이 아니라 몸, 신체에 주안점을 두고 있다. 소라이는 몸의 교화가 곧 마
음의 교화로 이어진다고 본 것이다. 예악에 의한 신체의 규율을 통해 도덕
적 인간을 양육해 낼 수 있다고 생각했기 때문이다. 이것은 외부의 힘에 의
한 강제적 통제라 할 수 있다. 마음에는 마음을 다스릴 수 있는 자율적 통
제 능력이 없기 때문이다. 불안한 인성은 결국 '외부의 힘'에 의존할 수밖에
없다.

4. 만물을 주재하는 천과 경

활물천

이 '외부의 힘'이 무엇인지를 설명하기 위해 먼저 언급해 두어야할 것이
바로 천 인식에 관한 소라이의 견해이다. 소라이에 의하면 천은 기본적으로
정적인 존재가 아닌 끊임없이 운동하는 존재, 즉 활물이다.

일월성신이 여기에 걸려 있으며 바람과 번개, 구름과 비가 여기에서 행한다. 춥고 더우며 낮과 밤은 왕래하여 그침이 없다. 아주 깊어 측량할 수 없고 그윽하여 보이지 않아서 셀 수 없다. 만물이 여기에 의지하여 생한다. 길흉화복은 그러한 이유를 모르면서 그러한 것이 있다. 조용히 이것을 보면 또한 그러한 이유가 있는 듯하다. 그러므로 이것을 천이라 한다.(『변명』도)

소라이는 천의 운동에 의해 나타나는 자연현상에 주목한다. 자연현상은 쉼이 없이 반복하여 일어나지만 사람의 지혜로는 왜 그러한 현상이 발생하는지 도저히 알 수 없다. 위의 인용문을 보면 소라이는 자연현상을 발생시키는 물리적 자연으로서의 천인식을 보여주고 있는 듯 보인다. 그러나 소라이의 목적은 다른데 있다. 소라이는 "필경 천지는 활물로 신묘불측한 사물입니다."(『답문서』상)라고 표현하고 있다. 이 활물적 자연관은 천과 인간은 살아있는 한 운동하고 변화한다는 자연변화관에 기초해 있다.[22] "천지는 신묘불측"이라는 말은 『변명』에서는 "천은 알 수 없는 것"(『변명』천명제귀신)으로 표현되어 있다. 인간은 복잡하며 변화무쌍한 세계에 대한 완전한 지식을 소유할 수 없다. 왜냐하면 "천지의 묘용은 사람의 지혜가 미치지 못하는 바입니다. 초목에 꽃이 피고 열매가 맺고 물이 흐르고 산이 우뚝 솟는 것에서부터 새가 날고 금수가 뛰며 사람의 거하는 곳에 이르기까지 어떠한 장치가 있는지 알 수 없습니다."(『답문서』상). 세계가 활물인 이상 자연계에는 일반적

---

22 쿠로즈미는 소라이의 "진사이의 학 그 골수는 천지는 일대활물이라 하는 것에 있다"(『훤원수필』, 237쪽)는 문장을 들어 활물적 세계관은 진사이의 영향이라 지적하고 있다. 또한 진사이의 활물관이 소라이에게는 신비적, 경외적인 활물관으로 나타났다고도 했다(黑住眞, 「活物的世界における聖人の道─荻生徂徠の場合」, 『倫理學年報』27集, 1978년, 202쪽).

법칙에 의해 유추할 수 없는 무수한 작용이 숨겨져 있다.

그렇기 때문에 소라이는 "천은 해석을 기다리지 않는다. 사람은 모두 알고 있는 바이다. 천을 바라보면 푸르고 푸르며 그윽하여 깊어서 측량할 수 없다."(『변명』 천명제귀신)는 말을 반복적으로 하고 있다. 천은 처음부터 인간의 분석의 대상이 되지 못한다는 것을 소라이는 말하고 있는 것이다. 여기에는 불가지로서의 천이 제시되어 있다. 이러한 인식에서 곧 자연과 인간을 하나로 연결시키는 주자학적인 합리주의의 부정을 읽을 수 있다. 다음의 소라이의 언설을 보면 천은 타자화 되어 자기의 밖에 위치해 있음을 알 수 있다.

경의 대상

여기에 소라이의 경 인식이 중요성을 갖는다. 소라이는 "경은 하늘을 경하는 것을 근본으로 한다. 임금을 경하고 백성을 경하고 몸을 경하는 것은 모두 그러하다. 어찌 지경이겠는가?"(『변도』24)라 하여 주자학적인 수양의 방법으로서의 지경을 부정하고 경에는 경해야할 대상이 있음을 강조한다. 주희는 경에 대해 다음과 같이 설명한다.

> 경이란 어떤 것인가? 오직 삼가 두려워한다(畏)는 글자와 서로 같을 뿐이다. 귀에 들리는 것도 없고 눈에 보이는 것도 없이 나무토막처럼 가만히 앉아 전혀 아무 일도 살피지 않는 것을 말함이 아니다. 오직 심신을 수렴하고 정제하며 순일하게 하여 방종하지 않는 것이 바로 경이다.(『주자어류』, 권12)

여기에 보듯이 경은 자신의 내면세계(마음)를 깨끗이 하는 것과 관련되어 있다. '두려워한다(畏)'는 것은 마음을 늘 경건한 상태로 유지하는 것으로 어떤 대상에 대하여 '두려워한다'는 것을 의미하는 것이 아니다. 마음을 늘 경각시켜 전일하고 순일하여 흐트러지지 않게 하는 것이며 헛된 생각을 하지 않는 것이다. 소라이는 이러한 주자학적인 내면의 경 인식을 해체하여 마음이 경해야 하는 방향을 천으로 설정하고 있다. 다음의 소라이의 언설을 보면 천은 타자화 되어 자기의 밖에 위치해 있음을 알 수 있다.

> 일월성신이 여기에 걸려 있으며 풍우한서가 여기에서 행한다. 만물의
> 명을 받는 바이며 백신의 종이다.(『변명』천명제귀신)

> 예로부터 성제, 명왕 모두 천에 본받아 천하를 다스리고 천도를 받들어
> 그 정교를 행했다.(『변명』천명제귀신)

여기에서 알 수 있듯이 천이 만물을 생성화육시키는 생명의 근원이며 생명의 주재자이다. 『논어징』「헌문편」에서는 "몸을 닦아 경한 상태에 처한다." (修己以敬)는 것의 대상이 하늘임을 밝히고 있다. 천이 공경의 대상으로 부상하고 있다. 불가지천의 인식은 공경사상으로 발전하는 것이다. 이는 소라이가 인간세계와 자연은 서로 다른 세계임을 말함으로서 인간이 천에 대해 가져야할 자세를 경이라는 개념으로 드러내주고 있는 것이라 할 수 있다. 그렇다면 소라이는 불안한 인성이 의지할 외부적 힘이 바로 천이라는 사실을 말하고 있는 것일까? 확대 해석한다면 역사적으로는 고대의 성인이며 현실적으로는 당대의 군주, 즉 막부가 될 것이다.

5. 성인의 도에 물들다

격물

　불안한 인성이 안착할 수 있는 대상이 있다는 언설에서 자기 수양을 통한 성인이 되는 것의 불가능함을 읽을 수 있을까? 소라이가 강조하는 경에 대상이 있다는 것은 주자학적인 내면의 수양을 전제로 한 것은 아니다. 소라이는 '學'자를 "오랫동안 성인의 도에 습숙하여 변화되는 것"(『변명』학)이라 정의한다. 그렇다면 소라이는 왜 성인의 도에 습숙해야함을 강조하는 것일까? 이 문제를 '격물(格物)'에 대한 소라이의 해석과 관련시켜 살펴보기로 하자. 소라이는 '격물'을 "선왕 시대 학습 방법의 양상을 보여주는 언사"로서 중요도를 부여하고 있기 때문이다.[23]

　주희는 모든 사물의 법칙(理)이 내재해 있는 인성을 바탕으로 사물에 나아가 사물의 이치를 궁리하면 천하 모든 이치를 일관할 수 있다고 보았다. 이렇게 하여 지식이 활연 관통해지면 모든 사물의 표리와 정조가 이르지 않음이 없으며 내 마음의 전체 대용이 밝지 않음이 없게 된다. 이처럼 주희는 사물의 극처에 도달하는 것을 격물이라 했는데 우주의 보편적인 리를 인식하는 것이 격물의 최종 목적이다. 그런데 이러한 주자의 해석을 정면에서 반박한 것이 소라이의 격물론이다.

　　대학에서 이른바 격물이란 그 일을 배움이 오래되어 자연히 얻는 바가 있으며, 얻는 바가 있은 후에 아는 바가 비로소 분명해 지는 것을 말한다. 그러므로 격물한 후에 지가 이른다고 하는 것이다. 어찌 천하의 이치를 다하는 것을 이르는 말이겠는가?(『변명』지)

23　澤井啓一, 「習熟と思慮-徂徠學の方法論」, 『寺小屋語學文化硏究所論叢』2號, 1983, 165쪽.

위에서 보듯이 소라이는 격물을 주희처럼 "모든 사물에 나아가 사물의 이치를 궁구히" 하는 것이라 하지 않고, "그 일을 배움이 오래되어 자연히 얻는 바가 있는 것"이라 했다. 다시 말하면 어느 한 사물을 배워 익숙해질 때에 비로소 지를 획득할 수 있다는 것이다. 여기서 소라이가 말하는 "그 일을 배움이 오래된다."고 할 때의 "그 일"이란 육경 안에 제시되어 있는 도(예악), 즉 물이다. 여기서 소라이는 지를 습득하는 중요한 수단으로 물을 오래도록 익힌다는 습숙의 방법을 것을 제시하고 있다. 소라이가 주장하는 격물은 주희처럼 천하의 이치를 다하는 것이 아니다. 소라이의 주희 격물론 비판은 다음과 같이 이어진다.

정현이 대학을 해석하면서 격을 오는 것(来)이라고 했다. 고훈이 조금 남아 있었기에 그러했다. 주자는 궁리라고 해석했다. 궁리는 성인의 일인데 어찌 이것을 배우는 자가 바랄 수 있겠는가? 격물에 궁리를 더한 후에 비로소 뜻이 이루어진다는 것인데, 어찌 망령된 짓이 아니겠는가? 또한 옛날에 이른바 知至라는 것은 이것을 몸에 얻은 후에야 비로소 분명해 지는 것을 말한다. 그런데도 주자는 밖에 있는 것을 궁리하여 자신의 지식을 얻으려 했으니 무리한 짓일 뿐이다.(『변명』물)

윗 글에서 분명한 것처럼 소라이는 '인성을 다하고 물성을 다한다는 것은 오직 성인만이 할 수 있다고 보았다. 소라이는 '궁리'란 "성인이 역을 제작하는 것을 칭찬한 것"(『변도』24)이라 했다. 소라이에 의하면 '격물'은 『대학』에 있는 말이고 '궁리'는 『역경』설괘전의 말로서 이 둘은 전혀 다른 의미를 갖는데, 주희는 '격물'과 '궁리'를 같은 의미로 사용하는 오류를 범한 셈이다. 소라이가 이 글에서 강조하고자 하는 것은 주희처럼 외부의 사물을 궁리하는 것으로 지가 얻어진다는 것을 부정하는 데 있었다.

신체를 물들게 한다.

소라이는 『대학해(大學解)』에서 "격이란 來이며 至이다. 感하여 이것을 오게 하는 것을 말한다."(『변도』24)라고 주해하고 있다. 感하다는 말을 『변도』에서는 감격(感格)(『변도』24)이라 표현하고 있다. 사물을 의식하지 않는 사이에 자신에게 '다가와(來)' '감응(感)'하고, 그것을 오래도록 신체로 익히면 지는 자연히 체득(신체화)된다.[24] 성인의 도에 신체가 물드는 방법이다. 여기에는 관념적인 방법이 철저하게 배제되어 있다. 소라이는 신체에 의한 학습을 지의 체득의 중요 수단으로 삼고 있다.

> 습숙한 후에 내 것이 된다. 내 것이 되면 생각하지 않아도 얻게 되며 노력하지 않아도 적중하게 된다. … 그렇지 않고 모든 만물이 나에게 갖추어져 있다고 하면, 맹자의 시대에 어찌 황당한 논변이 아니겠는가? 이것은 모두 고언을 잃었다는 것을 모르는 것이다. … 옛 군자는 선왕의 법언이 아니면 감히 말하지 않았던 것이다. 모두 고언을 암송한다는 것을 말하는 것이다(『변명』물)

윗 글에서 소라이는 인성이 사물에 완전히 감응 동화되는 것을 '습숙'이라고 했다. 습숙을 통해 "성인의 말과 행동에 익숙해져 내 마음 지혜도 저절로 성인의 도와 차이가 나지 않게 되는" 효과를 기대하기에 충분했다.[25]

소라이의 습숙론은 자기 주체가 주체를 확인하는 과정이 아니다. 자기주체성은 약화되거나 없다. 성인의 도로의 습숙은 모든 만물의 원리가 내장되

---

24 澤井啓一, 앞의 논문, 168쪽. 또한 쓰지모토 마사시는 소라이의 습숙론을 "신체로 기억하는 학습"이라고 주장한다(辻本雅史, 앞의 책, 49쪽).
25 『태평책』, 449쪽.

어 있는 주체의 의지의 결단으로 생겨나는 결과가 아니다. 소라이는 인간의 안(內)이 되는 마음(心)의 자율적 통제기능을 부정하고 인간의 밖(外)이 되는 물에 의한 통제를 주장했기 때문이다.[26]

6. 수신의 메커니즘

인성의 습관화

소라이에 의하면 예악의 실천은 범위가 한정되어 있다. 예악의 실천은 군자라는 특정 층에 한정되어 있으며 백성은 군자의 가르침을 따르는 존재이다. 군자란 위정자 층을 말한다. 이렇게 보면 소라이학에서 수신은 위정자에 의한 시선에서 제시되었다고 할 수 밖에 없다. 예악의 수신이 위정자의 시선에서 제시되어 있다고 본다면 일반 백성들에게 필요한 수신은 무엇일까?

민간에는 효제충신을 알게 하는 것 외에는 필요 없습니다. 효경, 열녀전, 삼강행실과 같은 종류를 벗어나면 안 됩니다. 그 외의 학문은 사람의 사악한 지혜를 증가시켜 흩어지게 합니다. 백성에게 사악한 지혜가 성행하면 다스리기 어렵습니다.(『태평책』, 458쪽)

---

26 그런데 소라이의 '격물' 해석에서 주목되는 것은 소라이가 '격물'을 "고훈"에 연관시키고 있다는 점이다. 소라이가 정현의 해석을 수용한 이유도 그것이 '고훈'이었기 때문이다. 소라이가 주희의 격물 해석을 비판한 것도 주희의 해석이 '고언'을 잃었기 때문이었다. 이처럼 소라이는 '격물'의 해석에서도 "선왕의 법언"이라는 '고언'에 입각한 해석으로 일관되어 있다.

소라이가 주장하는 것처럼 "백성에게 사악한 지혜(邪智)가 성행하면 다스리기 어렵다"고 본다면 백성에게 가르칠 수 있는 학문은 한정되기 마련이다. 소라이가 백성들에게 가르칠 내용으로 위의 책들을 주장한 것을 보면 공동체 유지를 위한 사회 문화 풍속의 조장이라는 관점이 작용하고 있었다고 볼 수 있다. 결국 소라이가 구상했던 백성들의 수신이란 『효경』이나 『열녀전』, 『삼강행실도』 등에 나타난 정형화된 도덕의 상을 주입시키기 위한 것이었다. 또한 소라이는 "고대 성인의 도에 백성에게 효제를 가르치는 것을 첫째라고 하여 유자들이 강석을 하여 백성에게 들려주고 백성이 스스로 깨달아 효제를 하도록 하는 것이라 생각한다면 커다란 잘못이다."[27] 라고도 말하고 있다. 백성 스스로가 깨달아 효제를 할 수 있다는 것에 대한 강한 불신이 드러나 있다. 어디까지나 위로부터의 교화에 따르도록 해야 한다는 소라이의 교화론이 강하게 드러나 있는 대목이다.

후세 리학의 무리들은 도리를 사람들에게 들려주어 사람에게 합치시켜 그 사람들의 마음을 고치려 합니다. 이것은 쌀을 절구에 넣고 빻는 것이 아니라 한 알씩 한 알씩 정제하는 것과 같습니다. … 풍속은 습관입니다. 학문의 도도 습관입니다. 선하게 배우면 선한 인간이 되고 악한 것을 배우면 악한 인간이 됩니다.(『태평책』, 473쪽)

소라이에게는 주자학처럼 도리를 들려주어 깨닫게 하는 수신은 없다. 전술한 것처럼 소라이는 사람의 마음에 직접적으로 관여하여 마음을 고치려는 방법을 "광인이 스스로 그 광기를 고치려는 것과 같다."는 것에 비유한다. 주자학에서는 인성의 수신도 한 사람 한 사람을 대상으로 하여 "한 알

___

27 『정담』, 卷1.

씩 한 알씩 정제하는" 방법을 사용하지만 그것은 "도리를 사람의 마음에 들려주어 마음을 고치려는 것"에 불과하다. 그 대신에 소라이는 "쌀을 절구에 넣고 빻는" 방법을 제시하고 있다. 이것은 개인의 의지와는 전혀 상관없는 외부로부터의 강제성을 수반한 방법이다. 여기에서는 어떠한 것을 습관화시킬 것인가가 관건이 된다. 개인의 가치판단은 중요하지 않다. 소라이의 방법은 전 민중을 한통속으로 만들어내기 위한 방법으로 기능할 뿐이다. 전민중이 만들어 내는 풍속의 교화가 강하게 작용하고 있었기 때문이다.

그렇다면 인성의 주체에 의한 내면의 수신은 소라이에게는 없었던 것일까? 아니다. 소라이는 백성들의 자기 수신은 필요 없다고 생각했지만 군주에게는 요구하고 있었다. 이와 관련하여 『대학』의 '삼강령' '명명덕'에 관한 소라이의 주해를 보자.

> 명덕은 현덕(顯德)과 같은데 현덕(玄德)에 대하여 이것을 말한다. (순이)
> 요의 치하에 있을 때는 한 촌의 선비였다. 그런데 비록 성덕이 갖추어
> 져 있었다고 해도 백성이 이것을 알지 못했다. 그러므로 서경에서 이것
> 을 현덕(玄德)이라 했다. 군상의 덕, 숭고한 지위, 백성이 모두 보는 바이
> 기에 말 한마디 행동하나도 밝게 드러나 천하가 모두 그를 알게 된다.
> 숨길 수 없기 때문에 명덕이라 한다.(『태평책』, 371쪽)

주희는 모든 사람이 하늘에서 품부 받은 것을 명덕이라 하고 이것을 본연의 성이라 했다. 명덕을 밝히는 주체는 인간 일반이 된다. 그런데 이러한 주희의 명덕에 대한 입장에 대해 소라이는 "주자가 명덕을 허령불매라 해석한 것은 마음을 중심으로 한 학문이 주체가 되어있기 때문으로 고대에는 없었던 해석이다."(『변명』덕)라고 지적하고 있다.

소라이는 주희의 해석을 비판하면서 명덕을 현덕(顯德), 즉 아주 깊은 덕

의 의미로서의 현덕(玄德)과 대비시켜 외면에 확연하게 비취는 덕이라 생각했다. 순이 성덕을 가지고 있었지만 한 촌의 선비(一鄕之士)였을 때에는 백성이 그를 몰랐다. 순이 군주가 되자 말 한마디 행동 하나도 숨김없이 확연하게 드러나 천하가 모두 그를 알게 되었다. 이것이 소라이의 명덕이었다. 소라이는 명덕을 주희처럼 인간 일반에 요구한 것이 아니라 군주 개인의 차원에서 말하고 있다. 이렇게 보면 인성 주체에 의한 내면의 수신은 군주라는 위정자의 입장에서 구상된 것이라고 볼 수 있다. 교화를 위한 유덕자를 강조하는 측면에서 보면 덕치주의적 입장에서 수신이 구상되었다고 할 수 있다. 그런데 소라이가 군주에 요구한 수신의 목적은 다른데 있다. 소라이는 다음과 같이 말하고 있기 때문이다.

수신의 연출

몸을 닦는 것을 먼저 한다고 하는데 사람의 위에 있는 자가 몸의 행의가 올바르지 못하면 아래에서 존경하고 믿지 않습니다. 존경하고 믿지 않는다면 명령이 행해지지 못하며 안민의 공을 이루기 어렵기 때문에 몸을 닦는 것입니다. 몸을 닦는 것을 미루어 그 나머지로 백성을 다스린다고 하는 것은 아닙니다.(『태평책』, 467쪽)

여기서 분명하게 알 수 있는 것처럼 수신은 안민, 즉 '안천하' 라는 정치적 목적을 달성하기 위해 군주에게 부과된 것으로 되어 있다. 군주가 몸의 행의가 올바르지 못하면 아래에서 존경하지도 않고 믿지도 않는다. 그렇게 되면 위로부터의 명령은 미치지 못하게 된다. 결국 안민의 실행은 어렵게 되기 때문에 군주의 수신이 필요한 것이다. 위정자의 덕의 유무가 풍속 교화에 중요한 변수로 작용한다는 것을 여실히 보여주고 있다. 소라이는 법에 의한 풍속의 교화가 갖는 한계를 잘 알고 있었다. 그렇기 때문에 덕이 있는 사람을 위에 세운다면 형정 같은 법에 의존하지 않아도 풍속은 자연히 고쳐질 것이라고 본 것이다.

이렇게 보면 소라이가 강조하는 수신이란 위정자(막부)의 원만한 통치행위를 돕기 위해 위정자에게 요구된 것이었다고 볼 수 있다. 소라이에게서 성인의 도가 오직 안민이라는 정치적 목적, 치인의 문제에 집중해 있다는 것을 생각해 보면 수신도 또한 치인과 관련성이 깊다고 보지 않으면 안 된다. 소라이의 수신이란 사회를 전체로서 통합하기 위한 방법의 토대로서 구상되었다고 할 수 있다. 물론 이러한 경우의 자기 수신이란 어디까지나 통치를 위한 방법이었다는 것을 잊어서는 안 될 것이다. 주자학처럼 본연의 성을 보존하면서 성인이 되기 위한 수신은 결코 아니다.

그런데 통치를 위한 정치적 시선에서 군주의 수신을 강조했다는 점은 곧 유덕자에 의한 통치라는 것이 통치를 위한 정치적 의미에서의 일종의 '연출행위'일 수도 있다고 볼 수 있다. 그렇게 볼 수 있다면 유덕자라는 것도 정치적 관점이 작용한 의미에서의 유덕자가 될 것이다. 소라이의 수신론에서 보면 군주의 수신이 필요한 이유로 "아래에서 존경하고 믿지 않는다면 명령이 행해지지 못하며 안민의 공을 이루기 어렵기 때문에 몸을 닦는 것"이라는 부분과 "몸을 닦는 것을 미루어 그 나머지로 백성을 다스린다고 하는 것은 아니다."는 부분이 연결이 되기 때문이다. 이렇게 본다면 유덕자를 통한 덕치주의는 정치적 목적을 달성하기 위한 방편으로서의 '덕치주의'라고 할 수 있다.

그러한 근거로서 인(仁)에 대한 소라이의 해석을 들 수 있다. 소라이는 인에 대해 "인이란 사람의 어른이 되어 백성을 평안히 하는 덕을 말한다."라고 하면서 천하의 군주가 되는 성인의 대덕(大德)이라고 했다. 계속해서 소라이는 "군(君)이란 군(群)이다. 사람들(群)을 통일하는 자는 인이 아니면 무엇으로 가능하겠는가?"[28]라고 하여 인을 정치적 관점에서 해석하고 있다. 이러한 인의 해석은 "사랑의 이치(愛之理), 마음의 덕(心之德)"으로 해석하는 주희의 인 해석에 대한 전면적 부정을 함의하고 있다. 따라서 정치적 목적의 달성아래 인이 놓여있다고 할 수 있다.

7. 상생의 인간학

다양성과 개별성

소라이는 기질지성을 본연의 성이라 간주하고 인성은 사람마다 서로 다르다고 하면서 기질불변화설을 주장했는데 이러한 인간관이 갖는 의미는 무엇일까? 소라이가 주장하는 기질불변화설은 인간이 하늘로부터 품부된 기질 그 자체에 의미를 둔다는 것이다. 태어난 그대로의 기질 상태를 받아들이면서 더 나은 기질의 상태로 만들면 된다는 것이 소라이가 구상한 인간관의 핵심이다. 전술한 것처럼 소라이의 인성론은 동일성이 아니라 어디까지나 다양성이나 개별성을 추구하고 있다.

그런데 다양성과 개별성을 속성으로 갖는 인간이 구성하는 사회 역시 다양성과 개별성으로 구성된 사회일 수 밖에 없다. 다양성과 개별성을 속성으로 하는 사회의 분열은 필연적이다. 그렇기 때문에 그러한 사회에 전체적으로 통일된 질서를 부여할 수 있는 존재가 필요하다. 소라이는 성인과 성인의 작위에 의한 도가 사회의 분열을 막고 전체적인 통일을 부여할 유일한 존재라고 강조하고 있다. 이러한 생각에는 결국 사회와 그 속에서 살아가는 개별자로서의 인간을 하나로 묶어주기 위해서는 성인과 성인의 도라는 외부적

---

28 『변명』인.

힘에 의존할 수밖에 없다는 것이 자각되어 있다. 도덕이라는 것도 인성 내부에서 근거를 찾을 수 없고 인성의 외부, 즉 성인이라는 외부적 힘에 있다. 성인이 도덕의 체현자이기 때문에 성인을 본받아 성인이 되려고 하기 보다는 성인의 가르침을 그대로 수용하여 신체로 습숙하기만 하면 된다.

소라이에게서 성인의 도가 사회 전체를 통일 시켜주는 존재로 자각되어 있다면 사회를 구성하는 인간은 어떠한 의미를 갖을까? 소라이는 개별적이고 다양하여 분열될 수밖에 없는 인간에게서도 사회의 통합을 위한 능력을 발견한다. 소라이에 의하면 인간은 "서로 사랑하고 서로 기르며 서로 돕고 서로 이루어주는 마음, 운용영위(運用營爲)의 재주"[29]가 선천적으로 갖추어져 있다고 보았다. 그러한 재주에 의해 인간은 서로 도우면서 조화 있는 사회를 존속시켜 나가는 것이다. 개개인의 내부에 자율적 근거를 갖지 못하여 불안정한 성을 안정시키기 위한 방법이 이러한 형태로 고안되어 있었다고 할 수 있다. 이것은 사회 집단 안에서 성의 의미를 추구하려는 자세이다. 결국 소라이적 인간관이란 개인 그 자체가 갖는 의미보다는 공동체라는 사회 집단 안에서 서로 의존적 관계를 형성하면서 살아갈 수 밖에 없는 인간관이 될 것이다.[30]

역할속의 인간

그렇다면 조화로운 사회를 만들기 위해 각 인간이 해야 할 의무가 있기 마련이다. 소라이의 다음의 언설에서 그 단초를 찾을 수 있다. 소라이는 "사람은 그 성이 다른 바에 따라 각기 잘 하는 바가 있는데 이것이 재(材)이다."

---

29 『변명』도.
30 辻本雅史, 앞의 책, 26~27쪽.

(『변명』성정재)라고 했다. 서로 다른 본성을 가진 인간이지만 각각이 서로 "잘 하는 바가 있다."는 것이다. 여기서 성과 재는 같은 시선에서 파악되고 있다. 결국 서로 다른 기질을 양육하여 더 좋은 상태로 만드는 목적은 재를 이루기 위함에 있다고 할 수 있다. 재를 이룬다는 것은 유용성의 관점에서 성을 바라보고 있다는 것을 의미한다. 인성을 유용성의 측면에서 본다는 것은 곧 소라이학이 목적으로 했던 사회의 전체적 통일성의 실현, 즉 안천하의 실현에 부합되고 있다.

그렇다면 이처럼 개개의 인성을 안천하의 실현이라는 목적에 부합되는 유용성의 측면에서 파악하고 있다는 것과 덕과는 어떠한 상관성을 가지고 있을까? 소라이는 덕을 얻는 것(得)이라 보고 있는데, "각각의 도에서 얻는 바" 즉 각각 서로 다른 인성을 소유한 인간이기 때문에 덕도 사람마다 다를 수밖에 없다.[31] 주희라면 당연히 덕은 도를 행하여 마음에 얻는 것이 된다. 반면 소라이는 『예기』향음주에서 "덕은 몸에 얻는 것"이라는 말을 근거로 덕은 신체 활동의 결과로 보고 있다. 성인은 각자의 성을 따라 인성을 양육하여 덕을 이룬다. 이러한 덕은 주자학처럼 도덕적 의미의 덕이 아니라 특수한 재능이라는 성격이 크다. 소라이는 "각각 그 성의 가까운 바를 따라 길러 이것으로 덕을 이룬다. 덕이 서게 되면 재가 이루어진다."[32]고 했다. 마루야마가 지적하고 있는 것처럼 각 개인이 자신의 성에 가까운 기능을 함양하고 각각의 방법에 따라 보편적인 도에 참여하는 것이 된다.[33] 성인은 각각 서로 다른 인성에 알맞게 배워야할 것을 세웠는데 이것이 예악이다. 그것을 배

---

31 『변명』덕. "덕이란 얻는 것(得)이다. 사람이 각기 도에서 얻는 바가 있다. 혹은 성에서 얻고 혹은 배움에서 얻는다. 모두가 성이 특수하며 성은 사람마다 다르다. 그러므로 덕도 사람마다 다르다."

32 『변명』덕

33 丸山眞男, 앞의 책, 90쪽.

우면 덕을 이루게 되는 것이다. 예악에 습숙하여 각 개인에 맞는 재능을 기른다. 그것이 덕이다. 결국 소라이가 말하는 덕의 함양이란 재지(才智), 재(材), 재능, 기량, 장점 등의 함양이다. 정치의 목적에서 인성은 의미를 갖는다는 소라이의 견해와 같은 맥락에서 볼 수 있다.

> 농부는 밭을 갈아 세상 사람을 기르고 공인(工)은 물건을 만들어 세상 사람들에게 사용하게 하고 장사하는 사람(商)은 있고 없음을 통하여 세상 사람을 돕고, 선비는 다스려 문란해지지 않게 합니다. 각자의 역할을 한다고는 하지만 서로 도와 하나라도 빠진다면 나라는 서지 못합니다.(『답문서』상)

윗 글에서 보면, 각각의 존재는 사회에서 각각의 직분과 역할 분담을 수행하는 것으로 의미를 갖는다고 강조되어 있다. 소라이에 의하면 "쌀은 언제까지나 쌀이며 콩은 언제까지나 콩"인데 쌀이면 쌀, 콩이면 콩으로서의 맡겨진 직분이 있다. 그런데 "쌀은 쌀로서 쓰임이 되고 콩은 콩으로써 쓰임이 된다."라고 하여 쌀이 비록 콩은 되지 못한다고 해도 그 상태로도 충분히 사회적인 의미를 갖는다고 했다.[34] 소라이는 사회를 전체적으로 통일시키고 통합시키기 위해 각 인간에게 주어진 역할이 있다는 역할론을 제기하고 있다.

이러한 역할론은 공자의 지천명장의 해석에서 보다 확연히 드러난다. 소라이는 『논어』의 〈지천명장〉의 주석에서 "50세가 되어 비로소 천명을 후세에 전하는 것을 공자의 사명이라는 것을 알았다."라고 주해하고 있다. 소라이에 의하면 공자는 하학하여 상달할 수 있는 사람이기에 하늘이 공자에게

---

34 『답문서』중, 456~457쪽.

명하여 도를 세상에 전하는 임무를 부여했다. 그래서 공자는 선왕의 도를 배워 천명을 기다렸다. 그러나 공자가 50세가 되어도 작록이 이르지 않았다. 왜냐하면 하늘은 공자에게 도를 세상에 전하는 사명을 준 것이 아니라 후세에 도를 전하는 것을 사명으로 주었기 때문이다. 그렇지 않다면 공자가 50세가 되어서 비로소 천명을 알았다고 할 리가 없다는 것이다.[35] 소라이는 공자가 당시의 현실 정치에 등용되지 못한 것을 천명과 연관시키는데 이러한 결과 역할론의 당위성은 한층 상승하는 결과를 초래한다.

소라이는 역할론을 천명 이외에도 복선화음의 관념과 관련시켜 설명함으로써 변동불가능하게 단단히 고정시켜 버렸다. 즉 "물고기가 강에서 헤엄치는 것을 복이라 하고 물을 잃어버리는 것을 화라 한다. 원숭이가 물속에 들어가면 죽는다."거나 "천자가 제후가 되는 것을 화라 하고 대부가 제후가 되는 것을 복이라 한다."는 표현에서 볼 수 있다. 여기서 나타난 역할론은 복과 화라는 상반구조로 설명되어 있다. 이어서 소라이는 "하늘이 나에게 명하여 천자가 되고 제후가 되고 대부가 되고 사가 되게 한다. 그러므로 천자, 제후, 대부, 사라 하는 것은 모두 천직이다." 라고 하여 화복관은 천직관으로 연결되고 있다.[36]

이처럼 소라이는 역할론을 천명이나 천직, 화복이라는 단어로 개념화시킴으로써 사회 각 계층의 유동성이나 흔들림의 방지에 최선의 방책을 강구하고 있었다. 역할론의 최종 목적은 소라이가 『답문서』에서 강조하고 있는 것처럼 군주가 백성의 부모가 되도록 돕는 역인을 만드는데 있다.[37]

---

35 이상 『변명』천명제귀신. 236~237쪽.

36 복선화음론은 『徂徠集』12집에 수록(『近世儒家文集集成』第3卷(1985), ぺりかん社). 한편 소라이는 자신에게 주어진 역할이 천직이라는 것을 강조하면서 "사람의 힘은 미치는 바가 있고 미치지 못하는 바가 있다. 강제로 그 힘이 미치지 않는 바를 구하는 것은 지혜가 없는 자이다. 그러므로 말하기를 명을 알지 못하면 군자가 아니다."라고도 했다.(『변명』지)

8. 맺음말

소라이학이 현실 정치에 강한 관심을 가지고 태동한 것처럼 인간이해에서도 정치적 시선에서 인간학이 구축되었다. 사회 통합기제로서 유학의 유효성에 착목한 소라이는 사회 공동체의 유지를 통한 공적 질서의 확립이 최우선 과제였다. 다양성과 개별성아래 분열될 수밖에 없는 공동체의 분열을 막고 통일적 사회를 형성하기 위해서 각 존재마다 필요한 역할을 부여하고 그것을 천명으로 강조함으로써 사회의 유동화를 막을 수 있다. 소라이는 사회의 분열을 막고 사회의 다양성을 통일하여 전체적인 조화를 이룰 힘을 성인, 즉 당대의 군주에게서 찾았다. 예악 제정의 임무를 군주에게 둔다는 것은 군주라는 외부적 강제력에 의한 인성의 통제를 상정했다는 것이 된다. 그런데 고대 성인 시대에 제정된 예악제도는 역사의 변천과 함께 변해가기 때문에 각 시대에 맞는 예악제정이 필요하다. 따라서 각 시대 각 나라마다 필요한 예악을 제정하여 그것으로 도덕의 정형을 삼는다는 논리가 성립된다.

이러한 소라이적인 인간이해가 가능한 이유는 인성의 내부에는 도덕적 근거가 없다는 점에 있다. 또한 도덕성의 양육은 마음이 아닌 신체에 집중되어 있다는 것은 곧 신체가 교화의 직접적 대상이 되고 있다는 것이며 여기에서 근세 유학자의 마음과 신체에 대한 유학적 이해를 볼 수 있다. 알 수 없는 마음보다 눈에 확연히 드러나는 신체가 부상해 오는 것이다.

이러한 소라이와 유사한 인간이해를 보여주는 견해가 존재한다. 예를 들어 소라이보다 앞 세대에 속하는 가이바라 에키켄은 주자학의 리의 개념을 부정하면서 실체적인 것을 기에 두고 있다. 에키켄이 리를 대신하여 도덕론의 근거로 삼은 것이 천지를 섬긴다는 사천지설(事天地說)이다. 사천지설에는

---

37 『답문서』상, 430쪽.

인간의 마음은 신뢰할 수 없다는 것이 전제되어 있다. 인간의 마음에는 도덕적 근거가 없기 때문에 마음의 외부가 되는 천지에 도덕적 근거를 둔 것이다.

이러한 에키켄의 인간이해에서 소라이와 유사성을 발견할 수 있다. 에키켄도 소라이와 유사하게 인간의 마음은 신뢰할 도덕의 근거가 없으며 마음은 마음의 외부에서 강하게 규율해야 한다는 점을 강조한다. 그것은 마음의 외부에서 마음을 들여다보는 사고법이다. 신체의 행위가 예에 맞게 될 때 마음도 도덕적이 된다. 끊임없는 신체의 규율화를 통해 도덕적 인간이 양육된다. 이렇게 보면 에도 시대의 사회와 문화사를 시야에 넣었을 때 소라이적 인간이해는 일본의 사회 문화사속에 존재하는 인간이해, 즉 마음보다 신체에 우위성을 두려는 사고를 계승하고 있다고 평가할 수 있다.

당시 쇼군 요시무네가 풍속의 교화에 지대한 관심을 가지고 소라이의 민중교화론에 관심을 표명한 것을 보면 소라이가 강조한 정치우위의 인간론은 중요할 수 밖에 없다. 소라이의 경세론서인『태평책』과『정담』은 요시무네의 정치 자문에 응해 저술된 것이다.『태평책』의 민간에는 효제충신 이외에는 알게 할 필요가 없고『효경』,『열녀전』,『삼강행실도』과 같은 것을 가르쳐야 한다는 내용은 요시무네의 자문에 대한 소라이의 대답이었다. 소라이는 집단이 만들어 내는 풍속에 강한 관심을 보였는데 이 점에서 요시무네와 통하는 면이 있었다. 위정자의 덕치의 실현에 강한 의지를 가졌던 요시무네는 풍속을 저해하는 출판물을 통제하고 민중교화를 위해『육유연의대의』를 출판하여 데나라이주쿠의 교재로 사용하도록 했다.

『육유연의대의』에서의 '육유'란 명의 태조가 하달한 여섯 가지 칙유인데, 명말의 범광이 육유의 의미를 해설하고 예화 등을 삽입하여 민중을 위한 수신서로『육유연의대의』라는 제명으로 간행했다. 류큐(琉球)의 정순칙(程順則)이 청으로부터 가져와 사쓰마(薩摩) 번주인 시마즈 요시타카(島津吉貴)에

헌상했으며 요시타카는 이것을 요시무네에게 헌상했다. 요시무네는 이 책에 주목하여 소라이에게 훈점을 달도록 했다. 소라이의 훈독본은 1721년에 출판된다.[38] 이처럼 민중이 만들어내는 풍속에 착목하여 민중교화에 주목한 요시무네에게 소라이는 중요한 사상가였다. 그러나 요시무네 이후 관정이학의 금에 의해 주자학의 도덕주의가 부활하면서 소라이학의 인간론은 비판의 중심에 서게 된다.

소라이학파는 결과적으로 핫토리 난카쿠(服部南郭)를 중심으로 한 시문파와 다자이 슌다이(太宰春台)를 중심으로 한 경세파로 분열되어 쇠퇴해 간다. 더욱이 반소라이학의 커다란 저항에 직면하게 된다. 오규 소라이의 학문과 사상이 이후의 사상사의 전개과정에서 어떠한 문제를 안고 계승, 비판 혹은 변용되어 갔을까? 다시 말하면 소라이학은 사상사에 어떠한 파문을 일으켰는가? 소라이학파 내부에서 벌어진 소라이학의 문제를 둘러싼 갈등과 소라이의 저작을 놓고 벌어지는 지식인들 사이에서 발생하는 소라이 논쟁을 살펴보면 일본사상사의 전개 과정에서 소라이학 출현이 갖는 의미가 좀 더 입체적으로 보일 것이다.

---

38 쓰지모토 마사시 · 오키타 유쿠지편, 이기원 · 오성철 옮김, 제6장 「막부의 교육정책과 민중」, 『일본교육의 사회사』, 경인문화사, 2011 참조.

제3장

다자이 슌다이(太宰春台)의 고문사학

1. 18세기 후반기의 사상사적 환경

반소라이학의 등장

소라이 이후 유학사상의 특징은 정치 개혁론에 학문의 목적을 둔 그룹과 경학(경서해석학)에 학문의 목적을 둔 그룹으로 나눌 수 있다. 실제적 정치 개혁론에 학문의 목적을 두었던 호소이 헤이슈(細井平洲, 1728~1801), 가메이 난메이(龜井南冥, 1743~1814), 쓰카다 다이호(塚田大峰, 1745~1832), 라이 슌수이(賴春水, 1746~1816), 비토 지슈(尾藤二洲, 1747~1814)등이 있으며, 경학에 학문의 관심을 두었던 지식인들로는 가타야마 겐잔(片山兼山, 1730~1782), 오타 긴죠(太田錦城, 1765~1825) 등이 있다. 그런데 정치 개혁론에 학문의 주된 관심을 표명한 그룹들도, 경학에 학문의 주된 관심을 표명한 그룹들도 대부분이 한때 소라이학을 받아들였거나 소라이가 그들 사상 형성에 기폭제가 되었다는 점이다. 예를 들어 절충학으로 분류되는 호소이 헤이슈의 경세론은 소라이의 경세론과 중층되어 있으며, 라이 슌수이나 쓰카다 다이호, 비토 지슈, 오타 긴죠의 유학사상은 반소라이적이다. 또한 가메이 난메이나 가타야마 겐잔은 소라이학에서 전향한 자들이다.[1] 이렇게 보면 소라이 이후 소라이학의 쇠퇴, 절충학의 흥기와 쇠퇴, 정학파 주자학자들의 대두와 관정이학의 금에 의한 주자학으로의 복귀에 이르는 사상사의 변동과정은 소라이학의 유산을 정리하여 새로운 학문적 기초를 만들어가려는 과정으로 이해할 수 있다.

소라이학이 유행하면서 당시 학문과 사상의 헤게모니를 쥐고 있던 주자학을 대신하여 소라이학으로 번정(藩政) 개혁이나 번교(藩校)의 쇄신을 꾀하려는 움직임도 있었다. 예를 들어 아이즈번(會津藩)에서는 1788년(관정2) 소라이학을 존신하던 다나카 하루나카(田中玄宰, 1748~1808)가 후루야 세키요(古屋昔陽, 1743~1806)[2]를 쿠마모토(熊本)에서 초빙하여 번교의 학제개혁을 도모했으며 마쓰에번(松江藩)에서는 소라이 만년의 제자 우사미 신수이(宇佐美灊水)가 번정 개혁에 관계하거나[3], 쵸슈번(長州藩)에서는 핫토리 난카쿠와 야마가타 슈난에 사사받은 타키 가쿠다이(瀧鶴台, 1709~1773)가 호레이기(宝曆期, 1751~1764)에 번정 개혁에 관여했다.[4] 그들은 번정 개혁을 소라이학에 맡긴 것이다.

그렇다면 당시 소라이학은 에도의 지식인들 사이에 어떠한 이미지로 다가 왔을까? 『학문원류』에는 다음과 같이 묘사되어 있다.

---

1 18세기 후반기의 유학 사상의 전개 문제는 쓰지모토 마사시, 앞의 책, 참조.

2 후루야 세키요우는 쿠마모토의 아키야마 교쿠산(秋山玉山)에게 소라이학을 배웠다. 후에 에도에서 개숙하면서 아이즈번의 번주였던 마쓰타이라 가타노부(松平容頌)의 양자 가타오키(容住)의 시강을 담당하면서 번교 일신관의 창립에 관여했으며 1789년(관정 10)에는 형의 뒤를 이어 쿠마모토번의 유관이 된다.

3 佐野正己, 『松江藩學芸史の硏究』, 明治書院, 1981, 참조.

4 河村一郎, 『長州藩思想史覺書-山縣周南前後』, 自費出版, 1986, 참조. 타키 가쿠다이는 야마가타 슈난과 핫토리 난카쿠에 소라이학을 배운 이후 나가토(長門, 야마구치현)의 하기번(萩)의 번주 모리 시게나리(毛利重就)의 시강이 된 인물이다.

소라이학은 향보의 초년에는 오로지 에도에서만 행해지고 그 다른 곳에서는 소라이학을 배워 자신의 고향으로 돌아가 그 학설을 퍼뜨리는 자가 드물었다. … 교토에는 토가이의 학설이 성하여 소라이의 학은 신기한 설이라 하는 자는 있어도 배우려는 자는 아주 적었다. 그 후 점점 소라이의 학설에 따르는 자가 많아져 드디어 간사이, 규슈, 시코쿠의 근변까지 성행하여 토가이의 학을 배우는 자가 점점 줄어들고, … 소라이의 설은 향보의 중기 이후는 참으로 일세를 풍미했다. 그러나 교토에 이르러서 성행한 것은 소라이가 죽은 이후의 일로 겐분(元文)의 초년에서 엔코(延享), 간엔(寬延) 무렵까지 12~3년 간은 아주 대단했다. 세상 사람들 그 학설을 기뻐 배우기를 참으로 미친 듯 했다.(『학문원류』, 23~24)

소라이학의 유포과정을 보면 에도에서 교토로, 다시 간사이, 규슈, 시코쿠 등으로 퍼져나가 일세를 풍미하기에 이르렀음을 알 수 있다. 교토는 이토 진사이라는 대학자가 있었으며 그가 세상을 뜬 이후는 그의 아들인 토가이(伊藤東涯, 1670~1736)가 가학을 계승하고 있었다. 그러한 교토에 소라이학이 들어오면서 진사이학이 쇠퇴의 길로 접어들었다는 것도 알 수 있다.

소라이학 출현 이후의 사상사는 소라이라는 이미지를 증폭시키는 현상까지도 만들어 냈다. 예를 들어 소라이학을 패러디한 작품들까지 등장한 것이다. 소라이 『논어징』을 희화한 『論語町(논어정)』(발음이 동일), 『역문전제』를 희화한 『雜文穿袋(잡문천대)』 등이 그것이다.[5] 이러한 작품들의 등장은 적어

---

5 나카무라 슌사쿠, 앞의 책, 144~145쪽. 소라이와 슌다이의 저서는 에도의 서상 스가하라야(須原屋)를 중심으로 에도의 서상들에 의해 출판되어 유통되고 있었다. 스가하라야의 가호인 숭산방(嵩山房)도 소라이가 붙여줬다는 사실에서도 소라이의 명성을 실감케 한다.

도 소라이의 저서가 그 정도로 알려졌다는 것이며 읽혀지고 있었다는 것을 반증해준다. 그러나 다음의 견해는 소라이학이 상당한 비판에 직면해 있었다는 것도 보여준다.

> 훤원 문인의 학사의 경학은 훈고뿐으로 문장에만 오로지하여 방탕무뢰한 자가 많다.(『문회잡기』상권, 170쪽)

이 『문회잡기』는 당시 에도에서 일어난 많은 에피소드를 기록한 것이기는 하지만 단순하게 소문으로만 치부할 수 있는 성질의 것은 아니다. 소라이가 제창한 고문사학적 방법이 결국 훈고뿐이라는 인식은 중요하다. 소라이학이 경학에 대한 어떤 새로운 방법론으로 에도의 지식인들에게 이미지화되었다는 것 보다 단순하게 훈고에 몰두하여 문장에만 치우치는 듯 한 이미지로 소비되고 있었다는 점이다.

소라이학파이면서 소라이학에 비판적이었던 가메이 쇼요(龜井昭陽, 1773~1863)는 『독변도(讀辨道)』에서 소라이의 고문사 인식에 대해 "지금의 학자는 마땅히 고언을 알아야만 한다. 이것은 소라이의 격언이다. 그러나 소라이가 말하는 고언은 지리멸렬하여 송유보다 더 심하다."[6]고 하여 소라이의 경서 고증의 문제를 끄집어내고 있다. 이 『독변도』는 소라이가 주장하는 내용들이 가학, 즉 사사로운 말들로 천하의 공론이 될 수 없다는 것을 밝히는 내용으로 구성되어 있다. 이처럼 고문사학이 갖는 문제점은 단순하게 경서의 주석이라는 차원에서만 그치는 문제로 끝나지 않는다. 소라이 문인들이 문장에만 치중한 나머지 방탕무뢰한 자들로 내달았다는 것, 이 문제를 확

---

6 『徂徠學派』, 日本思想大系37, 岩波書店, 1972, 414쪽. 가메이 쇼요는 소라이학파에 속하는 카메이 난메이(龜井南冥, 1743~1814)의 장남이다.

대시킨다면 고문사학적 방법에 의한 경서해석은 인간에 대한 근본적인 문제를 노정하고 있었다는 점이다.

소라이 경서해석의 문제를 조목조목 비판하는 오타 긴죠는 이에 대해 다음과 같이 말한다.

진사이는 잘못하여 경서를 반박했지만 그 보는 바는 이단에 이르지 않았다. 소라이는 경서를 신봉했지만 그 보는 바는 이단의 괴수이다.(『구경담(九經談)』권1, 13~14쪽)

소라이보다 한 세대 이후에 출현하는 긴죠는 경학에 심혈을 기울인 경학자이다. 그가 소라이를 이단으로 간주하고 있는 것이다. 여기서 소라이 이후에 출현하는 반소라이학에 의한 정통과 이단의 구분이 갖는 의미를 알 수 있다. 『문회잡기』에는 소라이의 고문사(고언설)에 대해 다음과 같은 평이 전한다.

소라이의 고언을 징험한다는 것은 서한이후부터는 전혀 발명한 적이 없는 것이다. 주자의 설 등은 고서를 잘 음미했다고는 하지만 소라이처럼 일일이 옛 것(古)에 대조하여 맞춰본다는 것은 천고의 독자적인 견해임에 틀림없다.(『문회잡기』하권, 276쪽)

소라이의 고문사학이 소라이의 독자적인 경서 해석 방법임에는 틀림없지만 반소라이학의 내용을 살펴보면 반드시 그렇지만도 않다는 점은 분명하다.

소라이학파의 경서주석방법을 비판하면서 사상사에 등장하는 오사카를 중심으로 한 회덕당(懷德堂)이 있다. 1724년 오사카의 유력 쵸닌(五同志)들이

나카이 슈안(中井甃庵, 1693~1758)과 도모하여 미야케 세키안(三宅石庵, 1665~ 1730)을 초대 학주로 초빙하여 학문소를 열었는데 이것이 회덕당이다. 회덕당은 1726년 막부의 관허를 받아 오사카 학문소로 공인된다. 이후 고이 란슈(五井蘭州, 1695~1762)에 배운 4대 학주 나카이 치쿠잔(中井竹山, 1730~1804)를 거치면서 회덕당은 전국적으로 알려지게 된다. 이들은 주자학을 표방했는데 회덕당의 창설기에 조교를 역임한 고이 란슈는『비물편(非物篇)』을 저술하여 소라이의『논어징』을 비판했다. 이어 나카이 치쿠잔이『비물편』을 교정하여『정편비물편(正編非物篇)』으로 간행했으며, 치쿠잔도 소라이 비판서『속편비징(續編非徵)』을 1784년에 간행했다. 란슈가 소라이 비판서『비물편』을 쓰기 시작한 것은 1732년 무렵으로 알려져 있다.[7] 나카이 치쿠잔은 소라이의 고문사에 대해 다음과 같이 평한다.

소라이가 왕·이의 문장을 고학의 진량(津梁)이라 하고 분분하여 제대로 음미하지 않았다. 그 숭배도 또한 지극하다. 그러나 왕·이는 마음이 아주 좁은 소인배이다. 그 작위하는 바는 나누어 쪼개고 뺏어서 정리하는 것에 능하며 모의표절에 힘쓰니 무엇인가? 고문이라는 것이 여기에 있겠는가? 특히 말하는 바는 닭이 울고 개가 짖는 위인일 뿐이다.(『비징』)[8]

소라이의 고언이 고문의 표절에 힘쓴 이·왕의 고문사를 그대로 베낀 것에 지나지 않으며 고문이 아니라는 치쿠잔의 비판은 중요한 시사점을 준다. 이와 거의 동시기의 교토에서도 호레키 년간(宝暦年間, 1751~1764)무렵부터

---

7 宮川康子,『自由學問都市大坂』, 講談社選書メチエ, 2002, 참조.
8 中井竹山,『非徵』, 55쪽(『近世後期儒家集』, 日本思想大系47 ,岩波書店, 1972)

차가와 단큐(芥川丹邱), 도리베 소문(服部蘇門), 다츠 소로(龍草蘆)등에 의해 소라이 비판이 일어난다. 그들은 한때 소라이학에 열중한 자들이었다.[9] 또한 소라이에 중국어를 가르친 다이쵸 젠시(大潮禪師, 1678~1768)밑에서 이·왕을 받들어 고문사학을 배운 우노 메이카(宇野明霞, 1698~1745)는 교토에서 처음으로 소라이학을 비판한 것으로 알려져 있다.[10] 이러한 반소라이학의 움직임은 관정이학의 금에 의해 주자학을 정학(正學), 소라이학을 이학(異學)으로 규정하는 움직임과 맞물려 사상사의 변동이 발생한다.

그렇다면 결국 다자이 슌다이(太宰春台, 1680~1747)가 스승 소라이의 고문사학에서 어떠한 문제점을 '발견'하여 그것을 수정하는 것으로 반소라이학에 대응해 갔는지가 중요한 문제가 된다. 이때의 소라이학은 "수정된 소라이학", 즉 슌다이학이 번정의 담당자들에게 중요한 위치에 서게 되었다는 견해는 중요한 시사점을 준다.[11] 다만 슌다이로 계승되는 소라이학을 '수정된 소라이학'으로 간주하는 데에는 위화감이 있다.

반소라이학에 의한 소라이 비판은 고야스 노부쿠니가 지적한 것처럼 온당한 학설적인 비판도 있지만 인신공격적인 비판의 양상까지 띠었다.[12] 문제는 반소라이학이 왜 인신공격적인 언사를 구사하면서까지 소라이를 비판했는가에 있다. 이것은 결국 경서 해석의 문제이며 소라이학이 반소라이학이라는 거대한 저항에 직면한 것 역시 경서해석의 문제였다.[13]

---

9 中野三敏, 『18世紀の江戸文芸-雅と俗の成熟』, 岩波書店, 1999, 참조.

10 『日本詩史』3권, 106쪽.

11 小島康敬, 앞의 책, 336~339쪽.

12 子安宣邦, 『『事件』としての徂徠學』, 靑土社, 1990, 9~11쪽, 60~61쪽.

13 코지마 야스노리는 반소라이학의 소라이 비판의 양상을 네 가지로 나누고 있는데 첫째 소라이학의 학문적 경향, 특히 수신론에 대한 비판, 둘째 소라이학의 문헌학적 실증성, 객관성의 불비에 대한 비판, 셋째 소라이학의 중화주의적인 사고에 대한 비판, 넷째 소라이의 학설에 대한 사상적 비판, 그 중에서도 도의 작위성에 대한 도의 자연

이러한 소라이학과 반소라이학의 사상 대결 구도에서 슌다이의 존재 이유가 드러난다고 할 수 있다. 소라이학 내부에서의 슌다이 평가는 '반소라이학의 저항'이라는 측면을 시야에 넣고 살펴봐야 할 문제를 갖고 있다.

다자이 슌다이의 등장과 그의 저서가 의미하는 것

슌다이에게는 소라이의 저작을 의식하면서 저술한 저작이 있다. 소라이의 『정담』과 『태평책』, 『답문서』 등의 내용을 의식한 『경제록』(1727년 간행), 『변도』를 변명하기 위한 『변도서』(1735년 간행), 소라이의 인성론을 계승하고 있는 『성학문답』(1736년 간행), 1728년에 간행한 가나(일본어)로 쓴 『왜독요령(倭讀要領)』이 있다.

이중에서 『왜독요령』은 슌다이의 사상적 지평을 알 수 있는 중요한 저작으로 "슌다이의 언어학이 종합적으로 서술된 성격의 저술"이라는 평가를 받고 있다.[14] 『왜독요령』은 슌다이의 일본어 연구와 훈독법에 대한 내용이 주를 이루는데, 소라이가 『역문전제』나 『훈역시몽』 등에서 주장한 훈독법이나 중국어 연구의 연장선상에 있는 것처럼 보인다. 『왜독요령』에는 「학칙」과 「학계(學戒)」 항목까지 있는데 이것은 소라이의 저작인 『학칙』과 『문계(文戒)』를 의식한 듯 보인다. 이런 의미에서 『왜독요령』은 소라이의 언어연구가 제자인 슌다이에게 어떤 형태로 비판적으로 계승되고 있는지를 알 수 있는 중요한 저작이다.

그러나 지금까지 슌다이에 관한 연구에서는 그다지 주목받지 못했다. 그

성의 강조와 예악형정주의에 대한 심법의 재중시를 들고 있다. 코지마 야스노리, 앞의 책, 203~204쪽.

14 岡田袈裟男, 「太宰春台と言語の學─『倭讀要領』の記述をめぐって」, 『立正大學大學院紀要』16호, 立正大學大學院文學硏究科, 2000, 47쪽.

이유로『왜독요령』의 내용이 소라이의 화훈(훈독)연구와 거의 비슷한 유사성을 갖고 있다는 점을 들 수 있다. 그러나 슌다이가『왜독요령』에서 거론하고 있는 일본어에 대한 인식에는 소라이와의 시점의 이동이 있다. 그것은 일본어에 대한 소라이와 슌다이의 사상적인 관점의 차이로까지 확대하여 해석할 수 있는 문제를 안고 있다. 슌다이가 이러한 저작을 간행한 데에는 다음에서 논하는 것처럼 슌다이 자신이 구상했던 '고문사학'이 있었다고 보아야 한다.

그렇지 않으면『시경』과『서경』의 고훈을 수집하여 간행한『시서고전』, 명대 고문사파를 비판한『문론』과『시론』, 소라이의『논어징』을 논증하기 위해 저술된『논어』주석서『논어고훈』과『논어고훈외전』등에서 소라이의 고문사학의 문제점을 지적하는 그 이유가 선명하게 드러나지 않는다. 이 문제는 선행연구에서처럼 슌다이와 소라이의 '사상적 차이나 거리' 라는 시선에서 보기 보다는, 반소라이학을 시야에 넣고 '소라이학의 계승과 확장'이라는 시각에서 보아야 한다. 그래야만 이러한 저작들의 간행 의미가 더욱 분명해 질 것이다. "슌다이도 학칙의 제1칙은 진정한 고문이라고 했다."(『문회잡기』 상권)는 군슈(君修)의 증언을 생각해본다면 소라이가 주장하는 '진정한 고문' 이란 애매한 면이 없지 않다.

이러한 점에서 본다면 슌다이의 사상적인 전개가 "소라이를 제대로 이해하지 못한 것에 기초한 소라이학의 왜곡이라는 결과를 초래하고 말았다."라는 비토 마사히데(尾藤正英)의 주장도 재검토가 필요하다.[15] 슌다이의 저작을 전체적으로 검토해보면 슌다이가 소라이를 왜곡했다고 볼 수는 없다. 비토의 견해가 타당성을 가지려면 소라이의 고문사에 대한 슌다이의 견해를 분석해보아야 한다.

---

15 尾藤正英,「太宰春台の人と思想」,『徂徠學派』, 日本思想大系37, 岩波書店, 1972, 507쪽.

그러면 슌다이는『왜독요령』,『시서고전』,『문론』,『논어고훈』과『논어고훈외전』 등에서 소라이의 고문사학을 어떻게 이해하고 있었던 것일까? 슌다이는 왜 이러한 저작을 간행했으며 훈독의 문제를 시작으로 고문사의 문제를 집중적으로 제기하고 있는 것일까? 소라이이학과 반소라이이학의 사상 대결 구도에서 소라이학의 계승자를 자처했던 슌다이의 등장으로 인해 사상사는 새로운 활력을 얻으면서 더 깊숙한 논쟁의 장으로 발전해 간다.

2. 소라이의 어모(禦侮)

소라이와의 만남

슌다이는 경학에 힘을 쏟아 논어고훈 및 고훈외전을 저술했다. 소라이의 학설과 조금 다른데 송나라 사람들의 학문을 싫어하고 미워한 것은 소라이도 미치지 못할 정도이다. 일찍이 시문을 지으며, 완전히 명나라 사람들의 학문에 귀의한 것도 아니다. 경학자의 풍채가 있는데 다른 무리들은 모두 시문뿐이다.(『학문원류』, 23쪽)

이 나바로도(那波魯堂, 1727~1789)의 슌다이 평가를 보면, 슌다이가 소라이의 경학을 계승했다는 것은 분명하다. 하지만 내용면에서는 소라이와 약간 다른 점이 있다는 것도 알 수 있다. 또한 소라이 보다도 훨씬 더 주자학을 싫어했다고 한다. 소라이가 명대의 고문사파에 강한 영향을 받았으나 슌다이는 그렇지도 않았다는 것처럼 묘사되어 있다. 슌다이의 학문과 사상의 성격이 분명하게 드러나 있다.

어려서부터 주자학을 배웠던 슌다이는 20세 무렵부터는 본연의 성이나 기질지성과 같은 개념에 의문이 들기 시작했다.[16] 이러한 의문을 품은 채

『역경』이나 『예기』를 읽으면서 성에 대한 본래적 의미를 이해하게 되자 정주학 전체에 대한 의문은 사라지지 않았다.[17] 이러한 의문점은 슌다이로 하여금 고학을 배워야 한다는 생각을 갖게 만들었다.[18] 슌다이는 17세 무렵에 주자학자 나카노 키켄(中野撝謙, 1667~1720)의 주쿠에 입문한다. 나카노 키켄은 당시 나가사키 통사였던 하야시 도에(林道榮, 1640~1708)에게 중국어를 배워 중국어에 능통했다. 슌다이는 나카노 키켄에게 중국어를 배웠다. 슌다이가 나카노 키켄에게서 중국어를 배운 것도 이러한 점과 관련되어 이해된다.

이와 관련하여 슌다이는 『왜독요령』 서문에서 한 선생을 만나 중국어(華語)를 배웠다. 중국어를 배운 후에 일본의 훈독(和訓)법에 따라 『시경』이나 『서경』을 읽어보았는데 그 뜻을 제대로 알 수 없었다. 중국어를 배운 후에 비로소 기비노 마키비(吉備眞備)가 만들어 보급시킨 훈독이 얼마나 문장의 뜻을 해치는지를 알았다고 고백하고 있다. 이러한 확신은 소라이를 만나게 됨으로써 더욱 분명해 졌다. 훈독이 경서의 뜻을 제대로 전달하지 못한다는 것을 인식한 슌다이가 어떻게 하면 경서의 뜻을 제대로 이해할 수 있을지 그 방법에 대해 자세히 서술한 것이 『왜독요령』이다. 슌다이의 중국어 학습은 중국어와 일본어의 차이, 나아가 한문과 훈독의 차이를 깨닫게 되었으며 주자학에서 고학으로 전환해가는 계기가 되었다. 중국음으로 경서를 읽게 되면서 일본식의 훈독법이 경서의 본래적인 이해를 어렵게 만든다는 훈독의 문제점을 깨달은 것이다.

키켄의 문하생중에 안도 토야(安藤東野, 1683~1719)가 있다. 이후 토야는 소

---

16 田尻裕一郎, 『太宰春台·服部南郭』(『日本の思想家』17, 明德出版社, 1995), 참조.

17 「讀損軒先生大疑錄」, 『春台先生紫芝園稿後稿』 10卷, 212쪽(小島康敬篇, 『近世儒家文集集成』6, ぺりかん社, 1986).

18 『왜독요령』서문. 『왜독요령』은 서문만 한문으로 썼으며 본문은 가나로 되어 있다.

라이학으로 전향하여 소라이에 입문하는데 슌다이 보다 5년 정도 빨랐다.[19] 이 안도 토야가 슌다이에게 소라이를 만날 수 있도록 주선해준 인물이다. 그만큼 토야와 슌다이는 절친했다. 토야가 슌다이에게 보낸 편지글에 의하면 토야는 소라이와 대화할 때면 언제나 슌다이를 화제에 올리곤 했다. 토야는 슌다이에 필적할 만한 사람은 없을 것이라 하면서 슌다이의 문장을 소라이에 보였는데 소라이 역시 슌다이의 문장이 예사롭지 않다고 했다(「與德夫」, 『東野遺稿』卷下). 이어 토야는 슌다이가 에도에 와서 소라이를 만났으면 하는 바램을 전하고 있다. 슌다이 역시 소라이의 명성을 익히 들어 잘 알고 있었고 소라이를 만나고 싶어 했는데 드디어 기회가 온 것이다. 슌다이와 소라이의 첫 대면에 대한 다음과 같은 일화가 전해온다. 이때가 1711년으로 소라이가 46세, 슌다이가 32세였다.

> 에도에 와서 소라이옹(祖翁)을 처음으로 대면했을 때에 옹의 재기를 엿보려고 부채에 석가와 노자가 나란히 서 있고 공자가 그 옆에 누워있는 그림을 보여주고는 찬을 부탁하자 소라이옹이 곧바로 붓을 들어 석가는 공(空)을 말하고 노자는 허(虛)를 말하며 공자는 누워 웃고 있다고 썼다. 다자이는 소라이옹의 재기를 측량할 수 없음을 기뻐하여 제자가 되었다.(『훤원잡화』, 66쪽)

위의 일화는 소라이의 재치를 보여주는 것이지만 슌다이는 소라이의 재치에서 학문의 깊이를 본 것 같다. 이 첫 대면에서 슌다이는 소라이의 『훤원수필』의 사본을 보여준다(『문회잡기』卷之二下, 272쪽). 『훤원수필』은 소라이가 진사이와 주자를 비판하기 위해 저술한 것인데 주자학에 회의를 품고 있던

---

19 平石直昭, 『徂徠先生年譜考』, 平凡社, 1984, 76쪽.

슌다이를 위한 소라이의 길안내와도 같았을 것이다. 소라이는 슌다이에게 시문은 일가를 이루었으므로 이제부터는 경학을 닦으라고 화답했다. 슌다이는 소라이와의 만남을 통해 그토록 갈망하던 학문의 길이 열렸음을 보았을까? 슌다이는 다음과 같이 감회를 피력하고 있다.

> 약관의 나이로 유학에 뜻을 품고 책 보따리를 지고 천리를 갔다. 배움을 즐겨 고(古)를 즐겨하는 자가 있다는 소식을 들으면 반드시 나아가 물었다. 그러나 대체적으로 보는 바는 듣는 바와 같지 않았다. … 나는 밖으로 8년을 돌아다녔지만 배움에 얻는 바가 없었다. 마지막에 오직 한 사람 소라이 선생을 얻어 이로 인해 돌아왔다. 그 논설을 들음에 내가 찾던 바가 여기에 전부 있었다.(『왜독요령』서문)

슌다이는 25세 무렵 교토에 갔다. 교토 여행은 그가 말한 것처럼 "옛 예악과 문물이 남아 있는 곳"이며 "남자로서 천하에 뜻을 둔 이상 반드시 가봐야 할 곳"이기도 했다(「遷都論」)[20]. 슌다이는 교토에서 진사이의 강의를 두 번 정도 들었다고 한다. 그 이듬해 진사이가 세상을 떠났기 때문에 더 이상 진사이의 강의를 들을 수는 없었지만 슌다이는 진사이에 대해 반신반의한 것 같다.[21] 진사이도 그의 학문에 대해 품었던 의문을 풀어 줄 수는 없었던 것일까?

이러한 슌다이의 학문에 대한 열정이나 주자학으로도 풀지 못했던 의문 등은 소라이를 만남으로 모든 것이 해결된다. 경서의 세계가 확연히 열리는 경험을 하게 된 것이다. 자신이 찾던 바가 여기에 전부 있었다는 슌다이의

---

20 太宰春台, 『春台先生紫芝園稿前稿』卷5, 78쪽.
21 田尻祐一郎外, 앞의 책, 21쪽.

고백은 소라이를 위한 찬가만은 아니었다. 소라이에게 보낸 슌다이의 편지에 의하면 "사악한 설을 물리치고 음사를 내치며 백 대를 밝혀 천고에 돌아가려하는 학문은 문장을 흡수하는데 머무른 것이 아니라 실로 도덕의 모범이라 할 수 있다."(「與徂徠先生啓」)[22]라 하여 소라이에 "도덕의 모범"이라는 표현을 사용하고 있다.

이러한 슌다이의 사상적인 편력은 그가 무엇을 추구하고 있었는지를 엿볼 수 있다. 『왜독요령』 서문의 내용을 보면 슌다이는 훈독으로는 경서의 뜻을 알 수 없다는 소라이의 고문사학적 방법을 그대로 계승한 것으로 보인다. 그럼에도 불구하고 소라이와 슌다이 사이에는 사상적인 미묘한 대립이 있었다. 그것은 단순한 감정의 대립이 아닌, 학문적인 대립으로도 볼 수 있는 그러한 것이었다. 그러한 대립은 무엇을 의미하는 것일까? 나바로도가 지적한 것처럼 슌다이는 스승 소라이의 학설과 조금 다른 모습을 보였으며, 소라이 보다도 주자학을 더 싫어했다는 것에서 어느 정도 추측가능하다.

훤원주쿠와 핫토리 난카쿠 그리고 다자이 슌다이

소라이가 죽은 1728년, 핫토리 난카쿠를 중심으로 『소라이집』의 편찬을 기획하고 있었다. 슌다이는 이 무렵 『소라이집』에 실릴 예정인 소라이의 「증우이자서(贈于李子序)」라는 글을 읽고 난카쿠에게 편지를 보냈다. 「贈于李子序」란 소라이의 문하에서 배웠던 우이자(우노 시로, 宇野士朗)가 1725년 교토로 돌아가는 것을 아쉬워한 소라이가 우노 시로에게 써서 보낸 편지글이다. 편지의 내용은 이렇다. 고문사학을 배우려고 일본 전국에서 자신(소라이)에게 몰려드는데 교토는 그렇지 않다. 교토 출신인 난카쿠도 언젠가는 교토

---

22 太宰春台, 『春台先生紫芝園稿前稿』卷5, 84쪽

로 돌아갈 것이니, 난카쿠가 교토에서 고문사학을 가르치고 우노시로와 그의 형 우노 메이카(宇野明霞) 두 사람이 좌우에서 보좌한다면 교토에도 고문사학이 융성할 것이라는 기대감을 내비친 것이다.[23] 이 편지글을 읽은 슌다이는 난카쿠에 다음과 같은 내용의 편지를 보냈다.

저(純. 슌다이)는 문중에서 녹록(碌碌)한 자일뿐입니다. 소라이 선생은 저를 계륵처럼 여기지 않았습니까? 저는 변변치 못하지만 일찍이 선생님에게 마음을 쏟지 않은 적이 없었습니다. 옛날 자로는 항상 공자가 하는 일을 좋게 여기지 않아 비록 공자가 탐탁히 않게 여겼지만 실은 공자의 어모(禦侮)였습니다. (『春台先生紫芝園稿後稿』12卷, 「報子選書」)

이 글에서 슌다이는 자신을 '녹록'(碌碌:작은 돌처럼 평범하여 도움이 되지 않는 모양)한 자, 즉 별 볼일 없는 도움이 되지 않는 사람이라고 하면서 소라이로부터 '계륵'과 같은 취급을 당했다고 했다. 슌다이의 이 글로부터 소라이학파 내에서의 슌다이의 위치를 가늠할 수 있다. 그럼에도 불구하고 슌다이는 자신을 공자의 제자인 자로에 비유하면서 소라이학의 비판자(반소라이학)로부터 소라이학을 지키려는 '소라이의 어모'(禦侮:외적의 내습을 격퇴한다는 뜻으로 武臣을 지칭)를 자처하고 있다. 슌다이 자신이 소라이학의 정통한 계승자라는 것을 드러내는 표현이다. 슌다이의 이러한 자부심은 그의 저서 곳곳에서 드러나고 있다.

예를 들어 슌다이는 「논어고훈외전발(論語古訓外伝跋)」에서 "무릇 선왕의 도는 중니에 의해 논정되었다. 중니의 도는 우리 소라이옹에 의해 논정되었다. 아직 모르는구나. 다른 날에 소라이의 도는 누구에 의해 논정될 것인가

---

23 『徂徠集』11卷, 「贈于李子序」

를!"이라고 했다.[24] 슌다이는 공자가 선왕의 도를 논정하고 공자의 도는 소라이가 논정했으니, 결국 소라이의 도를 논정할 자는 자신밖에는 없다는 자신감을 내보이고 있다.

소라이의 정통한 계승자를 자부한 슌다이는 "성인의 도는 천하 국가를 다스리는 것 이외에는 쓰임이 없다."라고 단정하고 "이것을 버리고 배우지 않고 단지 시문 저술을 일삼으며 일생을 지내는 자는 진정한 학자가 아니다."라고 단언했다(『경제록』「경제총론」, 10~11쪽). 따라서 유학을 공부하는 자는 마땅히 천하국가를 다스리기 위한 공부를 해야 한다는 것이다. 슌다이의 위와 같은 지적은 천하국가를 다스리는 것이 참된 성인의 도라는 사실을 모르는 주자학자들을 염두에 둔 발언이지만, 일차적으로는 소라이학을 배우려 모여든 문인들에게 던진 비판적 성격이 강하게 배어있는 언사이다. 슌다이를 제외한 소라이 문인들의 대다수는 시문의 세계에 빠져있었다. 소라이의 총애를 받았던 난카쿠 역시 천하국가를 다스리는 성인의 도에는 관심이 없었으며 오직 시문만을 일삼았다. 그럼에도 소라이는 슌다이 보다는 난카쿠를 가장 총애했던 것이다. 교토에서 태어난 난카쿠는 14세에 에도에 와서 16세(일설에는 18세)에 야나기자와 요시야스를 섬겼다. 노래와 그림에 소질이 있었던 난카쿠가 요시야스의 눈에 들었다. 여기서 소라이와 만나게 된다. 이러한 인연으로 그는 1711년 무렵부터 소라이 문하에 들어간다.

슌다이는 그러한 소라이의 사람에 대한 평가를 비난한 적이 있다. 위의 편지는 소라이집 간행을 위해 난카쿠가 슌다이에게 협력해줄 것을 당부한 편지였지만 슌다이는 소라이학의 본령이 『변도』나 『변명』에 있다고 생각하고 시문보다는 『변도』, 『변명』을 무엇보다도 빠른 시일 내에 출판해야 함의 당위성을 강조한다. 위의 편지글은 다음으로 이어진다.

---

24 『論語古訓外伝』, 「論語古訓外伝跋」

소라인 선생님은 만년에 경술을 닦으면서 저술한 것이 아주 많은데 이 변(『변도』, 『변명』)은 그 중의 정수에 해당됩니다. 선생님이 살아계셨을 때에 이 책의 간행을 청했던 사람들이 많았지만 선생님은 허락하지 않았습니다. … 선생님은 이미 돌아 가셨으니 마땅히 먼저 이 두 책을 판각하여 세상 사람들의 바램을 채워주어야 합니다. 『변도』와 『변명』이 성립된 지 이미 오래되었습니다. 난카쿠 선생께서 가르치면서 시간이 나실 때 약간의 교정을 더하여 판각할 수 있으면 실로 한 달이 못되어 이루어질 것입니다. 저(純)는 어리석으나 생각해보면 소라이 선생님의 공은 그 대단한 것은 오직 『변도』와 『변명』뿐입니다. 그러므로 이 두 책은 (세상에) 전하지 않으면 안됩니다. 다른 글들은 쓰레기(土苴)와도 같을 뿐입니다. 그러므로 이것을 전해주어도 되고 늦추어도 되며 전하지 않아도 됩니다. 난카쿠 선생께서 만약에 두 책을 교정하여 출판하신다면 저는 민첩하지는 못하지만 여기에 참가하여 교정을 하겠습니다. 제가 바라는 것은 이것입니다.(『春台先生紫芝園稿後稿』12卷, 「報子遷書」)

순다이는 소라이 선생의 공을 『변도』와 『변명』에 있다고 보고는 그것을 전하지 않으면 안된다는 점을 강조한다. 그러나 다른 글들은 전해도 되고 전하지 않아도 된다. 이러한 마음을 난카쿠에게 전한 순다이는 『변도』와 『변명』을 교정하여 출판한다면 기꺼이 참가하겠노라고 말하고 있다. 난카쿠에 보낸 편지에는 다소 충격적인 내용을 담고 있다. 순다이가 소라이의 '다른 글들(他諸文)'을 '토자(土苴)', 즉 쓰레기 같은 것이라고 판단했다는 점이다. 소라이학의 핵심은 역시 『변도』와 『변명』이다. 변도는 소라이의 '다른 글들'은 전해도 되고 전하지 않아도 될 정도밖에는 되지 않는다고 정말 순다이는 그렇게 생각한 것일까?[25] 여기서 순다이가 지적하는 소라이의 '다른 글들'이란 '시문'일 것이다. 물론 순다이가 "성인의 도를 버리고 시문만을 일삼으며 일생을 보내는 자는 참된 학자가 아니다."라고 폄하했다고 하여 슌다이가 시문 그 자체를 무시한 것은 아니다. 『슌다이집』에도 많은 시문들이 수록되어 있다. 그럼에도 불구하고 소라이의 '다른 글들'을 '토자'라고까지 폄하하는 데에는 슌다이가 생각하는 시문에 대한 생각과 맞지 않았던 바가 있었기 때문일 것이다. 여기에는 '진정한 고문'에 대한 견해차가 존재한다.

고문사학과 '고문사학'

1727년(享保12) 겨울, 병상에 있던 소라이가 당시 18세의 우사미 신수이(宇佐美灊水, 1710~1776)에게 문인들의 시를 집록하여 간행하도록 했다.[26] 소라이는 병문안 온 슌다이에게도 슌다이의 시중에서 좋은 것을 직접 골라 싣도록 했다. 그런데 슌다이는 자신의 시는 문집에 실릴 정도의 것이 아니라고 하면서 고사했다. 후일에 슌다이는 소라이에게 편지를 보내 자신의 시는 미숙하기 때문에 실을 수 없다고 거듭 고사한다. 그러자 소라이는 답장을 보내 슌다이의 이러한 태도를 "협중소량(狹中少量)"이라고 나무랐다.[27] 소라이는 그다음해인 1728년에 죽는다.

소라이는 마음씀씀이가 좁고 타협하기 싫어하는 슌다이의 성격을 "협중소량"이라는 말로 지적하고 있다. 슌다이에게는 소라이의 지적에 대해 재차 답 글을 보내려 했으나 소라이가 병중이라 보내지 못한 글이 있다. 그 글에

---

25 슌다이의 제안이 난카쿠에게 전달되었던 것일까? 『문회잡기』에 의하면 "변명, 변도는 슌다이와 난카쿠가 서로 상의하여 교정하게 되었다."라고 되어 있어 슌다이가 말한 대로 되었다(『文會雜記』卷之一下, 210쪽). 한편 『훤원잡화』에 따르면 "二弁(『변도』, 『변명』)과 논어징은 난카쿠, 슌다이, 竹溪등 문인이 교정해서 간행했다."고 했다(『훤원잡화』, 94쪽).

26 『春台先生紫芝園稿後稿』10卷, 「書諼園錄槀後」

27 『春台先生紫芝園稿後稿』10卷, 「書諼園錄槀後」

서 슌다이는 자신의 '협중소량'의 기질은 "천성으로 하늘로부터 받은 것이며 부모에게서 물려받은 것이기 때문에 고칠 수 없습니다."라고 했다. 소라이가 보기에 좋은 시일지는 모르나 슌다이 자신이 보기에는 그다지 좋은 시가 아니었기 때문에 타협하기 싫었을지도 모른다. 슌다이는 그러한 자신의 성격은 '천성'으로 변화시킬 수 없다는 의도를 내비친 것이다. 우사미 신수이가 집록한 소라이 문인들의 시는 『훤원록고(諼園錄稾)』라는 제명으로 1730년 간행되었다.

『훤원록고』에는 핫토리 난카쿠의 시가 33수, 히라노 킨카(平野金華)의 시가 29수, 야마가타 슈난(山縣周南)의 시가 28수, 슌다이의 시가 7수 등, 소라이 문인 49명의 시가 실려 있다. 슌다이는 『훤원록고』가 정선된 시집이 아님을 지적한다. 예를 들어 슌다이는 "자기의 시를 보니 그 중에서 관자(管字)를 잘못하여 菅자로 잘못 쓴 것이 있다."라고 하는 등, 전체적으로 율(律)이 잘못된 것이 37곳, 음(韻)을 잘못 사용한 곳이 3곳, 음(韻)을 상실한 곳이 1곳, 음이 문란해진 곳이 1곳, 평와(平仄)를 오용한 곳이 15곳, 조어를 잘못 사용한 곳이 5곳, 오자가 13곳, 결문(厥文) 1곳이 바르게 교정되지 않았다고 지적한다. 이렇게 문제점을 지적한 슌다이는 『훤원록고』는 "소라이 선생의 책정을 거치지 않았음에도 이것을 소라이선생선(徂徠先生選)이라고 하는 것은 선생을 속이는 것 일뿐 아니라 세상의 군자를 속이는 것"이라고 비난한다.[28] 이러한 슌다이의 섬세한 성격이 소라이에게는 "협중소량"으로 보였는지도 모른다. 그러나 "슌다이의 입장"에서 보면 훤원의 문인들이 고문사, 고문사 하면서도 사실은 고문사가 무엇인지를 정확히는 모르고 있기 때문에 이렇게 오류가 많은 것이 아닌가라고 말하는 것이 아닐까? 슌다이가 소라이의 "다른 글들"을 "토자"라고 폄하하는 이유는 『훤원록고』의 간행 과정에서 보였

28 『春台先生紫芝園稿後稿』10卷, 「書諼園錄稾後」

던 슌다이가 구상했던 시론이나 문장론의 측면에서 생각하지 않으면 안될 것이다.

이러한 불만은 『당시선』에 관한 슌다이의 견해를 보면 더욱 선명히 알 수 있다. 소라이의 발문이 실려 있는 『당시선』은 난가쿠의 선집으로 1724년 간행되었다. 소라이는 『당시선』을 통해 이·왕의 고문사학을 경서해석 방법론의 기초를 만드는 기반으로 생각했다. 소라이 문인들 또한 소라이를 따라 『당시선』을 통해 이·왕의 시작법을 철저히 배우려 했다. 다만 그들은 소라이 문인들이 고문사학을 경서해석 방법론으로 수용했다기 보다는 시문의 실작을 위한 방법 정도로 보았다는 점이다. 소라이 문인들 중에서 슌다이를 제외하면 대부분은 시문을 배우기 위해 소라이의 훤원으로 모여들었기 때문이다.

슌다이는 이반용의 편찬으로 알려진 『당시선』에 10개소가 넘는 의문점을 제기하고는 『당시선』이 정말 이반용의 작품인지 고증적인 부분을 문제시한다.[29] 이어서 그는 「독이우린문(讀李于鱗文)」이라는 글에서 다음과 같이 말하고 있다.

이우린은 일생을 노력하여 읽기 어렵고 이해하기 어려운 시를 자랑으로 삼았는데, 종신토록 스스로가 고인과 다른 것을 깨닫지 못했다. 안타까울 뿐이다. 소라이 선생은 기묘한 것을 좋아하는(好奇) 버릇이 있다. 중년에는 고문사를 즐겨, 줄 곳 이것으로 고훈에 통하려 했다. 기묘하다. 줄 곳 이것을 지켜 바꾸지 않고 10여년 지나 돌아가셨다. 선생님의 호걸한 태도를 생각해 보면 젊어서부터 노년에 이르기까지 학술과 지식이 종종 바뀌었다. 만약 몇 년을 더 살아 있었다면 오래지 않아 반드시

---

29 『春台先生紫芝園稿後稿』10卷, 「書唐詩選後」

고문사의 잘못을 깨달았을 것이다.(『春台先生紫芝園稿後稿』10卷, 「讀李于鱗文」)

여기서 슌다이는 이반용의 고문사 운동이 '고인(古人)'의 뜻과 다르다는 것을 말하고 있다. 슌다이는 이·왕이 주장한 고문사 운동의 문제점을 파악하고 있었으며 시간이 흐르면 소라이 역시 명대 고문사파의 문제점을 깨닫게 될 것이라고 본 것이다. 윗 글에는 슌다이의 고문사에 대한 부정적 감정이 그대로 노출되어 있지만 슌다이가 소라이의 고문사학 자체를 부정한 것은 아니다. 슌다이 역시 소라이와 마찬가지로 성인의 도가 들어있는 육경이 고문사로 되어 있기 때문에 고문사를 습득해야함을 강조했다. 따라서 슌다이가 윗 글에서 강조한 '고문사의 잘못'이란 고문사를 정확히 알지 못하면서 고문을 모방 표절하는 것으로 고문을 체득할 수 있다고 생각한 명대 고문사파, 그러한 명대 고문사파의 문제점을 정확히 알지 못했던 소라이와, 소라이 문인들의 태도에 대한 비판으로 보아야 한다. 그렇기 때문에 슌다이는 소라이가 만일 몇 년을 더 살면서 고문에 대한 깊은 이해를 했다면 반드시 명대 고문사파들의 문제점을 알았을 것이라고 본 것이다. 슌다이가 『훤원록고』의 간행을 좋아하지 않았던 이유도 소라이의 '다른 글들'을 '쓰레기'라고 비난한 이유도 옛사람의 뜻을 기준으로 한 '문장(文)'이 어떤 것인지를 생각하고 있었기 때문일 것이다.

고훈의 세계

그러면 여기서 슌다이가 강조하는 '고인'이나 '고훈(古訓)', '고문사의 잘못'이란 무엇을 의미하는 것일까? 다시 말하면 슌다이가 스승 소라이로부터 계륵처럼 취급당하고 '협중소량'이라 불리면서도 '소라이의 어모'의 역할을 자처하고 마지막까지 지키고자 한 것은 '고인의 법'이었으며 그것을 통해 분명하게 되는 '고훈'이었다. 이러한 것을 통해 성인의 도의 세계가 비로소 밝혀질 것이라 믿었던 것이다.

슌다이의 고문사학도 소라이와 마찬가지로 화독(和讀), 화훈(和訓), 이른바 훈독법의 재음미로부터 시작되고 있다. 사실 소라이의 고문사는 고문에 관한 실증적인 분석은 아니었다. 반소라이 학자들이 주장하는 소라이 고문사학의 문제점은, 소라이가 고문사를 주장하면서도 고문에 정통하지 못했다는 점에 있었다. 슌다이는 이 문제를 자신의 문제로 생각하면서 소라이보다 실증적인 분석을 통해 고문사학을 재구성해 나가게 된다. 이것이 슌다이에게 부여된 사상적인 과제였다. 슌다이가 소라이의 어모를 자청한 것도 이러한 사명감에서 나온 것이다. 다음의 슌다이의 발언은 이러한 점을 잘 말해준다고 할 수 있다.

> 나는 어려서부터 송학의 책을 읽고 심중에 의심이 생겼다. 그 후 이토
> 씨(진사이)의 설을 듣고는 또한 반신반의했다. 소라이의 설을 듣고는 상
> 당한 믿음이 생겼지만 일단은 의심이 해소되지는 않았다.(『성학문답』상.
> (65쪽)[30]

주자학에서 진사이학으로, 진사이학에서 소라이학으로의 슌다이의 사상적 편력은 여기서 끝나지 않는다. 전술한 것처럼 진사이의 강의를 들으면서도 진사이에 반신반의한 슌다이는 이제 소라이를 만남으로 경서의 세계가 열리는 경험을 했다. 그럼에도 갈증이 완전히 해소되지는 않았다는 슌다이의 고백을 보면 그가 스승 소라이에 가진 불만이 무엇인지를 짐작할 수 있

---

30 『성학문답』, 日本思想大系37, 岩波書店, 1972.

을 것이다. 전술한 것처럼 슌다이가 소라이를 만난 후 "내가 찾던 바가 여기에 전부 있었다."는 말과 위의 "의심이 해소되지는 않았다."는 말 '사이'에 있는 것은 과연 무엇이었던 것일까? 소라이와 슌다이 사이에는 경서를 보는 미묘한 '입장'의 차이가 있었다. 위 두 글의 '사이'를 헤집고 들어가 보면 거기에는 소라이와 슌다이의, 나아가 소라이학파 내부와 외부에서 발생하는 지적 '균열'을 읽을 수 있다. 그러나 그러한 지적 '균열'을 봉합할 수 있는 유일한 존재도 바로 슌다이였다.

3. 화음주의(華音主義)와 훈독

화어(華語)와 왜독(倭讀), 왜어(倭語) 그리고 훈독

『왜독요령』상중하 3권[31]은 소라이가 세상을 떠나는 1728년에 간행된다. 비록 이 책이 소라이의 화훈 연구와 유사하다는 지적이 있지만 슌다이가 『왜독요령』에서 논하고 있는 화훈의 문제는 소라이와는 미묘한 부분에서 차이가 있다. 이 미묘한 부분의 차이는 소라이학파 내부와 외부가 되는 반소라이학파의 사상적인 대립이라는 측면에서 고찰한다면 결코 작은 부분으로 치부할 수 없는 문제를 안고 있다는 점에서 중요한 시사점을 던져 주고 있다. 그러면 이제부터 『왜독요령』 안으로 들어가 보자.

슌다이는 일본어가 정확하게 언제 탄생했는지는 알 수 없으나, 고대의 스가와라가(菅原家)와 오에가(大江家)에서 가르쳐준 일본어가 있었고 그것이 전해져 왔을 것이라고 추정하면서 "왜독(倭讀)이란 왜어(倭語)로 책을 읽는 것이다."라고 정의한다. 이러한 훈독법을 바탕으로 본격적으로 경서의 독서(훈독)

---

31 太宰春台, 『倭読要領』(須原屋, 京都大學付属図書館所蔵本, 1728년 간행)

가 시작된 것은 후지와라 세이카와 그의 문인 하야시 라잔에 의해서 였다. 그러나 이것이 문제였다. 이 두 사람은 "송유(宋儒)를 존경하고 믿어 신주(新注)의 사서오경을 사용하여 정주의 가르침을 널리 전했기 때문에 고학이 점차 쇠퇴"해지는 결과를 초래했기 때문이다.[32]

> 라잔 선생이 사서오경을 왜어로 훈독하면서부터 이후 이것을 따르는 자들이 수십 명, 각각의 (훈독법을 제시한)책들이 있어서 세상에 행해졌다. 지금 그 책들을 보면 각 학파들은 서로 좋고 나쁜 점이 있다. 대개 그 사람들은 구독(句讀)을 모르며 문법을 알지 못하며 자의에 밝지 못하다. 단지 왜어의 훈으로 책을 읽기 때문에 글의 의미를 그르치는 일이 아주 심히 많다. 그중에서도 야마자키(山崎闇齋)씨의 책이 그래도 낫다. … 그러나 그 사람 역시 문장의 도에 어둡고 단지 문호를 세우려고만 했기 때문에 생략해서는 안 되는 조사를 빼버리고 화어(華語)와도 왜어와도 달라 아주 저급스럽고 속된 훈독을 했다.(『왜독요령』상권, 「왜독총설」)

여기서 슌다이는 후지와라 세이카와 하야시 라잔, 야마자키 안사이 모두 훈독에 밝지 못하다고 했다. 또한 그들에게 훈독을 배운 자들도 역시 마찬가지였다. 이렇게 구독이나 문법, 자의에 밝지 못한 세이카와 라잔, 이어 화어(華語)라고도 왜어라고도 할 수 없는 아주 저급스럽고 속된(鄙俚) 수준의 훈독을 하는 안사이등 슌다이는 그동안 아무 문제없이 통용되던 훈독의 문제점을 비판하는 것으로 『왜독요령』은 시작된다. 그런데 슌다이가 지적하는 세이카와 라잔, 안사이는 모두가 주자학자들이다. 이렇게 보면 결국 슌다이

---

32 『왜독요령』상권, 「왜독총설」

가 경서를 제대로 읽지 못한다고 강하게 비판하는 이면에는 주자주(신주)를 중심으로 경서를 해석하려는 당시의 주자학자들에 대한 비판이 배후에 있었다는 것도 짐작할 수 있다. 안사이 훈점의 문제점을 집중적으로 제기한 소라이의 인식이 슌다이에 계승되어 있다는 것도 알 수 있다.

에도시대에는 다양한 훈독법(訓点)이 있었다. 하야시 라잔의 도슌텐(道春点), 야마자키 안사이의 가텐(嘉点), 가이바라 에키켄(貝原益軒)의 가이바라텐(貝原点), 고토 시잔(後藤芝山)의 고토텐(後藤点), 사토 잇사이(佐藤一齋)의 잇사이텐(一齋点)등이다. 이러한 훈점들은 모두 초학자들을 대상으로 한 소독(素讀)을 담당했다.

일반적으로 소독은 경서를 암송하는 것으로 성인의 가르침이 그대로 자신의 내부로 내재화되는 기능이 있다고 한다. 그렇게 하여 신체화된 경서는 "구체적인 실천의 장에서 실감적으로 텍스트의 의미가 이해되며, 나아가서 도덕적인 실천 주체로서 생활 속으로 구체화" 된다.[33] 소독을 통해 경서가 그대로 자신의 내부로 신체화 되는 한 신체화 할 텍스트는 학파에 따라 다르다. 예를 들어 주자학을 그대로 조술하려한 안사이학파는 주희의 『사서집주』가 신체화 할 텍스트였다. 어떤 방법으로 소독을 할 것인가의 문제는 어떠한 '유학지(儒學知)'를 형성할 것인가의 문제였으며, 유학의 사상적인 문제이기도 했다. 소독은 유학의 바탕을 형성하는 가장 중요한 학습 과정이었다.[34] 이러한 분위기 속에서 슌다이가 『왜독요령』을 초학자를 대상으로 했다

---

33 쓰지모토 마사시 지음·이기원 옮김, 앞의 책, 70~72쪽.

34 이러한 소독 과정은 일본에서 "소독의 제도화가 조직적으로 이루어지는 것은 관정기(寬政期, 1789~1801) 이후의 일이며, 일세를 풍미했던 소라이학이 도덕부재나 고문사학의 난해함, 문인취미의 지향을 비판하면서 일어난 반소라이학이 몰아치던 무렵"의 일이었다는 점에 주의할 필요가 있다. 관정이학의 금 이후는 막부에 의한 '소독음미(素讀吟味)'가 공적인 장에서 실시되어 주자학이 공적(公的)으로 배워야만 될 학문이 되었다. 中村春作, 『江戸儒教と近代の「知」』, ぺりかん社, 2002, 115쪽.

는 것은 주자학자들의 유학지에 대항하여 소라이학지의 재생산 및 보급에 목적이 있었다는 것을 말해준다.

소독을 위해서는 정확한 일본어를 알아야만 한다. 소라이와 슌다이가 『역문전제』와 『왜독요령』에서 일본어의 정확한 발음과 뜻을 찾으려했던 이유도 이와 관련되어 있다고 보아야 할 것이다. 슌다이는 『왜독요령』의 저술 목적을 다음과 같이 말하고 있다.

> 무릇 중화의 책을 읽는다는 것은 중화의 음으로 위에서부터 순서대로 아래로 읽어 그 뜻을 얻는 것이 좋지만, 우리나라 사람으로서 중화의 독서를 배움이 쉽지 않기 때문에 어쩔 수 없이 왜어의 독서를 하는 것이다.(「왜독총설」)

슌다이도 소라이처럼 화음(華音)에 의한 경서의 독서를 이상적인 방법이라 생각했다. 그러나 언어의 체계가 중국과 다른 일본인들이 화음으로 경서를 읽는다는 것은 그리 쉬운 일은 아니다. 화음으로 경서를 읽지 못하는 사람들을 위해 그 방법을 제시한 것이 바로 『왜독요령』이다. 슌다이는 이 책에서 '왜어'란 무엇인가를 집요하게 조사하고 있다.

『왜독요령』의 「왜음설(倭音說)」에서는 왜음의 탄생에 대해 설명하고 있다. 슌다이는 중국에서 일본으로 전해진 음을 왜음이라 하면서, 왜음에는 '한음(漢音)'과 '오음(吳音)' 두 음이 있다고 했다. 그런데 이 한음과 오음은 오랜 역사 과정을 통해 일본인의 음으로 정착되었기 때문에 '왜음'이라고 보아야한다.[35] 일반적으로 유학관계 서적은 한음으로 읽고, 불교관계 서적은 오음으

---

35 『왜독요령』상권, 「왜음설」, "천여 년을 거쳐 배워온 음인데 지금 이것을 고쳐 중화의 정음으로 돌아갈 이유도 없으니, 당분간은 예부터 배워온 것처럼 양음(한음과 오음)을 배워 문자를 알고 책을 읽는 것이 좋다. 단 이 음을 중화의 음이라 생각하면 안

로 읽는다. 한음은 한나라 수도의 음을 말하는데 전한의 수도는 장안, 후한의 수도는 낙양이다. 장안과 낙양의 음을 한음이라 하며 한음을 중국의 정음으로 삼았다. 일본에서는 당대(唐代)에 빈번히 사신을 보냈는데, 당의 수도가 장안이었기 때문에 장안의 음을 배워 돌아와 일본에 전했다. 이때가 간무천황(桓武天皇, 737~806) 무렵의 일이다. 한편 오음은 오나라의 음을 말한다. 일본에 오음이 전래된 정확한 시기는 알 수 없으나, 오진천황(應神天皇, 5세기 전후) 이후, 육조나 당대 초기에 전래된 것으로 보인다.[36] 슌다이는 이렇게 하여 전래된 중국의 음을 바탕으로 일본어가 탄생되었다고 보는 것이다.

한편 「왜어설」에서는 왜어를 일본인의 언어라 하면서, 왜어에 다섯 종류가 있다는 것을 밝히고 있다. 다섯 종류의 왜어란 첫째 "천지자연의 왜어". 이것은 문자가 없던 시절에 생겨난 일본인의 언어이다. 다음으로는 "다른 나라와의 왕래를 통해 생겨난 왜어". 외국과의 교류에 의해 새롭게 들어오는 사물에 이름붙이는 과정에서 생겨난 왜어이다. 세 번째로는 "문자가 생겨난 이후의 왜어"가 있다. 이것은 "중국의 문자가 일본에 전해짐에 따라 일본에는 없는 사물이지만 다른 사물에 준하여 왜훈을 붙인 것"이다. 예를 들어 "羊을 히쓰지(ヒツジ), 象을 기사(キサ)"로 읽는 경우가 여기에 해당된다. 네 번째는 "화음(華音)에서 온 왜어"이다. 이것은 중화의 언어를 그대로 수용한 것으로 "火를 호(ホ), 馬를 무마(ムマ)"로 읽는 것이 여기에 해당된다. 마지막으로 "삼한에서 온 왜어"로 "虎를 도라(トラ)"로 읽는 것들이다. 이 다섯 종류의 왜어 이외에도 고어·금어·아어(雅語)·속어(俗語) 등도 있다.[37] 이렇게 왜어의 역사를 조사한 슌다이는 다음으로 훈독이 왜 문제가 되는지를 「훈독이 문의

된다."

36 『왜독요령』상권, 「왜음설」
37 『왜독요령』상권, 「왜음설」

를 해치는 설(顚倒讀害文義說)」의 항목에서 설명하고 있다.

순다이는 훈독의 문제점을 지적하면서 "우리나라 사람들은 중화의 책을 이쪽의 말로 앞뒤 순서를 바꿔 읽기 때문에 글의 뜻을 해치는 일이 많다."라고 보았다. 그런데 왜 일본인들이 훈독을 사용하는가하면 "문장의 앞뒤 순서를 바꾸지 않으면 그 뜻이 통하지 않기 때문"[38]이라고 했다. 그리고 중국의 한적을 훈독하도록 만든 장본인인 기비노 마키비에게 책임을 전가시킨다. 물론 순다이는 기비가 가나를 만들고 일본어의 표기법을 정한 공로는 크다면서 인정하고는 있다. 하지만 한적을 일본식의 훈독에 따라 읽기 때문에 '중화의 문자'가 '주리격설'이 되어 의미가 전혀 통하지 않게 된 것이다. 이러한 사정을 모르는 일본의 학자들은 어렸을 때부터 훈독을 배워 중국어를 해석하고는 문의가 통할 것이라 생각했다. 이것은 "훈독이 아주 심히 그 의리를 해친다는 것을 모르는 것일 뿐"이다.

이러한 이유로 순다이는 기비가 가르쳐준 훈독에 대해 "후학들에게 달콤한 독을 마시게 하는 것이 아니겠는가? 이 독이 사람의 골수에 박혀 제거하기 어렵다. 만약에 이것을 없애려고 한다면 화어(華語)를 배우는 것보다 좋은 것은 없다."라고 주장한다.[39] 여기서 순다이가 생각하는 '화어'는 "중화의 속어인데 지금의 당화(唐話)"로 "문학에 뜻을 둔 자는 반드시 당화를 배워야 한다".[40] 즉 소라이가 강조한 중국어의 속어에 해당한다. 다시 말하면 순다이는 중국어로 경서를 읽어야 한다는 소라이의 주장을 다시 확인시켜주고 있는 것이다.

---

38 『왜독요령』상권, 「전도독해문의설」
39 『왜독요령』상권, 「전도독해문의설」
40 『왜독요령』상권, 「전도독해문의설」

전제(筌蹄)를 넘어서는 묵독과 간서(看書)

그렇다고 하여 슌다이가 반드시 중국어에 의한 독서만을 고집한 것은 아니다. 현실적으로 일본인들이 중국어로 경서를 읽는다는 것은 무리에 가깝기 때문이다. 슌다이는 "지금의 학문을 하려는 자는 모두 왜어를 배우는 자이니까 노력하여 왜음을 확실하게 알아야 한다. 먼저 한음을 배우고 다음에 오음을 배워 모두 습숙해야 한다."[41]라고 하여 일본 음에 습숙할 것을 강조한다. 일본 음에 습숙하기 위해서는 먼저 정확한 일본 음을 알지 않으면 안 된다. 이 때문에 슌다이는 「왜음정오(倭音正誤)」, 「왜어정오(倭語正誤)」, 「왜독정오(倭讀正誤)」의 항목에서 자주 혼동하기 쉬운 한자나 문장을 제시하여 왜음, 왜어의 음을 보여준다. 몇 가지 예를 들어보자.

① 空, 광운(廣韻)으로 若과 紅의 절반이다. 한음으로는 고우(コウ), 오음으로는 구우(クウ), 육관(六官)의 사공(司空)을 한음으로 읽으면 사구(司寇)의 왜음과 혼동되기 때문에 이 글자만은 오음으로 읽는다.(「왜음정오」[42])

② 背, 몸의 북쪽을 背이라 한다. 몸의 뒤쪽이다. 왜어에 세(セ)라고 하는 것이 이것이다. 속유들이 세나카(セナカ)라고 읽는 것은 잘못이다.(「왜어정오」)

③ 초상지풍(草上之風)을 풀에 바람을 더하면(草ニ風ヲクハフレバ) 이라고 읽

---

41 『왜독요령』상권, 「왜음정오」
42 시쿠(司空, しくう)를 한음으로 읽으면 시코우(しこう)가 되는데, 그렇게 되면 시코(司寇, しこう)와 발음이 같아지기 때문에 오음으로 읽어야 구별이 된다.

는데 잘못이다. 풀 여기에 바람을 더하면(草コレニ風ヲクハフレバ) 이라고 읽어야 한다. 풀(草)이라는 것은 여기에 바람을 더하면 반드시 드러눕는 것이라는 뜻이다. 만약에 이 글 위에 초풍(草風)이라는 글자가 있다면 풀에 바람을 더하면(草ニ風ヲクハフレバ)이라고 읽어야 한다. 지금은 초상지풍(草上之風)이라 되어 있어 之자가 즉, 풀을 가리켜 말하는 것이라면 이것을 읽지 않고 두면 안 된다.(「왜독정오」, 13면)

①의 「왜음정오」에서는 한자를 읽을 때에 그 한자를 한음으로 읽을 것인지, 오음으로 읽을 것인지 어느 쪽이 정확한 것인지를 제시하는 예이다. ②의 「왜어정오」에서는 일본어(왜독)로 어떻게 읽을 것인가를 문제시하고 있다. ③의 「왜독정오」에서는 『논어』의 한 구절을 제시하여 속유들의 훈독이 얼마나 잘못되어 있는가를 보여주고 있다. 그런데 여기서 예문으로 제시하고 있는 '훈독의 잘못'을 범한 사람이란 안사이학파를 염두에 둔 발언일 것이다.

순다이는 "요즘에 야마자키씨의 무리들이 문장을 알지 못하고, … 문장의 법을 깨닫지 못하면 만권의 책을 읽어도 옛사람의 뜻을 얻지 못한다. 야마자키씨의 무리들 같아서는 일생을 다 바쳐 옛 책을 읽어도 얻지 못할 것이다."[43]라고 지적하고 있기 때문이다. 물론 순다이는 "야마자키씨의 책은 그 가르침을 받는 자가 아니면 이것을 사용하지 않는다. 다른 제가의 책은 해내에 유포되었다. 아이들 중에서 책을 읽는 자는 각자가 알아서 책을 구하여 얻어 사용하는데, 그럴 때마다 스승에게 구독을 받기 때문에 잘못된 것도 함께 전해지지만 그 잘못을 모른다."고도 했다.[44] 여기서 순다이는 안사

---

43 『왜독요령』중권, 「왜독정오」
44 『왜독요령』중권, 「왜독정오」

이의 훈점은 그 가르침을 받는 자가 아니면 사용하지 않는다는 점을 말하면서도 「왜독정오」의 항목에서 읽기의 잘못을 범한 '속유'의 이름으로 안사이만을 거론하고 있다.

이렇게 하여 슌다이가 최종적으로 주장하는 독서는 무점본(白文)이다.

> 고기를 잡기까지의 전제(筌蹄)라면 어떠한 훈점이라도 왜독을 배우는 것은 똑같다. … 그 최상의 공을 말한다면 훈점을 버리고 중화인의 마음이 되어 마음과 눈을 사용하여 한문의 독서를 하지 않는다면 진정한 독서라고 하기 어렵다. 이것이 독서의 첫째가는 뜻이다.(「독서법」)

슌다이는 윗 글에서 화훈은 어디까지나 "고기를 잡기까지의 전제"이며, 어느 정도 문리가 트이면 화훈을 버리고 무점본을 읽어야 한다고 말하고 있다. 슌다이는 소라이가 주장하듯이 "마음과 눈"을 사용하는 독서를 주장한다. 왜냐하면 일본인들은 중국 음으로 한문을 읽지 못하기 때문에 입으로 소리 내어 읽는 소독으로는 중국인과 동일한 경험을 할 수가 없기 때문이다. 입을 사용하지 않는 대신 눈으로 문자를 보면서 마음으로 그 뜻을 이해하는 방법, 묵독과 간서(看書)의 방법을 제시하고 있다.

그런데 이러한 슌다이의 방법론은 소라이가 『역문전제』에서 주장했던 화훈인식과 거의 동일하다. 그러나 이렇게만 보면 슌다이가 왜 『왜독요령』3권을 저술했는지 그 이유를 알 수 없다. 앞에서 말했듯이 『왜독요령』은 소라이가 죽던 해인 1728년에 간행되었다. 다음에서는 그 문제를 살펴보도록 한다.

4. 중화(中華)에서 일본(和)으로의 전환

'번역'과 '이해'

소라이의 고문사학은 『역문전제』에서 시작된다. 소라이는 일본어와 중국어의 차이를 자각하여 일본과 중국이라는 시공간적인 거리를 없애기 위한 방법을 『역문전제』단계에서부터 구상하고 있었다. 여기서 잠시 소라이의 화훈인식을 다시한 번 상기해 보자.

소라이는 훈독을 한문을 읽기 위한 방편이라 생각하여 '전제'라 불렀다. '전제' 즉 통발은 물고기를 잡으면 필요성이 없어진다. 이렇게 중국과 일본의 합일을 '역학'이라 본다면 소라이의 고문사학은 항상 '중화'에 시선이 있었다고 보아야만 한다. 훈독이 '역학'인 이상 배워야할 언어는 성인의 나라의 언어, 중국어가 된다. 소라이가 『역문전제』에서 수집한 한자의 정확한 일본 음과 훈을 제시한 것은 중국어로 된 경서를 정확하게 일본어로 번역하기 위한 사전작업이었다.

그러나 슌다이는 소라이보다 일본인이 처한 현실 이해가 강했다. 슌다이는 중화의 책을 읽는데 중화의 음으로 위에서부터 순서대로 아래로 읽어 그 뜻을 얻는 것이 가장 바람직한 방법이지만, "일본인으로 중국 음을 배우는 것이 쉽지 않다."는 것을 잘 알고 있었고, 그 부분에 주목했다. 슌다이는 일본인들이 훈독을 사용하여 경서를 읽을 수밖에 없는 현실을 그대로 받아들인 것이다.[45] 『왜독요령』은 중국어로 된 경서(한문)를 일본인들이 정확하게 읽을 수 있을까의 방법적 고민이다. 슌다이가 「왜음정오」·「왜어정오」·「왜독정오」의 항목에서 한자의 정확한 음을 철저하게 조사하여 제시한 이유도 이와 같은 맥락에서 찾아야 한다. 그것은 소라이처럼 한자의 의미를 일본어로

---

45 『왜독요령』상권, 「왜독총설」

정확하게 '번역'하기 위한 방법이 아니라 일본어로 정확하게 '이해'하기 위한 방법이었다. 이러한 이유가 슌다이로 하여금 '중화'에서 '일본'으로 시선을 돌리게 만든 것이라고 볼 수 있다.

슌다이 훈점(春台点)의 구상

슌다이는 「독서법」이라는 항목에서 '화음'과 '화어(和語)' 두 방법을 제시하면서 먼저 중국 음을 배우고 난 후 일본 음을 배워야한다는 점을 강조한다. 그러나 일본 음을 배우는 이유를 일본인은 중국 음 만으로 한문을 읽으면 그 의미를 모르기 때문이라고 했다. 한문의 의미를 알기 위해서 훈독은 없앨 수가 없다. 슌다이는 일본인에 의해 발음된 한음이나 오음은 이미 일본어이기 때문에 경서를 읽을 때에 일본 음으로 올바르게 읽고 문의를 깨우치면 그것으로 충분하다고 본 것이다. 슌다이는 화훈을 '역학'이라고 생각하지 않았기 때문이다.

이러한 판단은 슌다이가 제시하는 「왜독의 예」의 항목을 살펴보면 좀 더 분명해 진다. 슌다이는 『문선(文選)』에서 부(賦) 2편과 고시 19수를 뽑아 올바른 훈독 방법을 제시하면서 다음과 같이 말하고 있다.

> 구독과 점발(點發:한자의 사성을 표시하기 위해 글자의 모서리에 표시한 반원)을 갖추고 훈점을 더하여 초학을 위해 왜독의 예를 왼쪽에 제시하니, 초학자들이 이것을 숙독하여 그 방법을 깨닫는바 있다면 문선 전부를 모두 얻게 될 것이다. 문선을 이미 읽어 뜻을 얻었다면 무릇 경사시문(經史詩文)은 자연히 그 독법을 알게 될 것이다.(『왜독요령』하권, 「화독례」)

윗 글에서 슌다이는 자신이 제시한 모범적인 훈독법에 따라 독서해나가면 '경사시문'을 완벽하게 읽게 될 것이라고 한다. 그렇게 되면 육경이 이해될 것이라고 말하고 있다. 슌다이는 안사이학파처럼 일본어를 많이 사용하는 과도한 훈점을 붙인 것이 아니라, 될 수 있는 한 장황한 훈독을 버리고 간략하게 하면서 "의리가 통하는 것을 주로 삼은"[46] 훈독법을 제시하고 있다. 이른바 '슌다이 훈점(春台点)'이라고도 칭할 수 있는 훈독법이다. 이러한 '슌다이 훈점'은 소라이에게서는 찾아보기 어렵다.

또한 슌다이는 소라이처럼 화훈을 '역학'이라 생각하지 않았기 때문에 기존의 주자학자들이 만들어 놓은 훈점과는 다른 훈독법이 필요했다. 이러한 슌다이의 노력은 전술한 것처럼 초학자들의 소독 과정에 개입하여 자신의 훈점을 보급시킴으로써 '소라이학지'를 확대 보급시키려한 것으로 이해된다. 그것은 주자학자들을 포함한 반소라이학의 비판으로부터 소라이학을 지키려 한 사상적 노력의 일환으로 평가할 수 있다.

슌다이 훈점의 정밀함에 대한 평가는 에무라 홋카이(江村北海, 1713~1788)의 『수업편(授業編)』에 잘 나타나 있다. 홋카이가 저술한 『수업편』은 주로 아동들을 대상으로 한 학습 방법을 제시한 책이다. 이 책에서 홋카이는 "왜독요령에서 훈점을 논하여 문선중의 부 2편과 고시 19수에 훈점을 달았다. 이것은 아주 정련되어 있고 좋은 훈독법으로 따르면 좋다."[47] 라고 했다. 슌다이 이후의 세대까지도 슌다이의 훈점이 어느 정도 영향력을 미치고 있었는지를 짐작할 수 있다.

중화에 시선을 두고 있었던 소라이와는 달리 슌다이가 일본에 시선을 두고 있었다는 점을 뒷받침하는 또 하나의 증거로 『왜독요령』의 전체적인 구성을 들 수 있다. 『왜독요령』은 전체 16항목으로 구분되어 있다. 그 중에서도

---

46 『왜독요령』하권, 「화독례」
47 『수업편』3권, 「훈점」

「왜음정오」, 「왜독정오」, 「왜독의 예」, 「학칙」 항목이 대부분을 차지한다. 왜음이나 왜독에 대한 것이 『왜독요령』의 전체적인 부분을 차지하고 있다는 것이 된다. 이것은 일본인이 한문을 어떻게 올바르게 일본어로 읽고 이해할 것인가 라는 문제의식의 표출이다. 슌다이는 그러한 문제의식 위에 「학칙」 항목에서는 구체적인 소독(경서의 독서) 과정을 제시하고 있다.

5. 학칙-독서법

독서의 순서

슌다이는 『왜독요령』의 마지막에 「학칙」과 「학계」 항목을 두고는 고문사를 배우기 위한 독서 과정을 제시하고 있다. 소라이의 『학칙』과 슌다이의 「학칙」의 차이점이 여기에 있다.

소라이는 『학칙』에서 시서예악(육경)이 유일한 학습의 대상이라는 것을 밝히고 있다. 그것은 바로 고문사를 통해야만 성인의 도를 알 수 있다는 유학의 방법론적인 고찰을 제시한 것이다. 이에 비해 슌다이의 「학칙」은 "무릇 서생의 업은 구독을 배우는 일로부터 시작한다. 중화에서 구독을 배운다는 것은 이쪽에서 말하는 소독이다."[48]라고 하여 한문의 구독, 이른바 소독의 중요성을 강조하는 것으로 시작된다.

슌다이는 소독해야만 되는 책을 정해놓고 있다. 그것을 보면, 『효경』을 시작으로 『논어』·『모시』·『상서』로 이어진다. 슌다이는 특히 『논어』 이외의 사서의 독서를 제외하고 있는데 사서를 중요하게 여기기 시작한 것은 송유 이후의 일이며, 『맹자』는 공자의 생각과 맞지 않는 부분이 있기 때문에 초학

---

48 『왜독요령』 하권, 「학칙」

자들의 독서로는 어울리지 않는다.[49] 슌다이는 『효경』·『논어』·『모시』·『상서』에 대해 "오직 이것을 송독(誦讀)함을 동자들의 일로 삼아야 한다."고 했다.[50] 소독은 『효경』·『논어』·『모시』·『상서』로 마친다.

이렇게 하여 소독 과정을 마치면 다음 단계로 나아간다. 고주(古注)의 삼례(『주례』·『의례』·『예기』)·『주역』·춘추3전(『춘추좌씨전』·『춘추곡량전』·『춘추공양전』)·『국어』를 네다섯 번 씩 읽는다. 초학자들이 위의 책을 읽을 때 주의할 점으로 "뜻을 분명히 알려고 하지 말고, 다만 본문을 기억하는 것"[51]에 목표를 두어야 한다는 점이다. 왜냐하면 육경은 초학자들이 쉽게 이해할 수 있는 책이 아니며, 오랜 시간의 독서를 통해 고훈에 통달해야 비로소 그 뜻에 달할 수 있기 때문이다. 독서의 다음 단계는 『문선』이다. 『문선』은 "문학(학문)의 입문서"에 해당하기 때문에 초학자들이 육경을 읽어 그 문장을 기억하고 있다면 훈점이 없는 『문선』을 사용하여 5~6회 읽는다. 이때에도 단지 문장을 기억하는 것에 중점을 둔다. 이 정도의 독서가 쌓이면 4부의 책(『효경』·『논어』·『모시』·『상서』)과 육경, 『문선』은 모두 자신의 힘으로 읽을 수 있게 된다. 그래도 모르는 부분이 있다면 사전을 사용하여 찾아보면 된다.

이렇게 하여 육경, 『문선』의 독서를 마친 후에는 사마천의 『사기』를 취하여 숙독하기를 1회, 이어서 반고의 『한서』를 처음부터 끝까지 1회 숙독한다. 이때의 숙독이란 "육경과 문선을 읽었던 방법처럼 그 문장만을 읽는 것이 아니라, 문장의 의리를 물어 찾아 문장의 법을 완색(玩索)하여 자세하게 보는 것"을 말한다.[52] 그런데 『사기』와 『한서』는 "고문의 순수(純粹) 이기에 읽기 어렵고 알기 어려운 부분이 많으니 이것을 하나하나 규명하려고 하면 한

---

49 『왜독요령』하권, 「학칙」
50 『왜독요령』하권, 「학칙」
51 『왜독요령』하권, 「학칙」
52 『왜독요령』하권, 「학칙」

곳에 막혀 앞으로 나아가지 못한다. 결국에는 싫고 짜증나는 마음이 생긴다. 단지 어려운 부분은 생략하고 쉬운 부분을 읽으면 된다."라고 했다.[53]

순다이가 사마천의 『사기』와 반고의 『한서』의 독서를 마친 다음 단계로 제시하는 것이 사마온공의 『자치통감(資治通鑑)』이다. 배우는 자는 반드시 고금의 역사적 사실을 알아야만 하는데, 역사적 사실을 공평하게 잘 집약해 놓은 것이 『자치통감』이라 생각했다. 이러한 이유로 순다이는 주자의 『자치통감강목』을 읽지 말라고 했다. 왜냐하면 『자치통감강목』은 역사적 사실들에 대한 주자의 주관적 판단이 개입되어 있기 때문에 초학자들이 이 책을 읽게 되면 "시비의 마음이 성하여 인을 해칠 우려"가 있기 때문이었다.[54]

다음으로 고문사를 학습하기 위해서는 서한 이상의 책을 읽을 것을 강조한다.[55] 예를 들어 선진의 글로는 『좌전』·『국어』·『노자』·『묵자』·『안자』·『춘추』·『공양전』·『곡량전』·『맹자』·『순자』·『장자』·『열자』·『한비자』·『초사』·『전국책』·『여씨춘추』, 서한의 글로는 『회남자』·『사기』를 들고 있으며 동한의 글이지만 반고의 『한서』는 서한의 품격을 잃지 않았기 때문에 선진 서한의 고문과 동등하게 보았다.[56] 『문선』 역시 양나라 때의 책이지만 고문을 잃지 않았기 때문에 고서의 반열에 놓았다. 위에서 제시한 선진서한의 고서들에 숙독하여 융회관통해가면 육경에 제시되어 있는 성인의 도를 체득할 수 있게 된다.

---

53 『왜독요령』하권, 「학칙」
54 『왜독요령』하권, 「학칙」
55 『왜독요령』하권, 「학칙」
56 『왜독요령』하권, 「학칙」

고문사학의 실천

이어서 슌다이는 「학계」에서 3가지 경계해야 할 것을 말하고 있다.

학문에는 3가지의 경계할 것이 있다. 첫째는 송유의 리학의 책을 읽지
마라. 성리의 설은 옛 성인의 뜻이 아니다. … 두 번째는 처음 공부할
때는 경술(經術)을 배우지 마라. 경술을 밝히는 일은 젊은이들이 미치는
바가 아니다. 그럼에도 먼저 이것을 배워 의리의 정미함을 알게 되면 재
기(才氣)가 여기에 빠져 오래가지 못한다. 일생을 단지 도학선생이라는
멋에 빠져 끝날 것이다. … 세 번째로는 남의 강설을 듣지 마라. 남의
강설을 듣는 자는 비유컨대 남의 어깨에 올라타고서 가는 것과 같다.
보행하는 자는 길을 잘 밟고 가지만 어깨에 올라타서 가는 자는 길을
밟지 않는다. 무슨 학술이든지 스스로가 책을 읽고 마음에 침잠하여
생각함이 없다면 그 뜻에 통달하지 못한다.(「학계」)

슌다이가 송유의 책을 읽지 말라고 하는 이유로 주자학은 성인의 도에 어
긋나기 때문이라는 점을 들고 있다. 슌다이가 가장 경계대상으로 삼은 것이
바로 주자학이었다. 윗 글에서 말하는 '성리의 설'이란 주자학에서 주장하는
이기론에 기초한 형이상학적 논쟁을 가리킬 것이다. 두 번째 경계할 것으로
'경술'을 배우지 말 것을 들고 있다. 여기서 말하는 '경술'이란 경학을 뜻한다.
슌다이는 경학에 대해 "육경을 읽어 성인의 도에 통달하는 것"이라 정의했
다.[57] 육경에 통달하기 위해서는 앞에서 제시한 고서를 읽어 먼저 고학에 밝
아야 한다. 슌다이가 세 번째로 드는 것이 강설의 부정이다. 강설이란 경서

---

[57] 『왜독요령』하권, 「학칙」

의 본문의 의미를 하나하나 자세하게 강의하는 것을 말한다. 슌다이의 강설에 대한 비판은 당시 강설로 유명했던 안사이학파에 대한 비판으로 볼 수 있다.

이렇게 보면 슌다이가 「학칙」에서 강조하는 대부분은 독서법이다. 슌다이의 「학칙」에는 슌다이의 훈점에 따라 소독을 하게 되면 성인의 도가 담겨있는 육경을 알게 되는 구체적 실천 방법이 제시되어 있다. 소라이의 『학칙』이 고문사학적 경서해석의 방법론이라면, 슌다이의 「학칙」은 '고문사학의 실천'에 해당된다고 볼 수 있다. 이러한 의미에서 슌다이의 『왜독요령』은 소라이 고문사학의 미비점을 보완하여 고문사학을 새롭게 발전시키기 위한 과정에서 저술한 저작으로 평가할 수 있다.

6. 에무라 홋카이와 다자이 슌다이

『수업편』과 소독

에무라 홋카이의 『수업편』[58]은 처음에 20권(1783년 간행)으로 기획되었는데 실제로 간행된 것은 10권 뿐이다. 『수업편』의 항목을 보면 데나라이나 독서법, 훈점 및 오음·한음·당음등의 화훈이나 화독의 문제, 수업이나 강석·강경(講経)·강담(講談) 등의 경서 교육법의 문제, 작문, 시학, 역사학 등의 문제까지 폭넓은 테마를 다루고 있다. 또한 「작문」이나 「시학」 편에서는 고문사학을 집중적으로 비판하고 있다. 이 『수업편』도 『왜독요령』과 마찬가지로 가나로 썼다는 점에 주목해야할 것이다. 홋카이도 슌다이와 동일하게 유학이라는 학문에 입문하려는 초학자를 대상으로 생각하고 있었던 것이다. 이

---

58 江村北海, 『授業編』3卷(玉樹堂·文綿堂書林, 京都大學付属図書館所蔵本, 1783년 간행)

러한 『수업편』이 갖는 특징 중의 하나는 소라이와 슌다이의 인용이 많다는 것에 있다. 이러한 사실은 홋카이가 소라이와 슌다이의 화훈연구를 상당히 의식하고 있었다는 것을 의미할 것이다.

그러면 먼저 홋카이가 소독의 문제를 어떻게 생각하고 있었는지를 살펴보자. 홋카이에 의하면 소독해야할 텍스트로서 일본에서 출판된(和刻本) 주자의 『효경간오(孝経刊誤)』를 기본으로 하여 『효경』-『대학』-『논어』-『맹자』-『중용』의 순으로 나열하고 있다. 그리고 『소학』은 『논어』의 소독이 끝난 다음이나 『맹자』·『중용』이 끝난 다음에 실시해도 된다. 중요한 것은 홋카이는 사서의 소독을 기본으로 하고 있다는 점이다. 한편 슌다이는 홋카이와 달리 『맹자』, 『대학』, 『중용』은 소독에서 배제시켰다.[59] 홋카이는 사상적으로는 슌다이와 달리 주자학의 입장에 서있다는 것이 된다. 즉 슌다이와 홋카이는 한문을 읽고 경서를 이해하는 것의 목적이 처음부터 달랐다는 것을 의미할 것이다.

홋카이는 소독할 때 어떠한 방법(훈점)으로 읽을 것인가를 가장 중요한 문제로 여겼다. 홋카이는 "내가 일본에서 간행되는 책을 보니 좋은 훈점을 붙인 것이라 생각되는 것이 아주 적다."고 서술하고 있다.[60] 그가 생각하기에는 초심잔학(初心淺學)의 그다지 한문을 읽지 못하는 사람이 붙인 훈점이 출판물의 전국적 붐에 편승하여 유통되고 있었다. 이러한 상황아래 어떠한 훈점의 책을 읽어야 하는가의 문제가 발생한 것이다. 그 한 예로 홋카이는 교토에서 소라이학을 비판하던 우노 메이카(宇野明霞, 1698~1745)의 훈점을 들

---

59 슌다이는 『맹자』에 대해 "공자의 뜻에 맞지 않는 바가 있다. 초학의 선비가 읽어야할 책은 아니다."라고 했다. 맹자의 인성론이나 역성혁명을 부정하는 소라이학에서는 당연했을 것이다. 『논어』에 관하여도 "성인의 가장 신묘스러운 것은 육경의 요령이다. 성인의 도를 배우는 자는 공자를 신봉하지 않으면 안된다. 논어를 읽고 공자의 존귀함을 알기 때문이다."라고 했다.(『왜독요령』하권, 「학칙」)

60 『수업편』3권, 「훈점」

어 다음과 같이 말하고 있다.

몇 년 전에 우시신(宇土新·宇野明霞)이 훈점에 마음을 써 그때까지는 예가 없었던 신기한 훈역(訓譯)을 많이 했다. 어떤 일이 있어도 배우는 자들에게 도움이 되고자하는 노파심으로 아무리 생각해도 기특한 것이긴 하다. 내 생각을 말한다면 무점본의 책을 읽을 수 있는 자에게는 훈점은 애당초 쓸모없는 것이다. 필경 훈점은 초학자들의 책을 읽는 전제(筌蹄)이다. 그런데도 초학의 무리들은 잘못된 훈점에 가려져 정확한 뜻을 그르치고 오히려 견해의 차이도 발생하기 마련이다.(『수업편』3권, 「훈점」)

여기서 홋카이는 메이카의 훈점을 "신기"한 훈역이라 간주하고는 초학의 소독에는 도움이 되지 않는다고 했다. 메이카의 훈점같이 "신기한 훈역"에 초학이 미혹되어 "문자의 올바른 뜻을 그릇되게 하"는 것이다. 우노 메이카는 소라이의 문인 이리에 자쿠수이(入江若水, 1671~1729)에게 소라이의 학풍을 듣고 기뻐하여 소라이에 입문하고 싶어한 인물이다. 하지만 병약하여 그 대신 자신의 동생인 우노 시로(宇野士朗, 1701~1732)를 입문시켰다. 그는 이·왕을 받들었고 고문사를 잘 안다고 자부했으며 교토에서는 처음으로 고문사학을 강론했다. 그런데 메이카의 고문사 인식은 소라이의 고문사 인식과는 조금은 달랐던 듯 하다. 그는 자신의 저서인 『논어고』에서 소라이를 향해 "공자의 죄인이며 선왕의 죄인이며 천하의 죄인이다.[61]"라고 비방하면서 소라이설의 잘못을 신랄하게 비판했다. 『논어고』는 대부분이 소라이 비판에 할애하고 있다. 그렇다면 홋카이는 메이카의 훈점을 왜 "신기한 훈역"이

---

61 宇野明霞, 『論語考』「위정편」, 平安書肆, 寬延2년(1749) 간행(京都大學付屬図書館所藏本).

라 했을까? 아쉽게도 메이카의 훈점이 어떠한 형태였는지에 대하여는 정확하게는 알 수 없지만 『메이카 선생 유고(明霞先生遺稿)』(8卷5冊)를 참조한다면 어느 정도 추측할 수는 있다.

『메이카 선생 유고』의 오언오시 중에 '고의(古意)'가 있다. 이 시 중에 "中庭聊擧目"이라는 문장이 있는데 메이카는 이 부분을 "中庭聊ラク擧目ヲ"라고 훈독했다.[62] 이 문장에서 주의가 필요한 것은 '聊'자에 '라쿠(ラク)라고 훈점을 붙인 부분이다. 일반적으로 '聊'는 일본어로는 'いささか(이사사카)'라고 읽는다. 그런데 'ラク'라고 훈점을 붙이면 읽기 어렵게 된다. 메이카가 어떻게 읽히려고 했는지 알 수가 없다. 이와 관련하여 도쿠다 타케시(德田武)의 설명을 들어보면 어느 정도 이해가 될 것이다. 도쿠다는 메이카의 저서인 『문어해(文語解)』(1772년 간행)의 '聊'의 항목에서 메이카가 "いささか(이사사카), シバラク(시바라쿠)라고 훈점을 붙인 것을 근거로 위 예문의 "中庭聊ラク擧目ヲ"의 '聊'을 "聊(シバ)ラク(시바라쿠)"라고 읽으려 했다고 단정했다.[63] 이러한 메이카 훈점의 특징으로 "종래의 훈독에서는 충분히 그 말의 정확하고도 자세한 의미와 뉘앙스를 파악할 수 없기 때문에 그 결점을 시정해야하는 문맥에는 훨씬 적절한 훈점을 붙인 것에 있다."고 했다.[64] 이러한 메이카의 훈점을 홋카이는 "신기한 훈점"이라 간주하고 초학의 훈점으로서는 어울리지 않는다

---

62 宇野明霞, 『明霞先生遺稿』卷之一, 「古意」(『明霞先生遺稿』8卷, 平安書肆, 京都大學付屬
　図書館所藏本, 1748년 간행)

63 德田武, 「宇野明霞の訓法の悲劇」, 『江戸漢學の世界』, ぺりかん社, 1990, 76쪽.

64 德田武, 앞의 책, 81쪽. 당시 우노 메이카의 훈점에 관하여는 말들이 많았다. 그의 초고를 정리한 것으로 알려진 다이덴 젠시(大典禪師, 1719~1801)는 『초학문담(初學文譚)』에서 "근래 우시신(宇士新)이 화훈을 다시 하여 연역(緣譯)이라 이름하여 문의를 생각하고 화어를 바르게 하여 경서에 사용했다. 그러나 세상은 옛날의 왜독에 입과 귀가 익숙하기 때문에 오히려 우시신의 훈역을 기벽이라 하여 쓰지 않는다. 혹은 일본의 아어(雅語)를 해친다고 하여 저급하게 여기는 자가 있다."라고 서술하고 있다.(德田武, 위의 책 91쪽에서 재인용)

고 말한 것이다.

훈점의 비판

이러한 가운데 홋카이는 당시까지 어느 정도 세상에 보급된 훈점을 예로 하여 문제점을 지적한다. 우선 먼저 하야시 라잔의 훈점(道春点)의 문제에 대해 "가나의 사용이 너무 많고 아동을 가르치는데 그 가나와 달리 가르친다면 그 가나가 오히려 방해가 되어 외우기 어렵게" 되며, 아울러 도슌점(道春点) 대로 가르친다면 "그 가나에 의지하고 문자에 마음을 두지 않기 때문에 그 읽는 것을 들으면 제법 잘 기억하고 있는 것 같지만 사실은 외운 것이 아니라 이것이 해가 된다."라고 지적하고 있다. 또한 안사이점(嘉点)에 대하여는 "가나가 적어 좋지만 그것도 일장일단이 있다."고 했다. 다만 이 이상의 견해는 없기 때문에 홋카이가 지적하는 안사이 훈점의 "일장일단"이 무엇을 의미하는지 구체적으로는 알 수 없다. 가이바라 훈점에 관하여는 "대체적으로 좋은 훈점으로 아동들의 소독에 좋다."라고 했다. 그리고 슌다이 훈점에 관해서도 "왜독요령에 훈점을 논하여 문선 중의 2부와 고시 19수에 훈점을 붙였는데 이것은 아주 좋은 훈점 붙이는 방법으로 따라야 한다." 고하여 좋은 평가를 하고 있다.[65] 에도시대에 많은 영향을 끼친 훈점들 중에서 홋카이가 언급하고 있는 것은 하야시 라잔(道春点)·야마자키 안사이(嘉点)·가이바라 에키켄(貝原点), 그리고 슌다이 뿐이었다. 즉 홋카이는 슌다이의 훈점을 인정하고 있다는 것인데 그것도 좋은 훈점이라 여기고 있다는 것에 주목할 필요가 있다.

특히 홋카이는 위의 훈점들에 얽매이지 말고 "너무나 거리가 있는 훈점

---

65 이상 『수업편』3권, 「훈점」

을 제하고 비속한 훈점이 아니도록" 하면 좋다고 한다.[66] 기존의 훈점에 관한 홋카이의 견해는 간단한 설명과 평가의 수준에서 끝나고 있기 때문에 홋카이가 구체적으로 어떠한 훈점을 목적으로 하고 있었는지는 알 수가 없다. 또한 훈점의 실례를 보여주지도 않았다. 다만 홋카이의 훈점에 대한 평가를 근거로 생각해 본다면 그는 가나의 수가 적은 쪽이 좋은 훈점이라고 생각했음을 짐작할 수 있을 것이다.

홋카이의 슌다이 훈점

여기서는 홋카이의 훈점의 평가 중에서 슌다이의 훈점을 높이 평가한 것의 의미를 생각해 보자. 슌다이 훈점의 특징은 될 수 있는 한 가나의 수를 적게 한 것에 있다. 실제로 슌다이가 훈점의 실례로 제시하는 「고시 19수」는 가나의 수가 아주 적다. 슌다이는 "번잡하고 장황한 훈독을 버리고 간약함을 따라 의리에 통하는 것을 주로 삼는다. 초학자들이 여기에 습숙한 후에 일본에서 번각한 문선을 보고 고래의 훈독과 간약하게 한 것과의 차이를 깨닫는다면 나쁜 것과 좋은 것은 그 스스로 볼 것이다."라고 하고 있다.[67] 이러한 인식은 소라이에게서 보였던 송문을 번잡하고 장황한 문장이라 한 것과 맥을 같이 한다. 슌다이는 될 수 있는 한 고문에 가까운 훈독법을 모색하고 있었던 것이다.

이러한 슌다이의 훈점은 결국 그가 소라이학적인 '유학지'의 확대 보급에 노력했다는 것을 보여주는 사례이다. 그것은 이른바 소독의 과정에 소라이학적인 경서 읽기를 통한 '교양'을 심어주기 위한 것이기도 했다.

---

66 『수업편』3권, 「훈점」
67 『왜독요령』, 「왜독례」

전술한 것처럼 관정이학의 금 이후는 막부에 의해 '소독음미'(素讀吟味)가 공적인 장에서 이루어져 주자학이 공적으로 배워야할 학문이 되었다. 홋카이가 소독 과정에 많은 관심을 보인 이유도 여기에 있을 것이다. 홋카이가 소독에서 슌다이 훈점에 관심을 보인 것은 슌다이에 의해 재구성되는 소라이학의 한문 읽기(소독)의 긍정이며 나아가 소라이의 고문사학의 평가로 이어지는 문제이기도 하기 때문이다.

홋카이는 "오음 한음은 모두 원래 지금 말하는 당음인데 세월이 흐르면서 옛날의 당음과 비슷하지 않아 언제부터인가 우리나라 음(邦音)이 되었다."고 하면서 슌다이와 동일한 인식을 가졌다.[68] 그러나 홋카이는 한자를 오음이나 한음, 어느 쪽의 음으로 읽으면 좋을지에 대해서는 슌다이에서 보였던 깊이 있는 논의는 없다. 홋카이는 오음이나 한음이 일본의 음인 것을 슌다이의 『왜독요령』이나 아메노모리 호슈(雨森芳洲, 1668~1755)의 『다와레구사(タワレ草)』의 오음, 한음설을 인용하는 것으로 그치고 있다. 이렇게 보는 한 홋카이는 슌다이의 오음, 한음설에 찬성하면서 그것을 의문점 없이 수용한 것이라 할 수 있다.

당음의 문제

다음으로 홋카이는 "문예에 뜻을 둔 사람은 무엇보다도 당음을 배워야 한다."고 주장하는 그룹과 "눈과 마음이 서로 어울려야 학업이 이루어지는 것으로 음이 같고 그렇지 않음에 맡길 필요는 없다."고 하여 당음은 몰라도 좋다고 하는 그룹을 예로 들고는 "양쪽이 모두 일리는 있지만 굳이 말한다면 양쪽 다 과격한 생각으로 지극한 공론이라고 하기 어렵다. 그러므로 나

---

68 『수업편』3권, 「吳音漢音」

는 그 둘을 절충하여 여기에 견해를 제시하겠다."라고 했다.[69] 홋카이는 당음을 배우지 않았기 때문에 당음을 구사할 능력이 없는 인물이다. 그가 당시 학자들의 경서 독서에서 당음의 유효성에 대한 찬반 논쟁을 주목하고 있다는 것도 주시해볼 문제이다. 여기서 홋카이가 지적하는 양쪽의 견해란 당음주의에 서 있는 오카지마 칸잔(岡島冠山, 1674~1728), 아메노모리 호슈와 소라이학파를 염두에 둔 발언으로 보인다. 한 가지 덧붙인다면 홋카이가 제시하고 있는 이 두 가지의 견해는 소라이의 영향임에는 틀림없다.

그렇다면 홋카이의 절충안이란 무엇인가?『수업편』에서는 당시 나가사키 통사였던 오카지마 칸잔이 편찬한『당화찬요(唐話纂要)』나『아속어언(雅俗語言)』·『당화편용(唐話便用)』·『당화유찬(唐話類纂)』·『자해편람(字海便覽)』·『당역편람(唐譯便覽)』등의 당화 학습서가 이미 간행되어 있었으며 주순수(朱舜水, 1600~1682)에 화음(華音)을 배운 미토의 이마이 코지로(今井小四郎), 대마도의 아메노모리 호슈와 소라이등 당화(唐話)를 아는 유학자도 상당수 있었다는 점을 들고 있다. 이러한 가운데 홋카이는 "소라이등은 당음에 정통하다고 하기는 어렵고 필경 손가락을 담글 정도라고 하는데 학업이 넓고 호걸한 사람이기 때문에 이러한 사정으로 이러한 설을 주장한다. 흔히 말하는 영웅이 사람을 속인다는 것이다."[70]라고 하여 당화를 주장한 소라이 조차도 실은 당화를 잘 모른다고 했다. 전술한 것처럼 홋카이도 당음을 알아야만 중국인처럼 한문의 이해가 가능하다고 생각은 하고 있었지만 현실적으로는 무리에 가깝다고 하는 현실 상황 판단 인식이 있었다.

커서도 이것(당음)을 배울 기회가 없고 시간도 없이 나처럼 무식한 자는

---

69 『수업편』3권, 「당음」
70 『수업편』3권, 「당음」

당음을 모르면 안된다고 생각한다. 이것을 모르기 때문에 학업에 문제가 많다고 생각하여 문자의 위치에서 이것저것 붙여 될 수 있는 한 마음을 써 당음에 밝은 사람의 자리에 나아가 그 이야기를 듣는다면 가령 한 두 가지 라도 들으면 도움을 얻을 수 있을 것이다. … 어렸을 때부터 이것을 배우지 않는다면 아주 쓸모있는 당음이 되기는 어렵다. 이미 그 시절이 지났다면 오직 나이가 들어감에 따라 학업을 성취한 후 손을 담구어 대체적인 뜻을 이해하여 학업에 도움이 되도록 한다면 각별하다. 이것은 위에서 말하는 것처럼 아주 유용한 당음은 되지 못한다 해도 영웅이 사람을 속인다고 하는 정도는 되는 것이다. 이 두 가지가 아니면 오히려 약관 전후에 독서에 전념하여 당음에 종사한다면 속담에서 말하는 하나도 취하지 못하고 둘도 취하지 못한다고 하는 것에 이를 것이다.(『수업편』3권, 「당음」)

여기서 알 수 있는 것처럼 홋카이는 당음에 밝기 위해서는 어렸을 때부터 학습하지 않으면 이해하기 어렵다는 일본인이 처한 현실 인식이 있다. 이미 어른이 된 후에 당음을 배우면 어느 정도의 수준까지는 도달할지는 몰라도 충분히 말할 수 있을 정도까지는 거의 불가능에 가깝다. 즉 홋카이의 절충안이란 화훈을 치밀하게 배운 후에 함께 당음을 배운다는 것이다.

홋카이는 당음주의에 부정적인 견해를 가지고 있었지만 그것을 극복할 수 있는 구체적인 방법은 없었다. 대신에 홋카이는 "토가이(東涯)의 용자격, 소라이의 역문전제는 초학자에게 유익한 책"이라 하고 화훈 문제에서 자세한 것은 이토 토가이나 소라이를 참고하면 좋다고 했다.[71] 이렇게 보면 슌다이와 거의 동시대의 유학자 사이에서 논의된 한문읽기의 문제는 소라이와

---

71 『수업편』10권, 「잡서」

슌다이가 주장하는 화훈에 대한 논의의 재논의나 재생산으로 생각할 수 있다. 또한 슌다이로 계승되는 소라이학의 화훈의 범위를 넘지 않고 있다는 것에도 주목할 필요가 있다. 『왜독요령』의 간행에서 『수업편』의 간행까지 약 55년이라는 시간의 거리가 있다. 슌다이의 『왜독요령』이 미친 영향을 가늠해 볼 수 있을 것이다.

7. 고인의 체와 법

이·왕의 고문사는 표절인가?

슌다이는 화훈의 연구를 거쳐 '문'(文)의 연구로 나아간다. 슌다이의 '문'에는 기본적으로 소라이의 '문'의식이 전제에 있다. 슌다이는 「대객논문」이란 글에서 다음과 같이 말하고 있다.

> 세이카(惺窩), 라잔(羅山) 두 선생이 나와 문학을 사대부 사이에서 주창했다. 이후 나라안의 선비는 거의가 유술(儒術)로 향하여 학문을 강구했다. 호걸들이 일어나 학생들을 교육했다. 그들이 말을 내세워 가르침을 설한 것을 보면 서로 득실이 있다. 다시 말하면 아직 고도에 달하지는 못한 것이다. 소라이 선생이 나와 비로소 고문사를 바다의 동쪽에서 주창했다. … 선생은 이미 고문사를 밝혀 이것으로 경술을 상고했다. 그 설은 천고에 탁월하다. 즉 또한 명유(明儒)들이 미치지 못한 바이다. 무릇 선왕의 도는 이것을 문장이라 한다. 문장은 소라이를 얻어 그 지극함에 이르렀다.(「對客論文」, 191~192쪽)

여기서 알 수 있는 것처럼 슌다이도 소라이와 마찬가지로 경학은 무엇보다도 고문사를 밝혀야 한다는 것을 가장 중요하게 여겼다. 여기서 슌다이는 '명유'와 소라이를 비교하면서 소라이의 업적을 "천고에 탁월"하다고 극찬을 하고 있는데 그것은 고문사 운동을 제창한 '명유'인 이·왕 보다도 소라이의 고문사학이 훨씬 더 우수하다는 것을 보여주기 위함에 있다. 여기서 보면 슌다이가 소라이의 고문사학 그 자체를 비판한 것은 아니라는 사실을 알 수 있다. 위의 「대객논문」이란 이전에 소라이에게 배웠던 우노 시로(宇野士朗)가 교토로 돌아가서 그 형인 우노 메이카와 함께 소라이를 비방한다는 얘기를 들은 슌다이가 반론을 역설한 것이다.

우노 메이카는 다이쵸 젠시(大潮禪師, 1678~1765)에게 사사받으면서 이·왕을 받들어 고문사학을 배웠다. 다이쵸 젠시는 황벽종(黃檗宗:일본 선종의 일파)의 승려로 나가사키에서 중국어를 배워 1715년에 에도에 와서 소라이가 만든 역사에서 중국어를 지도했다. 다이쵸 젠시는 메이카의 문장을 칭하여 말하길 "원미(왕세정의 자)의 골수를 얻었다"라고 극찬했다.[72] 이러한 경력을 가진 메이카는 "당시를 번역하는데 이 쪽의 속어로 하며 이것으로 제자에게 가르쳐 암송시킨다."(「대객논문」, 190쪽)는 방법이 올바른 고문사의 습득법이라 생각했다. 이 메이카의 방법에 대해 슌다이는 웃으면서 다음과 같이 말한다.

시라는 것은 중국의 아언이다. 그러므로 이방 사람이라도 처음부터 중국의 정음으로 이것을 직독해야 하는 것이다. 그러나 이쪽의 사람들은 중국 음을 직독하면 그 뜻에 통하지 못한다. 그렇기에 방언으로 이것을 옮겨 … 그러나 방언에도 또한 아와 속이 있으며 고와 금이 있다. 선현은 반드시 그 고와 아를 선택하여 이것을 사용했다. 중국어의 정음이

---

[72] 『明霞先生稿余』卷下, 「与大潮禪師第二書」(『先哲叢談』, 平凡社 東洋文庫, 1994, 384쪽).

아니기는 하지만 더욱 송독해야 한다. 이것이 우리 동쪽 사람들이 시서를 송독하는 법이다.(「대객논문」, 190쪽)

'소라이의 어모'를 자처한 슌다이의 역할이 분명하게 발휘되어 있다. 슌다이는 시는 고어(古語)와 아어(雅語)를 사용하여 암송하며 속어로 해석한다는 소라이의 독서법을 그대로 설명하고 있다. 그럼에도 불구하고 슌다이는 왜 고문사학에 위화감을 품었던 것일까? 그 문제를 슌다이의 '문'의식의 분석을 통해 살펴보고자 한다.

슌다이의 『문론』

슌다이의 '문' 의식은 그의 저작 『문론』에 잘 나타나 있다.[73] 『문론』은 슌다이가 고문사학을 비판한 것으로 그러한 점에서 슌다이의 고문사에 대한 인식을 분명하게 볼 수 있다. 『문론』에서 슌다이는 "지금의 학자는 반드시 8대가를 배우지 말고 오직 한유와 유종원으로 문학에 입문해야 한다. 한유와 유종원을 배워 문법에 통달하면 명의 이창명(李滄溟: 이반용)과 왕언주(王弇洲: 왕세정)의 문집을 읽고 수사를 배워야 한다."라고 서술했다.[74] 이어서 슌다이는 송과 원의 시를 '악도'(惡道)라 단정하고는 명대에 와서 드디어 시도

---

[73] 『문론』1권(1748년 간행)은 1739년(60歲)에 저술한 것이다. 『문론』은 전체 7편과 「후세수사문병(後世修辭文病)」31칙으로 구성되어 있다. 「후세수사문병」에서는 이반용·왕세정·왕도곤(汪道昆)·이헌길(李獻吉) 4명의 문장을 예문으로 하여 문제점을 비판하고 있다. 여기서 다루고 있는 4명의 문장은 모두가 다이쵸 젠시가 편찬한 『명사대가문초(明四大家文抄)』에서 인용한 것이라는 견해가 있다.(白石眞子,「太宰春台『文論』考」,『上智大學國文學論叢』32호, 1990, 62쪽). 사료로는 『文論·詩論』合刻本(再刻)(稱舩堂, 京都大學付屬図書館所藏本, 1773년 간행본)

[74] 『왜독요령』하권, 「학칙」

(詩道)가 부흥되었으며 이·왕이 나와 고도로 복귀하게 되었다고 보고 있다. 또한 이·왕은 고인의 뜻에 맞는 자들이기 때문에 그들을 법칙으로 삼아야 한다고도 했다.[75] 슌다이는 한유·유종원·이반용·왕세정 4인의 문장을 선택하여 초학자가 '고문'이나 '고언'을 학습하기 위해 편찬한 소라이의 『사가준(四家雋)』의 교정에도 관여를 했다. 슌다이는 고문사를 배우기 위해 한·유·이·왕의 문장이 모범적이라고 생각한 것이다. 그럼에도 슌다이는 이·왕이 주장하는 고문사 운동과 그것을 무비판적으로 오직 흉내만 내는 소라이와 문인에는 많은 문제가 있다고 생각한 것이다.

우리 당(소라이 문인)의 학자는 붓을 놀리는 것을 알면 즉 고문사를 말한다. 그 문을 이루는 것을 보니 즉 고인의 성어(成語)를 베껴서 이것을 이어 붙인다. 문리에 벗어났으며 의의가 통하지 않는다. … 나는 일찍이 이러한 부류들을 분잡의(糞雜衣)라 놀렸다. 객군이 말하길 무슨 소리인가? 이것을 부도씨(浮屠氏:불교도)에 들을 수 있다고 했다. 인도에서 그 습속이 청결한 것을 좋아하여 병든 사람이나 죽은 사람, 임산부의 옷과 이불, 및 불에 타서 피를 흘려 더러워지고 불결한 것이 있으면 모두 취합하여 이것을 거름위에 버린다. 불도자는 옷을 짓지 않고 입는다. 그러므로 남이 버린 곳의 옷과 이불을 거름위에서 취하여 주염 열매를 달인 물로 그 더러워진 곳을 제거한다. 아주 청결해지면 차게 하여 후에 방법에 따라 재단하고 자르고 이어 붙여 옷을 만든다. 이것을 이름하여 분잡의라 하는 것이다. 일명 납의(衲衣)라고도 하는데 석씨의 법복은 이것을 첫째로 삼는다. 그 옷은 수 백 가지의 조각으로 자르고 붙여 만든 것이다.(「문론」「제2편」)

---

75 『왜독요령』하권, 「학칙」

여기서 슌다이가 고문사학의 문제점으로 들고 있는 것은 "고인의 성어를 베껴 이것을 이어 붙이는" 방법이다. 슌다이는 이것을 "분잡의"라 폄하한다. "분잡의"란 더러운 인분에 버린 의복을 주워 천을 적절하게 재단하고 이어 붙여 입는 승려들의 옷을 말한다. 슌다이는 그러한 문장을 "분잡의"라 하는 것이다. 슌다이가 보기에 고문사를 주장하는 소라이나 그 문인, 그리고 이·왕은 남이 버린 수백 조각의 천을 모아 그것을 서로 이어 붙여 한 장의 면을 만드는 재단사에 지나지 않았던 것이다. 슌다이의 이러한 비판의 배후에는 고문사를 쓴다는 자들이 실은 남의 문장을 표절한다는 생각이 있었다고 볼 수 있다.

소라이의 고문사도 표절인가?

슌다이가 고문사에서 가장 중요하게 여긴 것은 '언사'(辭)를 선택하는 것이었다. 한위 육조를 거쳐 당에 이르기까지 각각의 '언사'가 있고 그것을 잘못 사용하면 '체'(体)를 잃게 된다. '사'에는 '독용(獨用)의 언사'가 있고 '통용(通用)의 언사'가 있다. 슌다이는 일가가 전적으로 사용하는 '독용의 언사' 혹은 대중들과 함께 사용하는 '통용의 언사'를 잘 분별하여 사용해야 한다고 했다. '독용의 언사'는 특정인이 사용하는 독자적인(독특한) 언사이며 '통용(通用)의 언사'는 일반 대중들이 보통 사용하는 언사이다. 이어 슌다이는 "만약 후인들이 옛 사람(古人)이 전적으로 사용하는 언사(독용의 언사)를 취한다면 이것을 표절"이라 간주했다.[76] 그 이유를 다음과 같이 말하고 있다.

옛 사람(古人)의 문사(文辭)와 시서(詩書)의 언사를 이용하는 자가 있다면

---

76 『문론』「제3편」

모두 자기의 뜻을 구하는 이유에서 이다. 그러므로 반드시 시경에서 말하길, 서경에서 말하길 이라고 하는 것이다. 아직 시경과 서경의 성어를 취하여 자기의 말이라 하는 자는 없다. 언사가 다르기 때문이다. … 내가 지금의 고문사를 말하는 자를 보니 고인의 성어를 표절하는 것에 노력한다. (그들은)언사를 선택한다고 하지만 동한 이후를 버리고 서한 이상을 취할 뿐이다. 적어도 말이 선진 서한의 것이라면 어느 문하의 말인 지를 따지지 않으며 그 전적으로 삼는 것과 대중과 함께 하는 것을 소상히 살피지 않고 혼용한다. 심하면 시경과 서경의 문장을 취하여 자기의 언사로 삼는 데에까지 이른다. 이렇게 문란해진 것은 왜인가?(『문론』,「제3편」)

"고인의 문사와 시경, 서경의 언사를 사용하는 것"은 자신의 주장의 근거를 뒷받침하기 위해 사용하는 것이다. 그러므로 "시경에서 말하길, 서경에서 말하길"이라고 한다. 누구도 경서의 문장을 자신의 독자적인 말(표현)이라 하지는 않는다. 그러나 고문사를 좋아하는 자는 '서한 이상'의 언사라면 '독용의 언사'나 '통용의 언사'를 묻지 않고 혼용하여 문란하게 사용해 버린다. 슌다이는 이러한 언사의 사용법을 표절이라고 단정하고 있다. '고인의 성어'를 자신의 언어인양 사용하는 것은 표절이다. 슌다이가 고문사가의 문장을 "분잡의"라 하고 "재단사"라 비난하는 것도 표절이라는 커다란 잘못을 범했기 때문이었다.

그러한 예를 들어보자. 소라이는 '사'(私)를 지칭하는 일인칭으로서 '불녕'(不佞)이라는 표현을 자주 사용한다. 그런데 슌다이는 '불녕'의 올바른 사용법에 대해 『논어정의(論語正義)』나 『좌전』, 『안씨가훈(顏氏家訓)』 등을 조사하여 옛사람은 '겸사(謙辭)' 즉 자신을 겸손하게 말하는 언어로서 "불녕'이라는 단어를 사용하는 것이지 자신을 지칭하기 위한 단순한 일인칭 대명사로서는 사용하지 않는다는 점을 밝혔다. '불녕'을 단순한 일인칭 대명사로 사용하는 것은 "한위이후 명초에 이르기까지의 문인들의 서사(書辭)로 아직까지 이렇게 불리는 것은 없다. 대개 이우린과 왕원미로부터 시작된 것"이라 했다.[77] 슌다이는 이·왕이 '불녕'의 본래의 의미를 알지 못한 채 전거도 없이 마음대로 사용하고 있으며 소라이 역시 역시 이·왕을 모방하여 그대로 따르고 있는 점을 비판하고 있다.

또 하나의 예를 들어보자. 슌다이는 이반용의 「蒲城薄宋宇를 보내는 서」에서 "李次原憲이 用行捨藏를 모른다."라는 표현을 문제 삼고 있다. 슌다이는 다음과 같이 말한다.

> 이것을 사용하면 즉 행하고 이것을 버리면 숨는다. 단지 나와 자네가 이러하다. 이것은 공자와 안연이 말한 것이다. 공자가 안연에게 한 말로 분명하게 단지 나와 자네라고 했지 타인이 이러하다는 것을 듣지 못했다. 또한 공자의 본래 말인 2구8자를 줄여 1구4자로 하여 이것을 사용하는 것은 고법에 없는 것이다.(『문론』「후세수사문병」)

여기서 말하는 '본어'(本語)란 경서의 원어를 말한다. 슌다이는 「용지즉행, 사지즉장」(用之則行, 捨之則藏)이라는 『논어』「술이편」의 구가 어떠한 장면과 상황, 그리고 문맥에서 나온 것인지를 이해한 후에 사용해야 한다고 보고 있다. 그렇기에 "고인의 성어"를 이용하는 경우는 "시경에서 말하길, 서경에서 말하길"과 같은 방법을 취하지 않으면 안된다. 즉 『논어』「술이」편에 전거를 갖는 「用之則行, 捨之則藏」를 사용하는 경우는 반드시 "『논어』에서 말하길" 혹은 "공자가 말하길"이라는 인용 전거를 제시해야 한다. 이것을 전혀

---

[77] 『문론』「후세수사문병」

무시한다면 표절이 되는 것이다. 나아가 원래 「用之則行, 捨之則藏」은 2구8자 인데 이것을 생략하여 1구4자로 하면 고법에 어긋나는 것이다. 이처럼 고문 사를 좋아하는 자는 '고인의 성어'를 취하여 자신의 뜻을 표현하는데 이용 하지만 슌다이는 이러한 방법이 표절에 해당한다고 보고 있는 것이다.

고문사와 리얼리티

슌다이가 생각하기에 선진의 고문에서 당의 한유, 유종원에 이르기까지 는 문장의 법을 잃지 않았다. 이·왕의 고문사 운동이 문체의 변질을 초래했 다. 슌다이는 문체의 변질을 가져온 고문사가에 대해 "배우와 같은 부류를 면하지 못한다."[78]고 한다. 슌다이는 "고인의 성어"를 제멋대로 흉내 내어 표 절하는 자를 배우와 같은 자라고 폄하하고 있는 것이다.

그러면 슌다이가 생각하는 고문사, 문장이란 도대체 어떠한 것일까?

무릇 고문에 정교한 자는 (어떤)일을 서술한다면 즉 나중에 읽는 자로
하여금 그 자신이 이것을 보는 것처럼 하게 한다. 논하는 것이 있다면
즉 나중에 읽는 자로 하여금 그 자신이 이것을 듣는 것처럼 하게 한다.
사물을 형용한다면 즉 그림과 같이, 기쁨을 말한다면 즉 남으로 하여
금 눈썹을 올리고 무릎을 두드리게 한다. 화를 말하면 남으로 하여금
이를 갈고 어깨를 들썩이게 하며, … 이것이 문사의 묘미이다. 선진 고
문에서 한유와 유종원 두 대가에 이르기까지 누가 그렇지 못한 자가
있는가? 단지 고문사를 만드는 자가 그렇지 못하다.(『문론』「제4편」)

78 『문론』「제4편」

여기에는 슌다이가 생각하는 고문사란 무엇인가가 분명하게 표현되어 있다. 그것은 '고인의 성어'를 제멋대로 배열하여 자신의 문장으로 삼는 것이 아니다. 어떤 일을 서술한다거나 논하거나 혹은 사물을 형용하거나 기뻐하고 화내고 할 때의 그러한 상태를 문장으로 표현할 때 마치 자신이 이미 그러한 상태에 처한 것처럼, 리얼리티를 느낄 수 있어야 되며 문장을 읽는 자도 역시 그러한 상태의 리얼리티를 느낄 수 있는 문체이어야 한다. 그것이 바로 고문사이다. 슌다이는 선진의 고문에서 당의 한유와 유종원까지는 이러한 고문사의 리얼리티가 살아 있었다고 보았다.

고문사가 무엇인지를 알기 위해서는 '고인의 성어'를 적당히 사용하는 것이 아니라 문장의 고법 즉 편법, 장법, 구법, 자법 이 네 가지 법칙과 체(体)·법(法)·사(辭)의 3요소를 배워야만 한다. 슌다이는 문장에서 고인의 체와 법을 잘 알고 있는 문사를 '직공'(織工)에, '고인의 성어'를 표절만 하는 문사를 '봉인'(縫人)에 비유한다.[79] 직공이란 고인의 법을 충분히 이해한 것 위에서 고인의 법에 따라 문장을 짓는다. 한편 봉인은 단순하게 고인의 문장을 표절하는데 노력할 뿐이다.

그런데 여기서 슌다이가 고문체를 잃어버리지 않은 학자로서 한유와 유종원을 높게 평가하고 있는 점에 주목할 필요가 있다. 슌다이는『왜독요령』에서는 "한유와 유종원으로 문학에 입문해야 한다. 명의 이창명(이반용), 왕엄주(왕세정)의 문집을 읽고 수사학을 배워야 한다."고도 했다. 한편 슌다이는『시론』에서는 "명의 우린과 원미는 문사를 가지고 노는 것을 좋아하기를 죽을 때까지 게을리 하지 않았다. 우린 57세, 원미 54세가 되도록 종신토록 책을 읽어도 육경의 뜻을 깨닫지 못했으며 성인의 도를 알지 못했다. 이름이 문사일 뿐이다."라고 했다.[80] 그리고 슌다이는『시론』의 부록에 이반용의 시

79『문론』「제2편」

를 싣고는 그 문제점을 일일이 지적하는 것도 빼놓지 않았다. 슌다이는 이·왕을 성인의 도를 종신토록 알지 못했던 그저 단순한 문사에 지나지 않았다고 혹평하다. 그렇다면 왜 그렇게 한 것일까?

슌다이가 한유와 유종원을 평가하는 이유는 그들의 문장에는 고인의 법이 살아 있었기 때문이다. 슌다이가 소라이 『사가준』의 교정에 참가한 이유도 한유·유종원·이반용·왕세정의 좋은 문장을 선별하고 싶었기 때문일 것이다. 슌다이가 강조하고자 한 것은 문장에서의 체와 법을 분명하게 하고 그에 어울리는 언어(言)를 고르기 위함에 있다. 이러한 이유에서 슌다이는 "단지 언어를 선택하고 고인의 문장을 행하는 법을 분명하게 하지 않으면 고문사를 제대로 한다고 할 수 없다."고 하여 "이우린 등의 문장을 살펴보아 그 중에 한 두 문장에서 고법을 잃은 것을 지적하여 소자들에게 보인다."고 했다.[81] 슌다이가 이·왕의 고문사를 비판한 것도 고법에 맞지 않기 때문이었다. 이렇게 보면 슌다이의 고문사학은 이·왕의 잘못을 한유와 유종원의 문장으로 수정하여 될 수 있는 한 고문에 맞는 문장을 추구하려 한 것으로 볼 수 있다. 이러한 과정에서 슌다이가 무엇보다도 분명하게 밝히고자 한 것은 고훈(古訓)이었다.

---

80 『시론』「시론부록」
81 『문론』「제5편」

8. 고훈과 고문사학

『시서고전』의 간행과 고훈

슌다이는 미노(기후현) 이와무라 영주(磐村侯) 세자의 질문에 대해 선왕의 도는 육경에 갖추어져 있다는 것을 보이기 위해 『육경약설(六經略說)』을 저술했다. 이 『육경약설』은 육경의 의의를 알기 쉽게 가나로 설명한 것이다. 여기서 슌다이는 진사이가 육경을 비방하면서 『논어』만을 '최상지극 우주제일의 책'이라 칭하는 것을 비판하고는 다음과 같이 말한다.

육경은 물(物)이며 논어는 뜻이다. 육경이 있으면 논어가 있고 육경이 폐해지면 논어는 단지 텅 빈 논의가 된다. … 논어를 최상지극이라 한다면 육경도 논어 아래 있게 된다. 중용에 공자가 요순을 조술하고 문무를 헌창했다고 했다. 육경은 즉 요순 문무의 도로 공자가 조술 헌창하신 바인데 논어를 위로 하고 육경을 아래로 하면 (이것을) 두건과 신발이 서로 위치가 바뀐 것이 된다. 무릇 선왕의 도라고 하면 물이며 물은 육경이다. … 학자가 이것을 모르면 안 된다.(『육경약설』, 5~6면)

여기서 슌다이는 『논어』를 이해하기 위해서는 반드시 육경을 필요로 한다고 했다. 『논어』는 육경의 뜻(義)이 들어 있기 때문이다.[82] 『논어』와 육경의 관계를 전혀 이해하지 못하고 단순하게 『논어』를 '최상지극 우주 제일의 책'이라 하는 진사이에 미혹되지 말라고 슌다이는 말한다. 여기서 주목되는 것

---

[82] 나카무라 슌사쿠에 의하면 "『논어』는 육경이 존재하기에 비로소 우리들에게 의미가 있는 텍스트가 된다. 『논어』라는 의(義)가 있기 때문에 우리들은 물(物)이 육경의 본지를 얻을 수 있는 것이다."라고 했다.(中村春作「荻生徂徠の方法」, 『日本學報』第5号, 大阪大學, 1986, 4~5쪽)

은 "육경은 물이다."라는 표현이다. 소라이의 고문사학은 "육경은 물이다."는 한 문장에 집약되어 있다고 해도 지나치지 않다.[83] 슌다이는 육경을 '물'이라 생각하고는 선왕이 천하를 다스리는 도를 육경에서 찾고 있다. 즉 슌다이는 경서안에서 고훈을 밝힌다고 할 때의 전제에는 바로 "육경은 물이다."는 소라이의 고문사에 의한 육경인식이 있었던 것이다.

전술한 것처럼 슌다이가 소라이를 만난 것은 32세(1711년)때이다. 이전에 진사이의 강의까지도 청강한 적이 있는 슌다이에게 소라이와의 만남은 새로운 '유학지'의 경지에 이르는 길이 되었다. 진사이는 소라이에 미치지 못한다는 슌다이의 고백이 그러한 사정을 잘 말해준다. 이어 슌다이는 다음과 같이 말한다. "나는 다행히도 선생님을 따라 논어를 묻고 물러가 사색에 전념하기를 20여년, 즉 거의 고훈을 얻는바 있었다."(『논어고훈』서문)고. 슌다이는 소라이를 만나 고문사를 알게 되고 그로부터 20여년을 지나 드디어 '고훈'과 만나는 것이다. 슌다이는 육경전체를 대상으로 '고훈'의 행방을 찾았다. 그러한 과정에서 이루어진 것이 바로 『시서고전(詩書古伝)』과 『논어고훈』, 그리고 『논어고훈외전』이다. 이러한 슌다이의 저서의 특징은 제목에서도 알 수 있듯이 '고훈'을 밝히기 위함에 있다는 점이다. 슌다이가 소라이의 '고문사' 혹은 '고어', '고언'과는 다른 '고훈'이라는 단어를 사용하고 있다는 점에서 소라이와 슌다이의 미묘한 차이를 읽을 수 있다.

『시서고전』34권의 편찬은 고경 안에 단편적으로 보이는 고훈을 찾는 노력의 결정판이라고도 할 수 있는 슌다이의 역작이다. 『시서고전』에는 슌다이의 서문은 없고 핫토리 난카쿠와 야마가타 슈난(山縣周南), 그리고 슌다이

---

83 소라이는 『경자사요람(経子史要覧)』에서 "육경은 도의 이름으로 육예라고도 한다. 육경은 물이다. 논어는 의이다. 육경이 있으면 논어가 있고 육경이 없어지면 논어는 허공으로 사라질 공론이 된다."고 하여 슌다이와 동일한 표현이 있다.(『경자사요람』상. 『荻生徂徠全集』1卷, みすず書房, 1973, 517쪽).

문인인 오시오 고죠(大鹽鼇渚, 1717~1785)에 의한 세편의 서문과 오사카 키요가타(大幸淸方, 1707~1757)에 의한 발문이 있다. 『시서고전』은 최초의 난카쿠의 서문이 1737년 이루어지고 난 후 20여년의 세월을 지나 드디어 1758년 출판된다. 하지만 슌다이는 1747년에 질병으로 죽는다. 결국 그는 『시서고전』의 간행을 볼 수는 없었다. 슌다이는 『시서고전』34권중에서 20권19장까지 청서했으며 나머지는 문인의 손에 의해 이루어졌다. 난카쿠는 서문에서 다음과 같이 말한다.

소라이 선생은 고(古)를 취하여 고를 증험하여 경학을 발휘했다. 시경과 서경이라는 서적에 잡견하는 자, 한대 위로도 수십가인데 견주어 볼 수는 없다. 소라이 선생이 이전에 채집하여 그 의미를 고찰하려는 뜻은 있었지만 이루지 못했다. 그런데 다자이 도쿠후(太幸德夫:슌다이)가 고경을 정밀하게 닦았다. 이에 그 뜻에 따라 널리 살펴보면서 보는대로 수집했다. 처음 소라이 선생이 아직 병이 나기 전에 그 처음의 한 두 곳을 보고 크게 기뻐하여 더할 것이 없다 하고는 이에 명하여 시서고전이라고 했다. 이에 종용하여 더욱 힘써 그 업을 이루었다. 이에 선생님의 병이 낫기를 기다려 그 뜻의 서문을 써주기를 바랬는데 그러나 끝내 일어나지 못했으니 슬프구나.(『시서고전』서문, 『南郭先生文集』3編, 卷5)

난카쿠의 서문을 보면 소라이가 슌다이의 『시서고전』 편찬을 얼마나 기뻐했으며 칭찬했는지를 알 수 있다. 소라이는 서명까지 붙여주었으며 또한 서문도 써주기를 바랬지만 병으로 인해 이루어지지 못했다. 소라이에게도 『시경』과 『서경』에 대한 고전을 샅샅이 모아 의미를 고찰하려는 뜻이 있었는데 이것도 이루지 못한 채 세상을 뜨고 말았다. 슌다이가 소라이의 뜻을 이어받아 『시경』과 『서경』에 관하여 전부 채집하여 아직까지 분명하게 밝혀지지 못한 부분을 발명하려 했다. 이러한 슌다이의 노력에 소라이는 깊이 감동한 것이다. 그런데 소라이가 『시경』과 『서경』뿐만 아니라 육경에 대한 경서의 주석을 기획했다는 내용은 슌난의 서문중에도 보인다.

슌난은 서문에서 "우리 소라이 선생은 이처럼 되는 것을 걱정하여 『변도』, 『변명』, 『논어징』을 저술하여 그 설을 갖추었다. 다만 『대학』과 『중용해』가 있을 뿐으로 그 외의 다른 경서는 즉 아직까지 여유가 없었다."라고 했다.[84] 이 둘의 서문에서 추측할 수 있는 것은 소라이는 『변도』, 『변명』, 『논어징』, 『대학』, 『중용』 이외에도 다른 경서에 관한 저작을 기획하고 있었다. 여기에서 말하는 "다른 경서"란 결국 육경일 것이다. 다만 소라이가 의도한 "육경의 주해"는 주석 보다는 슌다이가 시도한 것과 같은 '고언'을 모은 자료집적 성격이라고 보인다. 왜냐하면 소라이는 육경을 주석의 대상으로는 판단하지 않았기 때문이다.

『시서고전』의 발문을 쓴 오사카 키요가타는 『시서고전』의 의의에 대해다음과 같이 말한다.

> 배우는 것은 선왕의 도를 배우는 것이다. 선왕의 도를 배우려면 『시경』과 『서경』을 읽지 않으면 안된다. 『시경』과 『서경』을 읽는다면 (시서) 『고전』을 읽지 않으면 안 된다. 『서경』에서 부열이 말하길 고훈을 배우면 이에 얻는바 있다고 했다. 『시서고전』에 실려 있는 바는 모두 고훈이다. 배우는 자는 이것을 잘 읽으면 반드시 선왕의 도를 얻을 것이다.(『시서고전』발문)

『시경』과 『서경』이 중요시되는 이유와 『시경』, 『서경』의 독서를 통해 고훈

---

84 山縣周南, 『詩書古伝』叙, 『周南文集』卷5, 19~20쪽.

인 선왕의 도를 깨달을 수 있다는 점이 『시서고전』의 발문에 잘 나타나 있다. 이 『시서고전』에는 '시서고전인용목록'까지 제시되어 있는데 이 목록에는 34종의 방대한 고서의 인용이 있다. 슌다이는 이것을 바탕으로 당시까지 누구도 시도하지 않았던 『시경』과 『서경』의 고증을 시도했다. 가가 다이코가 밝히고 있듯이 『시서고전』에 실려 있는 것은 모두가 '고훈'이며 '고훈'을 집대성한 저작이 바로 『시서고전』인 것이다.

고문사와 고언, 고어, 그리고 고훈

슌다이의 고훈설은 소라이의 고언설이 전제에 있다. 소라이가 고언이라 하는 경우의 고언은 무엇일까? 『논어』 「안연편」의 「극기복례장」(克己復礼章)에 대한 소라이의 주해를 참고해보자.

> 좌전에서 말하길 자기를 극복하여 예로 돌아가는 것이 인이다. 고서의
> 말은 이와 같은 것이 있는데 공자는 특히 '爲'자를 덧붙였으니 볼 필요
> 가 있다. … 극기복례와 이장(仲弓問仁, 子曰出門如見大賓章)은 모두가 고어
> 이며 그렇기에 모두가 청컨대 이 말을 일삼겠다(請事斯語)고 한다. 공자
> 선왕의 법언이 아니면 감히 말하지 않는다. 가히 볼 필요가 있다.(『논어
> 징』 「안연편」)

여기서 소라이는 '극기복례'라는 표현이 『좌전』의 말이며 '청컨대 이 말을 일삼겠다'(請事斯語)라는 표현이 있기 때문에 '고어'라고 했다. 또한 소라이는 이러한 공자의 '고어'에 의한 말투는 『효경』의 선왕의 법언(法言)에 기초하고 있다. 이 '고언'은 두말할 필요도 없이 육경에 전거를 갖는 말이다. 소라이는 그 '고언'을 샅샅이 조사하여 의미를 탐구해 가면 성인의 도를 알 수 있다고

확신했다. 위의 예문에 대한 슌다이의 견해를 들어보자.

내가 춘추전을 상고해보면 중니가 말하길 옛것에 뜻이 있다(志有). 극기
복례는 인이다(左昭十二年). 이것에 의해 이것을 보면 극기복례는 고지(古
志)의 말이다.(『외전』「안연편」)

슌다이도 소라이처럼 좌전에 의해 극기복례가 '고지(古志)의 말'이라고 한
다. 이 '고지의 말'이란 소라이의 '고어'에 해당되는 표현이다. 슌다이는 이렇
게 '고어'나 '고언'의 의미를 찾는 형태는 『외전』 전체를 통해 자주 보이는 패
턴이다. 그러나 소라이의 『논어징』에는 보이지 않는 슌다이의 『외전』에만 보
이는 예가 있다. 그것이 이른바 '고훈'에 의한 해석이다.

반고(班固)에서부터 인의예지신을 말하여 오상이라 했다. 형병의 주소와
주자의 집주가 모두 여기에 의존한다. 그러나 고훈이 아니다.(『외전』「위
정편」)

여기에서 문제가 되는 것은 '인의예지신'을 오상이라 여겨온 것의 잘못에
대한 것이다. 『서경』에 의한 오상은 오전(五典)의 것(父義, 母慈, 兄友, 弟恭, 子孝)
을 지칭하는데 반고 이래로 인의예지신을 오상이라 생각하기 시작하여 주
희 등도 여기에 의존하고 있다고 슌다이는 말한다. 여기서 말하는 '고훈'은
소라이의 '고언'이나 '고어'와 동일한 것으로 고경에 전거를 갖고 있다. '고훈'
인지의 판단기준은 고경이 된다. 그런데 슌다이는 고경에 전거를 갖는다고
해도 반드시 그것을 따르지는 않는 경우도 있다. 다음의 예를 보자.

질문하여 말하기를 朋자는 춘추공양전에서 동문(同門)을 朋이라 한다고

한다. 포함의 주도 여기에 의거했다. 주희가 말하기를 朋이란 동류(同類)라고 했다. 지금 나는 고훈에 따르지 않고 주희의 주해를 취하는 것은 무엇 때문인가? 대답하여 말하기를 동문을 朋이라 하는 것은 예로부터 고훈이다. 그러나 군자가 명성을 이루어 사람들이 이것을 흠모하는 것은 모두 한가지로 좋아(同好)하는 것이다. 멀리서 오는 자는 반드시 이와 같은 류(同類)의 자이다. 반드시 동문이라 하는 것은 무슨 일인가? 주희가 이것을 고친 것은 잘한 것이다. 정현은 주례의 주에서 말하길 동사(同師)를 朋이라 한다고 했다. 동사는 즉 동문이다. 이것은 즉 동문은 좁고 동류는 넓으니 그러므로 나는 주희의 주해처럼 넓은 것을 따를 뿐이다.(『외전』 「학이편」)

여기서는 '朋'자의 의미를 둘러싸고 논쟁이 벌어졌다. 『춘추공양전(春秋公羊伝)』에서는 '동문'(同門)을 '朋'이라 하는데 슌다이는 여기에 따르지 않고 주자가 '동류'(同類)라 한 것을 따르고 있다. 『춘추공양전』에 전거를 갖는 '동문'은 물론 고훈이지만 '동류'에는 이미 '동문'의 의미가 포함되어 있기 때문이라고 슌다이는 판단했다. 슌다이는 '朋'자는 '동문'보다는 '동류'의 의미가 보다 적절하다고 생각한 것이다. 슌다이는 고훈이 고경에 전거를 갖는다고는 해도 반드시 의미가 정확한지에 대한 세심한 검토를 한 후에 가장 올바르다고 생각되는 고훈을 따를 것을 주장한다. 고경에 전거가 있다고 해도 그대로 받아들이는 것이 아니라 슌다이만의 고훈의 판단 기준을 거쳐 고훈이 논정되는 것이다.[85]

슌다이는 유학사에서 하안(何晏)의 『논어집해』이래 황간, 형병이 모두 하

---

85 『논어징』에는 "朋은 당류(党類)이다. 나를 따라 놀러 오는 자를 말한다."라고 되어 있다.(『논어징』 「학이편」)

안을 종주로 삼고는 다른 것을 찾지 않게 되었으며, 정호, 정이, 주희에 이르러서는 공자의 가르침이 폐해지고 고훈도 상실되었다고 간주한다. 하안 이래의 유자들은 하안의 주석서가 갖는 문제점을 생각하지 않고 그대로 추종하는 잘못으로 고훈은 상실되어 버린 것이다. 선진 이래의 고경이 고훈의 판단기준이 되는 것은 틀림없지만 선진 이전의 고경이 그대로 육경을 고스란히 담고 있다고는 생각하지 않는다고 슌다이는 판단한 것으로 보인다.

그러나 이렇게 하여 고문사학의 문제점을 지적하고 불비한 점을 보충하려고 했던 슌다이도 후의 에무라 홋카이에 의해 또다시 비판의 도마위에 올랐다. 홋카이의 『수업편』에는 슌다이에 대해 "기질이 좁고 강직(褊剛)하여 그 저술이 대의를 해침이 많다."고 하는 평가에 주의할 필요가 있다.[86] 그렇다면 이처럼 홋카이가 슌다이 설에 해됨이 많다고 여긴 것은 왜일까? 전술한 것처럼 슌다이는 오로지 "고인의 성어를 베끼고 이것을 이어 붙이는" 것에 열중하던 이·왕, 또는 소라이나 그 문인을 "분잡의"라 폄하했다. 홋카이는 이러한 슌다이에 대해 "나는 의심스럽다. 슌다이가 문론에서 고문사를 논하는 그 설은 아주 감탄스럽다. 그러나 그의 문집 시지엔고(紫芝園稿)를 보면 『문론』에서 반박하던 분잡의 같은 부분이 적지 않다."고 했다.[87] 슌다이가 고문사학의 문제점을 냉엄하게 지적하고 보충하려고 했지만 결국 그러한 슌다이 조차도 "분잡의"와 같은 '문'(文)이 있는 것 아닌가 하는 홋카이의 지적은 되새겨 볼만하다.

---

86 『수업편』10권, 「저서」
87 『수업편』5권, 「문제5칙」

9. 맺음말

소라이의 고문사학이 역학과 고문사학이라는 두 기초로 구성되어 있는 것처럼 슌다이의 고문사학도 소라이와 동일한 노선을 따라 형성되어 있다. 슌다이는 화훈의 연구를 통해 어차피 한문을 화음으로 읽지 못한다면 한음과 오음 등의 일본화 된 음으로 훈독을 사용하여 읽으면 될 것이라 했다. 그리고 실제로 한문 훈독의 실례를 제시하고 있다. 그것은 슌다이 훈점이라 할 수 있는 훈점이었다. 이 슌다이의 『왜독요령』에서 이루어진 화훈 연구를 소라이의 화훈 연구와 비교해 본다면 『왜독요령』의 의미가 더욱 분명히 보일 것이다.

화훈연구에서 소라이는 항상 중화에 시선을 두면서 중국어를 일본어로 어떻게 번역할 수 있을지, 이른바 '역학'에 커다란 관심을 가지고 있었다. 슌다이도 화음으로 경서를 읽는 것이 가장 이상적인 방법이라고 하는 소라이의 논리에는 이론의 여지가 없었다. 그럼에도 불구하고 슌다이는 왜 한음과 오음에 따라 훈독하는 방법에 주안점을 주었던 것일까? 슌다이는 일본이라는 현실을 반영하고 현실에 가까운 선에서 한문 읽기 방법을 구상하고 있었다고 보인다. 슌다이가 『왜독요령』을 저술한 것도 일본이라는 현실 인식이 반영된 결과일 것이다. 여기에 언어를 생각하는 소라이와 슌다이의 시선의 차이가 있다.

또한 슌다이의 소라이 고문사학의 비판은 고문사학 그 자체에 대한 비판이 아니다. 슌다이는 이·왕의 고문사 운동과 여기에 영향받아 고문사학을 주장한 소라이의 방법은 틀리지 않았다고 생각했다. 다만 문제는 고문사를 주장하면서도 단순하게 옛 사람의 문장을 모방이나 표절에 머무르는 태도에 있었다. 오로지 모방과 표절만을 일삼는 이·왕을 따르는 것으로는 성인의 경지를 알 수 가 없다. 그럼에도 소라이뿐만이 아니라 그의 문인들은 이·

왕의 잘못을 모른 체 그들을 오로지 모방하는데 급급했다. 슌다이가 『시서고전』이나 『문론』, 『시론』, 『논어고훈』과 『논어고훈외전』등을 저술한 이유도 정확한 고문사의 학습이나 고훈을 분명하게 밝히기 위함에 있었다. 그것은 고문사학을 제창한 소라이도 불가능 했던 것을 슌다이 자신이 성취하려는 방대한 작업이었다. 이러한 작업에 의해 슌다이는 점점 큰 물결로 다가오는 반소라이학으로부터 소라이학을 지키면서 또한 소라이학의 새로운 전환을 모색했다. 슌다이는 '소라이의 어모'라는 역할 수행에 그 자신의 사명감을 느꼈다.

제4장

다자이 슌다이의 인간론

1. 소라이 이후의 '인간'의 창출

수기와 치인

일반적으로 유학의 목적은 수기(修己)와 치인(治人)에 있다고 한다. 공자는 "옛날 공부하는 자들은 자신을 위한 학문을 했는데 지금의 공부하는 자들은 남을 위한 학문을 한다."(『논어』「헌문편」)고 하여 '위기'(爲己)와 '위인'(爲人)의 학문을 구분한다. '위인'의 전제에 '위기'가 놓여 있다. 이어 공자는 '수기'가 '안백성'으로 이어짐을 자로와의 대화에서 다시 한 번 강조한다. 공자의 언설은 자신의 수양이 곧 나라를 다스리는 것으로 이어진다는 것이지만 '수기'만 하면 자동적으로 '치인'이 된다는 것은 아니다. 주자는 『대학』의 8조목 중에서 격물·치지·성의·정심을 '수신'에, 즉 명덕을 밝히는 것으로 삼았으며, 제가·치국·평천하를 친민(신민)의 일에 분속했다. 『대학』에서는 평천하를 이루기 위한 전제에 '수신'을 두고 있다. '치인'을 하기 위해서는 먼저 '수신'해야 함을 말하는 것이다. 그런데 '수신'을 강조할 것인지 혹은 '치인'을 강조할 것인지는 사적, 사상적 상황에 따라 유동적이다.

예를 들어 조선주자학은 '수기'에, 에도 유학은 '치인'의 측면에 독자적인 전개를 보였다는 견해가 있다. 사와이 케이이치(澤井啓一)에 의하면 '자기 수양과 그 실천'을 목적으로 한 조선 유학은 사회 전체 질서의 문제에 소홀해졌으며 이 때문에 존재론의 깊이 있는 탐구로 나아갔다. 한편 에도 유학은 '사회적 자기 수양'의 확립을 추구하여 그 실천으로 향했다. 그 때문에 '전체를 통합할 수 있는 방법론'이 모색되었다고 했다.[1] 물론 이러한 견해는 도식적이기는 하지만 거기에는 유학의 사회 통합의 세계관을 엿볼 수 있다. 이러한 '자기수양' 혹은 '사회적 수양'의 문제는 조선과 일본의, 인간을 보는 시점의 차이까지 확대하여 볼 수 있다.

소라이학의 목적이 '안천하'(安天下)에 집약되어 있는 것처럼 소라이학은 수신보다는 치인의 문제에 집중했다. 그러나 '치인' 중심의 소라이학은 절충학과 정학파주자학에 의한 "인간 내면 문제의 결락"이라고 비판당한다.[2] 치인 중심주의에 대한 논란은 이미 소라이학파의 내부에서도 일어났다. 그 대표적인 인물이 소라이 경학(경세학)을 계승한 다자이 슌다이였다.

슌다이의 위치 문제

슌다이는 성인의 도가 구현되어 있는 '육경'을 배워 성인의 도를 체득하고 그것을 정치 제도의 장에서 실현하는 것에 목적을 두었다. 실로 소라이학 그 자체와도 같다고 할 수 있다. 하지만 슌다이의 대저 『경제록(經濟錄)』(1729년 간행)의 무위·역도편을 둘러싸고 다양한 견해가 있는 것에서 알 수 있듯이 슌다이의 사상은 혼란스럽다.

---

1 澤井啓一, 『記号としての儒學』, 光芒社, 2000, 133~134쪽.
2 辻本雅史, 「十八世紀後半期儒學の再檢討-折衷學·正學派朱子學をめぐって」, 『思想』766호, 1988, 참조.

비토 마사히데(尾藤正英)에 의하면 "슌다이는 소라이 학설의 불비한 점을 보충하고자 소라이가 등한시한 개인도덕의 측면에 힘을 썼다."는 점을 강조한다.[3] 한편 나카무라 슌사쿠(中村春作)는 슌다이가 "정욕이나 인정의 긍정(내면에의 강한 집착), 예법의 강조"를 말한 것은 "소라이학이 안고 있는 문제의 노정으로서 필연성을 갖고 있었다."고 했다. 그리고 슌다이가 '무위'를 주장하는 이유는 "예악제도의 실현 불가능성이 의식의 어딘가에서 인식되었기 때문"이라고 한다.[4] 코지마 야스노리(小島康敬)도 슌다이가 예악을 강조한 것은 "도덕으로서의 유교의 붕괴에 대한 소라이학 내부의 필연의 저항"이라고 까지 평하고 있다. 그리고 슌다이가 '무위'를 강조한 것은 "선왕의 예악형정의 치술에 대한 신뢰의 절대성을 잃어버렸기" 때문이며 슌다이는 '작위의 논리'에서 '무위의 논리'로 급전환 했다고 한다.[5] 한편 와카미즈 수구루(若水俊)는 슌다이의 '무위'를 고찰하여 슌다이는 유가에서 『노자』로 사상적인 전향을 했다고 까지 평하고 있다.[6]

이러한 선행연구는 예악을 사상의 중심부에 두면서 "내면(개인도덕)의 강조와 동시대 인식, 성인의 도의 실현에 대한 절망"이라는 관점에서 슌다이를 평하고 있다. 그러나 슌다이의 사상이 '소라이의 왜곡' 혹은 '성인의 도의 신뢰성의 상실', '노자의 무위'로의 사상적 전환이라는 견해에는 재고가 필요하다. 슌다이의 저작을 정독해 가다보면 위의 지적들에 대한 의문이 든다. 슌다이는 성인의 도의 실현을 소라이 이상으로 강하게 열망했으며 그러한

---

3 尾藤正英, 「太宰春台の人と思想」, 506〜513쪽.(『徂徠學派』, 日本思想大系37, 岩波書店, 1972)

4 中村春作, 「氣質の性」の行方-太宰春台論」, 『廣島大學敎育學紀要』제2부 40호, 1991, 262쪽. 267쪽.

5 小島康敬, 『徂徠學と反徂徠』, ぺりかん社, 1994, 79쪽, 89쪽, 94쪽.

6 若水俊, 「太宰春台の老子觀」, 『茨城女子短期大學紀要』16호, 1989, 5쪽.

슌다이가 돌연 노자의 도로 전향했다는 것도 이해하기 어렵다.

슌다이는 심성의 문제에 소라이 이상으로 깊은 관심을 가지고 있었다. 『성학문답』에 의하면 소년 시절에 정주의 책을 읽었으며 20세쯤에는 정주의 본연, 기질설을 보고 의심이 생겼다고 고백하고 있다.[7] 20세 무렵은 그가 나카노 키켄의 문하에서 유학을 공부하던 시기이다. 주자학의 본연, 기질설에 대한 의심은 곧 주자학적 인간과 인간의 심성 이해에 대한 의심으로 이해할 수 있다. 그렇다면 슌다이는 왜 수기에 커다란 관심을 가졌는가? 그것이 시대 상황과 어떠한 관련성을 가지는가? 또한 수기와 성인의 도와의 관련성 등의 의문들이 슌다이의 인간 이해의 고찰을 통해 해소될 것이다. 이러한 시도를 통해 소라이학파에서 슌다이의 사상적 위치뿐만이 아니라 소라이학의 인간의 시선을 재고하는데 중요한 시사점을 줄 것으로 본다.

2. 금은의 세계와 팽창하는 욕망

예는 만사의 작법이다.

슌다이에게는 소라이의 『정담』과 유사한 내용을 담은 경세서 『경제록』[8]이 있다. 『경제록』은 소라이가 세상을 떠난 이듬해인 1729년에 간행된다. 『경제록』은 『정담』의 연장선에 있는 저작으로 자리매김할 수 있다. 『경제록』의 중요성을 알았던 당시 막부의 고소바야쿠(御側役) 야쓰다 히사미치(八田久通)는 『경제록』을 요시무네에게 헌상시킬 생각으로 슌다이와 사이가 좋았던 서상 코바야시 노부토시(小林延年)를 통해 슌다이에 제안했다. 물론 실현되

---

7 『聖學問答』상, 96쪽.
8 다자이 슌다이, 『경제록』(『日本経済叢書』卷6, 日本経済叢書刊行委員會, 1914).

지는 않았지만 만약에 실현되었다면 막부에서 소라이학파의 경세학의 중용이 갖는 의미는 더욱 컸을 것이다. 『경제록』의 기본 바탕은 중상주의적 경제사상이다.

> 공자의 도는 선왕의 도이다. 선왕의 도는 천하를 다스리는 도이다. 선왕의 도는 육경에 있으며 육경을 읽고 선왕의 도를 배워 경제술에 달하지 못하면 예를 들어 의사가 의학을 배워 사람의 병을 고칠 수 없는 것과 같다. (『경제록』서문)

> 무릇 천하국가를 다스리는 것을 경제라 한다. … 성인의 도는 천하국가를 다스리는 것 이외에는 소용이 없다.(『경제록』「경제총론」)

이 문장에는 슌다이의 경세관이 적절하게 표현되어 있다. 천하국가를 다스리는 것이 '경제'이며 '경제'로서의 성인의 도는 '예악'에 전모가 드러나 있다. 육경을 배우는 자는 누구든지 천하를 다스리는 도를 체득할 수 밖에 없다. 사람의 병을 고칠 수 있어야만 의사인 것처럼 유학 역시 그러하다. 유학은 언제나 '세상'을 의식하지 않으면 안된다. 여기에는 실제 정치 현장에서 유용성을 발휘하는 유학이어야 한다는 소라이의 경세론이 그대로 투영되어 있다. 슌다이는 소라이와 마찬가지로 안천하의 실현에 학문의 의의를 두고 있다. 예를 들어 슌다이는 "군자와 소인의 구별을 '선인과 악인'이라는 범주에서 생각하는 것은 송유의 오류이며 애당초 경서에는 없는 것이다. 유학에서 경세학이 중요한 이유가 여기에 있다."(『경제록』범례)고 했다. 여기에는 오로지 시문에만 학문의 의의를 두는 유학자는 진정한 학자가 아니라는 인식이 보이는데 이는 핫토리 난카쿠를 중심으로 하는 시문파를 향한 비판이기도 했다. 동시에 슌다이가 지향하는 학문의 방향성이 분명하게 제시되어 있다.

예는 만사의 작법 의식이다. 예법 예의라고 하는 것이 바로 이것이다. 악은 가무 음악이다. 천하를 경륜하는 길, 예악보다 앞서는 것은 없다. 삼대의 명왕이 천하를 취하여서는 반드시 제일 처음에 예를 제정하고 음악을 만드셨는데 예악이 아니면 천하를 다스리기 불가능했기 때문이다.(『경제록』「예악」, 24쪽)

숑다이는 '예악'의 제정을 정치의 주체인 위정자의 의무로 간주한다. 예악의 제정주체가 명확히 제시되어 있는 것이다. 예악의 제정 주체를 위정자에 한정하여 생각한다는 것은 정치적 의미를 갖는 예악이 상정되어 있는 것으로 보인다. 그런데 숑다이의 예악의 정의에서 특징적인 점은 예악을 "만사의 작법 의식"이라 간주하는 것에 있다. "만사의 작법 의식"이란 다음에서 말하고 있는 것처럼 예의 범절에 해당된다. 이처럼 예악을 "만사의 작법 의식"이라 보는 한 '예악형정'으로서의 '예악'의 의미는 약화될 것이다. 이렇게 보면 "천하국가를 다스리는 것을 경제"라고 하는 정의와 "만사의 작법 의식"으로서의 '예악'과의 '사이'에는 거리감이 있을 수 밖에 없다. 그렇다면 숑다이의 의식에는 어떠한 '예악'과 '경제'가 전망되어 있었던 것일까? 이 문제를 풀어가다 보면 거기에는 소라이와 다른 시선이 암시되어 있음을 감지할 수 있다.

예로 상하의 위치를 정하고 귀천의 등급을 분별하며 남녀의 구별을 명확히 한다. 부자 형제의 질서를 올바르게 하고 음악으로 상하의 교제를 이루며 군신의 정을 합하고 빈주의 좋고 싫어함을 맞추고 신과 인간의 조화를 인도하여 말하지 않아도 사람의 마음을 감통시키는 것은 단지 예악이다.(『경제록』「예악」, 24쪽)

여기서 보면 숑다이의 의식 속에 있는 예악은 예법과 음악을 가리킨다는 점에서 "사회제도의 전체를 포괄하는 의미로서의 소라이의 예악"과는 거리가 있다는 지적은 타당할 것이다.[9] 슌다이가 예악을 "만사의 작법 의식"이라 정의하는 배후에는 개인 단위의 '예악'의 적용과 실현을 상정하고 있었다고 보인다. 다만 그는 예악의 개인단위에서의 적용에만 머문 것은 아니다. 여기서 말하는 상하의 위치를 정하고 귀천의 등급을 분별, 남녀의 차별을 분명히 하는 일, 부모 형제의 질서라는 표현은 개인 단위에서 사회 질서까지를 사정에 넣고 있다. 슌다이가 성인의 도를 안천하와 결합시켜 생각하고 있다는 점을 본다면 개인에서 출발하여 사회 전체를 포괄하는 '예악'까지를 구상하고 있었다고 보는 것은 당연하다.

> 사람의 마음을 감발시키는 것은 예악보다 더 좋은 것은 없다. 백성을 선으로 인도하는 것도 예악보다 가까운 것은 없다. 언어에 의한 가르침은 사람에게 파고드는 일이 얕고 그 미치는 바도 좁아 공을 이루는 것이 늦다. 예악에 의한 가르침은 사람에게 파고 드는 일이 깊고 그 미치는 바도 넓어 효과를 얻는 것도 아주 빠르다. 옛 성인도 말로 하지 않고 만민을 가르치고 천하의 마음을 하나로 일치시킨 것이 예악의 도이다.(『경제록』「예악」, 25쪽)

여기에는 '언어'에 의한 가르침과 '예악'에 의한 가르침이 대비되어 있다. 언어에 의한 교화만으로는 사람의 내면을 움직이는 것이나 사람에게 영향을 주는 범위가 좁다. 그러나 예악에 의한 가르침은 사람의 내면에 깊이 들어가 미치는 범위도 넓고 효과도 빠르다. 슌다이는 예악을 "인심을 감발시키는" 것으로 "천하의 마음을 하나로 일치"시키는 것과 관련시키고 있다. 슌다

---

9 尾藤正英, 앞의 책, 504쪽.

이는 민심을 통일시키는 것, 그 교화의 방법을 예악에서 찾고 있는 것이다. 여기에는 '개인에서 사회'로의 예악의 확충이 모색되어 있다. 슌다이는 예악의 사회적 확충을 통한 풍속의 생산이 성인의 도의 실현으로 이어진다고 간주했다. 개인 차원에서의 예악의 확충이 사회 전체의 풍속을 만들어 낸다. 왜냐하면 '인심'이 만들어 내는 풍속은 국가의 운명과 관련되기 때문이다. 법령으로 국가의 치도를 주장한 신불해, 한비자, 상앙, 이사의 방법은 효과가 빠르기 때문에 편리할지는 모른다. 그러나 기나긴 역사의 시점으로 본다면 결국 난이 발생하여 국가가 멸망하는 결과를 초래하고 말았다는 것이 슌다이의 진단이다(『경제록』「예악」). 슌다이는 법령만으로 국가를 다스린다는 법가의 한계성을 인식하고 있었기 때문이다. 슌다이에게 중요한 것은 사회의 풍속이었다. 위 인용문에 대해 한 가지 더 부연한다면 슌다이가 언어와 예악의 효과를 대비시키는 것은 소라이가 언어와 예악을 대비시켜 예악의 중요성을 강조하던 것과 동일하다.

풍속의 교화와 예악

세상의 성쇠는 백성의 풍속에 달려 있다. 풍속이 융성하면 나라가 번성하고 풍속이 타락하면 나라는 쇠퇴한다. 풍속을 지키는 것은 예다. 예는 문란을 막고 욕심을 금하는 것이다. 풍속이 무너지는 것은 백성이 욕심에 빠지는 것에서 시작된다. 나라에 예가 있다면 백성이 욕심에 빠지지 않기 때문에 풍속의 기본을 잃지 않으며 문란한 데로 흘러 가는 일이 없을 것이다. 풍속이 올바르면 나라가 번창한다. 예는 나라를 지키는 것이다.(『경제록』「예악」, 28~29쪽)

여기에는 백성의 풍속과 나라의 통합이 연속선상에서 파악되어 있다. 나라의 성쇠는 백성의 풍속의 여부에 달려 있다. "풍속이 올바르면 나라가 번창"하지만 풍속을 제멋대로 방치한다면 나라는 망할 것이다. 슌다이는 예를 제정하여 세상에 유포시킨다면 사회의 문란한 풍속을 올바르게 할 수 있다고 간주했다. 여기에는 예악에 의한 인심의 교화를 통한 사회전체의 풍속을 교화시킨다는 점이 강조되어 있다.

『경제록』에는 관례·혼례·상례·제례·향음주례·향사례·대사례·연례(燕礼)·빙례·조근(朝覲:제후가 천자를 알현하는 예)·향례까지 예의 종류 및 내용을 상세하게 설명하고 있다. 슌다이가 예에 관한 아주 세세한 부분까지 설명하고 있는 것은 사회의 질서를 확립하여 가는 과정이며 개인과 개인이 지켜야 될 예의 범절의 유교적 확립으로 이해할 수 있다. 부연한다면 예에 관한 이러한 세밀한 제시는 소라이에게는 찾아보기 어려운 부분이다.

무릇 음악은 묘하게 인심을 감동시킨다. 그렇다면 음란한 음악을 들으면 마음이 방탕해지고 음란한 것으로 흐르며, 아악을 들으면 마음이 올바르게 되어 중화(中和)에 맞게 된다. 이것이 천연의 묘미이다. 효경에 풍속을 옮기는 것은 음악보다 좋은 것은 없다(移風易俗 莫善於樂) 했는데 음란한 음악이 세상에 행해지면 백성의 풍속이 무너지고 아악이 세상에 행해지면 백성의 풍속이 올바르게 되는 것은 고금이 동일하다. 풍속을 옮기고 바꾸는 것은 음악이며 풍속을 지키는 것도 음악이다. 그렇기에 나라를 세우는데 가장 먼저 아악을 만들어 세상에 행하며 음란한 음악을 금하고 백성 간에 사용하게 하는 것, 이것이 왕이 된 자의 가장 중요한 임무이다.(『경제록』「예악」, 49쪽)

슌다이는 예악에 의한 풍속의 생산에서 반드시 음란한 음악(淫樂)을 배제해야 함을 강조하고 있다. 사회에 음란한 음악이 성행하면 백성의 풍속이 무너지고 아악이 행해지면 백성의 풍속은 올바르게 되기 때문이다. 풍속을 옮기는 것도 풍속을 만드는 것도 음악이기 때문에 반드시 아악이 행해지도록 하지 않으면 안된다. 음악은 "중화의 기를 기르는 것"이지 않으면 안되는 것이다.

슌다이가 지적한 음란한 음악이란 사루가쿠(猿樂)[10]·덴가쿠(田樂)[11]·코우와카마이(幸若舞)[12], 비파 법사의 이야기(琵琶法師の物語)[13]·설경(說経)[14]·죠루리(淨瑠璃)·샤미센(三味線)등이다. 이러한 것들은 당시 서민사이에 유행하던 문화였다. 예를 들어 사루가쿠는 "중국에서의 배우들이 연기하는 잡극과 같은 종류이다. 그 소리는 고인이 전하는 북도살벌(北鄙殺伐)한 소리로 중화의 소리는 아니다."[15]고 한 것처럼 음악은 "중화의 기를 기르는 것"이어야만 한다. 그러나 중화를 상실한 음악, 그것은 인심에 투쟁심을 조장하여 "중화의 기를 깨트리는"[16] 두려움이 있는데 결과적으로 풍속에 악영향을 미칠 뿐이다.

'중화'를 상실한 음란한 음악을 대체할 수 있는 예악의 제정이 무엇보다도 시급했던 것이다. 옛날 공가가 전성하던 시대는 당의 예악을 배워 이것을 조정에서 사용했는데 무가의 세상이 된 뒤부터는 예악이 무너지고 말았다. 결국 당시에는 제정되어야할 예악이 세워지지 않았다. 그 한 예를 들어보자.

---

10 골계미가 있는 성대모사와 말하기 중심의 예능.

11 음악과 춤 등으로 구성된 예능.

12 무로마치 시대부터 유행한 요곡의 일종.

13 법사가 비파를 타면서 재미있는 이야기를 곁들인 예능.

14 불교의 경문을 설하여 중생을 계도하는 예능.

15 『경제록』「예악」, 52쪽.

16 『경제록』「예악」, 52쪽.

사민(士民)은 말할 것도 없다. 고관귀인 중에는 화장(火葬)을 기뻐하는 사람이 있다. 풍속이 무너지니 너무 슬프구나! 성인의 도는 돌아가신 부모를 죽었다고 생각하지 않는 것을 효라 한다. 시신을 수렴하여 관곽에 넣고 땅에 묻고 언제까지나 썩지 않도록 돌보는 것은 부모를 죽었다고 여기지 않기 때문이다. 부모가 죽었다 여기는 것의 가장 큰 것으로 시신을 태우는 것보다 심한 것은 없다. 세상의 풍속이 화장을 좋게 여기다보니 장례를 치르는 자는 후하게 하는 도리를 모르는 것이다.(『경제록』「예악」, 32쪽)

슌다이는 당시 성행히 행해지던 화장의 문제를 지적하고 있다. 유학에서의 매장의 풍습은 부모를 살아 있는 것처럼 여겨 효도를 다하기 위함에 있다. 슌다이는 지극한 불효를 화장이라 했는데 화장은 불교식이기 때문이다. 당시 일본사회에 광범위하게 보급되어 있던 것이 화장이다. 불교가 서민 생활의 전반적인 것을 조장했기 때문이다. 유학자인 슌다이가 화장을 비판하는 것은 어쩌면 당연한 것이다. 참고로 여기서 한 가지 덧붙인다면 유학자라고 해서 반드시 매장을 주장한 것은 아니다. 예를 들어 쿠마자와 반잔은 주저 『집의화서(集義和書)』및 『집의외서(集義外書)』에서 화장이 일본의 '수토'(水土)에 적합하기 때문에 사용해야 한다고 했다. 물론 반잔이 매장을 완전히 부정한 것은 아니다. 일본의 사정에 의해 충분히 간이하게 할 수 있다는 입장이었다.[17] 이에 반해 슌다이는 매장이 행해지지 않는 상태를 예악없는 상태로 인식하고 있었다. 이렇게 예악이 제정되지 않는 사회의 풍속은 붕괴될 수 밖에 없다.

---

17 佐久間正, 「第3章 熊澤番山の思想」, 『德川日本の思想形成と儒教』, ぺりかん社, 2007, 참조.

일단 무너져버린 풍속을 다시 세우는 것은 상당히 어렵다. 예를 들어 선조 제사에 관한 경우, 일본에는 선조를 숭배하고 부모를 공경하는 풍속이 있어서 제사가 널리 시행되고 있었다. 그러나 슌다이는 이러한 조상 제사에 대해 "참된 부모 선조를 제사하는 법을 모른다."고 했다. 일본에서는 부모가 돌아가시면 "세시풍속에 제사하는 법이 없고 소상과 대상을 지난 후에 7년, 13년, 17년, 21년, 25년, 33년, 50년, 백년에 한 번 기일에 제사하는" 풍습이 있었다. 그것을 '년기'(年忌)라 한다. 하지만 그것도 "자신의 집에서 제사하지 않고 일향종의 승려에게 맡겨 불사 공양을 하여 저 세상에서의 극악왕생을 기도하는 효"라 여겨 승려를 집에 초대하여 공양하는 것으로 선조의 제사를 끝낸다. 종묘도 사당도 없으며 "친족과 친구를 모아 단지 음주 가무를 하는 것으로, 인효라 생각하는 자는 조금도 없다."(『경제록』「예악」, 37쪽) 예악의 붕괴가 초래한 문란해진 풍속이다.

상품경제의 출현과 풍속

위에서 열거한 것은 생활 풍습과 관련된 풍속의 붕괴이다. 이 생활 습관 이외에 국가의 풍속을 해치는 또 하나의 원인이 있는데 그것이 바로 상품경제의 전개이다. 슌다이는 기본적으로 소라이처럼 농업사회를 중심으로 하는 토착론(土着論)에 서 있다. 다음의 인용문은 소라이의 『정담』이나 『태평책』을 연상시키는데 슌다이는 다음과 같이 서술하고 있다.

백성을 다스리는 길은 토착(土着)을 근본으로 한다. 토착이란 천하 사람을 모두 땅에 정착하게 하는 것이다. 또한 지착(地着)이라고도 한다. 다른 나라는 물론 우리나라도 옛날에는 백성이 모두 토착했었다. 요즘에 이르러 토착하는 자는 농민뿐으로 그 외에는 모두 땅을 떠나 여행하는

(旅客) 신세가 되었다. 이로 인해 목숨을 잃은 자가 세상에 많아지고 간악한 자는 끊이지 않는다. 천하에는 호적이 없으면 안되는 것이다. … 호적을 세운다 해도 먼저 나라 안의 인민을 모두 땅에 정착시키지 않으면 호적은 될 수가 없다. 이것은 나라를 다스리는 가장 큰 대책이다.(『경제록』「제도」, 252쪽)

인용문에서 알 수 있는 것처럼 모든 백성을 그 토지에 '토착'시켜 전 민중의 호적을 만들고 그것으로 안정된 정치제도를 생각하는 슌다이의 통치책은 현실 불가능한 것이 되었다. 농민이외에는 모두가 농지를 떠나 떠돌이 신세가 된 것이다. 예악제도가 없는 상황에서는 간악한 자들이 세상에 끊이지 않는 현상을 초래할 뿐이다. 이러한 원인을 가져온 것은 다름 아닌 상품경제의 전개였다.

일반적으로 에도시대는 상품 및 시장 경제가 전 지역으로 침투 확산되면서 이른바 '경제사회'가 출현한 시기로 규정한다. 전란의 종식과 정치적 안정, 농업 생산의 비약적 증가. 전국적인 교통과 유통망의 정비, 자유로운 시장의 형성, 민중들의 생활 향상 및 소비 욕구 증가에 따르는 상품 생산과 유통과 소비, 이를 기반으로 하는 금융 자본시장의 형성 등 에도시대는 '경제'적 가치가 '권력'이 되는 사회를 형성해 갔다.[18] 도시 상인들이 경제적 주도권을 잡으면서 무사들 위에 군림할 수 있는 권력을 형성한 것이다.

그런데 이러한 경제사회는 18세기가 되면서 점점 여러 방면에서 문제점을 노출하기 시작하는데 가장 큰 문제로 연공(세금) 수입에만 의존하던 막부나 번정의 재정궁핍의 초래를 들 수 있다. 예컨대 소라이의 "세상은 빠르게 노쇠하여 결국에는 권세가 아래로 넘어가 큰 바다를 양 손으로 막는 꼴이

---

18 고희탁, 『일본 근세의 공공적 삶과 윤리』, 논형, 2009, 36~37쪽.

된다. 그렇게 되면 윗사람들의 권위와 권력은 점차로 약해지게 되고 난의 씨앗은 빠르게 커가는 법이다."(『정담』권1)라는 지적에서 알 수 있다. 소라이는 이러한 시대를 "상인이 주인이 되고 무사들은 객이 되었다."(『정담』권2)고 한탄하고 있다. 상품경제가 노출한 문제로 인한 국가의 기반이 흔들리는 징조가 이미 보이기 시작한 것이다. 도시 상인들에 부가 집중되고 반대로 지배층인 무사들의 생활고는 극에 달했다. 소라이는 무사들의 생활고에 대해 다음과 같이 묘사하고 있다.

> 최근에는 물가가 너무 올라 세상살이가 어려워져 도우신같은 하급 관리들은 봉급만으로 처자를 먹여 살릴 수가 없다. 모두가 이것 저것 부업을 하여 봉급과 합쳐 처자를 먹여 살리고 집을 건사하여 그럭저럭 당번의 근무를 하는 것이다. 당번이란게 한 달에 3일 정도인데도 그것을 감당하는 것이 버겁다.(『정담』권1)

요리키(与力)나 도우신(同心)은 최하급 무사계급이다. 이들이 비록 지배계급의 최하층이지만 태평한 시대에는 적은 봉급으로도 충분히 생활할 수가 있었다. 하지만 물가가 고등한 초비상시대에는 더 이상 "처자를 먹여 살릴수가 없게"되자 부업까지 해서 그럭저럭 살아간다는 비참함이 묘사되어 있다. 그렇다면 소라이의 시대 인식이 슌다이에게는 어떻게 나타나고 있는 것일까? 다음의 슌다이의 시대상에 대한 진단은 그러한 점을 잘 나타내주고 있다.

> 미곡포백(米穀布帛)을 보화라 여기지 않고 금은을 보화라 여기며 … 그러므로 지금의 세상은 미곡포백이 있어도 금은이 없으면 세상 살이가 어렵다. 이는 비천한 서민들뿐만이 아니라 사대부 이상 제후 나라의 군

주도 모두 그러하다. 지금의 세상은 봉록이 있는 사대부도 나라의 군주
도 모두 장사하는 자들처럼 오직 금은으로만 만사의 쓰임을 채우기 때
문에 어떻게 해서든지 금은을 손에 넣을 것만을 생각하는데 이것이 지
금 가장 시급한 일로 보인다. 금은을 손에 넣는 기술은 장사하는 것보
다 쉬운 것은 없다.(『경제록 습유』, 291쪽)

  슌다이는 거대한 물결로 다가오는 상품경제의 전개는 불가피한 시대의
커다란 변화로서 수용할 수 밖에 없다고 판단했다. 사대부도 나라의 군주도
모두가 "금은으로 만사의 쓰임을 채우는" 현상을 거부할 수 없기 때문에 '금
은'을 손에 넣는 방법만을 강구하며 그것이 모든 것보다 우선시되는 현상이
만연해진 것이다. 결국 '금은의 세계'에 들어서게 되자 '미곡포백'은 더 이상
보화가 아니며 '금은'으로 모든 재용을 충족시키려는 풍속이 형성되었다. 상
품경제의 전개는 사회의 풍속을 해치는 원인으로 작용한다. 슌다이가 구상
했던 토착론은 무용지물이 되고 말았다. 이러한 상품경제의 발전은 결국 경
제적 양극화 현상을 초래할 수 밖에 없다. 또한 상품경제는 계급질서의 붕괴
와 사회 공동체의 붕괴를 동반한다는 점에서 심각한 사회 문제가 아닐 수
없었다. 사무라이나 군주 등의 위정자가 '장사하는 것'에 지대한 관심을 보
인 이유가 '금은'을 손에 넣기 위해서였지 나라의 재정을 충실하게 하기 위한
것이 아니었으며, 이로 인해 혼란한 나라를 바로 세우기 위한 예악제도의 제
정이라는 시대적 과제는 뒷전으로 밀려날 수 밖에 없었다.
  한편 상업경제의 발전을 시대적 흐름으로 받아들이면서 상업활동에 대
한 적극적인 자세를 취한 지식인에 슌다이와 동시대를 살았던 이시다 바이
간(石田梅岩, 1685~1744)이 있다. 바이간은 상업행위를 비천한 것으로 여기던
인식에 맞서 상업 활동의 정당화를 "상인이 남기는 이익도 천하가 인정하는
봉록"(『도비문답』2, 427쪽)[19]이라는 말로 대신하고 있다. 상인의 이익을 막부가

허가한 봉록으로 간주하는 바이간은 상인을 천하게 여기는 인식에 정면으로 대항한 것이다. 나아가 "모두가 상인이나 공인이 된다면 물자를 유통하게 하는 존재가 없어서 만민이 어려움을 겪게 되지 않겠는가?"(『도비문답』2, 426쪽)라고 하여 상인이 천하를 다스리는데 중요한 조력자임을 역설하고 있다. 바이간은 상인들의 경제활동이 개인적 이익만을 위한 것이 아니라 나라를 위한 '봉공'의 의미까지도 내포하고 있다는 점을 보여주고 있다. 이러한 이유에서 바이간은 상인을 사농공과 마찬가지로 "도시의 신하"(『도비문답』2, 426쪽)라 하면서 "신하로서 군주를 돕는 것은 신하의 길"(『도비문답』2, 426쪽)이라고 까지 적극적인 자세를 취하고 있다. 이처럼 슌다이와 동시대를 살았던 바이간은 상품경제의 발전을 역사적 필연으로 받아들이면서 상인의 역할에 중요성을 부여하고 있다.

내면세계로의 관심

하지만 슌다이는 그럼에도 불구하고 나라의 풍속이 무너질 수밖에 없는 이유를 상품경제에서 찾고 있었다.

예의는 사람이 지켜야할 길이지만 기근과 추위가 온몸에 퍼지면 예의도 잊어버리는 것은 사람의 항상된 것이다. … 맹자의 말에 무항산(無恒産), 무항심(無常心)이라 했는데 항산이란 사농공상 각각의 세상살이를 위한 생업을 말한다. 항심이란 오래도록 그 길을 지키고 바꾸지 않는 마음이 있는 것을 말한다. … 기근과 추위의 염려로 본심을 잃어 하루하루의 생명을 연명하기 위해 각종의 계책을 생각하는 것에서 사기도

---

19 石田梅岩, 『都鄙問答』, 『近世思想家文集』, 日本古典文學大系97, 岩波書店, 1966.

행하고 불의한 짓도 하는 것이다.(『경제록』「식화」, 105쪽)

백성에게 예악을 갖게 만들어 사회의 풍속을 개선하려고한 슌다이의 전망은 길이 막혀버린 것일까? 상품경제의 여파를 따라 백성의 항산이 없어지자 항심도 유지할 수 없게 된다. 항산이 없다면 백성은 "기근과 추위가 몸에 퍼지면 예의도 잊어버리는" 무례한이 될 수 밖에 없기 때문이다. 그것은 결국 "오래도록 그 길을 지키고 바꾸지 않는 마음"의 유지를 불가능하게 만든다. 사회의 풍속은 점점 문란해져 가고 백성은 연명하기 위해 사기와 같은 불의한 짓에 손을 댈 수밖에 없게 된 것이다.

천하를 다스리는데 곡물을 귀하게 여기고 재화를 천하게 여기는 것은 옛날의 좋은 정치(善政)이며 선왕의 도이다. 곡물은 백성의 식물이며 식물은 백성의 천지로 하루라도 없으면 안되는 물건이다. 재화는 금은이다. … 금은은 사람의 기근과 추위를 구제하는 물건이 아니다. 그런데도 어리석은 백성은 미곡보다도 금은을 훌륭한 보화라 여기고 금은만 있다면 미곡은 구하기 쉽다고 생각한다. … 당대는 천하의 사람이 동도(東都:에도)에 폭주하여 제후귀인에서 서민에 이르기까지 여행객으로 거주하기 때문에 만사를 금은으로 이루려는 풍속이 된 것은 먼 지방도 똑같다. 이것으로 인해 미곡을 천하게 여기고 금은을 귀하게 여기는 것은 옛날보다 더 심하다.(『경제록』「식화」, 106~107쪽)

원래 성인의 도에 상응한 정치는 "곡물을 귀하게 여기고 재화를 천하게 여기는 것", 농업경제를 바탕으로 하고 있었다. 그러나 다가오는 상품경제의 전개가 만들어 낸 '금은의 세계'라는 새로운 풍속은 국가 존립의 기반이 되는 농업경제체제를 흔드는 요인으로 작용한 것이다. 그렇게 되자 "미곡보다도 금은을 훌륭한 보화라 여기는" 풍속은 전국까지 퍼져가 결국 온 세상이 나그네가 되어 사는 기이한 현상을 만들어내고 말았다. 슌다이가 토착론을 주장한 것처럼 농업을 장려하는 것이 선정의 근원이 되어야만 했지만 사회 전체가 농업중심에서 상공업 중심으로 이행해가는 것은 더 이상 막을 수 없는 커다란 변화였다. 이로 인해 "사람의 사치한 마음을 야기시켜 금은을 보화로 하는 풍속이 되니 나라의 재용도 점점 텅 비어 상하 빈궁한 단서가 되자 국가의 큰 피해"[20]를 초래하게 된다.

> 요즘 세상의 영주(제후)는 큰 자도 작은 자도 모두 머리를 쵸닌에게 숙여 돈을 빌리고는 에도, 교토, 오사카를 비롯한 그 외의 지역의 부상들에게 의지하여 세상을 살아가려 한다. (이들은)세금을 납부하면 전부를 상인들에게 돈으로 바꾸고는 (세금을) 거두어 들이는 시기에는 자천가 (子錢家)에게 창고를 맡기는 인간들이다. 자천가란 금은을 빌려주는 자를 말한다. 세금을 납부하여 빌린 돈을 갚아도 부족하니 항상 부채를 지게 되고 그 잘못을 빌기에 편한 마음도 없다. 자천가를 보면 귀신을 두려워하는 것처럼 사무라이라는 신분을 망각하고 쵸닌에게 엎드리니, … 풍속이 무너지니 슬프기 그지없다.(『경제록』「식화」, 128쪽)

윗 글에는 쵸닌들에게 돈을 빌려 그것으로 궁핍한 재정을 보충하던 위정자들의 모습이 생생하게 그려져 있다. 금은의 위력에 사회의 질서도 붕괴되고 상하의 질서도 문란해졌다. 영주는 모두 쵸닌에게 머리를 숙여야만 하는 것처럼 금은에 의지하지 않으면 살아갈 수가 없다. 이러한 상황에서 슌다이는 풍속이 무너짐이 너무 슬프다고 한탄하고 있다. 이러한 점에서 보면 슌다

---

20 『경제록』「식화」, 108쪽.

이가 상업경제를 풍속의 시선에서 보고 있었다는 것은 분명할 것이다.

앞에서 서술한 것처럼 슌다이가 예악을 "만사의 작법의식"이라 간주하는 한 예악은 정치와 관련되는 예악보다는 비근한 일상생활에 가까운 것이 된다. 슌다이는 비근한 일상생활의 차원으로 예악을 가져와 거기서부터 사회의 풍속을 조장하는 것을 생각했다. 물론 소라이처럼 개인과 전체를 조망하는 전체성의 시점은 슌다이에게도 계승되어 있었다. 그러나 슌다이는 '개인에서 전체'라는 시선으로 전체성을 보고 있었다면 소라이는 이와는 반대 방향에 서 있었다. 소라이는 '전체'라는 차원에서 '개인'을 보고 있었다. 소라이의 민중교화론이란 어디까지나 집단이 만들어내는 풍속의 교정에 있었다. 소라이의 예악론은 '예악형정'의 '예악'으로 그것은 전 민중을 시야에 넣은 예악의 보급으로 이어진다. 소라이가 『정담』에서 강조한 토착론이나 호적제는 이러한 사회 전체적인 풍속을 염두에 둔 제도이다.

이러한 전체적 시점에서 소라이가 그다지 주의하지 않았던 '개인'이 풍속과 관련되어 새롭게 문제의 중심부로 들어온 것이다. 따라서 슌다이에 있어서 '개인도덕의 강조'라는 관점은 사회 전체의 풍속을 사정권에 넣으면서 '개인'이 부상해 온 것이라고 할 수 있다. 슌다이는 사회 전체의 풍속을 시야에 넣으면서 풍속을 바르게 하기 위해 예악에 의한 인성의 내면 세계로 관심을 증폭시켰다. 그것은 풍속이 만들어 내는 인간 내면의 세계에 깊이 관여하려는 것으로 볼 수 있다. 이러한 관점이 분명하게 드러나 있는 것이 그의 저작인 『성학문답』이다. 이 『성학문답』은 소라이의 인간이해를 바탕으로 하면서 슌다이만의 인간론을 전개하고 있는 저작이다. 다음은 슌다이가 인간의 내면을 어떻게 생각하고 있었는지 그 문제를 생각해 보도록 하자.

3. 인성은 선하지도 악하지도 않다.

고자와 맹자의 논변

> 고자와 맹자가 성을 논한 바에 대해 송유는 맹자를 옳다하고 고자를
> 틀렸다고 한다. 최근 일본의 진사이도 맹자를 옳다하는 것은 송유와 한
> 가지다. 오직 소라이 한 사람이 고자를 옳다하고 맹자를 틀렸다고 하
> 는데 그 설은 어떠합니까 라고 물었다.(『성학문답』상, 82쪽)

위 인용문은 어떤 익명의 사람이 슌다이에게 고자와 맹자의 인성론에 대
해 질문한 것이다. 슌다이는 고자의 "성은 버드나무와 같다. 의는 배권과 같
다."라는 질문이 『중용』 제1장의 "성에 따르는 것을 도라고 한다."는 것을 비
유한 것이라 했다. 위 질문에 대한 슌다이의 대답은 다음과 같다. "나무 중
에 버드나무는 그 성이 부드럽기 때문에 이것을 굽혀 술잔을 만든다. 버드
나무인 채로 내버려두면 쓸모가 없기 때문에 사람이 인공적인 것을 가해 술
잔을 만들면 그릇이 되어 쓸모가 있다."[21] 즉 '버드나무' 그 자체는 자연적인
것이며 그것을 잘라 '술잔'을 만드는 것은 인간의 후천적인 노력이 개입된 것
이다. 결국 인의예지의 성은 후천적으로 형성되는 것으로 슌다이는 교육의
힘으로 인의예지의 덕을 얻을 수 있다는 것을 강조하고 있는 부분이다. 맹자
와 고자 사이에 벌어진 논쟁은 인의예지의 성이 자연적, 선천적으로 인간에
게 갖추어져 있는지, 아니면 인위적, 후천적인 양육에 의해 형성되는 것인지
에 대한 것이다. 슌다이는 소라이의 설을 받아들여 고자를 지지하고 있다.

그렇다면 왜 슌다이는 교육을 통한 후천적인 개입을 제시하고 있는가?
여기서 슌다이는 '버드나무'가 '술잔'이 되는 이유로 "그 성(질)이 부드럽다."는

---

21 『성학문답』상, 82~83쪽.

것을 들고 있다. 이것은 맹자가 고자에 반론한 '버드나무'를 '해치는' 것으로 '술잔'을 만드는 것이 아니며 또한 인간의 본성을 '해치는' 것도 아니다. 원래 인성은 '부드러운' 성질을 갖고 있다. 여기에 인간의 '기술'을 더하여 도덕적 인간을 양육할 수 있다. 여기서 말하는 '부드러운 성질'은 선하지도 악하지도 않은 자연성이며 이에 가치판단을 요구하지 않는다.

한편 맹자는 고자와 같은 생각은 '버드나무'의 성질을 따라 '술잔'을 만드는 것으로 이것은 '버드나무'를 해쳐서 후천적으로 '술잔'을 만드는 것이라 반론한다. 부연한다면 고자의 "성은 버드나무와 같다. 의는 배권과 같다."라는 말이 '버드나무'를 '해쳐서' 인위적으로 '술잔'을 만드는 것이며 이것은 결국 인간의 성질을 '해쳐서' 인위적으로 '인의'의 성을 조장하는 것이 된다. 맹자는 인위적으로 '해친다'는 것에 강한 반감을 보이고 있다. 맹자에 의하면 '버드나무'가 '술잔'이 되는 것은 원래부터 '버드나무'에는 '술잔'이 되는 소질(성)이 갖추어져 있다. 이것은 인간의 본성에는 도덕성이 선천적으로 갖추어져 있다는 점을 강조하는 것이다. 슌다이는 이 맹자의 반론을 인의가 인간의 성에 본래 본유되어 있다는 것을 말하기 위해 고자의 교학의 논을 깨뜨리려고 하는 것 이외에는 아무것도 아니라고 했다. 슌다이는 맹자와 고자의 논쟁을 이렇게 이해하고 있었다.

생이 성이다(生之謂性)

슌다이는 성(性)에 있어서 맹자를 부정하면서 인성은 선하지도 악하지도 않다 라고 하여 생지위성(生之謂性)을 주장한 고자를 받아들였다. 슌다이에 의하면 성은 "사람의 태어난 그 자체(천성)"로 사람의 천성은 "열 사람은 열 사람 제각각, 백사람은 백 사람 제각각, 천 사람은 천 사람 제각각, 만 사람은 만 사람 제각각" 다르다. 인성은 다종다양하다. 이와 함께 마음도 사람마다 다르다. 구체적으로 말한다면 "사람에 인자, 지자, 강자, 용자, 충신, 효자가 있는 것 이것은 모두 선한 것의 종류로 그 성이 같지 않다. 색을 좋아하고 재화를 좋아하며 사기를 좋아하고 사람을 죽이는 것을 좋아하는 것 같은 것 이것은 모두 불선한 종류로 그 성이 같지 않다."고 했다.[22] 선을 행하는 것도 불선을 행하는 것도 각각의 처한 입장에서 선 혹은 불선이 결정된다. 인심을 규정하는 것은 인심이 아닌 것이다. 이렇게 보면 슌다이가 인정하고 있었던 것은 소라이와 마찬가지로 기질의 성이었다. 인성을 천성이라고 보는 한, 슌다이는 인간을 어느 일정한 이치(理)로 구속하는 것이 불가능하다고 생각하고 있었던 것이다.

슌다이의 "성의 본체를 리라 이름한 것은 아니다."[23]라고 한다거나 "천을 리라 하고 명을 리라 하고 성을 리라 하는 부류는 송 이전에는 없던 일이다."[24]는 발언에 분명하듯이 리(理)라는 것은 슌다이가 보기에 목리(木理:나이테)·물리·조리·도리의 의미를 갖고 있다. 그것은 '사물의 도리'를 가리키고 있는 것이다. 슌다이는 인성에 내재하고 있는 원리로서의 리를 인정하지 않았다. 성을 리라 말하기 시작한 것은 주자학이었다. 천지는 활물이기 때문에 유동성이 심한 천을 천명이나 리와 같은 개념으로 묶는 것은 무리일 뿐이다. 슌다이는 리를 죽은 글자(死字)라고까지 했다. 소라이학의 전통을 잇고 있는 슌다이에 의해 주자학의 본연의 성은 다시 부정되고 있다.[25] 슌다이

---

22 『성학문답』상권, 69쪽.
23 『성학문답』하권, 105쪽.
24 『성학문답』하권, 107쪽.
25 슌다이는 '활물적 천'의 인식에 서서 활물적 천을 리 혹은 명으로 설하는 주자학의 언설은 결국 '자의'를 모르는 데서 오는 오류라고 판단했다. "천지가 활물인 것을 모른다. 리로 추측하려 하면 천지는 죽은 사물이 된다. 이것으로부터 추측하여 천도 명도 사람의 성도 모두가 리라고 한다. 주자의 사서주에 보인다. 천은 원래부터 활물이다. 명은 천명이다. 활물의 천에서 내리는 명이라면 명자는 살아 있는 글자(活字)이다. 사람의 성도 활물의 성이다. 리자는 죽은 글자이다. 활물 활자를 죽은 글자로 주

는 이른바 성삼품설을 주장한다.

　　필경 공자의 말로 그 요점을 총괄해서 말한다면 사람의 성에는 선과
악, 중용, 이 세 종류가 있다. 태어나면서부터 선을 좋아하고 조금도 불
선을 하지 않으며 사람의 길을 알고 현인 군자가 되면 성이 선한 것이
다. 태어나면서부터 악한 것을 좋아하고 조금도 선한 것을 하지 않으며
항상 불효, 불제, 불충, 불신은 말할 필요도 없다. 혹은 임금과 아버지
를 살해하고 혹은 도적 방화의 대악을 저지르며 남의 교훈을 듣지 않
고 나라의 형벌에 자기의 몸이 죽어도 후회하지 않는 자 이것은 성이
악한 것이다. 이와 같이 선악 두 종류 이외에도 중용의 성이라는 것이
있다. 이것은 선도 악도 정해지지 않은 성이다. 선인과 동거하며 선한 가
르침을 만나면 선인이 되고 악인과 동거하며 악한 일에 물들면 악인이
된다. 또한 선한 일을 하는 것도 아주 어렵지 않고 불선을 하는 것도
아주 어렵지 않은 자가 있다. 선악뿐만이 아니다. 현명한 자와 어리석은
자, 밝은 것과 어두운 것도 또한 그러하다. 필경 모두 중용의 성이다.(『성
학문답』하권, 68~69쪽)

　　슌다이는 기본적으로 '상지'(上智)와 '하우'(下愚)의 변화불가능성 위에 서
있다. 상지와 하우의 중간에 '중용'의 성이 있는데 슌다이는 선, 악, 중용의
성의 삼품설을 주장한다. 그런데 이 세 가지의 성중에서 슌다이가 주목하고
있는 것은 중용의 성(중품의 성)이다. 슌다이는 다종다양한 인성의, 그 활물
성을 그대로 길러 교화시키는 것으로 사회 전체의 풍속을 올바르게 만들
수 있다고 생각했다.

───────

석한다면 자의를 모르는 것이다."(『성학문답』하권, 109쪽).

여기서 주의할 것은 소라이는 슌다이처럼 성삼품설을 분명하게 주장하지는 않았다는 점이다. 소라이는 성선, 성악의 논쟁을 '무용한 논변'에 지나지 않는다고 했다. 물론 소라이에 선성, 성악설은 없었지만 "자운(양웅의 자)의 선악 혼재와 한퇴지의 성에 삼품이 있다는 것이 어찌 이치에 어긋나겠는가?"(『변명』 성정재)라고도 했기 때문에 적어도 선악혼재설이나 성삼품설은 인정한 것이 된다. 소라이에는 선악 혼재설이나 성삼품설에 대한 논쟁은 그다지 중요한 문제가 되지는 않았다. 이에 반해 슌다이는 선, 악, 중용의 성을 분명하게 제시하며 강조하고 있다. 즉 성을 둘러싼 소라이와 슌다이는 어느 부분을 강조할 것인가에 대해서는 미묘한 입장의 차이를 보였던 것이다.

인과 지는 덕이며 예와 의는 도이다.

슌다이는 소라이와 동일하게 인과 지를 덕에, 예와 의를 도에 배속했다. 이러한 사실은 곧 인의예지를 성의 범주에서 제외한다는 것인데 이렇게 인의예지를 성의 범주에서 배제시킨다는 것은 결국 주자학적인 성의 기준과는 다른 기준이 작용하고 있다는 것을 의미한다. 주희에 의하면 인의예지는 사단의 발현을 통해 현상계에 드러나게 되는데 그렇다면 인의예지를 도와 덕에 배속시킨 슌다이는 사단을 어떻게 파악하고 있었을까? 이것은 선과 악, 중용이라는 삼품의 성이 마음과는 어떠한 작용을 거치면서 발현되는가의 문제와 결부된다. 뿐만 아니라 사단이 우리 마음에 내재해 있는 자연스러운 감정인가의 문제도 여기에 관련되어 있다. 슌다이가 주장하듯이 성이 사람마다 서로 다르다면 사단이라는 네 가지의 감정으로 다 포섭가능하지 않을 것이다. 사단에 대한 슌다이의 관점은 그것이 과연 자연스러운 감정의 표현인가의 문제로 모아진다.

사단중에서 슌다이가 인정한 것은 측은지심과 시비지심뿐이다. 측은지심에 대해서는 특별한 견해를 보이지 않지만 시비지심에 대해서는 모든 인간이 가지고 있는 마음이라 하면서도 '시비'에는 '정체'(定體)가 없고 모두 판단기준이 다르다고 했다. 여기에는 '기준', 즉 무엇을 '정체'로 삼을 것인가에 대한 지향의식이 보인다. 물론 이때의 기준은 성인의 도가 될 것이다.

한편 수오지심과 사양지심은 잘못된 것이다. 왜냐하면 사람에게는 본래 부끄러움을 아는 마음이 갖추어져 있지 않으며 성인의 가르침으로 부끄러움을 알 수 있기 때문이다. 수오지심에 대한 슌다이의 다음의 말을 들어보자.

> 옛날 성인이 출현하기 이전에는 예의의 가르침이 서지 않아 사람이 모두 금수같이 행한바 옛날 일본도 다르지 않았다. 금수같은 마음으로는 밖에 있는 여자를 처로 맞이하는 것에서부터 안에 있는 여자들 중에서 질녀든지 여동생이든지 상황에 따라 처로 삼는 것이 편리했다. … 성인이라는 자가 세상에 나와 예의의 가르침을 베풀어 백성에게 염치를 알게 하셨다. 혼인의 예를 제정하고 남녀의 구별을 바르게 하여 동족끼리는 혼인하지 않는 것이라 가르치니, … 또한 도적질 같은 일은 사람의 도리가 아니라고 가르치셨다.(『성학문답』상권, 78~79쪽)

인간에는 성인이 제정한 예의에 따라 분별력이 생긴다. 인성에는 본래 부끄러운 마음이 없기 때문이다. 성인이 예를 제작하여 사람들에게 가르치기 이전의 단계에서는 약육강식의 상태와 별반 다르지 않았다. 슌다이의 이러한 인식은 사양지심에 관해서도 마찬가지이다. 사람에게는 본래 부끄러움을 아는 마음이 없듯이 사양하는 마음도 갖추어져 있지 않다.

천하 사람에 싸우려는 마음이 없는 자는 없다. 경쟁이란 싸우는 것이며 다투는 것이다. 다툰다는 것은 타인과 경쟁하는 것이다. 남과 싸워서 남에게 이기려고 하여 남과 다투어 남에게 뒤처지지 않으려 한다. 이것은 사람의 정이다. … 만약 이러한 정을 제어하지 않고 그대로 내버려 두면 천하는 문란함이 그치지 않는다. 옛 성인이 이것을 알아 예라는 것을 건립하여 천하 사람으로 하여금 가르치셨다.(『성학문답』상권, 79~80쪽)

순다이는 기본적으로 인간의 내부에 마음을 제어할 수 있는 자율적 통제 능력을 인정하지 않는다. 인간에 투쟁심이 있는 것은 오히려 자연스럽다. 자율적 통제 능력을 갖지 못하는, 그래서 투쟁심에 가득 찬 인간이기에 당연 사양지심도 없으므로 결국 성인이 제정한 예의의 가르침에 의존할 수 밖에 없다.

이처럼 성인의 가르침에 의존할 수 밖에 없는 것은 측은지심도 마찬가지이다. 예를 들어 순다이가 측은지심을 인정한다는 것은 곧 인의 자연성을 인정하는 것이 된다.[26] 순다이는 인의 내재성을 긍정하고 있다. 그러나 순다이는 "인은 사랑을 근본으로 하기 때문에 마음(內)에서 나온다고 하면 차이가 없지만 이러한 사랑도 마음에서 나오는 것 그대로는 사랑해야할 자를 사랑하지 않고 사랑하면 안되는 자를 사랑하는"[27] 잘못을 범할 수 있다. 인간의 내부에 도덕적 근거를 갖지 못하기 때문에 비록 인이 자연스러운 감정이라 할지라도 한쪽으로 기울 염려가 있다. 판단기준의 부재가 가져오는 위험성이 여기에 있다. 결국 순다이는 "인이라는 것도 성인의 의를 알아야 정해지기 때문에 선왕의 도에는 속에 있는 인이라도 밖에 있는 의를 중요시 하

---

26 豊澤一, 「太宰春台の思想の一側面-『聖學問答』を中心に」, 『徂徠以後-近世後期倫理思想の研究』, 昭和62年度科學硏究費補助金硏究成果報告書, 1988, 125쪽.
27 『성학문답』상권, 89쪽.

는 것"[28]이라는 점을 인정할 수 밖에 없었다. 자연스러운 인한 감정임에도 불구하고 그 감정조차도 성인에 의해 올바르게 행사할 수 있게 된다. 인간의 내부에는 자율적 통제가 없고 마음의 '불안성'이 있기 때문이다.

> 사람은 동물(動物)이다. 마음도 또한 동물이다. 맹자의 말에 마음의 역할은 생각하는 것이라 했다. 인심은 생각을 직분으로 삼기 때문에 심중에 조금이라도 생각하지 않는 적이 없다. 인심은 어린아이와 같다. 어린아이는 잠을 자지 않는 동안에는 잠시도 손발을 움직이지 않음이 없다. 사람의 마음 중에 생각함이 있으면 즉 마음이 움직이는 것이다. … 그렇다면 맹자의 부동심이라는 것은 거짓인 것이다.(『성학문답』상권, 73~74쪽)

순다이는 성이 활물(活物)인 것처럼 마음도 그러하다고 본다. 마음의 안정된 장소가 없으며 마음은 '동물'이기 때문에 "인심은 생각하는 것을 직분으로 삼는다". 언제나 동요하는 것을 속성으로 갖기 마련이다. 인성의 불안정성을 그대로 인정하고 있는 것이다. 자율적 통제가 불가능한 인간의, 도덕의 근거를 인간의 외부에서 찾을 수 밖에 없다. 여기에 순다이의 '성인'이 위치한다. 더 정확히 말한다면 성인이 제작한 예악이 불안한 심성의 해소역할을 하고 있는 것이다.

---

28 『성학문답』상권, 89쪽.

4. 천지자연의 도와 성인의 지향

작위에서 자연으로

우선 슌다이의 성인의 의미를 생각하기 전에 그 전제로서 소라이의 성인을 먼저 언급할 필요가 있다. 슌다이와 소라이에는 성인에 대한 인식에 약간의 차이가 있기 때문이다.

소라이는 "성인의 도는 하늘에 근거하여 천명을 받들어 섬겨 이것을 행한다."[29], "예로부터 성제(聖帝)·명왕(明王)이 모두 하늘을 본받아 천하를 다스리고 천도를 받들어 그 정교를 행했다."[30]라고 하면서도 한편으로는 "음양은 성인이 역을 만들어 세워 천도를 이룬 것"[31], 혹은 "오행은 성인이 세워 만물의 기초로 세운 바"[32]라고도 했다. 소라이는 성인의 의한 도의 작위성을 보다 강한 어조로 표면화하고 있다. 즉 소라이가 "하늘에 근거하여 천명을 받들어" 성인이 도를 작위했다고 말하는 것은 성인의 도를 작위한 권위를 하늘에서 찾고 있는 것으로 볼 수 있다. 여기에 슌다이와의 상위점이 존재한다. 슌다이는 다음과 같이 말하고 있다.

> 성인의 도는 성인이 여신 도이지만 천지자연의 도가 그렇게 존재하지 않으면 맞지 않는 것을 알게 하여 이렇게 정해두셨기 때문에 이것은 즉 천지의 도이며 성인이 조금도 사사로운 뜻을 더하신 것이 없다.(『변도서』 56쪽)

---

29 『변명』 지.
30 『변명』 천명제귀신.
31 『변명』 음양오행.
32 『변명』 음양오행.

공자의 도는 공자가 만드신 것이 아니다. 2제3왕(二帝三王)의 도인 것이다. 2제3왕의 도는 천지자연의 도로서 인간의 도가 그렇게 존재해야하는 도리를 성인이 발견하여 여신 것이므로 천도와 인도이외에는 없는 것이다.(『변도서』 64쪽)

위의 인용문에서 슌다이가 강조하는 것은 성인의 도는 "성인이 여신 도"라는 부분이 아니라 "천지자연의 도"에 있다. 성인은 '천지자연'의 세계에서 "그렇게 존재하지 않으면 안되는" 도의 당위성을 발견하여 그것을 세상 가운데 열었다 라고 슌다이는 말한다. 성인의 도는 공자가 만든 도가 아니라 천지자연의 도이며 성인은 "그렇게 존재해야 하는 도리"를 발견하여 백성에게 가르친 것이다. 즉 슌다이는 성인이 예악의 제정 주체임에는 틀림없지만 성인의 예악 제정이란 본래 자연의 도에서 도의 원형을 형상화하여 만들었다고 보고 있다.[33] 따라서 슌다이가 강조하고자 하는 것은 성인의 작위성의 근거가 '천지자연'의 세계 혹은 "그렇게 존재하지 않으면 맞지 않는 도"에 있다는 부분이다.

도의 보편화

나아가 슌다이는 "성인이 관찰하시어 음양이 변화하는 도를 보고 이것을 천하의 사람에게 보이기 위해 팔괘를 그리고 이 팔괘를 거듭하여 64괘를 이루어 천지만물의 이치를 궁리하여 만물의 성을 다했다."[34]라고 했다. 슌다이

---

33 비토는 슌다이의 '성인의 도' 관에는 소라이적인 도의 "제작이나 창조의 의미" 보다는 "자연히 존재하는 법칙성을 인정한다."는 의미를 갖고 있다고 지적한다. 尾藤正英, 앞의 논문, 507쪽.
34 『육경약설』, 29쪽.

는 천지자연의 세계에 성인의 도의 근거가 있다는 것을 강조하고 있다.[35] 이 부분은 소라이에 의해 제작성이 부여된 '음양'이 슌다이에 의해 다시 '천지 자연'이라는 것으로 재해석되고 있는 부분이라 할 수 있다.

이것은 슌다이가 소라이의 도의 개념을 더욱 보편화하기 위한 작업의 결과로 이해할 수 있다. 슌다이는 천과 인간의 연속성을 염두에 두면서 여기에서부터 수신의 논리적 근거를 찾으려 했다. 이렇게 슌다이는 인간의 이해를 둘러싼 논의를 '성인의 도'와 관련시켜 인간론의 토대를 확고하게 만들었으며 이를 바탕으로 '소라이학적 인간'이 인간이해의 표준이 됨을 강조하고 있다. 슌다이는 이러한 과정을 통해 불안정한 심성을 일정한 장소에 안착시키려는 내면의 수기(修己)로 향하고 있다.

5. 내면을 묻지 않는 군자

수신과 덕행

소라이학이 갖는 도덕주의의 결핍, 예를 들어 절충학이나 정학파 주자학은 "소라이학의 인간내면 문제의 결락"을 "도덕주의적인 주자학"으로 보완하려 했다는 지적이 있는 것처럼[36], 소라이학의 그러한 문제는 소라이학파의 내부에서도 이미 불만의 소리가 끊고 있었다.

소라이의 설에 모두 인은 애민(愛民)이라 했다. 수신(修身)한다는 것은 아

---

35 슌다이가 "음양을 도입하여 사람과 자연계의 연속성을 인정"했다는 견해는 시사하는 바가 크다. 若水俊, 「春台における「論語徵」の引用について」, 『東洋の思想と宗教』, 1989, 35쪽.

36 辻本雅史, 앞의 논문 참조.

랫사람들을 대하기 때문이라고 말하기 어렵다. 그렇다면 아랫사람을 대하여 백성을 다스리는 자가 아니면 수신은 필요 없다는 것으로 들린다. … 그렇다면 수신은 아랫사람에 신용을 얻기 위해 하는 것이라는 것은 듣지 못한 설이다 라고 군슈(君脩)가 말했다.(『문회잡기』2권상, 238쪽)

『문회잡기』는 유아사 조잔(湯淺常山, 1708~1781)이 소라이 문인들의 일화를 기록한 수필집이다. 유아사 조잔은 오카야마 출신으로 25세 무렵에 소라이에 입문하여 고학을 배웠다. 『문회잡기』는 군슈의 말을 통해 전해들은 소라이 문인들의 에피소드가 대부분이다. 군슈, 즉 마쓰자키 칸카이(松崎觀海, 1725~1775)는 슌다이에 유학을 배운 인물이다.

위에서 보듯이 소라이 문인들 사이에서도 이미 소라이의 인설에 대한 문제점을 공론화하고 있었던 것이다. 윗 글에서 소라이가 말하고자 하는 것은 명료하다. 소라이처럼 인을 '애민'으로 이해하여 이래사람을 다스리는 자가 아니면 수신은 불필요하다고 하는 것은 결국 아래를 믿게 하기 위해 필요한 행위가 될 것이다. 소라이는 "수신이라는 것이 있는데 몸을 닦지 않으면 아래에서 존경하고 신용하지 않아 도가 행해지지 않기 때문에" 수신이 필요하다고 했다.[37] 전술한 것처럼 소라이는 수신의 대상을 위정자에 한정해서 생각하고 있기 때문이다. 그런데 슌다이의 다음의 문장을 보면 소라이의 '수신'에서 일정한 시점의 이동이 보인다.

대부는 신하 중에서 귀한 자이기에 반드시 나이 오십 이상으로 덕행이 있는 자를 선발한다.(『경제록』, 「법령·형벌」, 221쪽)

---

37 『소라이 선생 답문서』하, 480쪽.

관빈(冠賓)은 친족중에서나 향당(鄕黨)의 장로중에서 덕행 명망이 있는
자를 선택하여 청한다.(『경제록』「예악」, 30쪽)

예사(礼射)는 예를 주로 하는데 읍양진퇴(揖讓進退)의 용의(容儀)를 보고
그 사람의 덕행을 알기 위함이다.(『경제록』「예악」, 40쪽)

　필요한 최소한의 인용을 제시했는데 위 인용문에서 보면 슌다이는 사람
을 선택할 때 반드시 사람의 '덕행'을 선발 기준으로 삼고 있다. 반면 소라이
는 "그 사람을 취함에 재기를 취하지 덕행으로 취하지 않는다."는 슌다이의
소라이 평가가 있다. 소라이가 인간을 평가할 때 '덕행'보다는 '재기'를 판단
의 기준으로 삼는다는 것은 인간을 유용성의 관점에서 판단한다는 의미가
된다. 슌다이의 불만은 여기에 있다. 소라이의 이러한 인간 평가의 기준은
시문에만 열중하던 문인들에게도 나타난다. 시문파라 불리는 핫토리 난카
쿠 등은 "덕행을 소홀히 하고 문학에만 열중하기 때문에 소라이의 문인들
중에는 제멋대로인 기질을 가진 자들이 많다."[38]는 슌다이의 불만이 이를
잘 말해준다.
　그러나 슌다이는 인성의 자기수양을 사정권에 넣고 만사를 판단하고 있
었다. 여기에는 수신을 보는 소라이와 슌다이의 관점의 차이가 존재한다. 여
기서 슌다이가 강조하는 '덕'이란 예악에 의한 자기수양을 가리킨다. 그렇다
면 슌다이는 '덕'을 소라이처럼 '재기'(才)의 의미보다는 신체작법에 의한 예
에 적합한 행동의 의미로 보고 있었다고 할 수 있다. 즉 여기에는 인간을 볼
때에 '재기'를 우선할 것인지 '덕행'을 우선할 것인지에 대한 차이를 감지할
수 있는 부분이다. 이러한 '덕행'은 인성의 자기 수양으로 가능하다. 다시 말

---

38 太宰春台,『紫芝園漫筆』6권, 崇文院, 1927, 19쪽.

하면 내면의 덕을 수양하는 것으로 자기수양의 가능성을 확인하는 것이다. 이런 면에서 보면 슌다이에 주자학적인 모습도 중층되어 있다고도 할 수 있을 것이다.

내면의 덕과 성(誠)

그렇다면 슌다이가 구상하는 인간의 내면의 덕을 기르는 방법은 무엇일까? 이와 관련하여 '성'(誠)에 대한 슌다이의 해석을 보자. 주자는 '誠'을 '성'(性)과 관련시켜 '진실무망'(眞實無妄)이라 하여 그것을 '천리의 본연'이라 했다. 이에 반해 슌다이는 '표리일치'(表裏一致)라고 했다. 그것은 "일(事)과 마음(心)이 통철하여 일치하는"[39] 것을 의미한다. 즉 그는 내외의 일치, 즉 마음(심성)과 일(행위)이 완전히 부합하는 것을 성(誠)이라 하여 심성의 문제로 보고 있었다.[40] 슌다이의 성 해석에서 특징적인 점은 "선악을 나누지 않는 덕의 이름"[41]이라 하여 선악의 미분리 상태라 간주한 것에서 찾을 수 있다. 내외가 '표리일치'된 상태란 선과 불선의 두 측면이 존재하는 상태를 의미한다. 따라서 슌다이는 "성인의 도로 불선한 성을 버리고 선한 성을 취할 것"[42]을 주문한다. 인성에 도덕적 근거가 없는 것처럼 선악의 미분리 상태의 성을

---

39 『성학문답』하권, 100쪽.

40 슌다이가 성(誠)을 표리일치라 해석한 것은 소라이가 그렇게 보고 있었기 때문이라고 슌다이는 말한다. 그럼에도 소라이와 슌다이의 성 해석에는 서로 다른 점이 보인다. 소라이는 『변명』에서 "선왕의 도를 배워 오래도록 여기에 변화되어 습관이 천성처럼 되면 즉 그 처음에 몰라 잘 하지 못한 것도 지금은 모두 생각하지도 않아도 얻게 되고 노력하지 않아도 적중하게 된다."(『변명』, 성), 즉 천성이 성인의 도에 완전히 일치하는 것을 성이라 간주한 것이다. 澤井啓一, 「太宰春台の誠解釋」, 『中國古典硏究』 32호, 中國古典硏究會, 1987, 56~57쪽.

41 『성학문답』하권, 101쪽.

42 『성학문답』하권, 101쪽.

선으로 인도하기 위해서는 성인의 가르침에 의지할 수 밖에 없다. 슌다이는 선한 성을 길러 표리일치를 도모했다.

슌다이는 인에 대해 "백성을 편안하게 하는 덕이다. 충서를 행하여 그 길을 얻으면 즉 백성을 편안히 해야 한다."[43]라고 주해하고 있다. 슌다이가 최상의 '경제'를 "천하국가를 다스리는" 것에 있다고 한 것처럼 인을 안민의 덕이라 하는 것은 어쩌면 당연할 것이다. 그러나 슌다이의 주해를 깊이 음미해 보면 소라이와는 약간 다른 점이 있다는 것을 알게 된다. 슌다이는 충서로 성인의 도를 얻을 수 있다면 백성을 편안히 할 수 있다 라고 했다. 이것은 제도의 작위를 통한 정치적 '안민'의 실현을 부정하는 것은 아니지만 이와 아울러 위정자의 자기 수양이 '안민'의 실현에 중요한 역할을 한다는 것을 보여주는 것이다. 이렇게 본다면 슌다이는 소라이처럼 군주가 수신을 연출할 필요까지는 없었다고 생각한 것이 된다. 슌다이의 해석에는 인간의 내면을 다스리는 것의 적극적 자세를 취하려는 의도가 반영되어 있다고 보인다.

'수심'(修心)과 '수신'(修身)

슌다이는 '수심'(修心)과 '수신'(修身)을 구별하여 '수심'을 '내교'(內敎 즉 불교), 수신을 '외교'(外敎 즉 유교)라 했다. 그런데 그가 수신을 '내교'라고 비판하는 배후에는 주자학이 있었다. '외교'로서의 유학은 인성의 내측이 아닌 인성의 외측과 관련된다.

성인의 가르침은 밖에서 들어오는 술(術)이다. 몸을 행하여 선왕의 예를 지키고 일에 처하여 선왕의 의를 쓰며 외면에 군자의 용의를 갖추면 군

---

43 『외전』「리인편」

자이다. 그 사람의 내심이 어떠한지는 묻지 않는다.(『성학문답』상권, 95쪽)

예의로 밖을 다스리기만 할뿐 마음을 다스리는 것이 없다. 내심은 어떠
하든지 외면에 예의를 지켜 범하지 않으면 군자이다.(『성학문답』하권, 116
쪽)

예악은 인간의 마음을 기르는 최상의 방법이 되며 따라서 그는 인간의
외측(몸)을 다스리는 것으로 내면의 변화를 모색하고 있었다. 성인의 도는
"밖에서 들어오는 술"이기에 선왕이 예를 행하여 그것으로 선왕의 의를 드
러낼 수가 있다. 군자는 내심이 어떠한 것을 묻지 않는다. 오직 신체의 실천
행위가 어떠한지의 여부에 있다. 마음을 다스리는 것이란 예의로 밖을 다스
리는 것으로 외면에 예의를 지켜 범하지 않으면 군자이기 때문이다. 계속해
서 슌다이는 "예란 사람의 몸을 검속하는 것이기에 예로 사람의 몸의 음기
를 기른다. 음악은 인심을 발양하는 것이기에 음악으로 사람의 몸의 양기를
기른다. 그렇다면 사람의 기를 기르는 것은 성인의 도인 예악이다. 예악을
버리고 별도로 기를 기른다는 것은 공론이다."[44]라 하여 예악의 유용성을
강조한다. 수기란 예악을 몸에 익히는 것으로 신체의 실천행위를 통해 내면
(마음)으로 향하는 것이다. 따라서 슌다이가 "身자를 心으로 바꾼" 주자학이
나 불교를 "대단히 잘못된 것"[45]이라 비판하는 이유도 어쩌면 당연했다.

성인의 가르침은 의복을 처음으로 한다. 내심은 어떠하든지 먼저 군자
의 의복을 입고 군자의 용의를 배워 다음으로 군자의 언어를 가르쳐 이

---

44 『성학문답』상권, 74~75쪽.
45 『성학문답』상권, 95쪽.

것으로 점점 군자의 덕을 성취하게 한다. 덕이란 다른 것이 아니다. 의복·용의·언어가 하나로 뭉쳐진 것이다. … 성인의 가르침은 밖에서 안으로 들어와 순숙(純熟)해지면 표리일치를 이룰 수 있다. 이 것을 덕을 이루었다고 한다. 덕은 얻는 것이다. 몸에 행하여 얻는 것을 덕이라 한다.(『성학문답』상권, 95쪽)

군자의 의복, 용의, 언어를 몸으로 체득하여 그것에 순숙(純熟)해지면 표리일치 즉 심신일치가 된다. 슌다이는 군자의 의복, 용의, 언어가 하나로 뭉쳐진 것을 덕이라 하고 그 상태를 신체로 체득하는 것을 수신이라 한다. 요의 의복을 입고 요의 말을 암송하고 요의 행위를 행하면 요가 된다. 이것이 슌다이가 생각하는 군자가 되는 방법이다. 성인의 언행일체를 그대로 모방하는 것이다. 성인의 도는 마음의 내부의 선악을 묻지 않는다.

인심은 즐거우면 동하고 동하면 변하고(変) 변하면 화(化)한다. 그렇기 때문에 옛 성인은 이것으로 민심을 선하게 하고 이것으로 이풍역속(移風易俗)했다. 음악은 군자가 마음을 다스리고 성을 기르는 것으로 마음을 다스리고 성을 기르면 덕을 이룬다.(『외전』 「태백편」)

슌다이가 예악을 "만사의 작법 의식"이라 간주하는 한 내면의 수양의 수단으로서 예악이 중요한 위치에 놓여진다. 예악에 의한 내면의 수양을 이풍역속이라는 사회의 '풍속의 교화'로 확충시키고 있다. 그런데 슌다이는 이러한 도식에 또 하나 권위를 빌려 오는 것으로 수기의 논리적 당위성을 확보하고 있다.

신독

수기하여 경한 상태에 처한다는 것은 아직 남과 접하지 않을 때를 말
한다. 이른바 군자의 신독하여 지붕이 세는 집을 부끄러워하지 않는 것
과 같다. 수기하여 남을 편안히 한다는 것은 이미 남과 접한 것이다. 수
기하여 백성을 편안히 한다는 것은 천하에 임할 때 사람은 수기하지 않
으면 안된다는 것을 말하는 것이다. 군자가 이미 수기하였으면 일이 없
을 때를 당하여 무엇으로 몸을 지킬 것인가? 하늘을 경하는 것(敬天)
뿐이다. 무엇을 경천이라 하는가? 불선한 것을 하지 않는 것 이것이다.
군자는 수기하지 않으면 안된다. 그러므로 세 절은 모두 수기를 말하는
것인데 수기는 무엇을 말하는 것인가? 예악으로 외면을 장식하는 것을
말한다.(『외전』「헌문편」)

'수기하여 경한 상태에 처한다(修己以敬)' 즉 타인과 접하지 않는 때는 혼
자 있을 때이며 이때에는 신독의 상태로 임할 것을 말한다. 신독에 의해 경
(敬)한 상태를 유지할 수 있다. 또한 '수기하여 남을 편안히 한다(修己以安人)'
는 말이나 '수기하여 백성을 편안케 한다(修己以安百姓)'는 것은 이미 타인과
접하여 천하에 임할 때를 말한다. 이러한 때는 군자는 예악으로 수기하지
않으면 안된다는 것이 슌다이의 관점이다.

이 주해에서 슌다이는 '수기하여 경한 상태에 처한다.'를 경천(敬天) 의식
과 관련시키고 있는데 경천의식을 신독의 상태에 처하여 자신을 지킨다는
의미로 받아들이고 있다.[46] 슌다이에 의하면 예악으로 수기하는 것으로 불
선한 행위를 그치는 것 그 자체가 경천하는 것이 된다. 여기에는 주자학에서

---

46 슌다이는 이 부분의 주석에서 경천의식을 소라이의 설이라 했다.

말하는 '지경'(持敬)의식을 연상시키는 이미지까지도 보인다. 슌다이는 신독에 의한 내면의 수양과 경천의식을 관련시키는 논리구조를 통하여 신독에 의한 수기에 당위성을 강하게 부여하고 있다.

여기서 소라이의 경천의식에 대해 부연해 두기로 한다. 소라이는 『변명』에서 천에 대해 "일월성신이 여기에 걸려 있고 풍우한뢰가 여기에서 행한다. 만물의 명을 받는 바로 백신의 종주가 되는 것"(『변명』「천명제귀신」)이라는 문장이 있다. 천은 만물을 생성화육시키는 생명의 근원이며 생명의 주재자가 된다. 그리고 "예로부터 성제, 명왕은 모두 천을 본받아 천하를 다스리고 천도를 받들어 그것으로 정교를 행했다."(『변명』「천명제귀신」)라고 하여 천을 공경의 대상으로 삼고 있다.[47] 계속해서 그는 "경이란 존숭하는 바 있어서 감히 함부로 하지 않는 것을 말한다. 천을 경하고 귀신을 경하며 군주를 경하고 위를 경하며 부모를 경하고 형을 경하고 빈객을 경하는 것은 모두 경하는 바가 있다는 것을 말한다."(『변명』「공경장신독」)라고 하여 경의 대상이 있다는 것을 밝히고 있다. 경의 대상을 향해 존숭하며 함부로 하지 않는다는 이미지를 보여주고 있다. 나아가 "선왕의 도는 천을 경하는 것을 근본으로 삼는다. 천도를 받들어 이것을 행한다."(『변명』「공경장신독」)라 하여 경천을 선왕(성인), 즉 위정자의 차원에서 바라보고 있다. 슌다이에서 보이는 "불선한 짓을 하지 않는다."와 같은 경 의식은 보이지 않는다.

---

47 미나모토 료엔은 소라이의 천 의식에서 천의 종교적 성격을 끌어낸다. 源了園, 「徂徠試論」, 『季刊日本思想史』2호, ぺりかん社, 1976, 21쪽. 또한 「徂徠春台における天觀念と鬼神論」, 『鬼神觀の比較文化論的研究』, 東北大學文學部日本文化研究室編, 講談社, 1981, 363~377쪽.

6. 쇠한 세상(衰世)

성인의 도와 무위의 도

슌다이는 만년에 『노자』의 주석서로서 『노자특해(老子特解)』2권을 남겼다. 『노자특해』는 전체 81장으로 되어 있는데 슌다이는 이중에서 31장까지를 주석하고 세상을 떠났다. 32장부터는 문인 미야타 킨보(宮田金峰)가 속찬했다. 슌다이가 『노자특해』를 저술한 목적은 서문에 잘 나타나 있는 것처럼 비록 성인이라도 '쇠한 세상'은 구제할 수 없기 때문에 『노자』에 기대를 걸었다.[48] 슌다이가 '쇠한 세상'을 구할 해법을 『노자』에게서 찾고 있는 듯 보이는 이유도 여기에 있다. 슌다이의 현실인식이 나타난 부분이기도 하다. 전술한 것처럼 지금까지는 슌다이가 『노자특해』를 저술한 것을 '작위의 논리'에서 '무위의 논리'로 급전환, 혹은 "유가에서 노자로 사상적 전향"이라 평했다. 그러나 정말 슌다이는 소라이적인 성인의 도를 버리고 노자의 도로 사상적 전향을 단행한 것일까? 슌다이는 다음과 같이 말하고 있다.

> 정령(政令)을 내면 낼수록 민정에 역행하여 다스려지지 않고 오히려 난을 재촉한다. 그러한 시기에는 무위의 도를 아는 자는 손을 쓰지 않고 다스리지 않으며 단지 백성의 원기를 길러 뒤틀려 있어도 국운을 조금이라도 늘이기를 도모한다. 이것을 선한 다스림(善治)이라 하며 이것을 불치(不治)의 다스림이라 한다. … 원록(元祿, 1688~1704) 이래 나라 안의 사민이 곤궁하여 나라의 원기가 쇠해지니 단지 지금의 세상은 만사를 멈추고 오직 무위를 행해야 하는 시절이다.(『경제록』「무위」, 277~ 279쪽)

---

48 太宰春台, 『노자특해』서문 참조. 京都大學付屬図書館所藏本, 崇山房版, 1783, 간행.

순다이는 백성의 인심(풍속)을 제대로 살피지 않고 제도 법령을 제정하여 나라를 다스리려는 정치는 오히려 화를 불러오는 원인이 됨을 경고하고 있다. 무위의 도에 대해 정통한 위정자는 백성의 원기를 기르는 방향으로 정책을 펴나갈 수 있다. 이러한 의미에서 무위를 '좋은 다스림' 또는 '다스리지 않는 다스림'이라고 본 것이다. 풍속이 무너지고 예악이 서있지 않는 시대에는 최상의 '경제'는 기대하기 어렵다. 이러한 때는 무리한 제도를 만들 필요가 없고 오히려 무위의 도를 행하는 것이 더 어울린다. 사회 전체가 곤궁에 빠지고 원기가 쇠해진 시기, 이른바 '무위'의 시대가 도래한 것이다.

순다이에 의하면 무위에는 두 측면이 있다. 성인의 무위와 노자의 무위가 그것이다. 성인의 무위란 "상하 모두가 작위함이 없는 것이 아니라 백관이 모두 각각의 인재를 얻어 정사를 맡기고 군주는 위에서 편안하고 백성은 아래에서 편안하며 나라 안의 한 사람이라도 그 자리를 얻지 못함이 없는 것"[49]을 말한다. 성인의 무위는 순다이가 구상했던 최상의 경제의 온전한 모습이다. 한편 노자의 무위란 "상하 모두가 함께 작위함이 없이 천지자연의 힘에 맡기고 천하의 일에 조금이라도 손을 가하지 않으며 되어가는 형세대로 내버려 둔다는 의미이다. 유자의 눈에는 불인한 것처럼 보일지는 몰라도 이 도는 쇠한 세상에 적합한 도"[50]이다. 세상이 힘을 잃고 쇠퇴해 간다고 해서 물리적인 힘을 가하지 않고 오직 천지자연의 힘에 맡겨 저절로 회복될 수 있도록 하는 것이 바로 무위의 도이다. 그런데 이러한 순다이의 인식을 뒤집으면 '쇠한 세상'이 아니라면 '노자의 무위'는 필요 없게 된다. 순다이의 노장에 대한 다음의 견해를 보자.

---

49 『경제록』「무위」, 275쪽.

50 『경제록』「무위」, 275쪽.

노장의 설과 같이 태어난 그대로 두고 조금도 손을 대지 않고 내버려
둔다면 천하는 모두 선하지 않은 인간이 되며 천하는 다스려지지 않는
다는 의미이다.(『성학문답』상권, 71쪽)

노장, 양묵, 신불해, 상앙, 한비자 등의 제자백가의 도도 나라를 다스리
면 다스려지지 않는 것은 아니다. 그러나 그들은 모두 쇠한 세상의 폐
속을 다스리는 술로 나라를 일으키고 치안을 유지하는 도가 아니다.
예악을 버리고 유행을 따라가기 때문이다.(『육경약설』, 18쪽)

슌다이는 노장이 주장하는 것처럼 혼란함에도 전혀 손을 쓰지 않고 내버
려 두면 천하는 다스려지지 않기 때문에 나라를 일으키고 치안을 유지할
수 있는 방법은 되지 못한다. 노장 등의 제자백가는 결국 쇠한 세상의 폐속
을 다스리는 술로서의 의미 이상은 없다. 이러한 점에서 슌다이는 시대적 제
약을 극복하기 위해 불가피하게 '노자적 무위'가 그의 사상 내부로 들어왔
다고 볼 수 있다. 이것은 그가 노자의 무위를 원한 것은 아니다. 어쩔 수 없
는 '시대적 상황'이 있었다. 따라서 슌다이가 "선왕의 예악형정에 대한 신뢰
성을 상실했다"[51]는 평가는 어디까지나 '쇠한 세상'에 한정된 것이다. 슌다이
에 있어서 『노자』는 시대의 대응으로서 어쩔 수 없이 그 존재가 요청된 것이
지 슌다이가 소라이에서 『노자』로 완전히 전향했다고 생각할 수는 없다. 시
대적 상황론에서 나온 일종의 방편으로 보는 것이 슌다이의 생각에 더 가까
울 것이다.

---

51 小島康敬, 앞의 책, 89쪽.

'인간'에 대한 시선

전술한 것처럼 슌다이가 노자적 무위를 적합한 정치라 생각한 것은 '백성의 원기를 기르는' 방법이 거기에 있었기 때문이다. 왜 그런가? 슌다이는 그 이유를 다음과 같이 피력하고 있다.

한 사람의 환자가 있다. 나이가 50세 이상으로 그 사람의 병은 열병, 냉병, 허병(虛病), 실병(實病), 각종의 병에 걸려 있다. … 한 사람의 몸에 각종 병이 겹쳐 고생이 너무 심하면 의사는 이것을 고치려 하여, … 냉병을 보고는 온약(溫藥)을 주고 열을 내며 … 의사는 그 근본을 모르기에 눈에 보이는 병에 따라 그 드러난 것을 치료한다. … 하나의 병을 고치면 또 발병한다. 이것저것 처방을 하여 시간이 지나는 동안에 원기는 점점 잃어가고 … 한 사람의 양의가 있는데 이것을 치료하는데 그 치료법은 약을 쓰는 것을 그만두고 그 사람의 입과 배에 음식을 먹여주어 추위와 더위에 맞게 옷을 입히고 바람이 들고 춥고 덥고 습한 기운을 피하게 하여 조금씩 조금씩 몸을 움직이게 한다. … 원기를 회복하게 하는 것이다.(『경제록』 「무위」, 276쪽)

의사가 되고자 했던 슌다이라서 그런지 한의학에 정통했다. 각종 병에 걸린 환자의 병의 근원을 모른 채 잘못된 처방을 내리면 병은 낫지 않는다. 이러한 때에는 약을 쓰지 않고 환자의 기력을 회복시켜주는 것이 가장 중요한다. 또한 슌다이가 환자의 나이를 50세 이상이라 일부러 명기하고 있는 것은 병들어 쇠해가는 환자, 즉 쇠퇴해 가는 세상을 비유하는 것이다. 쇠퇴해 가는 세상에는 제도의 제작으로 백성들을 피로하게 만들기 보다는 백성들의 원기를 회복시키는 방향으로 나아가야 함을 암시하고 있다.

성인의 도는 비유하면 오곡과 같다. 오곡은 사람의 주식으로 몸을 기르고 생명을 유지 시키는 식물이지만 나쁘게 먹거나 너무 많이 먹으면 비위를 상하여 체하거나 복통, 설사 등의 병을 일으키게 된다. 성인의 도도 나쁘게 행하면 천하국가가 문란해진다. 오곡을 먹어 정식(停食:음식이 내려가지 않는 것), 상식(傷食:음식이 체한 것)의 환자가 있는 것처럼 노자 이하의 제자백가의 도는 비유하면 약과 같다. 약은 병을 낫게 하는 것인데 오곡이 배에 가득차서 병을 만들면 약으로 치료하지 않으면 안된다. … 이러한 약물은 평소에 복용하는 것은 아니지만 병을 낫게 하는 공은 오곡도 미치지 못하는 것이기 때문에 의사가 이것을 이용하는 것이다.(『경제록』「무위」, 278~279쪽)

인간은 오곡을 주식으로 삼아야하는데 과식하면 병에 걸린다. 그러한 경우에는 약을 복용하여 치료한다. 즉 성인의 도가 모든 것의 표준임에는 틀림없는 사실이지만 성인의 도도 나쁘게 행하면 천하국가를 난에 빠지게 만든다. 병에 걸린 신체를 약으로 치료하는 것처럼 노자와 같은 '약'으로 쇠한 세상을 치료할 수 있다. 이러한 것이 바로 백성의 원기를 기르는 방법이다. 윗 글에서 주의할 점은 "성인의 도도 나쁘게 행하면 천하국가가 문란해진다."는 부분이다. 이것은 무엇을 비유하고 있는 것일까?

성인의 도는 대중지정(大中至正)하여 천하 만세에 통행하는 도이지만 말세가 되어 나쁜 자들이 나와 나쁘게 사용한다면 폐해가 속출하여 화란의 단서가 되는데 사람의 잘못이지 성인의 도에 죄가 있는 것은 아니다.(『변도서』, 68쪽)

'말세' 즉 쇠한 세상이 되는 것은 성인의 도에 문제가 있는 것이 아니라 그것을 운용하는 '인간'에 책임이 있다. 윗 글은 "나쁜 자들이 나와 나쁘게 사용한다면"이라는 전제가 있기는 하지만 백성을 피로하게 만드는 위정자에 대한 반감이 들어 있는 부분이다. 슌다이가 개인의 수양을 소라이보다도 더 중요하게 생각하여 강조하는 이유를 여기에서 찾을 수 있다. "성인의 도를 나쁘게 운용하는 자들"은 곧 "나쁜 자들"이다. 이렇게 보면 쇠한 세상이라는 시대적 불가피성은 슌다이로 하여금 '인간' 그 자체에 집착하게 만드는 요인이 되었다고 볼 수 있다.

시대의 분별

슌다이는 『경제록』의 「무위편」에 이어 「역도편」에서 시(時)·수(數)·음양(陰陽)을 잘 살필 것을 강조하고 있다. '시'란 시대의 분별력이다. '수'란 천지만물의 생사화복에는 일정한 원리가 있다는 것이며, '음양'이란 천지만물의 변화를 분별하는 것이다. 슌다이가 자연을 포함한 세계의 변화를 관조할 수 있는 안목을 갖고 있는 '인간'을 요구한 것으로 볼 수 있다. 자기수양은 쇠한 세상과 함께 의식되고 있었다.

『경제록』이 1729년에 간행되었다는 것을 생각하면 슌다이가 노자의 무위를 쇠한 세상과 관련시키는 것은 선행연구에서도 지적하고 있는 것처럼 동시대적 인식이 드러나 있다고 보인다. 슌다이는 "원록 이래로 나라 안의 사민이 곤궁하여" 라는 시대적 진단을 하고 있는데 여기서 말하는 '원록 이래'라는 것은 향보기(享保期)에 실시된 요시무네(吉宗)의 개혁을 염두에 둔 발언으로 보인다. 민중의 교화, 교육진흥책의 모색, 통화통일, 무역제한, 호구조사, 신전개발 등 일련의 정책을 제시한 것이 향보개혁이다. 그러나 이러한 향보개혁은 "물가의 등귀와 사민 곤궁, 삼도를 중심으로 한 특정한 상업자본에의 의존책, 화폐와 상업경제의 침투, 1732년의 대기근, 에도시대에 최초의 폭동 등에 의한 경제적 사회적 모순이 표출"되는 등 반작용이 표출된 시대이기도 하다. 결국 이러한 개혁은 '체제적 위기'로 이어지기 마련이다.[52]

예를 들어 "걸핏하면 연못의 물을 마르게 하고는 새로운 밭으로 만들라 한다. 하늘이 만든 자연의 연못을 말라버리게 하여 반드시 새로운 다리를 놓고 수로를 만들어 그 동안에 허다한 전지를 망가뜨리고 향촌을 폐허로 만들기 때문에 인민의 아픔이 심하고 나라에 해도 크다."[53]라는 슌다이의 한탄은 그러한 사실을 잘 반영하고 있다. 제도제작은 백성을 피로하게 만들고 세상을 더욱 곤궁하게 만든다. 이렇게 보면 슌다이가 무위의 도를 시행해야 한다는 다음의 말, 즉 "국가가 원기를 잃어버리면 단지 지금은 만사를 그만두고 오직 무위를 행해야 하는 시절이다."는 말은 현 정치에 대한 일종의 반감이며 감정이 섞인 표현이라 생각할 수 있다. 잃어버린 원기를 회복시키는 방법 그것은 슌다이가 예악을 보는 시선에서 찾을 수 있다.

슌다이는 제도의 작위에 의한 민심의 통제를 그만두고 만사의 작법의식이라는 예악으로 인간의 본성을 그대로 인정하면서 자기 수양을 생각하고 있었다. 개인의 차원에서의 교화를 통한 사회의 풍속을 바르게 만들어가려는 의도가 들어 있다고 할 수 있다.

7. 맺음말

소라이는 치인중심의 학문관에 서 있다. 이에 비해 슌다이는 치인중심의 소라이학이 갖는 한계, 그것을 수기가 결여되어 있다는 점에서 찾아 그것을

---

52 衣笠安喜, 『近世儒學思想史の研究』, 法政大學出版局, 1976, 145~146쪽.
53 『경제록』 「식화」, 113쪽.

보충함으로서 소라이학의 토대를 확고한 것으로 만들려했다. 슌다이의 사상이 소라이가 주장한 성인의 도의 실현에 대한 절망에서 문제의식을 발견한 것은 아니다.

슌다이는 사회의 풍속을 교화하고 국가제도를 확립하는 것으로 성인의 도가 실현가능하다고 생각했다. 이 때문에 슌다이는 인심의 교화를 추구하여 교화된 인심을 사회로 확충하고 이를 통해 사회 전체의 풍속을 바르게 만들어 가려 했다. 풍속의 교화의 수단은 말할 것도 없이 예악이다. 슌다이는 예악을 만사의 작법 의식이라 간주하고 비근한 일상생활의 차원에서 사회 전체의 풍속을 조장하려 했다. 이러한 논리구조는 소라이와는 다른 부분이다. 소라이는 제도론적인 '장치'를 통해 전체적인 시점에서 인심의 교화를 추구했다. 이에 비해 슌다이는 개인에서 전체라는 시점에서 전체를 조망하고 있었다.

슌다이는 불안한 인성(자기 스스로 자신의 마음을 통제할 수 없는 불안)을 그대로 인정한다. 그 위에서 불안한 인성은 예악의 실천을 통해 해소되어 간다. 그는 성인의 작위가 되는 예악을 비근한 '일상생활의 장에서의 예악'이라는 측면을 강조하여 수기의 보편성을 추구했다. 성인의 도가 천지자연의 도와 관련성이 깊다는 인식을 드러내면서 경천의식을 더욱 강화시켰다. 이렇게 하여 슌다이의 수기에 의한 인간이해는 소라이 보다도 더욱 논리화, 치밀화된 형태로 전개되어 갔다.

이러한 수기의 문제는 시대적 상황론과 관련되어 있다. 슌다이가 무위를 주장한 배경에는 향보개혁으로 대표되는 민중의 힘에 부치는 제도의 작위에 의함 민중의 피폐현상이 보인다. 민중의 피폐현상을 극복하고 성인의 도가 실현가능한 시절을 만들기 위해서는 제도에 피로감을 보이는 인간의 원기를 회복시킬 약이 필요해졌다. 슌다이는 이 약을 노자의 무위에서 찾고 있다. 여기에 슌다이 사상의 특징이 있다.

에도 유학이 수기보다 치인에 문제 축을 갖고 있다고 한다면 적어도 소라이학파 내부에 한해서는 수기에 대한 논의는 깊이 진행되어 갔다고 할 수 있다. 슌다이에 의해 제기된 수기에 대한 논의는 소라이학의 새로운 관점을 제공했다. 이렇게 본다면 소라이학은 슌다이에 의해 약점이 보강되어 이전보다 더 강렬한 사상으로 태어날 수 있었다.

슌다이로 계승되면서 논의되어 가는 소라이학의 수기치인의 인간론은 소라이 이후 절충학에서부터 정학파 주자학에 의한 관정이학의 금으로 주자학의 부활에 이르는 사상사의 전개과정에서 살펴봐야할 문제를 안고 있다. 소라이학의 문제를 인간 내면 세계의 결락에 있다고 단정한 절충학이나 정학파 주자학의 움직임이 주자학 부활에 의한 관정이학의 금을 필연적으로 요구했다면 소라이학의 결점을 보충하려 했던 슌다이는 그들에게 어떻게 각인되었던 것일까? 소라이학파에서의 슌다이의 위치도 이러한 사상사의 전개 과정에서 평가되어야 할 것이다. 이는 소라이학이 왜 쇠퇴의 길에 직면했는가의 문제와 관련되기 때문이다.

제2부
소라이학 주변의
경서해석과 인간

제5장

가타아먀 겐잔의 경서해석과 소라이학

1. 소라이학에서의 전향

일본사상사에서 절충학의 문제

일본사상사에서 18세기 후반기는 소라이학의 주변에 몰려든 많은 지식인들의 대부분이 '반소라이학'으로 전향해 가는 시기이기도 하다. 이러한 반소라이학은 절충학을 양산해내고 드디어 관정이학의 금(寬政異學의 禁)에 의한 주자학의 부활이라는 형태로 모습을 바꾸어가면서 학문계의 조류를 형성해간다. 그러한 사상사의 변동과정에서 소라이학을 지키려는 소라이 문인들의 학문적 노력과 소라이학에서 전향하여 절충학이나 정학파 주자학으로 옮겨가는 이른바 '동요하는 지식인상'이 출현한다.

이러한 사상사의 전개과정에서 주목되는 것은 반소라이학을 견인하면서 주자학의 부활을 준비한 지식인상, 즉 절충학이다. 유명한 절충학자로는 호소이 헤이슈, 이노우에 긴가, 가타야마 겐잔, 쓰카다 다이호, 오타 긴죠, 우노 메이카 등이 있다. 히로세 탄소(廣瀨淡窓, 1782~1856)는 일본의 유학사의 전개과정에서 3가지의 커다란 변화를 들고 있는데 "당시 이름 높은 유학자열에 일곱 여덟 명은 절충학"이었다고 했다.[1] 여기에는 사상사에서 절충학의 중요성이 선명하게 표출되어 있다.

그렇다면 절충학은 일본사상사에서 어떠한 평가를 받아왔을까? 예를 들어 마루야마는 절충학에 대해 "이론적으로는 거의 새로운 것을 제시하지 못했다."라고 평했다.[2] 이에 대해 기누카사 야스키(衣笠安喜)는 절충학의 등장을 "절충학파에 의한 자연적 질서사상의 부활"이라 평하면서 관정이학의 금에 의한 "주자학의 강제적 부활"로 이어졌다고 했으며, 그러한 길을 준비했다고 하여 절충학이 담당한 역할에 커다란 의미를 부여하고 있다.[3] 한편 쓰지모토 마사시(辻本雅史)는 "번교의 급증현상, 무사교육의 일반화, 이에 따르는 유학의 일반교양화등 무사적 세계에서 교육활동의 급격한 고양이 시작된 시기는 절충학 융성과 이에 이어지는 주자학 부활의 시기와 일치"한다고 하면서 "유학이 적극적으로 사회에 침투해가는 과정"으로 절충학을 평가하고 있다.[4]

이러한 절충학의 평가를 염두에 두면서 제5장에서는 일찍이 소라이학을 배운 후 소라이학으로부터 사상적으로 전향하는 과정에서 반소라이학을 주장한 절충학자 가타야마 겐잔의 사상사적 의의를 고찰했다. 겐잔은 다량의 경서주석을 남겼음에도 불구하고 지금까지 사상사 연구에서는 그다지 주목받지 못했다. 그것은 절충학으로 분류되는 유학자들의 사상적 특색, 이

---

1 "진사이와 소라이의 설이 융성하여 정주학이 쇠퇴함에 이르러 유자의 대부분이 부화만탕함에 빠져 궁행에 힘쓰는 자 없었다. 이로 인해 세상 사람들은 이것을 싫어하여 다시 송학으로 돌아가려는 자들이 많아졌다. 그러나 송학의 폐해도 돌아보지 않으면 안되었다. 그러므로 정주, 진사이, 소라이의 설을 서로 취사하는 바가 있었는데 세상이 이것을 절충학이라 칭했다. 당시 고명한 유학자 10명에 칠 팔명은 절충학이다. 이것이 3번째의 큰 변화이다."(廣瀨淡窓, 「儒林評」, 『淡窓全集』中卷, 思文閣, 1926, 1쪽).

2 丸山眞男, 『日本政治思想史研究』, 東京大學出版會, 1952, 145~146쪽.

3 衣笠安喜, 『近世儒學思想史の研究』, 法政大學出版局, 1976, 180~181쪽.

4 辻本雅史, 『近世教育思想史の研究』, 思文閣出版, 1990, 110~111쪽.

른바 소라이학을 대체할 수 있는 새로운 사상의 지평을 열지 못했다는 일본 사상사의 평가에 이유가 있을 것이다. 그러나 절충학이 새로운 사상의 지평을 열지 못했을지는 몰라도 절충학의 출현이 주자학, 양명학, 진사이학, 소라이학 등의 경서 해석에 문제를 제기했다는 것, 다시 말하면 경학에 문제의식을 가지고 사상사에 등장하는 것에 대한 평가가 소홀했다는 것은 사실이다. 겐잔이 다량의 경서 주석을 단행할 수 밖에 없는 학문관이나 사상사적 의의를 제대로 평가하지 않은 결과이다. 일본사상사가 절충학에 대해 새로운 사상의 지평이라는 측면에만 연구의 시각을 두었기 때문에 18세기 후반기 유학자들이 왜 경학 연구에 몰두 하는가를 이해할 수 없게 만드는 결과를 초래했다. 제6장에서 다루는 오타 긴죠에 대한 사상사의 평가도 마찬가지이다.

가타야마 겐잔의 사상사적 위치

기누카사에 의하면 겐잔은 도의 실체를 신독을 기초로 하는 내면적 당위적 이념, 성(誠)을 기반으로 하는 "개인도덕적 수양"에서 찾았다고 한다.[5] 이러한 면에서 겐잔은 "소라이학보다는 주자학과의 절충"을 모색했다는 것이다. 나아가 기누카사는 "문헌고증에 의해 자설을 증명하려는 학문의 방법"이 절충학의 특징이라 하면서도 고증학파가 "현실과의 관련에서 어떠한 사상적 창조를 만들어내지 못한 원인"을 겐잔 등의 절충학에 있다고 했다.[6]

한편 미햐엘 킨스키는 겐잔의 경서 주석에 주목하여 겐잔은 소라이 보다 더 경서의 주석에 훨씬 철저했다고 했다. 이 과정에서 겐잔의 사상적 과

---

5 衣笠安喜, 앞의 책, 162쪽.
6 衣笠安喜, 앞의 책, 139쪽, 164쪽.

제는 주자학과 소라이학등과의 절충이 아니라 "선왕공자의 도"의 부활에 있었다고 한다.[7] 이러한 면에서 겐잔은 주자학과 소라이학의 중간적인 길을 모색했다고 보고 있다. 한편 후지모토 마사히코(藤本雅彦)는 "겐잔에 의해 이해된 고문사학은 자구에 한정"되고 이러한 겐잔의 작업은 고문사의 고증을 통해 새로운 자의를 제시했으며 거기에 '해설'을 부여하는 노력이었다고 했다.[8]

이러한 선행연구에서는 겐잔의 경서주석에 사상적인 의미를 부여하면서도 왜 켄잔이 경서주석에 진력했는지 그 이유의 해명은 보여주지 못했다. 겐잔은 소라이학의 경서주석 방법이 갖는 약점을 파악하고 극복하는 과정에서 고증학적 방법을 도입했다. 여기에 겐잔의 학문과 사상적 의미를 찾아야 하지 않겠는가?

나카야마 쿠지로(中山久四郞)는 이노우에 긴가의 문인인 고증학자 요시다 고톤(吉田篁墩)·오타 긴죠 등에게서 청조 고증학의 영향을 강조한다. 나카야마는 요시다에 관하여 『속제가인물지(續諸家人物志)』의 "근세 청인의 고증학을 받드는 자는 여기에서부터 열렸다.… 그 학은 청인의 혜동(惠棟), 로문소(盧文弨) 등처럼 교감 정밀함을 주로 삼는다."라는 말을 근거로 요시다가 청조 고증학의 영향을 받았다고 보고 있다. 또한 오타 긴죠에 관하여도 역시 『속제가인물지』의 "그 학은 한송 제유의 경서 해석을 취사하여 더함에 청인 고증으로 오직 경서를 강구하였는데 한때를 풍미했다."는 구절을 인용하여 긴죠가 청조 고증학의 영향을 강하게 받고 있다고 보았다.[9] 이어 "호레키(宝

---

7 ミヒャエル・キンスキ, 「片山兼山の思想的位置－儒學的學問觀」, 『立命館大學人文科學研究所紀要』59호, 1993, 97쪽.

8 藤本雅彦, 「『論語』の聖典性の喪失」, 『季刊日本思想史』15, ぺりかん社, 1980, 참조.

9 中山久四郞, 「淸朝考証の學風の近世日本」, 『史潮』第一卷, 大塚史學會編, 國書刊行會, 1931, 13~14쪽.

曆), 메와(明和)에서 안에이(安永), 텐메이(天明)를 거쳐 칸세이, 쿄와(享和), 분세이(文政)에 이르는 약 80년 간은 청조 유학적인 고증 학풍이 행해지던 시대"라 했다.[10] 그런데 사토(佐藤文四郎)는 "켄잔 및 긴카에 의해 주창된 절충학은 긴카문인의 호슈(豊洲)·고톤(篁墩)·호쿠잔(北山)·보사이(鵬齋) 등에 의해 유유히 세상에 나타나 그것이 고톤을 중심으로 키엔(淇園)·교손(漁村)·고손(篁邨)과 고증학파로 전개되어 갔다. 그러나 그 연구의 방법은 겐잔의 수통(『산자수통(山子垂統)』을 지칭)에 힘입은 바 많다."고 지적한다.[11] 이 지적을 바탕으로 생각해보면 겐잔의 경학연구 및 학문적 태도가 절충학이나 고증학의 학문을 지탱하는 방법론을 제공했다고 할 수 있을 것이다.

이러한 평가를 염두에 두면서 소라이 이후 유학이 사회에 적극적으로 침투해가는 시기에 출현한 겐잔의 경서 주석과 소라이학은 어떠한 관계에 있었으며 겐잔은 왜 소라이학에서 사상적으로 전향하지 않으면 안되었는가? 또한 겐잔은 왜 경서주석에 심혈을 기울였는가? 이러한 문제를 해명하는 것이 제5장의 과제이다.

2. 정통과 이단의 판단 근거인 공자의 도

가타야마 겐잔과 소라이학

가타야마 겐잔은 이름이 세반(世璠), 자가 슈쿠시쓰(叔瑟), 겐잔(兼山)은 호이다. 『선철총담(先哲叢談)』[12]에 의하면 겐잔은 17세에 에도로 유학을 와서 우

---

10 中山久四郎, 앞의 책, 23쪽.
11 佐藤文四郎,「折衷學槪括」, 福島甲子三編著, 『近世日本の儒學』, 岩波書店, 1939, 14쪽.
12 켄잔에 대하여는 『先哲叢談續編』 「片山兼山條」에 의함(堀田璋左右·川上多助編, 『先哲叢談續編』, 友文社, 1916).

도노 시네이(鵜殿土寧, 1710~1774)의 문하에 들어갔다. 우도노 시네이는 처음에 주자학을 배웠는데 후에 핫토리 난카쿠의 문인이 되어 고문사학을 배운다. 이러한 인연으로 겐잔도 난카쿠의 문하에 들어가 고문사학을 배웠다. 후에 난카쿠의 제자로 쿠마모토 출신인 아키야마 교쿠잔(秋山玉山, 1702~1764)과 교유했다.

교쿠잔은 겐잔의 빈궁한 생활을 불쌍히 여겨 시네이와 상담하여 켄잔을 구마모토로 데리고 간다. 겐잔은 구마모토에서 번교 시습관의 학생이 된다. 수년이 지나 시습관을 그만두고 교토로 유학을 왔으며 다시 에도로 돌아갔다. 시네이의 밑에서 소라이학을 배웠으며 경학을 강구했다. 겐잔의 고증학에 대한 정밀함은 스승 시네이를 넘어섰다.

그 후 겐잔은 스승 시네이의 소개로 소라이 제자인 우사미 신수이(宇佐美灊水)의 양자가 된다. 겐잔이 경제적으로 궁핍한 생활을 안타깝게 여긴 스승의 배려였다. 신수이는 소라이를 보좌하였으며 소라이의 유훈을 유지하려는 자였다. 그런데 겐잔은 소라이학의 경서 해석을 둘러싸고 양부인 우사미와 종종 논쟁을 벌였다. 이 둘의 논쟁은 둘 사이의 견해차가 상당히 컸다는 것을 확인하는 과정이었다. 경서 해석상의 견해차는 겐잔으로 하여금 우사미의 곁을 떠나게 만드는 원인이 되었다. 우사미를 떠난다는 것은 양자임을 포기한다는 것을 의미한다. 겐잔은 소라이학을 배격하는 것을 자신의 임무로 삼고 격렬한 소라이학의 비판자가 된다. 소라이의 문인도 겐잔을 원수라 여겼으며 그를 간유(姦儒)라 불렀다. 그러나 겐잔은 이에 굴하지 않고 소라이학 비판을 멈추지 않았다.

겐잔은 소라이학을 버리고 오직 선진 고경을 중심으로 하는 경서 주석에 몰두했다. 『선철총담』에는 절충학이 겐잔에서부터 시작된다는 점을 밝히고 있다. 겐잔은 자신의 학문을 이름하여 산자학(山子學:山子는 겐잔의 호)이라 칭하고 자신의 훈점을 산자 훈점(山子点)이라 했다. 『선철총담』은 겐잔이 사서

오경의 주석서등 방대한 저작을 남겼다는 점도 덧붙이고 있다.

겐잔의 절충적 성격

그렇다면 겐잔은 왜 경서 주석에 몰두한 것일까? 이것을 밝히는 과정은 곧 겐잔이 소라이학에서 전향하게 되는 이유를 밝히는 과정이기도 하다. 겐잔은 학문의 목적에 대해 다음과 같이 말하고 있다.

맹자가 말하기를 군자가 창업수통(創業垂統)하여 그것을 자손에게 전하는 것은 그것을 계승하기 위함이다. 세상에서 옛 성왕의 도에 뜻을 둔 자는 이 책을 보고 나머지 부분을 돌이켜 나의 학문을 소술(紹述:앞 사람의 사업이나 제도 등을 계승하여 그를 좇아 가는 일:필자주)하여 수사(洙泗)의 도로 다시 우리 야마토(大和)를 밝혀 그 옛 중화 오랑캐의 나라에 이르게 하는 것을 바라는 바이다. 이에 그들로 하여금 선왕의 시서예악은 그곳에 있지 않고 다른 나라에 있다는 것을 말해주어 와서 법을 가져가게 하려 한다. 이 어찌 아름다운 일이 아니겠는가? 나는 저녁에 죽어도 좋다.(「山子垂統自叙」)[13]

여기에는 겐잔의 사상적 지향이 선명하게 드러나 있다. 겐잔이 강조하는 창업수통은 공자의 도를 일본에 베풀어 중국에 그것을 전하려는 것이다. 이것은 선왕의 도가 중국에 있는 것이 아니라 일본에 있다는 것을 선언한 것과 같다. 여기서 '창업수통한다'는 것은 '수사의 도(공자의 도)'의 회복, 즉 도

---

13 『山子垂統』은 6권으로 되어 있다. 전편 3권은 안에이(安永)4년(1775)에, 후편 3권은 안에이 8년(1779)에 간행되었다. 『山子垂統』, 上哲次郎編纂, 『日本倫理彙編』, 金尾文淵堂, 1903.

통의 회복을 의미한다. 공자의 도가 겐잔 사상의 중핵을 이루고 있는 것이다.

그런데 여기서 주의할 것은 '선왕의 시서예악'이라는 표현이다. 겐잔이 선왕·공자의 도를 '시서예악' 즉 육경에서 찾고 있다는 것은 무엇을 말하는 것일까? 겐잔의 이러한 표현에서 다름 아닌 소라이학적인 인식을 엿볼 수 있다. '시서예악'은 소라이가 선왕의 도를 육경이라 간주하면서 성인의 도의 내용을 지칭한 표현이다. 다시 말하면 겐잔은 소라이에 영향을 받아 성인의 도의 내용을 '시서예악'이라 간주하고 있다는 것이다. 그가 소라이학에서 전향했다고는 하지만 사상의 근간이 되는 것까지는 버리지 못한 것이다. 그럼에도 불구하고 겐잔은 주자, 소라이나 진사이등의 학문이 공자의 도와는 상당히 거리가 있다는 인식을 가지고 있었으며 심지어 이단이라고까지 간주했다.

> 태사공이 말하길(『공자세가』贊語) 천자 왕후로부터 중국에서 육예를 말하는 자는 공자에 절충하니 지성(至聖)이라 할 수 있다. 이것은 공자가 성인들의 무리에서 나온 학문의 정수이기 때문이다. 이른바 집대성이라는 것은 공자의 몸에 선왕의 도가 있다는 것이다. 그러므로 공자를 배우면 선왕의 도는 그 안에 있는 것이니 즉 공자를 스승으로 삼는 것이다. 공자를 배우지 않고 누구를 배우겠는가?(『논어징폐질』1권, 18쪽)[14]

여기에는 절충의 개념이 분명이 나타나 있는데 겐잔에 있어서 절충이란 "공자에 절충하는 것'을 의미한다. 겐잔은 그 이유를 성인 선왕의 도를 집대

---

14 『논어징폐질(論語徵癈疾)』3권, 간행 연대는 미상. 이 책은 소라이의 『논어징』10권 가운데 「학이편」에서 「위정편」10장까지를 주해한 것이다. 『논어징폐질』은 『崇文叢書』第二輯, 1930~1931년판.

성한 사람이 공자이며, 그렇기에 공자의 몸에는 바로 선왕의 도의 전체가 들어 있다는 것에서 찾고 있다. 그러므로 공자를 배운다는 것은 그것이 바로 선왕의 도를 배우는 것이 된다. 학문은 공자를 표준으로 한다. 이러한 겐잔의 주장은 공자 이외의 학문은 부정되거나 상대화된다는 것을 말해준다고 할 수 있다. 그렇다면 겐잔은 왜 새삼스럽게 공자 그 자체를 배워야함을 다시 강조하고 나오는 것일까?

겐잔의 학문

이 문제를 해명하기 위해 겐잔이 생각하는 공자를 표준으로 하는 '학문'이란 무엇을 의미하는지를 먼저 살펴보자. 겐잔의 『산자수통』은 『논어』 「학이편」의 해석으로 시작하고 있다. 그런데 『논어』 「학이편」의 첫 장인 '학이시습지(學而時習之)'의 해석을 둘러싸고 주자와 소라이 사이에는 격렬한 대립이 있었다. 그러한 사실을 알고 있는 겐잔이 『산자수통』의 처음에 '학이시습지'의 해석을 다루고 있다. 그것은 겐잔의 다분히 계산된 의도적인 배치라고밖에는 볼 수 없다. 그것은 결국 겐잔이 지향하는 유학이 주자나 소라이와는 확연히 다르다는 일종의 선언적 성격을 갖는 것이라 할 수 있다.

먼저 소라이와 주자의 '학이시습지'를 둘러싼 논쟁을 보자. 주자는 '학이시습시'의 '학(學)'을 '효(效)'라 주해하면서 다음과 같이 말하고 있다.

인성은 모두 선한데 깨달음에는 선후가 있으니 후에 깨닫는 자는 반드시 먼저 깨달은 자가 하는 바를 본받아서 선을 밝혀 그 처음을 회복할 수 있다. 습(習)이란 새가 (날기 위해)자주 날개 짓 하는 것인데 배워 쉬지 않음이 새가 자주 날개 짓 하는 것과 같은 것이다. 열(說)은 기뻐하는 뜻이다. 즉 배우고 또 때대로 이것을 익히면 즉 배운 것이 익숙해져

서 중심에 희열을 느껴 그 앞으로 나아가는 바를 스스로 멈출 수 없는 것이다. 정자가 말하기를 익힌다는 것은 거듭 생각해서 연역하여 가슴 속에 무젖게 하면 기쁜 것이라고 했다.(『논어집주』「학이편」)

주자는 '습'(習)을 '중습'(重習)이라 보는 정자의 해석을 인용하면서 모든 사물의 법칙(理)이 내재해 있는 인성을 바탕으로 사물의 리를 궁리하면 세계의 모든 리가 일관될 것이라 생각했다. 학문의 최종적인 목적은 기질의 성에서 벗어나 본연의 성을 회복하는 것에 있다. 이것이 주자의 복초설이다. "누구라도 성인이 될 수 있다."는 주자학의 논리가 여기에 있다. 주자학에서 배운다는 것은 우주 삼라만상의 진리를 깨닫는 의미를 내포하고 있다.

한편 소라이는 "농포(農圃)를 배운다."거나 "사어(射御)를 배운다."에서 보는 것처럼 "단순하게 배운다(學)고 하는 것은 선왕의 도를 배우는 것을 말하는 것이다. 선왕의 도를 배움에는 처음부터 선왕의 가르침이 있는 것이다."라고 하여 주자의 주해에 반론을 제시하고 있다.[15] 소라이에게는 정해진 '선왕의 가르침'(詩書礼樂)을 '배우는' 것이 '학문'의 출발이었다. 그래서 소라이는 "선왕의 도는 백성을 평안하게 하는(안민) 길이다. 배운다는 것은 이것을 배우는 것이다. 배워 우수한 사람이 되면 섬겨 이것으로 도를 행한다." 라고 강조한다.[16] 이처럼 소라이의 '학이시습지'의 주해는 선왕의 도를 어떻게 배울 것인가와 관련되어 있는 것이다. 소라이는 계속해서 다음과 같이 말하고 있다.

주씨처럼 효(效)자를 끌어들여 자설을 세우려는 자는 『중용』과 『맹자』

---

15 『논어징』「학이편」, 373쪽.
16 『논어징』「학이편」, 379쪽.

를 오독하여 망령되게 성인이 되려는 것을 추구하는 것으로 귀결될 뿐이다. 무릇 성인의 총명예지의 덕은 하늘에서 품부받은 것이다. 어찌 배워 이를 수 있겠는가? … 또한 각(覺)이라고 뜻을 단 것은 일단 활연 관통하는 설로써 성인의 도에는 없는 것이다. 선왕의 가르침을 익히길 오래하여 여기에 변화되면 덕을 이루어 지식이 밝아져 힘쓰는 일이 없게 된다.(『논어징』「학이편」, 375~376쪽)

소라이에 의하면 주자가 주장하고 있는 '본연지성'이나 '성인가지학설(聖人可至學說)', '일단활연관통설(一旦豁然貫通說)' 등의 개념은 모두가 『중용』이나 『맹자』를 오독한 결과이다. 예를 들어 '학(學)'을 '각(覺)'이라 하는 '일단활연관통설' 같은 것은 원래 성인의 도에는 없는 것이라고 했다. 이것은 주자의 '성인가지학설'에 대한 부정이다. 이처럼 '학이시습지'의 주석에는 주자와 소라이 사이에 지를 습득하는 방법론에 대한 본질적인 차이가 확연히 드러나 있다.

이러한 주자와 소라이의 대립에 대해 겐잔은 '학'을 '효(效)'라 해석하면서 학문의 길은 "효상(效象)하는 것 외에는 다스릴 방법이 없다."라고 했다.[17] 여기서 겐잔은 '학'을 '효'라 해석하는 주희의 설을 긍정하는데 이것은 『상서』「낙고편」의 문장에 기초한 "예로부터 전해 내려오는(古來相伝)의 설"이기 때문이었다.[18] 또한 '시(時)'란 "일의 기회를 잃지 않는 것", "익힌다."는 것을 "습복(習復)"이나 "습관(習慣)"으로 풀이하고 소라이가 황간의 『논어의소』에 의존

---

17 『산자수통』전편상, 170쪽.

18 『산자수통』전편상, 170쪽. 겐잔이 주자를 비판한 이유 중 하나는 주자가 배워서 성인이 될 수 있다는 것을 주장한 것에 있다. 겐잔은 "주씨의 배워서 성인이 된다는 설은 그 자신 가학(家學)의 수양법이다. 어찌하여 學자를 效라 훈함을 빌려 그러한 설의 바탕으로 삼는 것인가?"라고 했다.(「산자수통」전편상, 175쪽)

한 "때때로 이것을 익힌다"는 "시습지"의 해석에 대해 "문법을 모르는 자의 말로 어찌 취함에 족하겠는가?"라고 반박하고 있다.[19] 이것은 소라이가 "선왕의 도"를 "때때로 이것을 송습(誦習)한다"고 주해한 것의 반박이다. 나아가 겐잔은 『자허통(自虎通)』이나 『설문해자』를 근거로 '학'을 '각오(覺悟)'라 풀이하고 '습'을 '중습'이라 하면서 '고훈'이라 했는데 이러한 견해는 주자와 같다.[20] 겐잔은 이러한 주해를 제시하면서 주자, 소라이와는 다른 해석을 가하고 있다.

> 후세의 배우는 자는 스승에게 나아가 독서하는 것만을 학문이라 하면서도 그 행위를 모방하는 것을 모른다. 하물며 당대의 현자와 교제하며 그 모범을 따라 배움에 있어서랴? 그 때문에 책을 읽어도 옛 현인 군자의 사람됨을 흠모하여 모방하는 것을 모른다. … 이것은 배운다는 글자의 뜻이 분명하지 않는데 기인한다. 배우는 자가 학(學)자의 뜻을 모른다면 더욱 사람으로서 사람의 도를 모르는 것과 같은 것이다.(『산자수통』 전편상, 171쪽)

겐잔에게서 학문의 요체는 독서와 함께 그 내용을 그대로 실천하는 것이며 나아가 행동의 모범이 되는 스승을 모방하는 것이다. 그것은 "크게는 천하국가, 작게는 일가와 일신상에서도 모두 방효(放效)를 주"로 삼아야 한다. 이것이 바로 "경학의 첫째가는 뜻"인 것이다.[21] 겐잔은 공자 그 자체를 배움의 대상으로 보고 있다.

---

19 『논어징폐질』권1, 31쪽, 38쪽.
20 『논어징폐질』권1, 41쪽, 44쪽.
21 『산자수통』 전편상, 172쪽.

이러한 유학의 입장에 선 겐잔이 "학문을 하면서도 학문의 도를 모른다."
고 냉혹하게 비판한 대상은 다름 아닌 주자와 소라이, 그리고 진사이였다.
겐잔은 『산자수통』 저술의 목적을 "세상의 유학자인 회암(주자), 진사이, 소
라이등의 독에 취한 자에게 보인다. 마음이 있는 자는 생각하여 깨달아야
할 것이다."[22]라고 하여 기존의 학문을 완전히 부정하고 있다. 겐잔이 강조
하는 "창업수통"이란 실로 당대에 상당한 영향력을 미치고 있었던 주자·소
라이·진사이의 부정과 그 위에 새로운 학문의 정립을 의미하는 것이었다.

공자의 도의 회복

겐잔은 공자 사후 성인의 도의 변질 과정을 다음과 같이 단정하고 있다.
진나라에서 분서갱유가 이루어지고 한대에 이르러 경서의 뜻이 변했고 정
주에 이르러서는 한의 유학자의 잘못을 알아 고치기는 했지만 그들은 불교
에서 뜻을 취하는 잘못을 범했다. 진사이와 소라이는 정주의 잘못을 알았
지만 아직 선왕공자의 도의 본체를 몰랐다.[23] 다시 말하면 겐잔은 진사이나
소라이의 업적에 대해 정주의 잘못을 알았을 뿐 선왕 공자의 도의 본체까지
는 이르지 못했다고 평하고 있는 것이다. 그리고 주자·진사이·소라이가 선
왕 공자의 도를 몰랐던 원인은 "오경과 여러 옛 문헌(고문)을 고찰하지 않
은"[24] 것에서 찾았다. 겐잔이 다시 경서로 돌아가 거기서부터 유학의 본체를
구하려는 이유가 여기에 있다. 경학 연구는 선왕 공자의 도가 무엇인지 그
실체를 분명하게 밝혀주는 가장 확실한 방법이기 때문이다.

---

22 『산자수통』 후편중, 279쪽.
23 『산자수통』 전편상, 「山子垂統自叙」
24 『산자수통』 전편상, 「山子垂統自叙」

이렇게 겐잔은 성인의 도가 공자에 있다는 것을 확신하고는 공자의 언행일체를 그대로 신체화하려 했다. 여기에는 주자도 소라이도 진사이도 모두가 상대화되고 있으며 공자 그 자체가 새롭게 학문의 대상으로 부상하고 있다. 이것이 바로 수사의 도의 회복, 겐잔이 추구한 학문의 내용이다.

이러한 과정에서 겐잔이 공자를 모방하기 위해 강조한 텍스트는 육경과 『논어』와 『맹자』였다. 일찍이 주자는 육경 보다는 『논어』·『맹자』·『대학』·『중용』의 사서를 강조했으며 소라이는 사서보다는 육경을 학문의 대상으로 했다. 겐잔은 이러한 학자들에 대해 다음과 같이 말하고 있다.

> 정자가 말하기를 배우는 자는 실로 『논어』와 『맹자』를 본으로 삼아야 한다. 『논어』와 『맹자』를 이미 다했으면 즉 육경은 다스리지 않아도 분명히 알 수 있다. 진사이는 종종 정자의 이 말을 칭송하면서 말하기를 말을 안다(知言)는 것은 실로 이것이다 라고 한다. 그러나 내가 생각하기에 배우는 자는 모름지기 『논어』와 『맹자』로 본을 삼아야 한다고 하는 것은 옳다. 그러나 『논어』와 『맹자』를 이미 다스렸다면 즉 육경은 다스리지 않아도 분명해진다는 것은 잘못된 것이다. 『논어』와 『맹자』에 통달했다 해서 어찌 육경을 다스리지 않아도 밝혀진다는 것이 옳겠는가? 이것은 하나를 잡아 백을 폐하는 것일 뿐이다. … 『논어』와 『맹자』, 육경은 모두 선성(先聖) 공자의 말로 그것은 하나로 돌아간다. 그러므로 『논어』와 『맹자』에 정밀해진 후 육경을 읽으면 그 이치와 그 뜻은 부절을 맞춘 것과 같다.… 물씨(物氏:소라이)는 이와 달라 육경을 바라고 『논어』에 이르려 했다. 이는 본말 선후를 잃은 것이다.(『논어징폐질』1권, 25~26쪽)

겐잔에 의하면 주자나 소라이가 주장하는 것처럼 육경보다 『논어』와 『맹자』를 강조하거나 『논어』와 『맹자』보다는 육경을 강조하거나 하는 태도는 모두가 선후본말을 잃어버린 것이다. 『논어』, 『맹자』, 육경은 모두가 '선성 공자'의 말로 그 뜻은 하나이다. 물론 겐잔이 『논어』, 『맹자』, 육경을 주된 텍스트로 높이 평가했다 해서 『대학』이나 『중용』을 무시한 것은 아니다. 주자는 『대학』과 『중용』을 '심법의 책'이라 했으며, 진사이는 『대학』을 공자의 유서라 보지 않고 『중용』을 "성(誠)을 논한 성명서(誠明書)"라 했다. 소라이는 『대학』을 '양로의 책', 『중용』을 '노자와 싸우기 위한 책"이라 간주했다. 겐잔은 이러한 선학의 태도를 비판하면서 "『대학』과 『중용』은 모두 예악의 근본을 설한 책으로 공자의 본의가 완전히 이 두 책에 있는데도 고금의 유학자들은 모두 마음을 쓰지 않는다."라고 하고 있다.[25] 유학에서 사서와 육경은 겐잔에게도 중요한 경서의 위치에 있지만 평가에 대해서는 주자, 소라이, 진사이와는 다른 입장에 서 있다. 이것은 성인 공자를 표준으로 하는 경서의 자리매김에 변화가 생겼음을 말해주는 것이다. 아울러 겐잔에게는 육경과 함께 『논어』와 『맹자』가 유학사상과 유학 학습의 중심이 되고 있다

겐잔은 공자를 배우는 것이 학문의 요체라 파악하고 있다. 공자 그 자체가 성인의 도의 체현자이기 때문이다. 하지만 소라이는 공자 그 자체를 배움의 대상으로 삼지 않았다. 소라이는 공자가 배운 내용을 배워야 함을 강조한다. 소라이는 공자가 배운 바가 다름 아닌 고언으로 제시되어 있다고 생각했기 때문이다. 이렇게 보면 학문의 실천을 둘러싸고 두 사람은 서로 다른 입장에 서 있었던 것이다.

---

25 『산자수통』 전편상, 187쪽.

3. 고문사학의 극복과 새로운 경서의 세계

'우사미 신수이'(宇佐美兼山)에서 '가타야마 겐잔'(片山兼山)으로

겐잔이 '공자에 절충'한다고 할 때에 반드시 극복해야만 한 것은 소라이의 고문사학적 방법이었다. 전술한 것처럼 겐잔이 경서 주석에 매달린 것은 소라이학과의 만남 이후의 일이었다. 『선철총담』에 의하면 겐잔은 "훤원(譲園:소라이의 가숙)의 학문의 연원을 철저히 규명"했는데[26], 그 결과 소라이가 경서의 고증에 철저하지 못하다는 사실을 알게 됐다. 이어 『선철총담』에는 "겐잔은 경사(経史)를 고증하여 오류를 바로잡았으며 시비를 밝혔다. 그러나 신수이는 (경서를 궁리하여 겐잔과)논쟁할 능력이 되지 못했다. 겐잔도 또한 (신수이를) 따르고 싶지 않았다. 끝내 환심을 잃었으나 해결하지 못하게 되자 의연히 떠날 뜻을 세우고 주저함 없이 사절하고는 원래의 성(가타야마)으로 돌아왔다.'고 말하고 있다.[27] 경서 주석에 대한 겐잔의 입장이 분명하게 드러난 대목이다.

위의 『선철총담』에서 겐잔의 학문적인 성격을 "경사(経史)를 고증하여 오류를 바로잡고 시비를 밝힌다."라고 평하고 있다. 겐잔의 이러한 학문적 성격은 소라이가 선왕의 도를 알지 못한 원인을 "오경과 여러 고문을 고찰하지 않은" 것에 있다고 판단한 것과 연결된다. 겐잔이 '우사미 겐잔'에서 '가타야마 겐잔'으로 본성(本姓)으로 돌아온 이유도 경서해석을 둘러싼 대립 때문이었다는 사실도 이를 반증해 준다. 이러한 사실은 바로 겐잔의 경서주석방법이 소라이의 고문사학적 방법을 강하게 의식하면서도 '소라이의 극복'에 중점을 두었다는 것을 의미할 것이다.

---

26 『선철총담속편』 권10, 157쪽.
27 『선철총담속편』 권10, 157~158쪽.

겐잔의 고문사학 비판은 바로 소라이의 '고언설'에 집중되어 있다. 겐잔에게는 소라이의 『논어징』 비판을 위한 저술서로 『논어징폐질』이 있다. 겐잔이 소라이의 고문사학적 방법으로 저술된 것으로 평가받는 『논어징』을 '폐질'(癈疾)이라 간주했다는 사실은 『논어징』이 도저히 고칠 수 없는 중대한 장애를 안고 있는 저작이라고 인식했다는 것을 말해준다. 『논어징폐질』에는 '고언'이라는 표현이 10군데 나온다. '고언' 이외에도 '고훈'이나 '고지'(古志), '고래상전의 설'(古來相伝之說)이라는 표현도 있다. 『논어징폐질』은 「학이편」에서 「위정편」까지 만을 주해한 것으로 『논어』 전체를 주해했다면 '고언'이라는 표현은 훨씬 더 늘어날 것이다.

겐잔은 고언의 의미를 정확하게 이해하는 것이 바로 있는 그대로의 공자와 공자의 도의 실체를 드러내주는 것이라 보았다. 예를 들어 『논어』 「학이편」의 「신종추원(愼終追遠)」장을 보자. 여기서 소라이는 "마지막을 신중하게 하고 멀리까지 추도한다. 증자가 예를 제정하는 이유의 뜻"이라 했다.[28] 이에 대해 겐잔은 "마지막을 신중하게 하고 멀리까지 추도한다는 것은 예의 근본을 말한 것이라 하면 옳다. 하지만 예를 제정한 이유에 해당하는 뜻이라는 말은 망령됨이 또한 아주 심한 것이다."라고 했다.[29] 겐잔은 그 이유를 고언으로 보여준다고 하면서 『맹자』, 『순자』, 『공가가어』, 『한서』 등의 전거를 예로 들고 있다. 겐잔이 "이것이 고언"이라고 하는 경우는 그 전거가 육경 등 경서와 『맹자』, 『장자』나 『순자』 등 제자백가서까지 포함하고 있다. 그 중에서도 특히 진한 이전의 고경을 대상으로 하고 있다. 즉 겐잔의 고언설은 모두가 전거에 기초해 있다는 것이다.

---

28 『논어징』 「학이편」, 394쪽.
29 『논어징폐질』 권2, 25쪽.

소라이로부터의 이탈

그러면 겐잔이 소라이의 고문사학을 어떻게 판단했는가 그 몇 가지 예를 통해 살펴보자. 먼저 『논어』「학이편」의 아래 구절에 대한 소라이의 주해는 다음과 같다.

子曰, 君子不重則不威, 學則不固. 主忠信, 無友不如己者, 過則勿憚改.(『論語』「學而篇」)

이 장에서 군자는 엄중하지 않으면 위엄이 없고(君子不重則不威)와 배워도 견고하지 못하다(學則不固)는 문장은 한 종류(一類)로 공자는 많은 고언을 암송하면서 문인을 가르쳤다. 혹은 병인하여 서로 깨닫게 한다. 혹은 완전히 암송하여 홀로 행한다. 이 장의 절반은 다른 편(자한편)에도 보인다. 그러나 주자는 그 절반은 없는 것이라 하고, 진사이 선생은 그 말이 비슷하지 않은 것으로 보아 같은 시기의 말이 아니라고 했다. 모두 공자가 고언을 암송하고 있다는 것을 모르기 때문이다.(『논어징』「학이편」, 394쪽)

여기서 소라이는 공자가 고언을 암송하면서 그 의미를 문인에게 가르치는 것이라 주해하고 있다. 소라이는 공자가 고언인 "군자는 엄중하지 않으면 위엄이 없고 배워도 견고하지 않다."(君子不重則不威, 學則不固)의 의미로 "충신을 주로 삼고 자기만 못한 자를 벗 삼으려 하지 말고 허물이 있으면 고치기를 꺼려하지 마라."(主忠信, 無友不如己者, 過則勿憚改)를 가르친다고 간주하고 있다. 그리고 주자나 진사이는 공자가 고언을 암송한다는 사실을 몰랐다고 소라이는 간주한다. 이러한 소라이의 주해에 대해 겐잔은 다음과 같이 말하고 있다.

이 『논어』를 기록한 자는 비슷한 말들을 모아 책으로 엮었다. 그것은
모두 인하는 방법을 말한 것이다. 공자와 서로 병인한 것이 아님은 위에
서 논한 것과 같다. 주자는 절반은 빠져있다고 했다. 이는 『논어』를 잘
읽지 않으며 또한 고문의 법식을 모르는 잘못이다. 진사이는 같은 시기
에 한 말이 아니라 했다. 『논어』를 잘 읽고 있다고는 하지만 인을 이루
는 말을 한 것이라는 사실을 모른다. 즉 오십보백보일 뿐이다.(『논어징폐
질』권2, 25쪽)

여기서 보면 겐잔은 『논어』라는 것은 서로 유사한 구를 모아 놓은 책이지
진사이의 해석처럼 공자가 같은 시기에 한 말이 아니라고 판단했다. 마찬가
지로 "절반은 다른 편에 보인다."고 한 주자도 고문법의 방법을 모르는 데서
오는 잘못을 범한 것이다. 그러나 겐잔이 본문에서 주된 비판의 타킷으로
삼고 있는 것은 역시 소라이였다. 공자가 고언을 암송하면서 문인을 가르치
는 방법이라 간주한 소라이의 견해에 대한 겐잔의 반박으로 이해해야 할 것
이다. 겐잔은 소라이가 고언이라고 인정한 것에 대해 분명한 어조로 소라이
의 고언설을 부정하고 있는 것이다.

孟懿子問孝. 子曰, 無違. 樊遲御, 子告之曰, 孟孫問孝於我, 我對曰, 無違.
樊遲曰, 何謂也, 子曰, 生事之以礼, 死葬之以礼, 祭之以礼.(『論語』「爲政篇」)

어기지 않는다는 것은 부모의 마음을 어기지 않는다는 것이다. 또한 공
경하여 어기지 않는다, 수고롭게 하여도 원망하지 않는다, 및 증자가 말
하기를 효자는 노인을 공양하는 일, 그 마음을 즐겁게 하고 그 뜻을 어

기지 않는다. 그 눈과 귀를 즐겁게 하고 그 잠자리를 편안하게 하며 그 음식으로 충량하게 하는 것과 같은 것은 효도의 상도이다. … 세상 유학자들의 대부분은 앞의 말은 한때의 아무생각 없이 반성하지 않는 자처럼 실언한 것에 혐의를 두었다. 그래서 이치에 어긋나지 않는다는 것으로, 혹은 예의에 어긋나지 않는다는 것을 가지고 이를 해석한다. 과연 그 해석이 옳다면 공자가 실로 처음부터 이것을 말할 때에 예로써 했을 것이다. 어째서 반드시 말을 일일이 설명하여 사람을 힘들게 했겠는가? 무릇 효는 뜻을 봉양하는 것으로 지극함을 이루는 것이다.(『논어징』「위정편」, 416~417쪽)

소라이는 "부모의 마음을 어기지 않는 것"을 "무위"(無違)라 하면서 효라는 것은 "공경하여 어기지 않는 것", "수고롭게 하여도 원망하지 않는 것", 혹은 부모의 "마음을 즐겁게 하고 그 뜻을 어기지 않는 것", "그 눈과 귀를 즐겁게 하는 것", "부모의 잠자리를 편안하게 하고 음식을 충량" 하게 하는 것이라고 보고 있다. 소라이는 성인이 예를 제정했을 때 실로 부모의 "뜻을 어기지 않는 길"을 최고의 효도라고 했다는 점도 부연해두고 있다. 그리고 소라이는 주자처럼 "이치에 어긋나지 않는 것" 혹은 진사이처럼 "예에 어긋나지 않는 것"이라 해석하는 것은 올바른 해석이 아니라고 했다. 이러한 소라이의 주해에 대해 겐잔은 다음과 같이 소라이의 주석에 반론을 펴고 있다.

이 논의는 듣는바와 같다 해도 그러나 예를 모르며 또한 이치를 모르는 자의 말일 뿐이다. 무릇 예는 이치(理)이다. 이치란 여기에 따르는 것을 말한다. 고언에 있어서는 모두 그러하다. 그러므로 예로 부모를 섬기는 것은 도를 따르는 것을 말하는 것이다. 이치에 어긋나지 않는다는 것은 예에 따르는 것을 말한다. 위진 이후 리자의 자의가 조금 변했고 송유에 이르러서는 크게 변했다. 소라이는 예를 모른다. 또한 리를 모른다. 그러므로 예로 부모를 섬기는 것으로 엄위(嚴威:엄격하고 위엄이 있는 것), 위각(嚴恪:공경하고 삼가는 일)이라 하고 이치에 어긋나지 않는 것으로 시비봉생(是非鋒生)하는 것이라 한다. 리자가 어찌 시비봉생하는 것을 말하는 것이겠는가? 예가 어찌 엄위 위각을 말하는 것이 아니겠는가? 이치에 어긋나지 않는 것 그 폐해 혹은 시비봉생함에 이른다는 것은 리자의 뜻이 옛날과 다르기 때문이다. 배우는 자는 실로 이것을 분간하여 알아야 할 것이다.(『논어징폐질』권3, 21쪽)

소라이는 효를 예로 주해하는 진사이나 리로 주해하는 주자를 비판했지만 겐잔에 의해 그러한 소라이가 다시 비판당하고 있다. 겐잔에 의하면 예는 리(理)이며 리는 '따르는 것'이다. 도리에 따르는 것을 말한다. 그리고 그것이 고언임을 강조하고 있다. 그렇기 때문에 "예로 부모를 섬긴다."는 것이 "도리에 따르는 것"이 되며 "리에 어긋나지 않는 것"은 "예에 따르는 것"이다. 그러나 위진 이후 리자의 뜻이 변질되면서 본래의 의미를 잃어버린 것이다. 소라이는 이러한 사정을 몰랐기 때문에 예의 본래의 의미를 몰랐다. 즉 겐잔은 소라이가 고언이라고 제시한 리자의 의미를 알았다면 예자의 의미도 알았을 것이라고 생각했다. 겐잔은 소라이가 고문사를 주장하면서도 고언을 몰랐다는 점을 강조하고 있는 것이다. 이처럼 겐잔은 소라이의 고언설이 얼마나 조잡한 것인가를 증명하는 것에 집중했다.

물씨(物氏)는 걸핏하면 고래상전(古來相伝) 고래상전이라 하는데 반드시 고주를 읽는데 정밀하지 못하는 잘못을 알아야 한다.(『산자수통』 전편상, 189쪽)

물씨는 고문사를 안다고 자부하지만 고서를 보는 데는 아주 어두워 어떠한 책을 해석한다 해도 모두 표면적인 것만을 알고 참된 의미를 이해하지 못하는 것일 뿐이다.(『산자수통』 전편하, 243쪽)

겐잔은 고문사가 선왕의 법언이 되는 성인의 도를 알 수 있는 중요한 수단이라고는 생각하고 있었다. 그리고 고문사를 아는 것이 성인의 도로 들어가는 통로임을 확신하고 있었다. 비록 소라이가 고언을 말하고 고문사에 상세하다는 점을 강조한다 해도 겐잔에게는 소라이가 한문에 대한 이해도가 없으며, 제멋대로 경서를 해석한다고 밖에는 볼 수 없었다. 이것은 결국 "무릇 『논어징』 10책에서 그 오류 및 견강부회한 설을 제한다면 겨우 2책 정도밖에는 되지 못하니, 들어 쓰기에 족한 설은 없다. … 소라이의 책은 (보는 바가) 좁고 무지함이 많은데 특히 문집이 심하다. 소라이의 학문은 잡동사니를 모아 놓은 것을 보는 것 같으니"라고 신랄하게 비판하는 것이다.[30] 이것은 고언에 의한 경서 주석의 대표적 저작이라 평가 받았던 『논어징』이 실은 소라이의 견강부회에 지나지 않는다는 비판이다. 그 정도로 오류 투성이가 바로 『논어징』이었다. 그런데 이러한 겐잔의 비판에는 소라이 뿐만 아니라 소라이 문인까지도 사정권에 들어 있었다.

지금에 유행하는 고문사를 말하는 부류 등은 어떠한 분별도 없고 그 기묘한 말을 좋아하여 문란하게 이것을 사용하는데 웃을 노릇이다. 원래 고문사라고 하는 문장의 법은 나쁜 것은 아니다. 이른바 선왕의 법언이라 칭하는 것은 성인의 도이기 때문에 그 의미에도 들어 맞는다. 또한 『좌전』, 『국어』, 『사기』, 『한서』 및 제가 등을 보면 대개 고언을 사용

---

30 『산자수통』 전편상, 180쪽.

하며 자기가 만든 말은 없다는 것을 생각하면 문장의 도가 원래 그러하기 때문이다. 그런데도 지금의 고문사를 말하는 부류들은 잘못된 글자도 상관하지 않고 탈문도 상관하지 않는다.(『산자수통』 전편하, 224~225쪽)

고문사에 어두운 것은 소라이 만이 아니다. 그의 문인도 마찬가지였다. "기묘한 말을 좋아하여 문란하게 이것을 사용하는" 소라이 문인은 오자도 탈문도 분별할 줄 모르는 주제에 고문사를 알고 있다고 한다. 겐잔은 이러한 소라이 말류의 기묘한 고문사 애호의 태도를 "웃을 노릇이다."라고 조롱하는 것이다. 여기에서는 고문사, 고문사라 말하면서도 정확한 고문사를 알지도 못하면서 명대 고문사파의 문장을 오직 모방하고 표절만 하는 소라이와 그 문인에 대한 비판이 강하게 표현되어 있다.

소라이는 고언설을 통해 경서의 배후에 펼쳐져 있는 성인의 도의 세계를 보고 있었다. 그러나 겐잔은 소라이와 달랐다. 겐잔은 고언을 고경 안에 있는 언어라 생각하고 고언이 고서에서 어떠한 형태로 사용되고 있는지를 철저하게 조사하여 성인이 말하는 고언의 의미를 찾고 있었다. 겐잔은 고언의 배후의 세계를 보고 있었던 것이 아니라 고언 그 자체에 눈을 고정시킨 것이다. 이러한 겐잔의 학문적 경향은 소라이적인 고문사학의 방법에 의하면서도 소라이를 초극하여 선진 고경으로 돌아가려는 태도이다. 여기에는 자의를 정확히 밝히려는 고증적 방법이 제시되어 있다. 소라이의 고문사학이 갖는 방법적 약점이 문헌고증학을 발전시키는 동기를 제공했다는 점에 주의할 필요가 있다.

4. 복고중심의 경학

문헌학의 시선

『선철총담』「가타야마 겐잔조」에서는 절충학의 길을 연 입구로서 겐잔을 들고 있다. 그리고 겐잔으로부터 시작된 절충학의 학문적 경향으로 "널리 한송제가의 책을 구명하여 그 장점을 취하였는데 제가에 눈을 돌리지 않고 반드시 여러 설을 절충하여 지극히 온당함에 이르렀다."고 설명하면서 그 결과 "에도의 학문이 이 때문에 일변했다."고 평가하고 있다.[31] 겐잔을 시작으로 하는 절충학자 등의 학문적 성격으로서 한송제가의 절충을 들고 있다는 점이 주목된다.

한편 『산자수통』「자서」에는 겐잔의 유학사에 대한 평가가 실려 있다. 이에 따르면 한대의 주석은 대부분이 경서의 뜻을 잃어버렸고 송의 정주는 한대 주석의 잘못을 알고 그것을 바로 잡으려 했으나 도교와 불교에 빠져버렸다. 일본의 진사이와 소라이는 송의 잘못을 알았으면서도 선왕 공자의 도의 본체까지는 알지 못했다.[32] 진사이는 "고서를 정밀히 알지 못하면서 고의(古義)를 지은 것인데 옛 성인의 도는 원래부터 알기 어려운 것이니 그 잘못은 논하기에도 부족하다."라고 평하고 있다.[33] 진사이가 주자의 의리중심의 경서해석에서 벗어나 경서의 원의를 깨닫기 위해 저술한 것이 『어맹자의』와 『논어고의』, 『맹자고의』이다. 공맹의 가르침을 부정하는 행위는 자의가 명료하지 않기 때문이다. 이러한 진사이에 대해 겐잔은 "고서를 정밀히 알지 못하면서 고의를 지었다"라고 비판적 언사를 가하고 있는 것이다.

---

31 『선철총담속편』 권10, 158쪽.
32 『산자수통』 「山子垂統自叙」
33 『산자수통』 전편중, 207쪽.

한편 소라이에 대해서는 "선왕 공자의 도의 위대함이 예악에 있다는 것을 알고 진한 이상의 책은 제가잡가라 해도 고의가 보존되어 있다는 것을 깨달았지만 선왕 공자의 도를 리에서 구하지 않고 문사(文辭)에서" 구했다. 이로 인해 결국 "예악의 집을 버렸기 때문에 그 좋고 아름다운 것을 다하지 못했다."고 보았다.[34]

이 『선철총담』과 「산자수통자서」를 근거로 겐잔 경학의 성격을 생각해 본다면 "주자학과의 절충" 혹은 "소라이학과의 절충"이라는 평가는 적절하지 않다. 오히려 "한송제가와의 절충"이라고 보는 것이 더욱 적절할 것이다. 그러나 겐잔은 "참된 경학을 하려고 생각하는 자는 한 이래 제유들의 구차한 주를 폐기하고 스스로 선진의 책을 숙독하여 성학의 담장을 엿보아야 할 것이다."라고 말하고 있다.[35] 즉 "한대 이래의 유학자들의 주"를 버리고 "선진의 책"을 숙독하게 된다면 "성학"에 이르게 된다는 것이다. 여기서 겐잔이 강조하는 것은 경서를 이해함에 주소석서를 배제하고 주석이전의 선진시대의 고경에 직접 들어가는 방법이다. 거기에 이르기 위해서는 한송제가 및 소라이, 진사이의 설을 수용하면서 그들을 극복할 필요가 있었다. 이러한 입장에서 생각해 본다면 겐잔의 경서 주석은 주자나 소라이 혹은 진사이와 같은 어느 특정한 체계 예를 들어 주자학이라면 본연·기질지성의 이기론에 의한 해석, 소라이라면 선왕의 도는 안천하의 도에 의한 해석등과 같은 방법을 배제한 주석이라고 할 수 있다. 겐잔은 오직 경서의 전거(출전)를 고경안에서 찾으려는 작업을 지속적으로 할뿐이었다.

---

34 『산자수통』 전편중, 208쪽.
35 『산자수통』 후편하, 322쪽.

고경의 세계

예를 들어 『논어』 「안연편」의 「극기복례장」에 대한 겐잔의 주석을 보자. 여기서 겐잔은 "옛 유자들의 주는 모두 억지로 만든 설(强說)일 뿐으로 그 설을 취하는 것이 만족스럽지 못하다."라고 했는데 그 이유는 '극'(克)이나 '복'(復)자를 올바르게 해석하지 못했다는 데 있다.[36] 여기서 겐잔이 "고유(古儒)의 주"라고 하는 것은 한대의 주석을 말한다. 겐잔은 다음과 같이 말하고 있다.

> 극(克)이라는 글자는 섬기기 어려운 것을 잘 참고 인내하는 것으로 승(勝)자를 평음으로 읽으면 같은 뜻이 되는데 능(能)자의 뜻도 포함하고 있다. … 마융이 극기를 약신(約身)이라고 주해한 것은 극자의 해석을 얻지 못했고 … 물씨(소라이를 지칭) 등이 (마융의 주를) 고래상전의 설이라고 생각한 것은 조잡한 일이다. 소라이의 고래상전의 설이라는 것은 전부가 이와 같이 음미하지 않은 부분이 많다. 한대는 옛날과 아직 그리 멀지 않기 때문에 옛 문장과 옛 말이 많이 전해졌다. 자음에도 고음이 많으니 책을 주해함에 그 도움 됨이 적지 않다고 보이지만 훈고 등에서 고래상전의 설로 70제자들보다 스승으로 삼을 자격이 있게 전해오는 것은 결코 없다. 한유라고해도 역시 지금 세상에 전해오는 바의 선진 고경을 읽어 그 뜻을 구하여 전과 주를 만든 것이다.(『산자수통』 전편상, 188~189쪽)

여기에서 겐잔은 한유의 주석과 소라이의 문제점을 들고 있다. 겐잔은

---

36 『산자수통』 전편상, 188쪽.

"한대는 옛날과 그리 멀지 않기 때문에" 옛 문장이나 옛 말, 자음에도 고음이 많이 남아있으니 그러한 의미에서는 난해한 경서의 이해를 돕기에 충분하다. 그러나 공자의 문제자들이 전하는 것보다도 좋다고는 할 수 없다. 한유의 주라는 것도 결국 선진의 고경을 읽고 거기서 경서의 의미를 구한 것에 지나지 않는다. 이렇게 생각하는 겐잔은 한학의 성과를 인정하면서도 반드시 그것에 구속되지는 않았다.

> 주씨가 극을 승(勝)이라 하고 기(己)란 일신의 사욕(己謂身之私欲也)이라고
> 주해하는 것은 훈고도 의리도 모두 기인하는 바 있는 것으로 바꿀 수
> 없다. 그러나 승이라 하고 자신의 몸의 사욕이라 하는 것은 모두가 그
> 가학의 논리로 판단하는 것인데 옛 도에 위배된다면 적어도 나쁜 것이
> 다. … 주씨의 욕심을 방지하는 방법은 (그들만의) 가학이 있는데, 예로
> 욕심을 제어하는 것을 모르기 때문으로 자의를 얻었다고는 해도 그 뜻
> 은 성인의 도에 없는 것으로 취하기에 부족하다.(『산자수통』 전편상, 190
> ~191쪽)

송학은 경서를 주해할 때 자의의 훈고보다도 자의의 의리를 더 중요시했다. 그러나 위의 인용문에서 분명하게 드러난 것처럼 경서 주석상 송학이 강조하는 의리라는 것이 얼마나 사적인 견해인가를 겐잔은 폭로하고 있다. 겐잔은 송학적 주석을 가학(家學)이라 폄하하면서 고도에 위배된다는 것을 밝히고 있다. 이 「극기복례장」의 주석에서 겐잔은 의리중심의 송학이 왜 성인의 도에 반하는 것인지를 드러내려 한 것이다.

고증학적 방법

이러한 제학의 평가와 부정은 겐잔이 경학에 대해 어떠한 태도를 취하고 있었는지를 알 수 있게 해준다. 이것은 철저하게 주석서를 배제하는 것이다. 겐잔은 한대 이래의 주석서를 될 수 있는 한 배제하고 선진의 고경을 중심으로 한 경서의 주석을 전개하고 있다. 겐잔에게는 한대 이후의 주석서의 인용은 거의 찾아볼 수 없다. 그 이유는 "한위(漢魏) 이상의 책에는 어떠한 책이든지 고언 법어가 많이 존재하기 때문"이다.[37] 그 한 예를 보자.

> 『논어』「팔일편」에서 "임방이 예의 근본을 물었다. 공자가 말하기를 크다, 질문이여! 예는 사치하기 보다는 차라리 검소하며 장례는 간단하기 보다는 차라리 엄숙해야한다."(林放問礼之本, 子曰, 大哉問, 礼與其奢也寧儉, 喪與其易也寧戚.)에서 역(易)자는 원래 구(具)자의 전와이다. 자체(字體)가 닮았기 때문에 범하는 잘못이다. 구(具)라는 것은 빈렴장매(殯殮葬埋:장례 치르는 일)에서 (사용하는) 기구(器具)를 구비하는 것이다. 이른바 상구빈렴지구(喪具殯殮之具)등에서 말하는 구(具)로 관곽의금(棺·衣衾:죽은 사람에게 입히고 덮어주는 옷과 이불 및 관)과 같은 종류(기구)를 말한다. 이것은 『예기』의 「단궁」 등에 이 장의 뜻을 논하는 곳에서 확실히 역(易)은 구(具)자를 잘못 쓴 것이라는 말이 있는데 의심할 바는 아니다. 그럼에도 불구하고 고래의 주석가들이 마음을 쓰지 않기 때문에 지금 이렇게 증문을 제시하여 세상의 배우는 자들에게 보이는 것이다.(『산자수통』후편중. 296쪽)

---

37 『산자수통』후편상, 272쪽.

여기서 겐잔이 "증문을 제시하여"라는 것은 『예기』「단궁편」이외에도 『순자』「예론편」, 『맹자』, 『좌전』등 선진시대의 책을 말한다. 겐잔의 주석에 의하면 장례에서는 예의 형식, 즉 '상구빈렴'(喪具殯殮)이나 '관곽의금'(棺·衣衾)을 갖추는 것도 중요하지만 그것보다도 더 중요한 것은 마음에서 슬퍼하는 것이다. 겐잔은 한의 포함(包咸)이 역(易)을 화역(和易:온화하고 부드러움)으로 주해한다거나 주자가 『맹자』를 근거로 치(治:다스림)라 주해하는 것을 반대한다. 그러나 겐잔은 주자가 『맹자』를 근거로 한 것에 관해서 "『맹자』「진심상편」에 역기전주(易其田疇:그 밭두둑을 다스린다)라는 말을 증문으로 인용하는 것은 의거하는바 있어 뜻이 이루어진 것 같지만 이것도 자세히 연구했다는 말은 듣지 못했다."고 했다. 겐잔은 주자의 주해가 정확한 고증을 바탕으로 하고 있지 않다고 보고 있다. 이어 겐잔은 역(易)을 치(治)로 주해하는 것은 "모두 전답도로초목(田畓道路草木)과 관련하여 사용하며 치상치관(治喪治棺) 등의 일에 역(易)자는 사용하지 않는다."고 단정하고 있다.[38] 이렇게 겐잔은 진한 이래 주석서에 대해 고서에 정밀하지 못하다거나 옛 음에 밝지 못하다고 단정하는 것이다.

그런데 겐잔이 한송의 주석서를 인용하는 부분이 있다. 이것은 그 주석이 고언이나 고훈이라고 판단되었을 경우에 한정되어 있다. 예컨대 『논어』「학이편」의 '학시시습지'장의 주해에서 겐잔이 습(習)을 중(重)이라 하는 정자의 설을 수용한 것은 그것이 고훈이라고 판단했기 때문이다. 이러한 태도는 한대 주에 대해서도 마찬가지였다. "한대는 옛날에 가깝기 때문에 이와 같은 남아있는 문장이 많이" 전해온다고 생각한 것이다.[39] 이러한 의미에서 겐잔의 경학의 방법은 "한송과의 절충"이라 보는 경우의 기준은 고언이나

---

38 『산자수통』후편중, 299쪽.
39 『산자수통』전편상, 194쪽.

고훈에 있다.

이렇게 보면 겐잔의 경학은 한유의 훈고 및 송학이나 소라이학, 진사이학 등을 초월한 경의 세계를 찾아가려는 경중심의 경학관이라고 볼 수 있다. 겐잔은 경의 의미를 다른 경서에서 자의의 용례, 음운, 훈고 등을 찾아 경의 세계에 제시되어 있는 성인의 도를 구하려는 방법을 생각하고 있었다고 해도 틀리지 않을 것이다. 문헌학적 방법이며 고증학적 방법이 여기에서부터 탄생하는 것이다. 고증학자 오타 긴죠의『구경담』에서 "어떤 사람(或人)이 말하기를 이라 칭하는 경우의 대부분은 모두 겐잔의 설이다."라는 지적을 봐도 겐잔이 이후의 고증학의 길을 열었다고 보는 것도 비약이 아닐 것이다.[40]

여기서 지적하고 싶은 것은 소라이의 고문사학적 방법이 겐잔을 거쳐 고증학을 탄생시키는 모체가 되었다는 점이다. 경서를 주해하는 고문사학의 조잡함이나 약점에서 올바른 경서주석의 방법이 구상되고 그것이 고증학의 방법을 일깨워준 것이다. 한가지 더 부연한다면 경중심의 경학, 그리고 정확한 훈고를 찾는 방법은 중국의 고증학의 영향이라고 보기 어렵다는 점이다. 중국 고증학의 영향이 보이는 것은 후의 오타 긴죠가 등장하면서 부터이다. 오타 긴죠에 앞서 고증학적 경향이 발생했다는 것에 주의해야 할 것이다.

5. 학문의 실천과 자기수양

예악에 의한 수신

겐잔이 소라이의 고문사학적 경서주석방법을 비판하면서 고증학으로 전

40『선철총담속편』「片山兼山條」. 그러나 사실『구경담』에는 이러한 표현이 보이지 않는다.

향해 가는 과정에서 성인의 도, 공자의 도에서 무엇을 최종적으로 전망하고 있었던 것일까? 겐잔은 공자 그 자체를 배움의 목적으로 삼았다. 공자 그 자체가 배움의 대상이 되는 이유에 대해 겐잔은 "크게는 천하국가, 작게는 일가 일인의 신상에서도 모두 모방함을 주로 삼는" 것이 되며 이것이 실로 "경학의 첫째가는 뜻"[41]이라고 밝히고 있다. 그렇다면 공자 그 자체를 배우고 따르는 것으로 열려지는 경학의 세계는 무엇일까? 이것은 반소라이학이 소라이학을 비판하는 이유와 관련되는 것이기도 하다.

> 아아! 부자가 세상을 떠난 후 이천여년 오늘에 이르기까지 화한(和漢)의
> 홍유(鴻儒:대학자) 석학이 수백 인이 되지 않는다. 성인의 도는 무엇을 주
> 로 삼고 무엇을 근본으로 삼는다는 것을 한 사람도 아는 자가 없다는
> 것, 이상한 일이 아닌가?(『산자수통』 전편중, 199쪽)

여기서 겐잔은 성인의 도가 무엇을 지칭하고 있는지 아는 자가 없지만 성인의 도는 "예악은 천을 본받아 제정한 것이라면 천을 떠나 예악을 논하는 것은 있을 수 없다."[42]라고 하여 공자의 도는 예악이라고 했다. 공자는 예악의 집성자이자 체현자이기 때문에 '공자를 배운다.'는 것은 공자가 집대성한 예악과 그 체현자인 공자를 배우는 것을 의미한다. 그런데 이처럼 공자의 도에서 예악을 강조하는 것은 소라이학의 영향 혹은 계승으로 볼 수 있다. 그렇다면 겐잔이 공자를 통해 보았던 예악은 소라이가 강조하던 예악과 동일한 형태의 것일까 하는 문제가 남는다.

겐잔은 예악의 내실적인 면에서는 소라이와 다른 형태를 취하고 있다는

---

41 『산자수통』 전편상, 172쪽.
42 『산자수통』 후편상, 268쪽.

점이다. 겐잔의 소라이에 대한 다음의 말 즉 "불씨 등은 선왕의 도가 완전히 예악에서 멈춘다는 것을 알았다고는 해도 예악의 본과 실을 모른다면 단지 예악의 겉만을 논하고 골수에는 미치지 못한 것이다."[43]고 했다. 여기서 겐잔은 소라이가 "성인의 도가 예악에 있다."고 말한 것을 높이 평가하면서도 예악의 근본적인 면에서는 소라이를 부정하고 있다.

> 모든 고서 중에 예악을 논하면 반드시 천지를 말하는 것은 천지는 예악이 나오는 바의 본원이기 때문이다. 천지로부터 시작하여 성정(性情)을 언급하는 이유는 천이 사람을 생겨나게 하면 희노애락의 정은 성인으로부터 범인에 이르기까지 모두 동일하게 존재하는 것으로 기르지 않으면 안되기 때문이다. 그것을 양육함에 예악으로 기르는데 이보다 더 좋게 하는 것은 없다. 희노애락만이라도 중정에 맞으면 일신상에 지나친 것은 없다. 이 희노애락이 절도에 맞으려면 인욕을 절제하는 것 외에는 없다. 인욕을 절도에 맞게 하려면 예악이외에는 없다. 예악의 덕은 큰 것으로 홀로 인욕을 절도에 맞게 하는 것만이 아니며 천지 음양 귀신의 도를 절도에 맞게 하는 것도 모두 예악이다.(『산자수통』 전편상, 192쪽)

성인에서 일반인에 이르기 까지 모든 인간이 천에서 부여받은 희노애락의 정을 어떻게 하여 올바르게 양육할 것인가, 이 문제는 예악과 깊이 관련되어 있다. 예악은 인간의 인욕을 절제하고 성정을 기르는 방법으로 기능한다. 겐잔은 개인 단위에서 개인의 성정을 기르는 예악을 강조하는 것이다. 이렇게 하여 인성의 수신과 예악은 서로 깊이 연결될 수 밖에 없다. 겐잔은 예

---

43 『산자수통』 전편상, 186쪽.

악의 근거를 천지에 둔다. 이로써 성인의 예악 제작이 권위성을 갖는다. 여기에는 소라이학이 상정한 예악형정이라는 '안천하'를 위한 예악관은 해체되어 있다. 예악은 인성 수신의 방법으로 기능할 뿐이다.

효, 제, 인의 실천

겐잔은 소라이적인 예악형정의 예악관을 부정하고 예악을 성(誠), 경(敬), 신독(愼獨), 인의 등의 덕과 관련시킨다. 즉 "예악의 덕은 성(誠)으로 이룬다. 성을 이루는 근본은 신독에 있다."[44], 혹은 "예의 실체는 경뿐이다. 여러 경전의 문은 창창하다. 그러므로 효경에서 말하길 예는 경뿐이다. 경으로 예를 덮으면 무슨 문제가 있겠는가?"[45], 혹은 "육경에서 제자백가에 이르기까지 그 말의 취지는 다르다 해도 성을 떠나 진덕수업한다는 말은 없다."[46], "인의는 예악의 근본"[47] 등이 그러하다. 겐잔은 이렇게 말하면서도 한편으로는 "중용은 예악의 기본"이라 하고 "용언용행(庸言庸行) 하는 그 안에 효보다 먼저 할 것이 없는 것은 효는 인을 이루는 바탕"이기 때문이며, "효는 중덕중선(衆德衆善)의 처음에 있는 것으로 백행백사(百行百事)의 단서"라고 했다. 나아가 "효는 예의 시작"이라 하는 『좌전』과 『가어』의 "효는 덕의 시작" 등을 인용하면서 모두가 "옛 법언"임을 강조한다.[48] 이렇게 보면 겐잔이 생각하는 예악은 '효, 제, 인'을 기르는 방법으로 수렴될 것이다.

---

44 『산자수통』전편상, 187쪽.
45 『논어징폐질』권3, 10~11쪽.
46 『산자수통』전편상, 203쪽.
47 『산자수통』후편상, 252쪽.
48 『산자수통』후편상, 268쪽.

군자가 지키는 것은 자기 몸을 닦고 평천하하는 것에 있다. 선왕의 예가 어찌 오로지 백성을 편안히 하기 위해 만든 것이겠는가? 또한 스스로 닦을 뿐이다. … 물씨는 걸핏하면 말한다. 도는 오직 백성을 편안히 하기 위해 만든 것이라고. 자기 근본이 수기에 있음을 말하고 싶지 않은 것이다. 이것(소라이의 말)이 송유의 폐해를 고치기 위한 것이라고는 해도 굽은 것을 고쳐 바로 잡는데 너무 지나친 말이 많다. … 논어의 장들은 모두 수신을 위한 방법이다. 후유들의 설은 아직 이것을 보지 못했다.(『논어징폐질』권2, 27~28쪽)

여기에서 분명히 제시되어 있는 것처럼 겐잔은 소라이적인 안민 혹은 안천하의 시선에서 성인의 도를 조망하는 것을 완전히 부정하고 있다. 겐잔은 선왕의 도 전체가 수신의 방법을 기록한 것이라고 간주하는 것이다. 여기에서 안천하의 전제로서 효제인을 실천하기 위한 인격의 형성이 수신의 내용으로 요구되고 있음을 볼 수 있다.

그렇다고는 해도 겐잔은 주자학과 같은 심법(心法)을 강조하는 것도 아니다. 또한 겐잔의 수신은 소라이적인 안천하를 달성하기 위한 정치적인 수신도 아니다. 선왕이 제정한 예악은 개인의 인격의 수양을 하부에서 지지해준다. 이러한 점에서는 주자학과 겐잔은 유사성을 갖는다. 다만 다른 점이 있다면 그것은 겐잔이 효제인의 실천 윤리를 수신과 연결시키고 있다는 것이다.

유덕자에 의한 통치

『논어』「위정편」의 '위정이덕장'(爲政以德章)에 대한 소라이, 주자의 주석과 이에 대한 겐잔의 비판을 보면 겐잔이 왜 개인의 수신을 강조하고 있는가 하는 점을 알 수 있을 것이다. 소라이는『논어징』에서 "이덕(以德)이란 유덕한 사람을 등용하는 것을 말한다. 정사를 잡아 유덕한 사람을 등용하면 노력하지 않아도 다스려 진다. 그러므로 북극성(北辰)에 비유하는 것이다. 옛 주처럼 유덕자가 나라를 다스린다고 한 것은 그 뜻은 통할지 몰라도 옛 글에 맞지 않으니 따를 수 없다.[49]고 주해하고 있다. 소라이는 정치의 면에서 '유덕자'에 의한 통치보다는 오히려 군주가 '유덕자를 등용'할 것을 주장했다. 성공적인 정치란 군주가 아래에 정치를 맡길 것, 이른바 '위임론'을 주장한 것이 소라이였다. 안천하의 성공은 사람의 유무에 있다. 아래가 갖는 재능이나 지혜를 발굴하여 여기에 알맞은 '장'을 만들어 아래의 역량을 발휘할 수 있도록 하는 것이 군주의 임무이다. 반드시 군주가 유덕자가 될 필요는 없었다.

주자는 덕을 "도를 행하여 마음에 얻는 것"이라 주해하고는 그렇게 하면 "하는 일이 없어도 천하가 돌아온다."고 했다. 여기서 말하는 도라는 것은 사물당행의 리를 말하는 것으로 주자는 사물당행의 리를 마음에 얻어 이에 따라 정치를 시행하면 평천하가 가능하다고 본 것이다. 이것이 주자의 무위이치론이었다. 유덕자에 의한 통치가 전망되어 있다. 소라이는 이러한 주자의 주를 완전히 뒤집은 것이다.

그러나 겐잔은 '위정'을 "새롭게 즉위하여 관에 나아간 자가 옛 전장제도를 손익하여 제정하여 시기에 적절하게 하는 것"[50]이라 했다. 여기에는 소라이처럼 군주가 유덕자를 등용하는 것이 아니라 정치를 맡은 위정자가 어떻게 정치를 할 것인가라는 것이 문제가 되고 있다. 이 경우의 정치는 "덕이란 병형(兵刑)의 반대로 말하고자 하는 바는 정치를 행함에는 병형을 쓰지 않고 덕과 예를 써서 다스린다."[51] 겐잔은 덕정에 의한 인정을 베푸는 것이 정

---

49 『논어징』「위정편」, 408쪽.
50 『논어징폐질』 권3, 1쪽.

치의 요체임을 말하고 있는 것이다.

나아가 겐잔은 계강자가 정치에 관해 공자에게 질문했을 때의 공자의 대답, "정치(政)란 정(正:올바름)이다. 그대가 바르게 이끌면 누가 감히 바르지 않겠는가?"라는 『논어』 「안연편」과 『예기』 「애공문편」의 "애공이 말하길 감히 묻습니다. 무엇을 정치를 한다고 합니까? 공자가 대답하여 말하길 정치란 올바른 것이다. 군주가 올바르게 행하면 백성이 정치에 따른다."는 말을 인용하면서 위정자의 유덕성을 강조한다. 위정자의 유덕성의 강조는 군주의 자기 수신이 동심원을 이루면서 세상으로 퍼져나가 온 백성이 그 덕에 감화되는 것이다.[52] 정치의 현장에서 위정자의 유덕성의 유무가 무엇보다도 중요했다. 이렇게 하여 겐잔은 주자와 소라이의 주석을 부정하면서 유덕자의 통치가 무위이치를 실현시킬 수 있다고 판단했다. 이어 겐잔은 다음과 같이 말하고 있다.

> 백성은 하늘이 사랑하는 바 신의 주인이다. 그러므로 만승의 천자라 해도 백성에게 죄를 얻으면 빌 곳이 없다는 것을 알아야 한다. … 지금 세상의 인군은 천벌(天罰)과 신벌(神罰)은 두려워해도 민벌(民罰)은 두려워할 줄 모른다. 신과 하늘의 벌도 원래 두려워하는 것이지만 아직까지 벌 받지 않을 길은 있다. 민벌에 아주 심하게 당하면 천자 제후라 해도 손발을 둘 곳이 없을 것이다. 실제로 아주 두려워할 것이 아니겠는가? 국가의 주인 된 자는 이 뜻을 잘 깨달아 국맥이 오래가도록 살펴야 할

---

51 『논어징폐질』 권3, 1쪽.
52 『논어징폐질』 권3, 8쪽. "인군이 되는 자가 마음을 바르게 하여 조정을 바르게 하고 조정을 바르게 하여 백관을 바르게 하며 백관이 바르게 하여 만민을 바르게 한다. 만민을 바르게 하여 사방을 바르게 한다. 사방이 바르게 되면 원근각처가 올바른 것으로 하나가 된다."

것이다.(『산자수통』 후편하, 315쪽)

　소라이가 주장하는 예악은 백성을 다스리기 위한 예악형정과 같은 제도
를 사용하는 것으로 귀결된다. 소라이는 천명을 얻는 성인이 제작한 사회
제도가 제대로 잘 정비되도록 둔다면 사회는 질서 바르게 돌아갈 것이라고
예상했다. 그러나 발전이나 분열해가는 사회 정세는 소라이가 전망한 대로
는 되지 않았다. 겐잔이 "벌하면 할수록 죄인이 많이 나온다."[53]라는 점에
주목할 필요가 있다. 겐잔이 예악을 성(誠), 경(敬), 신독(愼獨), 인의 등의 개
념으로 설명하는 것에는 위로부터의 제도의 강제적 실행 보다는 도덕적 군
주에 의한 인정을 기대했기 때문일 것이다.

　겐잔이 말하고 있는 것처럼 "신의 주인"이라고 할 수 있는 백성에게 죄를
얻은 군주는 "빌 곳"이 없어진다. 겐잔은 국가의 주인 되는 자, 즉 지금의 군
주는 "천벌 신벌 보다"도 "민벌"을 더욱 두려워해야 한다고 했다. 위의 인용
문을 「위정이덕장」의 해석에 비춰 생각해 본다면 겐잔이 왜 위정자의 유덕
성을 강조했는지를 알 수 있을 것이다. 겐잔은 위정자의 자기 수양에 의한
덕정의 실현을 기대했기 때문이다.

　여기서 주의할 것은 겐잔이 위정자의 유덕성을 강조했다고는 해도 주자
학과 같은 마음의 내면을 직접 만지는 것을 수신이라고 생각하지 않았다는
점이다. 즉 겐잔의 수신은 선한 본성이 기질의 성에 의해 가려져 있기 때문
에 기질의 성을 극복하여 본연의 성을 회복하는 수신론과는 거리가 있다.
겐잔이 선왕의 도의 내용을 예악에서 찾고 있는 것을 생각해 본다면 수신
의 내용도 예악에 의할 수 밖에 없다. 예악은 마음의 내면 보다는 신체라는
외면을 닦는 것에 주안점을 두고 있다. 겐잔이 주자의 수신론을 받아들일

---

53 『산자수통』 후편상, 278쪽.

수 없었던 것도 이와 관련되어 있다. 즉 겐잔은 "주씨의 욕심을 배제하는 수신의 방법은 가학으로 예로 욕심을 제어한다는 것을 모르기 때문에 자의를 얻었다고는 해도 그 뜻은 성인의 도에 없는 것이기에 취하기에 부족하다."[54]고 하여 예가 마음의 욕망을 제어하는 방법임을 주자는 모른다는 점을 강조하고 있다.

물론 겐잔이 맹자의 성선설을 부정한 것은 아니다. 겐잔은 맹자의 성선설은 공자 성인의 뜻을 나타낸 것으로 공자가 성선을 말하지 않았다고 하는 것은 『논어』를 제대로 읽지 못했기 때문에 오는 잘못이라고 했다. "맹자의 설은 모두 공자가 말한 뜻"이라 거나 "맹자가 성선을 말한 것은 옛 성인의 뜻"이라는 표현은 확실히 겐잔이 성선론을 인정했다는 것을 의미한다.[55] 그럼에도 겐잔은 마음의 내면의 수양보다 신체의 외면의 수양을 말하고 있다.

6. 맺음말

18세기 후반기는 소라이학의 주변에서 활동하면서 소라이학을 배운 후 소라이학으로부터 빠져나오려고 하는 지식인들의 고뇌가 있었다. 그러한 움직임이 절충학이라는 형태로 나타났다. 절충학에 부여된 학문적 사상적 과제는 소라이 이후의 사상사의 공백을 메우는 일과 이 때문에 소라이학을 극복하지 않으면 안되었다. 절충학은 소라이학의 주변에서 자기형성하면서 소라이학을 섭취하고 소라이학의 방법론을 일정 정도 수용하면서 소라이학을 극복하려 했다. 절충학은 소라이학의 방법을 의식하고 있었던 것이다.

54 『산자수통』 전편상, 191쪽.
55 『논어징폐질』 권1, 43쪽.

그들 중에서도 소라이학 안에서 살면서 소라이학을 변용시켜 성인 공자에 이르는 길을 모색한 가타야마 겐잔은 특징적이다.

겐잔이 소라이학을 극복하기 위하여 도입한 방법이란 경서에 직접 나아가 거기에서 성인의 도를 새롭게 모색하려는 것이다. 물론 이러한 겐잔의 방법은 소라이의 고문사학적 경서 주석 방법을 중층적인 형태로 계승한 것이라는 것은 두말할 필요도 없다. 겐잔이 고경을 중심으로 고경 안에서 고언을 찾아 고언에서 성인의 도를 전개해 가던 동일한 방향에 겐잔과 동일한 방법을 추구하고 있던 소라이가 있었다. 겐잔은 소라이의 방법을 의식하여 자신의 시점에 소라이의 시점을 중층화시키면서도 소라이와는 다른 경의 세계(성인의 도의 세계)를 전망하고 있었던 것이다. 겐잔은 경서 주석을 통해 공자가 배운 바(육경)를 배우는 것이 아니라 공자 그 자체를 배워야 한다는 점을 강조한다. 그곳에 본래적인 성인의 도의 전모가 있다고 판단했다. 공자를 배운다는 것은 소라이적인 예악형정으로서의 예악이 아니라 예악을 덕의 양성이라는 측면에서 수용하면서 위정자의 덕정에 의한 인정의 실천을 전망했다. 이러한 실천은 겐잔이 공자의 도 그 자체에 문제의 해결책을 모색한 것으로 이어진다. 여기에는 공자의 도를 그대로 막번제 사회에 적응·실천하려는 의식이 보인다. 겐잔이 학습의 대상을 육경에서 공자로 전환한 의도가 여기에 나타나 있다.

이러한 겐잔의 사상사적 의미를 어디에서 찾을 수 있을까? 주자학, 진사이학 혹은 소라이학과 같은 일정한 체계를 가진 사상을 절충학에서 찾기는 어렵다해도 소라이학 이후의 유학의 전개 과정에서 절충학은 어느 일정한 역할을 수행한 것은 사실이다. 예를 들어 호소이 헤이슈처럼 학문이 현실 정치와 사회의 상황을 자신의 문제라 여기면서 그 해결책을 모색하는 절충학자가 있는가 하면 이노우에 긴가·가타야마 겐잔·오타 긴죠처럼 경서 주석 그 자체에 전념하는 학자들도 출현했다.

겐잔의 문헌고증에 전념하는 방법은 오타 긴죠와 같은 후의 고증학의 길을 여는 전제가 되었다고 할 수 있다. 이러한 의미에서 겐잔의 중요성은 바로 고증학적 경향의 토대를 만들고 이후의 학자들은 겐잔에 영향을 받아 본격적인 고증학 시대를 열었다는 점에 있을 것이다. 즉 겐잔의 경서 주석은 소라이의 고문사학에서 고증학으로 변화 발전해가는 견인차의 역할을 했다고 볼 수 있다.

이러한 의미에서 겐잔의 경서 주석으로 인해 소라이학을 극복하여 가능한 한 정확한 경서를 주석하기 위해 경서의 다시 읽기가 시작되었다고 할 수 있다. 겐잔은 관정이학의 금에 의한 주자학 부활을 향해 가는 사상사의 변동과정에서 경서 이해의 방법론을 제공했다고 보인다. 이러한 겐잔의 문헌고증학적 방법은 소라이 고문사학적 방법의 진화발전의 과정에서 출현한 학문이라고 볼 수 있다.

제6장

오타 긴죠의 경서해석과 소라이학

1. 오타 긴죠의 평가 문제

가타야마 겐잔에 이어 사상사에 등장하는 오타 긴죠(太田錦城, 1765~1825)
의 경서해석 방법도 고증학적이다. 긴죠는 약 39종의 저술을 남겼는데 그
중에 20여종이 유가 경서 해석과 관련되어 있다. 경학이 차지하는 비중이
큰 것을 알 수 있다. 그럼에도 불구하고 긴죠에 대한 연구 역시 활발하지 않
다. 절충학이라는 평가의 틀에 이들을 가두어 버린 결과이다. 이러한 틀을
벗어나지 않으면 18세기 후반기 경학에 문제의식을 가진 유학자들의 사상
적 평가나 의의가 매몰될 수 밖에 없을 것이다.

긴죠 경학의 의의를 높이 평가한 가나야 오사무는 긴죠에 대해 '일본적
고증학의 성립'이라는 용어를 사용하면서 송학이나 고학의 장점을 수용하
는 절충적인 입장에 있었다고 평한다. 그에 의하면 긴죠가 사용하는 절충이
란 송학적인 '의리의 학'을 주로 삼고 청대 고증학은 의리의 학을 밝히는 수
단이 된다. 미즈카미 마사하루는 긴죠의 경학을 청대 고증학과의 관련성에
서 다루면서 "한학과 의리학을 중심으로 양자의 융합"이라는 평가를 하기

도 했다.[1] 긴죠의 활동기는 청조 고증학이 유행하던 건륭~가경 년간인 건가기(1736~1820)에 해당되는데 긴죠가 청조 고증학자들의 영향을 받았다는 것은 부정할 수는 없다. 이처럼 긴죠에 대한 연구는 주로 긴죠의 경학적 성격을 해명하는데 중점을 두었다.

긴죠가 절충이라는 용어를 사용하고는 있지만 이 때의 절충을 한학과 송학의 절충이라고 보기에는 무리가 있다. 긴죠의 저작인 『의문록』, 『수사인설』, 『일관명의』, 『인설요의』 등의 주자학 비판서를 보면 그가 밝히려 했던 '의리'는 주자학적인 '의리'와는 거리가 있다. 어디까지나 긴죠는 공맹으로의 복고를 과제로 삼았으며 공맹으로 돌아가는 과정에서 한학이나 송학 등 제가의 경서 해석을 참고했을 뿐이다. 따라서 긴죠의 경학에 대한 송학적인 의리의 학을 주로 삼고 청대 고증학은 수단이라거나, 한학과 의리학의 융합이라는 견해는 제고가 필요하다. 긴죠의 사상사적 평가 문제 역시 당대 학문과 사상의 사회내적 변동을 시야에 넣고 파악해야할 필요성이 있다. 사상사의 사회내적 변동은 소라이학이 중심에 있는데 바로 소라이학이 긴죠의 사상 형성에 중요한 계기로 작용했기 때문이다.

---

1 金谷治, 「日本考証學の成立」, 『江戸後期の比較文學硏究』, ぺりかん社, 1990, 73쪽. 水上雅晴, 「오타 긴죠의 경학에 관해서-에도의 절충학과 청대의 한송 겸채학」, 『다산학』 11호, 2007, 152쪽. 또한 절충학이라는 형태로 발전해 가던 한학이 고증학이라는 명칭을 얻게 된 것이 바로 긴죠 때문이라는 평가도 있다. 加地伸行, 『皆川淇園·太田錦城』, 明德出版社, 1986, 139쪽.

2. 학문론

1) 무용한 학과 유용한 학

긴죠라는 인물

미토번의 유학자 후지다 유코쿠(藤田幽谷, 1774~1826)가 긴죠의 죽음을 접하여 탄식하면서 천하의 기재, 일대의 명유, 천하의 보물(『藤田幽谷遺稿』)이라는 찬사를 보냈다고 한다. 이것을 보면 에도 사상사에서 갖는 긴죠의 위치를 과소평가할 수는 없을 것이다. 먼저 긴죠의 사상적 편력을 살펴보자.

긴죠는 15세 무렵부터 『이정전서』를 읽으면서 정주학에 경도되기 시작했다. 그런데 정주학에 불신을 갖고 있던 형 호쿠간(北岸)이 정주학은 불교를 훔친 것에 지나지 않기 때문에 배우지 말 것을 당부했다. 긴죠가 이에 반박하자 호쿠간은 소라이 저서의 독서를 권한다. 이에 긴죠는 소라이의 『변도』와 『변명』을 읽기 시작했는데 소라이의 저서가 그에게 깊은 인상을 남긴 것 같다. 긴죠가 소라이에 깊이 탄복한 것이다.(『춘초당집』권1) 드디어 긴죠는 정주학에서 소라이학으로 전향했다. 이러한 긴죠의 학적 세계에 변화가 일기 시작한 것은 1784년의 에도 유학이다.[2] 거기서 그는 에도 학문의 변질을 몸소 체험한다.

긴죠가 접한 에도 학문은 정주학의 고묘 정미함에 빠지지 않으면 진사이와 소라이의 천루비류(淺陋紕繆)에 빠져 있었다. 시문도 이러한 분위기에 편승하여 이·왕 아니면 원·종, 즉 원굉도(袁宏道, 1568~1610)와 종성(鍾惺)에 경도되어 균형을 잃고 있었다. 여기서 말하는 이·왕에 경도되었다는 것은 말할 필요도 없지만 소라이의 영향이다. 명대 시단은 성당시를 중시하는 풍조

---

2 이하 긴죠의 이력에 관해서는 加地伸行편, 앞의 책, 참조.

가 만연하여 왕세정과 이반용 등의 고문사파에 의한 복고주의나 의고주의가 주류였는데 원굉도는 의고주의적인 시풍에 반대하여 시문은 진정(眞情靈性)을 솔직하게 표현해야 하는 것, 즉 자신이 느끼는 감정을 그대로 담아야 한다고 하였으며 기교적인 문장보다는 읽기 쉬운 문장이어야 한다는 성령설(性靈說)을 주장했다. 한편 원굉도를 이어 등장하는 종성은 성령설을 존중하면서도 의고주의를 완전히 부정하지는 않아 어느 정도 채용하였는데 침잠을 통해 고전의 참된 정신을 재발견해야 한다고 강조했다. 긴죠는 이러한 에도의 학문과 시풍의 유행이 참된 학문의 정신을 훼손시키고 있다고 본 것이다.

긴죠는 에도에서 야마모토 호쿠잔(山本北山, 1752~1812)에게 입문했는데 야마모토 호쿠잔은 절충학자로 평가받는 이노우에 긴가에게 배운 인물이다. 주자학에서 소라이학으로 기울었던 긴죠의 학문관이 절충적인 성격을 띠게 된 것도 이들의 영향임을 알 수 있다. 야마모토 호쿠잔은 훈고학, 성리학, 진사이학, 소라이학 등을 독학으로 배웠는데 23세 무렵에 저술한 『효경집람(孝経集覧)』2권으로 에도에서 이름을 날리고 있었다. 호쿠잔은 자신의 서재를 효경루라 이름했으며 자신의 학문을 공자학이라 규정하고는 『효경』이야말로 공자의 참뜻을 담고 있는 유일한 경서라 하여 가장 중시했다.

호쿠잔은 소라이학을 아주 싫어하여 가메다 보사이(龜田鵬齋, 1752-1826)와 미나가와 기엔(皆川淇園, 1735~1807)등과 함께 소라이학을 비판하면서 원굉도 등의 공안파를 이상으로 삼고는 참신하면서도 서정적인 송시야말로 시인들의 개성을 제대로 잘 표현해주는 가장 적합한 한시체라고 주장했다. 이러한 그의 주장이 영향력을 발휘하여 당시가 쇠퇴하고 송시가 융성하는 분위기까지 형성하게 만들었다. 위에서 긴죠가 에도의 시풍이 이·왕 아니면 원·종으로 기울었다고 탄식한 것은 바로 소라이와 자신의 스승 호쿠잔에 대한 비판적 언사였다. 호쿠잔은 상당히 감정적이며 격정적인 성품의 소유자였는데 겐잔은 호쿠잔을 평하여 너무나 자신감에 넘친 나머지 횡폭하여 사람을 무시하며 재물을 탐내고 명리에 밝아 스승으로서의 자질이 없다고 비판했다. 결국 그는 호쿠잔을 떠날 수 밖에 없었다. 긴죠가 에도의 학문과 시풍을 비판한 것은 호쿠잔의 문을 나오던 1786년의 일이다.

호쿠잔을 떠난 긴죠는 후에 의사였던 다키 케이잔(多紀桂山, 1755~1810)과 교유하게 된다. 그 역시 이노우에 긴가에게 경학을 배웠다. 여기서 긴죠는 케이잔가에 소장되어 있던 방대한 한적들을 접하게 되는데 주자의 대전판, 모기령의 『서하합집』, 주이손의 『폭서향집(曝書亭集)』 등을 읽었다. 긴죠의 박학다식함도 케이잔가에 소장된 방대한 한적의 독서덕분 이었다.

긴죠는 1788년 춘초당(春草堂)이라 이름 한 학숙에 '삼의'(三義)를 내걸어 입문자에게 주지시켰다고 한다. 그 내용을 보면 "도는 민생애육의 도구로서 국가를 다스리고 천하를 안정시키는 것", "도는 옛 성인이 제작 건립하여 이것으로 백성을 인도한 것", "도는 성인이 세운 것으로 생민이 의하는 바이며 천명에 기초하여 인성을 따르게 하는 것"이라 되어 있다.[3] 긴죠의 성인의 도에 대한 인식은 소라이의 성인의 도에 대한 정의를 연상시킨다. 그러면서도 그는 정주의 위학과 진사이, 소라이의 속설을 배척하여 중정의 도를 밝히는 것이 자신의 의무라 생각했다. 입문자들에게 가장 강조한 것이 바로 독서에서 자의와 훈고를 정확히 밝히는 것이었다.

『일본윤리휘편』에는 긴죠를 절충학으로 분류하고 있는데 당시 절충학은 "넓게 한송제가의 책을 연구하여 그 장점은 채택하지만 반드시 문호의 견해에 얽매이지 않았다. 중설을 절충하여 지극히 온당함에 이르렀는데 이것을 절충학"이라 했다.[4] 한학과 송학의 장점을 취사선택하는 것이 당시 절충학자

---

3 가지 노부유키편, 앞의 책, 173쪽에서 재인용. 三義는 『春草堂集』5卷의 「입문하는 士에 알리는 三義」에 제시되어 있다.

4 『선철총담속편』권10, 「片山兼山條」

들이 표방한 경서 주해방법이었다. 긴죠 역시 "한학과 송학에 편당을 짓지 않는다. 좋은 것은 따르고 좋지 않은 것은 고친다. 이것이 성인의 가르침이다."[5]라고 하거나 "긴죠가 말하길 지금 천하의 학자는 무익하게 한과 위의 훈고와 송과 원의 성리에 구애되어 그 폐해를 이해하지 못한다. 나는 여러 가지 언사를 절충하고 많은 학설로부터 좋은 것을 가려내어 가능한 한 문호의 견해를 타파하여 경서의 해석을 쓰고 싶다."[6]라고 하여 제가의 절충을 모색했다.

소라이학의 시문은 조충전각이다

백 년 전까지는 학자가 질박하여 유용한 학문을 했다. 최근에 소라이 무리가 나와 학문이 모두 공허한 시, 뜬 구름 같은 문장으로 흘러 경의 도학을 강구하는 자 적다. 20년 이래로 학문이 점점 부박해져서 세상의 문목(文目)으로만 내달려 풍류로 학문을 한다. 아주 걱정된다.(『오창만필(梧窓漫筆)』상, 51쪽[7])

인용문에 나타난 당시 학문계의 경향에 대한 긴죠의 비판은 소라이학에 초점이 맞추어져 있음을 알 수 있다. 긴죠는 당시 유행하던 시문 제작의 행태, 이른바 화려한 수사에만 치중하여 시를 짓는 조충전각(雕蟲篆刻:벌레의 모양을 새기고 전자를 조각하는 것처럼 자질구레하게 문장의 자구를 수식하는 기교)의 행태를 비난한다. 당시 유자들은 개인 성정의 수양보다는 빈칸을 메우기 위

---

5 『구경담』권4, 17쪽(『九經談』, 京都大學附屬圖書館所藏本, 전10권, 京都伏見屋, 1804).
6 『선철총담후편』권7, 「小川泰山條」. 오가와 역시 야마모토 호쿠잔의 문인으로 자신보다 5세 위인 긴죠와 아주 친밀한 관계를 맺었다.
7 太田錦城, 『梧窓漫筆』上下, 小林新造藏版, 1879.

한 장기나 서화 같은 일종의 놀이로서 시를 취급했다. 그런데 '유자'들이 시 문제작에서 조충전각 같은 행태를 보이기 시작한 것은 "명의 이반용, 왕세 정, 칠재자를 기쁘게 하는"[8] 것만을 일삼던 소라이 때문이다. 위의 인용문에 나타난 긴죠가 비판하는 소라이학의 문제, 즉 "공허한 시, 뜬 구름 같은 문 장"이란 다름 아닌 소라이의 고문사학적 방법에 의한 시문제작 형태를 말한 다. 소라이는 고문사를 익히기 위해 『당시선』을 간행했지만 『당시선』의 대 유행이 결국 "공허한 시, 뜬 구름 같은 문장"의 생산에 열을 올리는 학자들 을 양산하는 주범이 되었다. 위의 인용문은 소라이학의 무용론을 주장하려 는 긴죠의 의도가 드러나 있다.

> 우리나라에서 고학을 제창하는 자는 이토 진사이 선생을 시조로 삼는 다. … 그 학은 거의 오정한(吳廷翰)의 길재만록(吉齋漫錄)에서 나왔다. 보 는 바는 넓지 않고 고증에 뛰어나지 않다.(『구경담』권1, 13쪽)

오정한(1489~1559)은 명대 중기의 인물로 양명좌파들이 유심주의로 나아 간 것을 비판하고 기가 천도의 본체이며 도·리·태극·성은 모두 기에서 나오 는 것으로 이것은 기의 다른 이름이라하여 기중심주의를 표방했다. 위 인용 문은 긴죠가 천지는 일대 활물이라 하면서 기일원론을 주장한 진사이와 오 정한의 기의 사상을 동일한 것으로 간주했다는 것을 의미한다. 긴죠가 보기 에 진사이학이 고증에 철저하지 못한 것은 오정한의 기중심주의를 수용한

---

8 『오창만필』하, 2~3쪽. 긴죠는 한시에 능하지 못했는데 긴죠와 교유했던 라이 산요(賴 山陽)는 긴죠의 시가 아주 서툴다는 것을 지적하면서 긴죠는 경학자라 평했다. 긴죠에 게는 『錦城百律』(1802년 간행)이라는 시집 1권이 있다. 이 시집의 서문을 가메다 호사 이(龜田鵬齋)가 썼는데 그는 긴죠의 시를 수준이 낮다고 평했다. 가지 노부유키편, 위 의 책, 206쪽, 180쪽.

결과이다. 이처럼 당대 막강한 영향력을 행사하던 진사이와 소라이에 대한 비판은 결국 경학의 문제로 귀결된다.

긴죠가 주자학의 문제로 지목한 것 역시 경학이다. 물론 "정주 두 선생은 멀리에 뜻을 세우고 견식이 높아 한·당·명·청의 제유들보다 높은 곳에 있다. 이전의 옛 사람도 없었고 이후의 오는 자도 없다. 공맹이후에는 사실 두 선생이 있을 뿐이다."[9]라는 평에서 긴죠의 송학에 대한 인식을 엿볼 수 있다. 그럼에도 불구하고 긴죠는 주자학의 경학에 대해서도 비판적이었다.

> 우리나라 사람들의 경학은 먼저 대학·중용·논어·맹자에 머물러 성인이 남긴 경전 중 존숭해야할 주역·상서 등에 손을 뻗어 정력을 기울이는 것을 보지 못했다. 그 사서라는 것은 정주가 사적으로 정한 것으로 성인이 손으로 교정하고 정식화한 시경·서경·역경에 배열하는 것은 어리석은 것이라 할 것이다. 그런데 이처럼 보는 눈이 부족한 유자들이기에 주자의 학은 경서의 해석에서는 아주 정미하여 잘못된 주와 오해는 없다고 생각하는 것도 당연하다. 그러나 실은 (주자학은)아주 몽매한 것이다. 나는 이 때문에 의문록을 지어 조금이라도 세상 사람들을 각성시키려 한다.(『오창만필』3편하, 4쪽[10])

사서학을 정통으로 하는 주자학이 결국 사적인 것에 지나지 않는다는 긴죠의 판단은 중요한 시사점을 제공해준다. 이것은 주자학적인 정통과 이단의 구분을 정면으로 반박하는 것이다. 긴죠의 저작인 『의문록』·『수사인설』·『일관명의』·『인설요의』 등은 모두가 주자학 비판을 위해 저술된 것이

---

9 『구경담』권1, 3쪽.
10 『梧窓漫筆』三編上下, 小川尚榮堂, 1897.

다. 예를 들어 긴죠는 『의문록』에서 주자학의 우주생성론의 토대가 되는 태극에 대해 "태극을 도라고 하고 리라고 하고 만사 만물의 주재처럼 여기는 것은 모두 억지로 만든 것"[11]이라 했다. 긴죠가 보기에 주자학의 도기이기(道器理氣)설은 불교에서 나온 말인데 정주가 전거로 제시한 〈계사전〉에는 도기이기설을 뒷받침할 만한 내용은 없다. 또한 당의 이고(李翶)가 『복성서』 3편을 지으면서 처음으로 복초설을 제기했는데, 이고는 한퇴지의 문인으로 장자와 선종의 견해를 성현의 말이라 주장하여 퇴지 문하에서 조차도 인정받지 못했다. 긴죠는 그러한 이력이 있는 이고가 저술한 『복성서』에 기초하여 복초설을 성학으로 단정하는 정주학을 비판한다. 긴죠가 보기에 허령불매나 복초설은 불교와 노장에 있는 것인데 이것을 성현의 말이라 간주하는 주자학은 결국 고학에 밝지 못하기 때문이다.[12] 이렇게 긴죠는 당대 막강한 영향력을 행사하던 학문들을 부정하면서도 한편으로는 그가 방법론으로 삼았던 고증학에 대해서도 비판적이었다.

> 요즘 청인의 고거의 학이 유행하여 사람들이 달제(獺祭:시문을 지을 때 참고 서적을 늘여놓는 일)하기를 좋아한다. 학문의 넓기는 전고(前古)를 초월했지만 의리의 당부를 논하지 않고 단지 많은 책이름과 인명을 인용하고 의거하여 책을 이루기를 원할 뿐으로 의리의 학을 폐했으니 나는 이것을 이름하여 서사학이라 한다. … 사서육경은 의리의 연수, 고거는 전주소석의 학, 의리는 본, 고거는 말, 고거의 정미함은 의리의 징험을 얻

---

11 『의문록』하, 419쪽(『日本倫理彙編』第9卷, 金尾文淵堂, 1903).
12 『의문록』상, 391쪽, 『의문록』하, 428쪽. 긴죠는 『수사인설』에서도 "오직 송유만이 그것을 알지 못한다."거나 "오직 성리학자만이 이것을 알지 못한다."는 말을 자주 사용하고 있다. 『수사인설』은 주자와 소라이, 진사이 인설의 문제점을 조목조목 밝힌 저작이다.

기 위한 것이다.(『구경담』권1, 12쪽)

긴죠는 "근세 청인의 한학은 참으로 무용한 학문"[13]이라 했는데 이것은 인명이나 서명 찾기등 전거의 고증에만 얽매이는 서사학적인 행태를 지칭한 것으로 이해된다. 긴죠가 무용의 학으로 지목하는 청대 고증학자로 여소객 (余蕭客), 혜동(惠棟)과 혜사기(惠士奇), 강영(江永), 왕명성(王鳴盛), 전대흔(錢大昕)이 있다.[14] 긴죠가 청학을 서사학이라 비판한 것은 이들을 염두에 둔 것으로 고증학자 전체를 대상으로 한 발언은 아닐 것이다. 위 인용문에서 유의해야 할 것은 의리가 본이며 고거는 말이라는 긴죠의 인식이다.

학문의 실천

그렇다면 긴죠는 어떠한 것을 진정한 '학문'으로 상정하고 있는 것일까? 긴죠는 "소라이 이후의 학자는 천하의 로쥬가 되기까지는 학문은 쓰임이 없다고 생각한다."고 하여 학문의 정치적 유용성만을 강조하는 소라이이학의 문제점을 지적한다.[15] 이렇게 되면 긴죠가 말하듯이 "배우는 바와 행하는 바가 오직 별도이며 학문은 학문, 행사(실천)는 행사"의 결과를 초래하고 만다.[16] 실천없는 배움은 무용한 학문에 지나지 않는다. 유학을 정치적 유용성의 측면에서 바라보는 소라이적인 관점이 소라이 이후의 유학자들에게도 일정한 영향력을 미치고 있었던 것도 사실이다. 이들은 사회 문화 풍속의 교화를 이루기 위한 방편으로 유학적 도덕, 윤리의 보급을 통한 사회통합을

---

13 『오창만필』 후편하, 106쪽(『梧窓漫筆』後編下, 小川尙榮堂, 1897).

14 『오창만필』 후편하, 106쪽.

15 『오창만필』 후편상, 42쪽.

16 『오창만필』 후편상, 42쪽.

추구했다. 긴죠가 주장한 유용한 학문은 이러한 유자들의 시점에 서있다. 그것은 "학문을 강구하여 도를 밝히는 것, 천하 사람의 의혹을 풀고 천하의 나쁜 것을 경계하고 깨고 천하에 선한 것을 권장하고 인도하는 일"[17]에서 알 수 있듯이 학문의 목적은 여기에 있다. 이것이 '유용한 학문'이다.

> 권선징악하여 천하의 구안장치(久安長治)를 돕지 못하고 시, 술, 풍류 등
> 에 빠져 집이 망하도록 돕는다. 나라 천하는 어지럽고 망하는데 도와
> 주는 자는 유자의 이름을 범하고 천도 인도를 어지럽히면 국가의 대 도
> 적이다.(『오창만필』하, 1쪽)

결국 망국을 초래하는 것은 진정한 학문이 무엇인지 모르는 유자들의 책임이다. 이렇게 보면 긴죠가 '의리' 중심의 주자학을 비판하면서도 '의리'의 해명에 주안점을 두고 있었다는 것의 의미는 분명해진다. 긴죠는 『논어』를 심학의 골수라 단정한다.[18] 그러나 이때의 심학은 주자학이나 양명학을 상정하고 있는 것은 아니다. 공자의 심학은 절용하고 사랑하는 것, 더욱 검약함을 숭상하고 쓰임을 절약하는 것이다.[19] 유학을 사회적 실천의 문제로 보는 긴죠의 언설에서 그의 지향이 어디에 있었는지를 알 수 있다. 긴죠의 저작인 『중용원의』의 서문에는 긴죠에 대해 다음과 같이 평하고 있다.

> 우리 긴죠 선생은… 항상 한·송 유자의 말을 받들어 감히 오만하지 않
> 았다. 그러나 항상 한학이 오행이나 참위설과 뒤섞이고 송학이 종종 노

---

17 『오창만필』 후편상, 1쪽.
18 『부록삼조』, 486쪽(『日本倫理彙編』第9卷, 金尾文淵堂, 1903).
19 『부록삼조』, 487쪽.

장과 선으로 흘러가는 것을 걱정하여 공맹의 옛것으로 돌아가기를 바랐으니 … 그렇기에 그가 경을 해석하는 것은 한·송에 빠지지 않고 옳은 것은 함께하고 옳지 않은 것은 고쳤다. … 고인의 원의를 이천년 후에 얻었다. 어찌 위대하지 않는가?(『중용원해』서문[20])

긴죠는 "인정에 어두우면 무용의 학"이라 단정했는데 그가 전망했던 학문의 세계는 '인정'의 바탕위에 서 있다.[21] 긴죠는 학문의 실천을 위해 경서로 돌아가 경서의 정확한 원의의 해명을 통해 성인의 경지가 어디에 있는 지를 밝히고자 했다. 여기에는 공자로의 회귀, 즉 복고적 관점이 드러나 있다.

2) 고문사학의 초극과 지향

도는 성인이 세운 것

소라이의 고문사학을 접한 유자들이 '학문'보다는 시문제작에 몰두함으로서 '무용한 학문'을 초래했다는 긴죠의 진단을 염두에 둔다면 그가 강조하는 '의리'의 해명이나 성인의 '경지'를 밝힌다와 같은 발언들 역시 소라이학과의 일정한 연관성에서 나온 것이라고 볼 수 밖에 없다. 전술한 긴죠가 학숙에 내건 '삼의'를 보면 소라이와 유사한 시점을 보여주기는 하지만 다음의 발언을 보면 긴죠와 소라이 사이에는 상당한 거리감이 있음을 볼 수 있다.

---

20 『중용원해』(『日本名家四書註釋全書』卷12, 東洋図書刊行會, 1923).
21 『오창만필』하, 12쪽. 긴죠가 주자학과 양명학을 '유용한' 학문으로 말하고 있지만 그것은 주자학과 양명학의 유용성에 대한 평가이지 그 학문 자체가 유용하다는 것은 아니다. 왜냐하면 긴죠는 이들 학문의 신용성이 없다고 판단하여 신용하면 안된다고 했기 때문이다.(『오창만필』하, 44쪽)

진사이를 이어 고학을 창도한 자는 부츠 소라이(物徂徠) 선생이다. 선생은 웅지(雄鷙)의 재주를 입고 질탕(跌宕)한 기상을 길러 일찍이 이·왕의 고문사를 주창하여 문단의 맹주가 되었다.…경의와 도학은 원래 소라이의 장점이 아니다. 신기한 것을 내세워 사람들의 눈을 끌고자 했다. 그러므로 소라이의 설은 잔박하여 맛이 없고 그 말은 과장되어 속이는 것에 가깝다. 이것을 진사이에 비교한다면 행의와 견식은 멀어 진사이에 미치지 못하지만 학문의 박학함은 거의 진사이를 넘어섰다. 또한 자못 고증의 학을 알았으나 그 고증하는 바는 대부분 정미하지 못하다. … 진사이는 잘못하여 경서를 반박했지만 그 보는 바는 이단에 이르지 않았다. 소라이는 경서를 신봉했지만 그 보는 바는 이단의 괴수이다.(『구경담』권1. 13~14쪽)

긴죠가 소라이를 두고 경의와 도학은 소라이의 장점이 아니라거나 신기한 것을 내세워 사람들을 현혹시켰다고 혹평한 것은 고문사학적 방법에 대한 문제제기로 볼 수 있다. 소라이가 주자학이나 진사이학을 비판한 것도 이들이 경서를 정확히 읽지 못하였으며 그 결과 경서의 고증에 실패했다는 데 있다. 긴죠가 보기에 그러한 소라이도 역시 경서의 고증에 실패했다. 소라이학을 이단이라 간주하는 긴죠의 평가에서 소라이의 위치를 가늠할 수 있다.

그런데 긴죠의 소라이학에 대한 비판은 소라이 뿐만이 아니라 "슌다이가 맹자를 비판하는 논변은 실은 소라이가 남긴 독이다."라고 하여 소라이학의 충실한 계승자로 자처했던 슌다이도 비판의 대상이 되고 있다.[22] 슌다이는

---

22 『구경담』권1, 14쪽. 이어서 긴죠는 "다자이 도쿠호(슌다이)는 소라이 무리들 중에서 첫째가는 사람으로 칭하는데 그러나 그의 견해는 대단히 비루하다."라고 했다.

소라이의 맹자설을 계승하여 원래 맹자는 성인의 도에는 없었으나 후한의 조기나 송의 손석에 의해 13경중의 하나로 취급되었으며 급기야 정주에 의해 경서로까지 높아졌다고 했다. 맹자의 성선설이나 누구나 요순같은 성인이 될 수 있다 라는 말은 원래 성인의 도에는 없었다는 것이 소라이와 슌다이였다.[23] 긴죠는 맹자에 대한 소라이와 슌다이설의 문제점을 지적하면서 다음과 같이 말한다.

> 맹자의 말은 모두 시·서·역·논어·대학·중용에 근원을 두고 있다. 공자의 말은 맹자를 기다려 분명해지니 하나로서는 충분하지 않다. … 근세 고학을 주창한 자는 이것을 모르기 때문에 맹자의 말을 공격한다. … 맹자의 말은 모두가 근원하는 바가 있는데 (이것을)모르는 것이다.(『구경담』권6, 2쪽)

긴죠가 맹자의 말은 맹자의 자의적인 말이 아니라 경서에 근원을 두고 있다고 하여 맹자의 언설이 유가의 정통이라는 것을 다시 확인하고 있는 것은 소라이학의 맹자비판을 염두에 둔 것이다. 이러한 긴죠의 의도는 소라이학이 경서에 근거하지 않은 자의적인 해석이라는 것을 강조함으로서 고문사학적 경서해석의 탈구축을 시도하고 있는 것으로 볼 수 있다. 고문사학적 경서해석이 유학의 보편적 세계를 보여주지 못하는 소라이의 지극히 자의적 방법에 지나지 않는다는 것을 확인해주는 것이다.

---

23 太宰春台, 『성학문답』상권, 64~65쪽.

보편적 세계와 사적 세계

예를 들어 『대학』의 삼강령에 대한 소라이의 주해가 갖는 문제점은 이러한 점을 잘 보여주는 사례이다. 여기에는 긴죠가 의도하는 경서의 보편적 세계와 소라이의 특수한(사적) 세계가 서로 충돌하고 있음을 알 수 있다.

소라이가 말하길 백성에게 효제의 덕을 알게 하여 천하의 지선을 이루면 다시 다른 것을 구하지 않는다. 이것을 지선에 머문다고 한다. 이와 같다면 지선에 머무는 것은 백성의 일이 된다.(『대학원해』상, 22쪽)

여기서 문제가 되는 것은 『대학』의 삼강령인 지선(至善)을 어떻게 주해할 것인가에 있다. 소라이는 군자가 백성을 지선에 머무르게 하는 것으로 해석한다. 그런데 긴죠가 보기에 이러한 해석은 지선을 '백성'이라는 특정한 대상에 한정시킨 것이며 군주 자신에게는 해당되지 않는다. 긴죠는 소라이적인 관점과는 다른 견해를 제시한다.

사람의 임금이 되어서는 인에 머무르는데 신하의 경함과 불경함을 보지 않는다. 사람의 신하가 되어서는 경에 머무르는데 군주의 인과 불인을 보지 않는다. 사람의 부친이 되어서는 자애에 머무르는데 자식의 효와 불효를 보지 않는다. 자식이 되어서는 효에 머무르는데 아버지의 자애함과 자애하지 않음을 보지 않는다. 지선에 머무르면 이것은 지극한 곳이 된다.(『대학원해』상, 23쪽[24])

---

24 『대학원해』(『日本名家四書註釋全書』卷12, 東洋図書刊行會, 1923).

군신관계에서는 인과 경이, 부자관계에서는 자와 효의 실천이 이루어진 상태가 곧 지선이 이루어진 것이다. 소라이는 군주가 백성에게 효제의 덕을 알게 하여 지선이 이루어질 수 있다고 본 반면 긴죠는 군신, 부자 관계에서 인·경·자·효가 이루어진 상태를 지선이라고 판단했다. 군주가 주체가 되어 '백성'에게 효제의 덕을 가르쳐 천하의 지선을 이룬다는 소라이의 주해와 군주로부터 천하 모든 사람에게 공통으로 해당된다는 긴죠의 주해가 서로 충돌하고 있는 부분이다. 소라이가 인을 안민으로 해석한다거나 제작자를 성(聖)이라 하고, 명덕을 군상(君上)의 덕으로 보는 것도 이러한 사실을 말해 주고 있다. 위에 있는 자의 처신이 올바르지 못하면 아래에서 존경하고 믿지 않아 위로부터의 명령이 행해지지 않기 때문에 수신해야한다는 소라이의 수신론도 그러하다.

긴죠는 당시 학자들의 잘못을 '공리'의 마음에서 찾고 있는데 그렇게 되는 원인이 곧 소라이학에 있다고 보았다.[25] 여기서 '공리'라는 것은 관중이나 상앙, 고자와 순자 등을 모태로 한 것이다. 긴죠가 보기에 이러한 '공리'에 바탕을 둔 경서의 해석은 결국 지극히 한정되고 특수한 세계를 본질로 하는 것으로 이것은 유학이 지향하는 보편과는 거리가 있을 수밖에 없다. 긴죠는 소라이의 고문사학적 경서해석의 문제점을 '공리'와 연결시킴으로서 소라이의 고문사학은 소라이의 사적이며 자의적이라는 것을 강조하고 있는 것이다.

---

25 긴죠가 보기에 소라이학은 관중과 상앙류의 공리의 학이며 그 연원을 거슬러 올라가면 고자와 순자이다. 『구경담』권1, 15쪽.

3. 고증학적 방법

1)『구경담』의 성립과 지향

『효경』의 중시와 예학

긴죠가 청대 고증학을 비판했다고는 하지만 그의 방법 역시 고증학적 방법이다. 긴죠의 경학관을 잘 보여주는 대표적 저작에『구경담』(1804)이 있다.『구경담』은 총론과『효경』·『대학』·『중용』·『논어』·『맹자』·『상서』·『시경』·『춘추좌씨전』·『주역』의 9경에 관한 제가의 학설과 이에 대한 긴죠의 평가 및 주해를 담고 있다. 긴죠는 육경중에서『예기』와『악경』을 제외하고 그 대신에『효경』을 더하고 여기에 사서를 합하여 구경으로 구성했다. 긴죠는 구경을 구성하면서『효경』을 제1권에 배열했는데 그렇게 한 정확한 의도는 알수 없다. 다만 긴죠의 스승이었던 야마모토 호쿠잔이『효경』을 경학의 중심에 둔 인물이었기 때문에 호쿠잔의 영향을 생각할 수 있다. 한편으로는 사회 풍속을 교화하기 위한 수단으로『효경』이 중시된 사회적 상황을 반영한 것이라고도 볼 수 있다.

예를 들어 1722년 막부는『육유연의대의』를 간행했는데 간행목적에 대해 "우리나라 사민으로 충효절의의 도를 알게 하기위해 데나라이 소독 지남을 하는 데라코야 선생들을 불러 모아 힘을 다해 배워 가르쳐야 한다."라고 했다.[26]『육유연의대의』는 에도의 습자 선생들을 비롯한 전국의 데나라이주쿠에 습자교본으로 사용하도록 명했으며 습자 선생을 표창할 때도『육유연의대의』를 부상으로 주었다.[27] 데나라이주쿠를 통한 충효 절의관의 확산에

---

26 『六諭衍義大意』, 日本道德叢書, 1901, 7쪽.
27 山下武, 『江戶時代庶民敎化政策の硏究』, 校倉書房, 1969, 51쪽.

『육유연의대의』가 중요한 역할을 했음을 알 수 있다.

또한 막부는 1789년(관정원년)에 전국의 위정자들에게 효행자, 기특생에 대한 상찬이나 그러한 기록이 있으면 보고하도록 하고는 이를 바탕으로 『효의록』이라는 제명으로 1800년에 15책을 간행한다. 『효의록』에는 효행자, 충의자, 절의자, 형제가족 화목, 기특자 등의 항목으로 나누어 각 항목별로 상찬된 수(8,610인)가 기록되어 있는데 과반수를 차지하고 있는 것은 효행자로 5,523명이다. 『효의록』 간행에는 민중들에게 충효 절의의 도덕관을 심어주려는 막부의 의도가 있었다.[28]

긴죠가 구성한 구경이 갖는 또 하나의 특징으로는 『예기』가 배제되어 있는 점인데, 이것도 정확한 의도를 알기 어렵다. 긴죠는 "천하의 치란은 사치와 검소 두 자에 있다."거나 "검약은 치세의 대도"라 하여 이완된 사회 풍속을 심각한 문제로 받아들이고 있었고 이러한 문제를 해결하기 위해 예법질서의 구현을 강조했기 때문이다.[29]

『구경담』은 간행당시부터 문제시 되었다. 항간에는 긴죠가 완원(阮元)의 『학해당경해(學海堂経解)』를 초록한 것에 지나지 않는다는 비판을 덮기 위해 『학해당경해』를 다른 사람들이 보지 못하도록 전부 사들이려 했으나 그렇게 할 수 없었다는 소문까지도 떠돌았다. 그러나 『학해당경해』는 긴죠 사후인 1860년 간행되었기 때문에 긴죠가 이 책을 보았을 리는 없다.[30] 이러한 소문이 떠돌았다는 것은 그만큼 『구경담』이 미친 파장이 컸음을 말해주는 것이다. 이에 대해 긴죠는 다음과 같이 말한다.

---

28 山下武, 위의 책, 310쪽.
29 『오창만필』상, 1쪽, 15쪽.
30 가지 노부유키편, 앞의 책, 222쪽.

나는 분카(文化, 1804~1818) 초년에 『구경담』을 저술했다. 송원제유의 저술과 황씨일초(黃氏日抄), 곤학기문(困學紀聞) 등의 종류, 청조에서는 주석창(朱錫鬯)이나 고영인(顧寧人)의 설을 인용하면서 이름을 제시한 부분도 있고 그렇지 못한 부분도 있다. 이 구경이 담화라면 체재는 그러해야만 한다. 최근 내가 선유의 설을 표절했다고 비난하는 소리를 들었는데 저서의 본뜻을 헤아리지 못하는 무리들이라면 미워하기에도 부족하고 나무라기에도 부족하다.(『오창만필』3편하, 64쪽)

『구경담』이 간행된 것은 1804년이지만 그 저술은 이 보다 더 앞선다. 막부가 주도한 관정이학의 금에 의한 주자학을 정학으로 하는 학풍을 정립하던 무렵이 1790년이다. 이러한 분위기 속에서 완성된 『구경담』은 반드시 주자학에 긍정적이지 않았으며 비판적인 시점을 견지하고 있다. 막부에 의한 주자학의 부활을 목도한 긴죠가 주자학까지도 비판의 쟁점으로 삼았다는 것은 무엇을 의미하는가? 긴죠는 『구경담』의 총론에서 다음과 같이 유학사를 평한다.

경학은 고금 간에 세 번의 큰 변화가 있었다. … 한학·송학·청학이 있다. 한학은 훈고에 뛰어나고 송학은 의리에 뛰어나며 청학은 고증에 뛰어나다. 한 대부터 당에 이르기까지 그 학문이 조금씩 변했다. 그러나 모두 한학이다. 송 대 부터 명에 이르러 그 학문이 조금씩 변했다. 그러나 모두 송학이다. 청인중에는 한학을 하는 자도 있고 송학을 하는 자도 있다. 한학과 송학을 겸해서 일가를 이룬 자도 있다. 그러나 모두 청학으로 그 장점은 고증에 있다. 이것이 고금 간 경학의 세 가지 큰 변화이다.(『구경담』권1, 2쪽)

유학사의 변천과정은 곧 경서 해석사의 변천이다. 예를 들어 송대 주희에 의해 확립되는 사서와 사서의 주석서인 『사서집주』가 경서의 반열에 오른 것도 경서 해석의 변천이 가져온 결과이다. 주희에 의해 주창된 이기중심의 유학이 정통으로 확립된 것이다. 그렇다면 공자에 의해 정리된 경전이 이러한 유학사의 변천과정에서 문제가 되는 것은 무엇 때문인가? 유학사가 한학에서 송학, 청학으로 변모해왔다는 것을 말하는 긴죠의 의도는 유학사의 변질 과정을 밝히고자 함에 있다고 보인다. 긴죠가 방대한 경서의 주석을 단행한 이유도 여기에서 찾아야 할 것이다.

긴죠는 "한위전주(漢魏伝注)의 학은 성인의 경을 돕는 것"이라 하면서 "송유가 비록 처음으로 다른 것을 세웠으나 그 훈고 명물에 이르러서는 한당의 전과 소를 취하였다."고 했다.[31] 이는 송유가 한학의 훈고를 배척하고 의리중심의 경학관을 세웠지만 그러한 방법 역시 한학적 방법에 의거했다는 점을 강조한 것이다. 이어서 그는 "성인의 경을 배우는 자 여기로부터 들어가야 한다"고 했다.[32] 이것은 결국 경학은 훈고라는 토대위에 서있어야 함을 다시 한 번 확인시키는 것이다.

다만 훈고학과 고증학은 서로 유사하면서도 차이점이 있는데 긴죠가 이것을 어떻게 보고 있는가가 문제가 된다. 위 인용문에서 긴죠는 "한학은 훈고에 뛰어나고 청학은 고증에 뛰어나다."라고 하여 한학과 청학을 구분하고 있다. 한편 긴죠가 "고거는 전주소석의 학"이라고 한 것을 보면 한학과 청학(고증학)을 특별히 구분하지 않고 동일한 것으로 간주했다는 것을 알 수 있다.[33]

---

31 『구경담』 권1, 2쪽.
32 『구경담』 권1, 2쪽.
33 『구경담』 권1, 12쪽. 이 부분에 대해서 미즈카미는 긴죠가 한학과 고증학을 동의어로 사용하고 있다고 했다. 미즈카미, 앞의 논문, 134쪽.

경학은 훈고에서

그렇다면 긴죠가 경학에서 훈고를 가장 중요하게 여긴 이유는 어디에 있었을까? 이 문제는 『구경담』의 저술 목적과 관련되어 있다. 긴죠는 다음과 같이 말하고 있다.

세상에서 송유를 받드는 자는 회암 보기를 아주 대단히 높여 공맹과 다를 바 없다고 여긴다. 그러므로 비록 그 잘못을 알아도 다방면으로 에둘러 보호하여 그 단점을 드러내고자 하지 않는다. 세상에 고학을 받드는 자는 회암 보기를 아주 낮게 보며 한유와 구양수에 이르지 못하는 것으로 본다. 그러므로 그 단점으로 삼는 바를 공격하여 함께 그 장점으로 삼는 바를 폐하고 한 터럭이라도 불어 과실을 찾으니 원수로 볼 뿐만이 아니라 심하면 그 책을 폐하여 읽지 않음이 장차 더러워지는 것과 같다고 여긴다. … 무릇 학이란 고경을 배우는 것이다. 그 말이 경지에 맞으면 비루한 대나무통을 만드는 사람의 말이라 할지라도 폐할 수 없다. 만약 경지에 합하지 못하면 어찌 명유가 있겠는가? 논어에서 말하길 군자는 당을 짓지 않으며 또 선한 자는 이에 따르고 불선한 자는 그것을 고친다 했다. 이것이 경을 배우는 첫째가는 뜻이다.(『구경담』 총론, 7쪽)

긴죠가 경학에서 가장 중요하게 여긴 것은 경지(經旨)이다. 성인의 도의 행방, 즉 경지가 어디에 있는가를 아는 것이 경학의 목적이다. 성인의 경지를 중심으로 제학 모두가 상대화되고 있다. 공맹으로 돌아가 공맹을 기준으로 제학의 단점을 없애고 장점만을 취하는 것이다. 경지를 밝히기 위한 가장 좋은 방법은 경서의 사사로운 해석에서 벗어나 경서의 정확한 고증에 있다.

긴조는 성인의 경지를 찾는 과정에서 경서의 정확한 고증을 위해 청대 고증학자들의 저서를 상당부분 탐독했다. 『구경담』에서 인용된 청대 고증학자를 살펴보면 고염무의 『일지록』, 호위의 『대학익진』, 모기령의 『서하합집』, 주이존의 『경의고』, 염약거의 『상서고문소증』, 서건학의 『담원집』, 전조망의 『경사문답』, 강성의 『상서집주음소』, 왕명성의 『상서후안』, 기균의 『사고전서간명목록』, 여소객의 『고경해구침』 등이다. 그 중에서 모기령의 『서하합집』과 주이손의 『경의고』가 가장 많이 인용되고는 있지만[34], 모기령의 『서하합집』은 망류괴담(妄謬怪談)의 책으로 신용할 수 있는 부분이 대단히 적다고도 했다.[35]

> 성인이 죽은 지 이천년, 그 남긴 뜻은 오직 언어 문자 사이에 있다. 그러므로 자구에 정밀하지 않으면 성인의 오묘한 뜻을 알지 못한다. 자구 고증의 학은 청인의 장점이다. … 그 정밀하고 세밀함은 고금에 없는 바이다. 이것이 그 학문의 장점이다. … 그러나 명인의 책 백 권을 얻은 것은 청인의 책 한권만 못하다.(『구경담』권1, 12쪽)

긴조가 청대 학술이 갖는 문제점으로 지목하는 것은 문자 자구의 해명에만 집중했다는 것과 그러한 결과 성인의 경지의 행방을 파악하지 못하게 된다는 점이다. 그럼에도 불구하고 긴조는 고증학이 성인의 경지를 정확히 파악할 수 있는 유일한 수단임을 강조한다.

---

34 金谷治, 앞의 논문, 250쪽. 미즈카미는 긴조가 청조 고증학자들의 학설을 그다지 이용하지 않았지만 청초 고증학자들의 영향은 받은 것으로 보고 있다. 미즈카미, 앞의 논문, 139쪽.
35 『오창만필』하, 45쪽.

후유의 말은 장점이 있고 단점이 있으니 그 단점을 제거하고 그 장점을 취하면 천세의 전주는 모두 성경(聖經)을 돕는 것이다. 그러니 배우는 자는 공맹의 도를 배우고 공맹을 신독하여 그러한 후에 얻을 수 있다. … 그러므로 배우는 자는 먼저 한·송 제유의 단점을 알고 이미 그 단점을 알았으면 학문이 여기에 다하지 못함을 알아 곧 공맹으로 귀숙을 삼은 연후에 또한 제유의 장점을 알아 성경을 돕는다면 식견이 비로소 공정하고 의론이 사사로움에 기울지 않는다.(『구경담』권1, 7쪽)

한송 제유의 장단점을 파악하여 절충하는 것의 최종 목적은 공맹으로 돌아가는데 있다. 긴죠가 추구한 것은 고학, 즉 복고학이다. 소라이가 주장하는 것처럼 공자가 배운 바를 배우는 것이 아니라 공자 그 자체가 배움의 대상이 되고 있다. 공자를 중심으로 고경의 세계를 있는 그대로 복권하려는 긴죠의 유학이 지향하는 바를 여기서 알 수 있다.

2)고증학적 방법

훈고와 고증

그렇다면 구체적으로 어떠한 입장에서 경서를 주해하고 있는지를 살펴보도록 하자. 『대학』의 명명덕에 대한 해석에서 정현은 "명덕을 밝힌다는 것은 그 지덕을 밝히 드러내는 것"이라 주해한다. 이에 대해 긴죠는 "이 해석만이 정곡을 얻었다."라고 하면서 "근세 성인의 덕을 광희발월 및 위에 있는 사람의 덕(在上之德)이라 말하는 것은 모두 고의 고학에 어두운 것"이라고 부연한다.[36] 여기서 긴죠가 비판의 대상으로 삼은 것은 주희와 소라이였다. 명덕에

---

36 『구경담』 권3, 6쪽

서의 명을 광희발월(光輝發越)이라 본 것은 주희이다.[37] 주희는 명을 심성의
문제로 보고 "빛나고 발월함의 성함이 있는 것"이라 하면서 개인의 심성에
이러한 덕이 쌓이면 성인과 다르지 않다고 했다. 마찬가지로 소라이 역시
『대학해』에서 명덕을 "군상의 덕"이라 하여 위에 있는 군주에게 필요한 덕
으로 보았다. 소라이는 명덕을 일반화시키지 않고 군주라는 위정자에 한정
된 것으로 이해하고 있다. 긴죠는 주희와 소라이의 주해를 비판하기 위해 정
현의 해석을 끌어들이고 있는 것이다. 긴죠는 정현의 주해를 바탕으로 하면
서도 여기에서 그치지 않고 유학사에서 명덕이 어떻게 해석되어 왔는지를
집요하게 분석하고 있다.

긴죠에 의하면 명덕은 혼덕(昏德)과 반대되는 개념인데 모든 선한 행위의
총명이 명덕이며 혼덕은 모든 악행의 총명이다.[38] 긴죠는 명덕의 정해(正解)
를 찾기 위해 방대한 한적을 샅샅이 뒤지고 있다. 『서경』의 요전에서는 준
덕, 『중용』의 대덕, 〈계사전〉의 성덕, 『논어』의 지덕, 『순자』의 미덕, 『좌전』의
가덕과 길덕이 모두 명덕의 다른 이름이다. 한편 일덕, 협덕(夾德), 도덕(滔德),
악덕, 예덕(穢德), 혹덕, 음덕, 양덕(凉德), 패덕, 박덕, 흉덕은 모두 혼덕의 다
른 이름이다. 『좌전』에서는 효, 경, 충, 신을 길덕이라 하고 적, 장, 간을 흉덕
이라 한다. 이러한 결과 명덕은 효, 제, 충, 신, 인, 의, 용, 지의 총명임을 알
수 있으며 혼덕은 교, 사, 음, 일, 기극, 잔적의 총명임을 알 수 있다.

긴죠는 정현 이외에도 가규의 『신서』, 허신의 『설문해자』, 조기의 『맹자
주』, 채옹의 『명당월령론』, 순열의 『신감』, 서간의 『중론』, 노식의 『예기주』
등 한 대 주석가들의 해석을 인용하고 있다.[39] 물론 그렇다고 하여 긴죠가

---

37 주희, 『중용장구』제23장.
38 『구경담』권3, 5쪽.
39 이 부분에 대하여는 미즈카미 마사하루가 조사한 바를 참고하면 된다. 미즈카미 마
　사하루, 앞의 논문, 127쪽.

한 대 주석가들의 주석에 전적으로 의거하면서 자신의 견해를 제시하는 것은 아니다. 한 대 주석가들의 주해가 옳다고 판단되었을 때만 수용하였으며 그렇지 않은 경우에는 가차없이 비판하고 있다.

공맹으로의 복고

긴죠의 고증학적 방법이 유감없이 발휘된 것은 『상서』에 대한 고증이었다. 긴죠는 7세 무렵부터 『상서』를 소독했다고 전한다. 긴죠의 『상서』에 대한 저술로는 『상서정의(尙書精義)』13권, 『벽경변정(壁経弁正)』12권, 『상서공전찬주(尙書孔傳纂註)』12권, 『상서고금문동이고(尙書古今文同異考)』4권4책, 『상서찬소(尙書纂疏)』10권10책, 『매본증다원(梅本增多原)』12권과 그의 문인 이토 히로요시(伊藤裕義)가 필록한 『상서기문(尙書紀聞)』, 그리고 「매본증다소변(梅本增多小弁)」(『구경담』에 수록)이 있다. 긴죠는 『벽경변정』12권과 『매본증다원』12권을 요약하여 구경담 7권 째의 『상서』부분을 「매본증다소변(梅本增多小弁)」이라 했다.

『상서』에는 진의 복생이 전한 『금문상서』29편과 한 대의 공안국이 전하는 『고문상서』46편, 매색(梅賾)의 『위고문상서』58편이 있다. 매색본은 공안국전의 『고문상서』와 비교해보면 33편이 같고 25편이 다르다. 그런데 남송의 오역(吳棫)과 주희가 『상서』에 의문을 제기하였으며 청대의 염약거는 『고문상서소증(古文尙書疏証)』을 저술하여 매색본이 위서임을 증명했다. 한편 모기령은 『고문상서원사』를 저술하여 매색본을 변론했다. 긴죠는 모기령의 『상서고문원사』를 입수하여 정독하면서 모기령의 상서설을 반박하고 매색본이 위서임을 증명했다. 긴죠에 따르면 매색본에서 증가한 25편과 공안국의 『고문상서』는 모두 위의 왕숙의 문인들이 지은 위작이다. 매색본에서 증가한 25편과 공안국전은 진대에 처음 나온 것으로 그 이전에는 이것을 본 자가 없었다. 매색은 동진 사람으로 25편의 고문은 서진의 황보밀(皇甫謐)이나 동진의 곽박(郭璞), 서진의 순숭(荀崧), 청대의 이옹(李顒)등이 인용하고 있기 때문에 위진 시대에 출현한 것이 분명하다. 한 대 사람이 늘어난 부분을 인용하고 있는 것은 『좌전』·『국어』·『맹자』·『순자』에 인용된 것에 한정되어 있다.[40] 예를 들어 긴죠는 매색본의 25편과 공안국전이 왕숙의 위서임을 홍범편 '칠계의(七稽疑)'조의 '역(驛)'자를 해명하는 것으로 증명한다. 이 부분에 대해서는 『상서기문』에 더 자세하게 제시되어 있기 때문에 그것을 참고하면 다음과 같다.

역(驛)자는 공안국의 고문에는 체(渧)로 되어 있다. 사기도 이와 같다. … 복생의 금문에는 역(圛)자로 되어 있다. 음이 낮다. 사마천이 공안국에게 상서를 들었다는 것은 한서 예문지가 증명한다. 공안국은 복생에게 (상서를)들었다. 그러나 여기서의 역(驛)자는 25편을 위작으로 만든 자가 한 짓이다. … 역(驛)자는 어떻게 하여 만들어진 것인가 하면 왕숙의 주에서 만들어진 것이다. '역곽역소멸(圛霍驛消滅)'이라 하는 것에서 역(驛)이라 하는 문자로 삼았는데 역(圛)는 몽(蒙)의 반대이다. 일월이 나와 밝게 보인다는 의미이다. 정현의 제풍재치(齊風載馳)의 시, 제자기제(齊子豈悌)의 주에서 제(弟)는 고문상서에서 '제(弟)를 역(圛)로 삼았다. 역(圛)은 명(明)이다.'라는 문장이 있다. 모두가 공안국의 주를 궁리하여 만든 것이라는 말은 왕숙의 주에 붙여 만든 것이라는 것으로 (이것은)왕숙 제자의 손에 의해 나온 것이라고 청인도 말하는데 무리가 아니다.(『상서기문』, 304~305쪽)

---

40 『구경담』권7, 1~2쪽.

여기에서 보면 역(驛)자가 공안국전에는 체(渧)자로, 복생의 금문에는 역(圛)자로 되어 있는데 이처럼 서로 다른 한자를 쓰는 이유는 왕숙의 주를 참고 했기 때문이다. 이 외에도 긴죠는 왕숙이 『논어』의 '교언영색'의 주에서 "교언은 무실(無實), 영색은 무질(無質)"이라는 구를 논증했다. 그런데 『상서』 「고명(顧命)편」의 교언영색의 공안국전에도 "교언은 무실(無實), 영색은 무질(無質)"이라는 구가 있다. 결국 왕숙의 문인들의 위작이라는 것이 확실하다고 긴죠는 단정한다.[41]

이렇게 본다면 긴죠는 고증학적 방법을 통해 공맹으로 돌아가는 발판을 마련했다고 할 수 있다. 긴죠는 복고의 과정에서 소라이학이 파악하지 못한 '경의 세계'를 전망하고 있었다. 문리에 정밀하지 못하면 경을 해석할 수 없다는 긴죠의 입장이 경서의 철저한 고증작업에 잘 투영되어 있다.

4. 개인심성에서 사회 공동체로의 확장

관정이학의 금

1790(관정2)년 막부 학문소의 교관으로 관정의 삼학사라 불리는 시바노 리쓰잔(柴野栗山, 1736~1807)과 오카다 칸센(岡田寒泉, 1740~1816)을 임명하여 학문소의 학풍을 쇄신하는 관정이학의 금이 실시되었을 때 긴죠는 리쓰잔을 가리켜 건려(蹇驢), 즉 발을 저는 나귀라 폄하했다. 긴죠의 관정의 삼학사 비판이 관정이학의 금에 대한 불만 표출이라고까지 단정 지을 수는 없지만 적어도 주자학이 다시 사상의 중심으로 부활하는 것에는 불안감이 없지는 않았을 것이다. 긴죠는 1811년 요시다번(吉田藩) 번주(藩主)의 세자 마쓰타이

---

41 『구경담』권7, 4쪽.

라 노부요리(待平信順)의 시강으로 임관되어 위정자의 교육을 담당했고 후에
는 요시다번의 번교 시습관의 교수로 발탁된다. 시습관은 소라이학 계통의
번교였는데 긴죠가 등용된 이후 소라이학에서 긴죠풍의 학문으로 변했다.
긴죠는 시습관의 소라이학 학풍을 일소하는데 주력했다.[42]

긴죠의 이러한 행보를 보면 그가 무엇을 지향하고 있었는지를 알 수 있을
것이다. 거기에는 전술한 것처럼 기존의 윤리, 도덕과는 다른 윤리, 도덕의
보급과 실천이 필요했다. 사회 문화 풍속의 교화가 절실했기 때문일 것이다.
긴죠가 구상한 학문은 배우는 바와 행하는 바의 일치, 곧 실천의 문제가 중
심에 있었다. 이러한 실천은 인간 이해를 바탕으로 한 도덕과 윤리의 재구성
이라 할 수 있다. 그것은 기존의 인간 이해와는 질적으로 다른 바탕에 서 있
지 않으면 안 될 것이다.

긴죠는 고자, 순자, 장자의 성설을 인용하면서 성을 타고난 그대로의 질
박한 모습으로 이해하고 있다.[43] 타고난 그대로의 자연적 모습(기질지성)이
본래성이 된다. 한편 긴죠는 "순자가 성악을 말한 것은 도덕의 성을 모르고
정욕의 성만을 안 것"이라 하고, 또 "근세 유자는 고자의 의외(義外)설과 순
자의 성악을 기뻐하며 맹자의 성선을 의심한다."라고도 했다.[44] 긴죠의 이러
한 발언은 순자적인 성론을 긍정하면서도 성악은 부정하며 맹자의 성선은
수용한 것으로 이해된다. 예를 들어 긴죠가 인의예지는 마음에 근거를 두고
있는데 이때의 마음을 사단이라 한다거나 사단지심으로서의 인의를 성선이
라 하는 것은 맹자의 인성론을 수용한 것이다.

---

42 또한 긴죠는 북방에 대한 관심도 있어 하야시 시헤이(林子平)의 『삼국통람도설』의
　 서문을 대필하기도 했으며 『에죠지기략(蝦夷地紀略)』4권을 쓰기도 했다. 가지 노부유
　 키, 앞의 책, 174~179쪽
43 『구경담』권4, 10쪽.
44 『중용원해』권1, 10쪽.

나아가 긴조는 『맹자』의 언설을 육경과 『논어』·『대학』·『중용』에 근거한 것으로 보고 있으며 공자의 언설은 『맹자』의 언설속에서 더욱 분명해진다고 했다. 이러한 점은 긴조가 공자–맹자로 이어지는 유가의 도통을 그대로 수용하고 있는 것이다. 이처럼 긴조는 맹자 위주로 생각하면서도 만일 사람이 하늘에서 품부받은 천성에 맡기고 교학의 힘을 빌리지 않는다면 요순이 될 수 없다고 하여 성인이 학교를 세운 이유를 여기에 두고 있다.[45] 이것은 도덕성과 사단을 연결시켜 도덕의 선천성만을 강조하는 것이라기보다는 사람은 가르쳐야 변화된다는 도덕의 후천성을 강조하는 것이다. 긴조는 학(學)을 정의하여 "시서육예의 글을 배워 성인의 도를 아는 것"이라 했다.[46] 이러한 면은 순자에 가깝다고 할 수 있다.

이예제심(以礼制心)의 수양론

그런데 긴조의 위와 같은 발언은 소라이와 유사하면서도 차이가 있다. 소라이가 마음이 마음을 다스리는 것은 광인이 광인을 다스리는 것과 같다라고 했듯이 이심치심(以心治心)을 통한 마음의 수양은 불가능하다. 소라이에 의하면 도덕성은 자연스럽게 형성되는 것이 아니라 배워야 한다는 것이며, 배움에서 끝나는 것이 아니라 신체가 선한 것에 물드는 것, 이른바 신체의 습숙(習熟)이다. 그렇다면 도덕의 후천성을 강조하는 긴조는 소라이적인 이예제심의 수양론을 어떻게 이해하고 있었던 것일까? 다음의 인용문은 바로

---

45 『중용원해』권1, 10쪽.

46 『중용원해』권3, 124쪽, 한편 『중용원해』권1에는 "인성에는 인의의 자질이 있는데 성인이 만든 것을 법도로 삼아 이것으로 교도하지 않으면 도로 향하게 할 수 없다."고 하여 교학에 방점을 둔 것도 후천적인 학습에 의한 인성의 변화를 강조한 것으로 이해된다.(『중용원해』권1, 11쪽)

긴죠가 이 문제를 쟁점화하고 있는 부분이다.

> 고학자는 이심치심을 조롱하여 마음으로 마음을 다스리는 것을 광인
> 이 광인을 다스리는 것과 같은 것으로 불가능하다. 그러므로 성인은 예
> 로 마음을 제어한다(以礼制心)했다. … 악기(樂記)에는 도로 욕심을 제어
> 한다(以道制欲)는 말이 있고 맹자에는 예로 마음을 보존한다(以礼存心)는
> 말이 있다. 모두 같은 뜻으로 예로 사심을 제어하고 예의로 사욕을 제
> 어한다는 것이다. 악기의 도자도 예를 지칭하는 것이다. 존심이란 예로
> 사욕의 악한 마음을 제어하고 인의의 양심을 잃지 않도록 하는 것이다.
> 이예제심은 성인의 경전의 큰 가르침으로 결점이 있는 것은 아니다. 그
> 러나 사심사욕을 방치하면 몸과 집도 망하고 국가도 망하는 것을 알아
> 예로 사심사욕을 제어한다는 것은 무슨 일인가? 이것은 자신의 마음
> 이 아닌가? 이것도 마음으로 마음을 다스리는 것이 아니면 무엇인
> 가?(『오창만필』후편 하권, 54~55쪽)

여기서 말하는 '고학자'는 소라이이다. 소라이는 예를 신체로 습숙할 것
을 강조할 뿐 수양에서 마음의 변화에 대해서는 그다지 언급하지 않았다.
오히려 마음은 형태가 없기 때문에 제어할 수가 없다는 것이 소라이의 마음
에 대한 이해이다. 윗 글에서 보면 긴죠도 소라이처럼 예로 마음을 다스리
는 것을 인정하고 있다. 다른 점은 예가 마음에 기초하고 있다는 것을 강조
하는 점이다. 이것은 긴죠가 다스리는 주체가 마음이라는 것을 이예제심으
로 확인하고 있는 것이다.[47] 다시 말하면 소라이의 수양론에서 빠진 마음이

---

47 加地伸行편, 앞의 책, 241쪽. 가지 노부유키는 이 문제에 대해 "긴죠는 내적인 심의
가치의 복권을 주창했다."고 했다.

긴죠에 의해 다시 활동의 주체가 된 것으로 볼 수 있다.

그런데 이러한 긴죠의 수양론에서 문제가 되는 것은 긴죠의 수양론이 주자학적인 수양론에서 나온 것인가에 있다. 『대학』의 제7장 "수신이 그 마음을 바르게 한다는 것에 있다."(修身在正其心)에 대한 긴죠의 주해를 보면 반드시 그렇지 않다는 것을 알 수 있다.

> 정자가 말하길 신유(身有)의 신(身)은 마땅히 심(心)으로 바꾸어야 한다. 혹자가 말하기를 신자는 심을 겸하는데 하필 개작을 하는가? … 논어에 그 몸을 바르게 하면 명하지 않아도 바루어지고 그 몸이 올바르지 못하면 비록 명해도 따르지 않는다. 또 말하길 비록 그 몸을 바르게 하여 정치에 따르게 하면 무슨 어려움이 있겠는가? 그 몸을 바르게 하지 못하면 어찌 사람을 바르게 하겠는가? 순자가 말하길 예는 몸을 바르게 하는 것이다. 예가 없다면 어찌 몸을 바르게 하겠는가? 이것은 몸을 바르게 하는 증거이다.(『대학원해』중, 82쪽)

『대학』 제7장은 몸에 분한 것(身有所忿懥)이나 두려움(恐懼), 좋아하고 즐기는바(好樂), 우환(憂患)이 있으면 바름을 얻지 못한다(不得其正)는 내용이다. 정자는 본문의 "몸에 분노하는 바가 있다(身有所忿懥)"에서의 신(身)자를 심(心)으로 바꾸었다. 주희는 분치(忿懥), 공구(恐懼), 호요(好樂), 우환(憂患)이 모두 마음의 작용이라 보고 있다. 이것은 주자학이 마음을 보존하는 것에 주안점을 두고 마음의 변화가 몸의 변화를 가져온다는 관점에 서 있기 때문이다. 긴죠는 정자가 신을 심으로 개작한 것에 문제점을 제기하면서 주자학의 신체와 마음에 대한 사고를 역전시켜 몸의 변화를 통한 마음의 변화를 전망하고 있다. 긴죠는 "마음은 인과 예로 보존하는 것"이라 했는데 이어서 이것은 "마음으로 마음을 다스리는 것이 아니다."는 점을 분명히 하고 있다.[48]

그러한 심신관의 정당화를 『논어』와 『대학』에서 확인하고 있는데, 예를 들어 수신이라는 것도 몸을 바르게 함으로써 마음이 올바르게 된다(正心)는 의미로 받아들이고 있다. 긴죠의 심신관에는 "몸을 바르게 하는 것이 예"라는 『순자』「예론편」까지도 인용되고 있다. 이것은 곧 예의 체득을 통한 도덕성의 양육이다. 긴죠가 극기를 "사욕을 극기하는 것"으로 이해한다던지 욕심을 "눈으로는 색에 흔들리고 귀로는 소리에 흔들리고 입과 배는 음식에 흔들리는 것"으로 이해하는 것도 이와 관련되어 있다.[49]

긴죠에 의하면 방심(放心)도 예와 관련된다. 『서경』에서 말하는 방심이란 방종한 마음을 가리키는 말로 예로 방심, 즉 방종한 마음을 바르게 하는 것이라 했으며, 존심과 양성(養性)을 "군자는 인으로 마음을 보존하고 예로 마음을 보존한다고 했다. 공자의 잡으면 보존하고 버리면 잃는다는 말과 같다."라고 했다.[50] 여기에는 외재적 관점이 들어 있다. 외재적 관점을 주도하는 것은 예법이다. 예가 사욕을 제어하여 인의의 양심을 잃지 않게 하는 수단이 되고 있다. 긴죠는 도를 실물이라 간주하는데 여기에는 현상계의 초월로서의 도는 상정되어 있지 않다.[51] 이러한 사실을 놓고 보면 긴죠는 마음에 직접적인 수양을 통한 도덕성의 양육보다는 신체라는 외면의 수신(실천행위)을 통한 도덕성의 양육을 생각하고 있었다고 볼 수 있다. 그런데 이처럼 신체의 규율이 수양의 일차적 과제라는 점에서만 본다면 소라이와 긴죠의 수양론은 차이가 없게 된다.

48 『의문록』하, 450쪽.
49 『의문록』상, 405쪽.
50 『의문록』하, 450쪽.
51 『의문록』상, 405쪽.

접인—타자로의 확대

이러한 긴죠의 외향적인 시선은 거기에서 멈추는 것이 아니라 타자로 대
상이 확장된다. 인에 대한 긴죠의 주해는 이러한 점을 잘 말해주고 있다.

부친과 접하여 효를 하고 자식에 접하여 애를 하며 형에 접하여 제를
하고 동생에 접하여 우애를 하고 임금에 접하여 공경하고 충직하고 신
민에 접하여 충서하고 은혜를 베풀고 붕우에 접하여 충신하고 충후하
며 빈주에 접하여 예절을 지키고 겸양을 지키니 백가지의 도는 사람에
접하지 않음이 없다. 사람에 접하는 도가 즉 인이다. 그러므로 인이라
는 글자는 행실을 겸한 것으로 중선을 통칭한다. 논어에서 말하는 인
자는 대부분이 이 뜻을 쓴다. 사단이나 육덕과 같은 예는 아니다.(『수사
인설』, 460쪽)

긴죠의 위의 발언은 타인과의 관계속에서 어떻게 하면 인을 실현할 수 있
는가와 관련되어 있다. 긴죠가 천하의 치란은 사치와 검소에 있다고 하여 검
약을 치세의 대도라고 한다거나 인색함은 망국의 기초라고 한 것을 보면 사
회 문화 풍속의 교화를 얼마나 중요하게 여겼는지를 알 수 있다.[52] 그것은
상업경제의 발달이 가져다 준 풍요속의 혼란함을 그대로 노출한 18세기 후
반기의 사회상이 반영된 것이다. 물질적 풍요에 의한 반대급부로 생겨나는
사치와 이익, 욕심등이 풍속을 망치게 되고 망국으로 이어진다는 긴죠의 사
회 문화의 진단은 주자학처럼 각 개인의 심성내부의 해명만을 일삼는 것의
무기력함을 반영한다.

---

52 『오창만필』상, 1쪽, 15쪽.

긴죠의 인설은 또 하나의 '가상의 적'인 소라이에 향해 있다. 소라이의 "장인안민"(長人安民)설을 따르면 인은 군상에 한정된 덕이 되며 인간 일반과는 거리가 있게 된다.[53] 소라이의 인설은 위정자의 통치행위를 원만하게 수행하기 위한 방편이라는 어디까지나 위정자의 시선에서 구상된 것이다. 물론 긴죠는 소라이적인 시점을 완전히 배제하지는 않았다. 군주의 덕은 자와 애를 본심으로 하면서도 겉으로는 위엄해야 한다, 그렇지 않으면 신민이 외경하는 마음이 없다고 주문하는 것에는 소라이적인 시점이 들어있다고 볼 수 있다.[54] 그러나 인을 군상에 한정된 덕으로 간주하려는 소라이적인 시점은 찾기 어렵다.

긴죠는 성인의 학을 심학이라 간주하는데, 이때의 심학은 전술한 것처럼 "절용하고 사람을 사랑하는 것, 검약함을 숭상하는 것"이라 하여 실천과 관련되어 있다. 이러한 긴죠의 인간 이해와 사회 문화의 진단은 주자학적인 낙관론의 무용함과 소라이적인 위로부터의 시점에 대한 재고의 필요성을 제기한 것으로 이해된다. 긴죠가 당면한 과제는 인간 개인의 심성에 대한 해부와 이를 바탕으로 한 윤리 도덕의 실천의 문제였다고 할 수 있다.

유학사상의 이러한 움직임은 유학이 어떻게 사회 문화속에서 생명력과 자생력을 확보해 가는가, 즉 유학의 사회내적 실천의 문제와 결부되어있다. 이것은 사회 공동체의 풍속과 문화를 교화시키기 위한 실천의 학으로 유학

---

53 『인설요의(仁說要義)』, 516쪽. 『인설요의』는 긴죠가 유학사에서 인이 어떠한 의미로 이해되어 왔는지를 종합적으로 살펴본 것이다. 인을 안민으로 해석하는 것이 왜 문제인가에 대해 『구경담』에서는 "인을 안민을 해석하는 것은 위에 있는 자의 덕이 된다. 중용의 지인용(知仁勇) 이 셋은 천하의 달덕이다. 덕은 상하에 통하는 것의 칭호이니 인은 위에 있는 자의 덕으로 특정하지 않으니 안민으로 해석할 수 없다."(『구경담』권 5, 14쪽)라고 하여 인이 군상(在上)의 덕이 아니기 때문에 안민으로 해석할 수 없다는 점을 분명히 하고 있다.

54 『오창만필』상, 49쪽.

본래적 모습으로 복귀한 것이라 할 수 있다. 사치와 풍속의 이완을 막기 위한 방법으로 소라이가 강조했던 예의 실천을 통한 개인 심성의 교화에 주목하려는 경향을 보여주고 있다. 이러한 면에서는 소라이적 시선이 강하게 남아 있다고 할 수 있다. 다만 위로부터의 풍속의 교화라는 소라이적 시점에서 탈피하여 각 개인의 심성 내부로부터의 교화를 추구했다는 점에서 소라이학과는 거리가 있다. 한가지 덧 붙인다면 긴죠의 심성론에서는 슌다이와 공유하는 부분이 존재한다는 점이다. 이 면은 소라이와 슌다이의 관계를 더욱 명확하게 알 수 있는 부분이기도 하다.

제7장

반슌다이론의 경서해석과 소라이학

1. 사상사에서의 반슌이론

『변도서(辯道書)』의 간행과 국학의 반응

슌다이에 대한 비판은 그의 저서 『변도서』에서 시작되고 있다. 『변도서』 (1735년 간행)는 유교적 관점에서 유교, 불교, 신도의 차이점을 밝힌 것인데 국학자들에 의한 상당한 비판에 직면했다. 그러면 국학자들의 비판을 보기 위해 먼저 『변도서』를 요약해두자. 『변도서』에 의하면 제1대인 신무천황에서부터 30대 흠명천황 무렵까지는 일본에 도(道)라는 것이 존재하지 않았다. 신도라는 것도 "성인의 도의 일부분이며 주역에 하늘의 신도를 보니 사시가 어그러지지 않았다. 성인은 신도로 가르침을 세워 천하를 복종시켰다는 말이 있다.["](1)라고 하여 『주역』에 근원을 갖는다. 유교에서 말하는 '신도'라는 것은 일월, 성신, 풍우, 상로, 한서, 주야와 같은 천지간에 발생하는 현상으로 인력의 결과가 아니며 만물의 모든 현상은 신에 의해 일어난다. 성인이 신도

---

1 『변도서』, 『대일본사상전집』권7, 대일본사상전집간행회, 1931, 170쪽.

로 가르침을 세운 것은 성인의 도는 어떤 것이든 하늘의 뜻을 받들고 선조의 명을 받아 행하기 때문이며 옛 선왕이 천하를 다스릴 때 신명(神命)을 경외하는 것이 첫째였던 이유는 신명의 힘이 아니면 불가능하기 때문이었다.

이렇게 신도를 신에 의한 신묘한 작용으로 설명하는 슌다이는 "일본에는 원래 도라는 것이 없었다. 근래에 사람들이 신도야말로 우리나라 고유의 교묘한 도라고 자랑하는데 이것은 전부 후세에 만들어진 근거없는 허황된 설이다."[2]라고 했다. 그 이유로 드는 것이 인의, 예악, 효제와 같은 말이 화훈에는 없다는 점이다. 만약 인의, 예악, 효제와 같은 개념이 일본의 고유한 것이라면 반드시 화훈이 있어야한다는 것이다. 그런데 "이국과 교류하면서 중국의 성인의 도가 일본에 유행하여 천하 만사가 모두 중국을 배우게 되었다. 그 후 나라 사람들이 예의를 알게 되고 인륜의 도를 인식하여 금수와 같은 행동을 피하고 신분이 낮은 사람조차도 예의에 어긋나는 자를 보면 축생처럼 경멸하게 된 것은 성인의 가르침에 감화된 것"[3]이다. 이어 슌다이는 "불교도 신도도 요순의 도를 중심으로 하지 않으면 세상에 서지 못하며 … 국가를 다스리는 사람들이 요순의 도를 배우지 않고 제자백가나 불도, 신도들을 좋아하면 그 나라는 문란해지는 전제가 된다."[4]고 하여 유교의 성인의 도를 중심으로 불교나 신도를 위치 짓고 있다.

슌다이가 『변도서』에서 제기한 문제는 인륜 및 윤리 규범이 일본에는 없었다는 점, 그러한 윤리 도덕을 규정하는 개념이 되는 언어가 없었다는 점, 윤리 도덕에서 예악형정에 이르는 문화는 유교의 성인이 출현하여 제작하였으며 그것을 일본이 수용하여 비로소 문화가 시작되었다는 점이다.

---

2 『변도서』 203쪽.

3 『변도서』, 204쪽.

4 『변도서』, 210쪽.

그러면 이러한 슌다이의 신도 비판에 대해 국학계열은 어떠한 반응을 보였을까? 이 문제를 카모노 마부치(賀茂眞淵, 1697~1769)의 『국의고(國意考)』를 통해 살펴보자. 마부치의 스승은 나카노 기켄(中野撝謙)과 슌다이에게 배운 와타나베 모안(渡邊蒙庵, 1687~1775)이다. 모안이 슌다이에게 배웠다는 사실은 슌다이의 학문이 소라이학에 근원한다는 것과 그것은 곧 고문사학적 방법에 의거해 있다는 점을 모안이 알고 있었다는 것을 의미한다. 마부치는 에도에서 핫토리 난카쿠와 교유하면서 시를 배웠고 난카쿠는 마부치에 국학에 대해 질문했다는 일화가 있는 것을 보면 두 사람은 상당한 친분관계에 있었다는 것을 알 수 있다. 결국 마부치는 고문사학이 지향하는 바가 어디에 있는지를 알고 있었으며 고문사학적 방법이 마부치의 학적 성격을 규정하는데 중요한 역할을 했다고 볼 수 있다. 그러한 마부치가 슌다이의 『변도서』를 읽고 격한 반응을 보인 것이다.

『국의고』는 "어떤 사람이 세상을 다스리는데 가장 좋은 것이 중국의 도(유교)라고 하는데 나는 그냥 웃으면서 대답하지 않았다."[5]라는 말로 시작한다. 마부치는 후에 다시 그 사람(유학자)을 만나는데 그 자리에서 그는 마부치에게 요순과 하은주를 이어받아야만 한다는 것을 강조한다. 일본에 새로운 문명과 문화를 창조한 것이 바로 유교라는 유학자들의 중국 우월 인식을 논박하면서 고대부터 존재해 왔던 일본의 도를 밝히는 것이 『국의고』의 목적이었다.

유교가 들어오기 이전의 일본은 금수와 같은 야만의 상태에 있었다는 뉘앙스를 풍기는 유학자의 다음과 같은 발언, "어떤 사람이 옛날 일본에는 친족을 처로 맞아들이는 풍습이 있어 금수와 비슷했는데 중국의 도가 들어와 유교로 인해 만사가 좋아졌다."[6]고 하여 유학자들의 유교우위의 우월인

---

5 賀茂眞淵, 『국의고』, 日本思想大系39, 岩波書店, 1972, 374쪽.

식에 대해 마부치는 다음과 같이 반박한다. 중국 역시 동성의 친족을 처로 맞아들이지는 않는다 해도 모친을 범하는 자들도 있으며, 비록 겉으로는 동성을 처로 삼지 않으면서도 몰래 숨어서 그러한 일이 이루어지고 있기 때문에 중국 역시 야만적인 풍습이 있다. 이어 마부치는 일본은 예로부터 모계를 참된 형제로 생각하였고 모계가 다르면 거부하지 않은 풍습이 있었다고 하면서 그 지역마다 적합한 윤리 질서를 따르는 것이 중요하다는 점을 들고 있다.[7] 각 문화권의 윤리 질서가 보편적인 질서 감각이라는 인식은 유교 그 자체를 많은 문화중의 하나로 간주하려는 인식에서 나온 것이다.

이러한 인식에 서 있는 마부치는 일본에 유교가 들어오면서 생겨나는 문제점들을 지적한다. 그에 의하면 일본은 천지의 마음에 따라 다스려 왔다. 그런데 갑자기 참된 것이라 생각하는 유교가 들어오게 되자 유교를 참된 것으로 여긴 사람들이 유교를 전하여 보급시켰다. 유교가 보급되면서 천무천황 시기에 임신의 난(672년)이 일어난 이래로 궁안에서는 의관이나 일상에서 사용하는 도구같은 것을 중국처럼 사용하게 되면서 겉은 우아하게 되었지만 부정한 마음이 많아지게 되었다.[8] 여기서 마부치가 말하고자 하는 것은 결국 천지의 마음을 따라 다스리고 살아가는 자연적인 일본인의 심성과 그에 기초한 문화가 유교의 유입으로 인해 변질되고 급기야 정치적 혼란이나 사치같은 풍조를 만들어내고 말았다는 데 있다. 마부치가 강조하는 일본의 도라는 것은 자연한 상태에서 자연스럽게 존재하는 도를 의미한다.

전술한 것처럼 유학자들은 일본에 인의예지와 같은 언어가 없었다는 것을 윤리 도덕적 개념이 없었다는 것으로 이해한다. 결국 일본이 문명이나

---

6 『국의고』, 378쪽.

7 『국의고』, 379쪽.

8 『국의고』, 376~377쪽.

문화를 소유한 나라가 되기 위해서는 성인의 인위적 제도와 문화의 작위에 의할 수 밖에 없다. 그러나 마부치는 작위개념에 대해서도 천하에 사시의 분별이 있는 것처럼 사랑하는 것도 화내는 것도 이치도 깨달음도 저절로 있는 것으로 그것을 사람이 별도로 인의예지 등으로 명명하여 협소해진 것으로 이해한다고 간주한다. 이것은 결국 인위적인 작위를 버리고 천지의 마음대로 이루어지는 것이 가장 좋다는 인식을 보여주는 것으로 이해된다.[9]

마부치가 생각하는 일본의 도가 자연 안에 존재한다는 인식은 노리나가에 오게 되면 소라이의 고문사학적 방법이 원용되면서 언어와 그에 대응하는 실제에 관한 논리로 전환되고 있다. 그것은 자연이라는 모형에서 추출된 언어와 실제의 정합적인 대응에 의해 고대에 형성되어 있던 일본의 도를 찾아내려는 방법이다. 노리나가는 교토 유학시절 소라이의 주요 저작(이를테면 『변도』, 『변명』, 『논어징』, 『훤원수필』 등)을 섭렵했으며 소라이의 방법론은 『고사기전』 총론에서 보이는 언어(言)와 실체(事)의 일치와 그 세계를 복원하려는 자세에서 나타난다. 노리나가에게는 고의(古意)를 아는 것이 배움의 목적이 되고 있는데 고의를 알기 위해서는 '카라고코로'(漢意)를 배제해야 한다. 한의를 배제해야만 예로부터 전해오는 고언의 정확한 이해가 가능해진다. 고언의 정확한 이해가 곧 고의에 통하게 해준다. 이러한 고언에 의해 고의를 얻을 수 있다는 논리는 소라이의 고문사학적 방법이다.[10]

노리나가는 마부치와는 달리 슌다이를 진정한 유학자라 하면서도 한편으로는 유학이 아니면 세상은 다스려지지 않는다고 생각하는 것은 잘못이라는 점도 덧붙이고 있다. 이처럼 슌다이에 대한 반론은 국학에서 주로 이루어졌는데 유학 내부에서도 슌다이에 대한 반론이 존재하고 있다는 사실

---

9 『국의고』, 384쪽.

10 子安宣邦, 『江戸思想史講義』, 岩波書店, 1998, 252쪽.

은 지금까지 잘 알려져 있지 않다.

유학 내부에서의 반슌다이론의 성장

슌다이는 소라이의 고문사학적 경서주석 방법이 갖는 약점을 보완하여 고문사학을 완성해 간다. 슌다이는 이것을 바탕으로 소라이학이 갖는 인간 이해의 문제점도 더욱 보완, 재구축한다. 그러한 사상적 영위가 완성된 형태로 표출된 것이 바로 『성학문답』이다. 슌다이는 『성학문답』에서 예악중심, 도덕의 외면 중시의 형식주의를 소라이보다 더욱 철저화하여 소라이학의 인간론을 정식화하였으며 인간을 이해하는 표준으로서 '소라이학적 인간'을 제시하고 있다. 슌다이는 자신의 주장을 선왕의 법언이라고 까지 강조한다. 그런데 소라이학의 인간론을 완성했다고 보이는 『성학문답』은 사상과 학문의 세계에 커다란 파문을 일으키면서 비판에 직면하게 된다. 다름 아닌 『성학문답』의 비판서가 공간된 것이다.

슌다이에 대한 비판이 『성학문답』에 집중되어 있다는 것은 슌다이가 정식화한 소라이학의 인성, 인간론에 대한 비판이다. 이러한 비판은 소라이학적 인간에 대한 반발이면서 동시에 인간 이해에 관한 새로운 기준의 모색이기도 하다. 이처럼 슌다이에 대한 비판이 많이 나온다는 것은 그만큼 『성학문답』이 사상사에 던진 충격의 크기를 보여주는 것이다.

그러면 왜 슌다이는 많은 학자들에게 비판을 받게 되는 것일까? 슌다이의 비판자들, 이를테면 다카세 가쿠산(高瀬學山, 1668~1749), 히사다 레이(久田犁, 생몰연대 미상), 키 칸슈(木貫州, 생몰연대 미상)는 일찍이 소라이, 슌다이와 학문적으로 깊은 관계에 있었거나 혹은 소라이학을 배운 자들이다. 그들은 소라이와 슌다이를 배운 후에 반슌다이론을 전개한 것이다. 다카세 가쿠산의 『비성학문답(非聖學問答)』2권(1749년 간행), 히사다 레이의 『성학문답변(聖學

問答辨)』1권(1791년 간행), 키 칸슈의 『성학문답유의(聖學問答論義)』8권(1766년 저술) 등 『성학문답』 비판서가 세상에 나왔다. 키 칸슈의 『성학문답유의』는 8권의 방대한 저작이다. 이러한 『성학문답』 비판서가 출판된 것은 어느 일정한 독자층에 커다란 파문을 미쳤음을 생각해 볼 수 있다.

숀다이가 이러한 비판에 직면하게 되는 것에 관하여 예를 들어 "소라이가 배제한 심법의 문제를 더욱 크게 다루면서 철저화하여 이것을 부정한 것이 숀다이였다. 숀다이는 마음의 자기통제능력을 일체 인정하지 않았다. 따라서 이러한 점에 대한 반론이 숀다이를 향해 집중적으로 이루어졌다."는 견해가 있다.[11] 주자학적 수양론을 부정한 소라이학의 계보를 잇는 숀다이가 마음의 자기 통제 능력을 인정하지 않았다는 것은 당연한 것이다.

이러한 입장에서 생각한다면 숀다이에 대한 비판이 심법(心法)이라는 측면에서 이루어진다는 견해에는 이견이 없을 것이다. 다만 숀다이가 소라이 인간론의 토대를 확립하려 한 점, 다시 말하면 숀다이가 해결해야만 하는 소라이학의 사상적 과제를 시야에 넣고 생각할 필요가 있다는 점이다. 『성학문답』의 비판서를 살펴보면 거기에는 숀다이로 계승되는 소라이학의 인간 이해의 전반에 걸쳐 반론이 전개되고 있음을 알 수 있을 것이다.

이러한 문제를 염두에 두면서 『비성학문답』, 『성학문답변』, 『성학문답유의』를 주된 텍스트로 하여 숀다이 비판의 이유를 숀다이로 계승되는 소라이학의 인간이해를 중심으로 살펴본다. 숀다이의 비판자는 『성학문답』을 어떻게 이해하였으며 어떻게 받아들였는가? 그들은 숀다이가 재구성해서 보이는 인간을 보는 기준, 이른바 '소라이학적 인간'을 어떻게 재해체하면서 새로운 인간론의 기준을 정립해 가는가, 이러한 문제를 밝히는 것이 목적이다.

---

11 小島康敬, 『徂徠學と反徂徠』, ぺりかん社, 1994, 215쪽.

2. 『성학문답』과 반「성학문답」

정학의 지향

다자이(太宰:슌다이)가 가나로 저술한 책에 『성학문답』이라는 것이 있다. … 그 어기는 완전히 광인의 입이 뭔가에 이끌려 말을 중얼중얼 늘어놓는 것과 다를 바 없다. … 만약 중국인에게 이러한 설을 들려준다면 우리나라 사람이 이처럼 글을 모른다 생각할 것이니 아주 심히 부끄러운 일이다.(『정학지장(正學指掌)』부록)[12]

윗 글은 관정의 삼학사 비토 지슈(尾藤二洲, 1745~1813)의 『성학문답』에 대한 평가이다. 여기서 지슈는 슌다이의 『성학문답』을 광인이 부끄러움도 모르고 조잡한 설을 늘어놓은 서책이라고 말하고 있다. 지슈는 주자학자 답게 도를 "자연의 법칙"이라 했으며 그것은 "인륜 사물 모두가 자연히 그러한 법칙"[13]을 의미했다. 지슈는 관정이학의 금을 주도하는 라이 슌수이(賴春水)·코가 세이리(古賀精里)·라이 쿄헤이(賴杏坪) 등과 함께 정학과 주자학의 한 사람이다. 지슈는 처음에 소라이학을 배웠는데 20세 무렵 소라이학의 문제점을 알고는 양명학으로 기울기도 했으며 후에는 주자학으로 전향했다. 관정개혁 무렵에는 쇼헤이코(昌平黌)의 교관으로 등용된다.[14] 지슈는 "요즘 세상에 각종 이학이 출몰하여 어린 소자들을 잘못되게 만드는 일이 많다. 올바른 길(正路)이 황폐해지고 풍속에 해가 된다."(『정학지장』부록)고 하여 진사이학이나 소라이학이 정학이 될 수 없는 이유를 상세하게 논하고 있다.

---

12 『正學指掌』, 日本思想大系37, 岩波書店, 1972, 348쪽.

13 『정학지장』「도」, 321쪽.

14 賴惟勤, 「尾藤二洲について」, 日本思想大系37, 岩波書店, 1972, 참조.

그러면 지슈가 지적하는 것처럼 전혀 참고할 만한 가치가 없는 조악한 내용으로 가득찬 것이 『성학문답』이었을까? 슌다이의 『성학문답』을 비판하는 '반성학문답'의 입장을 보도록 하자. 다카세 가쿠산 이외에 히사다 레이나키 칸슈는 생몰연대조차 알려져 있지 않다. 이들 세 사람이 활동한 지역은 각각 다르지만 활동한 시기는 18세기 후반기, 이른바 반소라이학의 많은 저작물들이 세상에 공간되는 시기이다. 먼저 이들에 대한 간단한 이력을 확인해 두자.

다카세 가쿠산은 기슈번(紀州藩)의 유자이다. 기슈번은 "주자학을 벗어나지는 않았지만 주자학도 고의학도 복고학도 모두 자주적으로 자유롭게 취사하여 후에 기슈번 절충학이라 할 수 있는 학문"이 탄생한 지역이다.[15] 가쿠산은 그러한 사상적 분위기에서 활동했으며 기슈번의 2대 번주 미쓰사다(光貞) 시대에 해당된다.

일찍이 가쿠산과 소라이는 명율(明律) 연구를 둘러싸고 교류가 있었다. 『선철총담』「다카세 가쿠산(高瀨學山)」조에는 "일찍이 명율에 의문이 일어 소라이와 왕복하기를 수차례, 소라이가 칭하여 말하기를 다른 사람과 논하면 하품이 나서 고생하는데 희복(希樸學山)과 앉으면 술에 아주 취한 후라도 정신이 번쩍 나서 깬다. 거의 대부분의 생각함이 거기까지 미치는지를 알지 못한다."고 되어 있다.[16] 『선철총담』의 이 내용을 보는 한 소라이는 가쿠산과의 대화를 즐겼다는 것을 알 수 있으며 이후 두 사람이 수차례 왕래하면서 명율에 관한 의견을 교환하게 된다. 이러한 것을 통해 소라이와 가쿠산이 어느 정도 친밀한 관계를 맺고 있었는지를 알 수 있다.

소라이는 『명율』 연구에 관심을 쏟아 『명율국자해』 16권을 저술했다. 소

---

15 松下忠, 『紀州の藩學』, 鳳出版, 1974, 14쪽.
16 『선철총담후편』권4, 124쪽.

라이가『명율』연구를 시작하게 된 동기는『훤원잡화』에 따르면 요시무네가 소라이에게『명율』에 대해 질문한 것이 계기가 되었다고 한다.『명율』은『대명율』을 가리키는 것으로 명의 형법전이다. 일본에는『갱정명율(更定明律)』30권 4백60조가 전해진 이래로 오규 홋케이(荻生北溪)의 교점으로『명율』3권9책이 발행되었다. 에도 시대의 법률 연구는 명율에 기초해 있었는데 막부뿐만이 아니라 각 번에서도 명율 연구가 성행했다. 이는 소라이 저서『정담』권4에서 부모 유기 사건에 대한 유자들의 반응, 이를테면 부모유기는『명율』에도 보이지 않는다고 한 점을 보면 알 수 있다. 한편 가쿠산은 요시무네의 명에 의해『대명율언해』저술에 관여했으며『대명율예석의』14권,『대명율예상해』31권,『대명율해』3권을 저술했다.[17] 그는『대명율질해』(조선판)에 훈점을 달 정도로 신임이 아주 두터웠기 때문이다.

가쿠산은 소라이의 중국어 선생이었던 오카지마 칸잔과 하야시 호코(林鳳岡, 1645~1732)의 문하에서 함께 수학한 바 있다.[18] 이러한 사실만 봐도 가쿠산과 소라이의 교유 관계를 알 수 있다. 그러던 가쿠산이 언제부터 소라이와 슌다이의 설에 위화감을 품고 반소라이, 반슌다이로 전향했는지는 정확히 잘 모른다. 가쿠산은『비성학문답』을 저술한 의도에 대해 "세상의 어리석은 사람이 그 설(소라이설)에 미혹되는"[19] 것을 방지하기 위해라고 기술하고 있다.

다음은 오우미 오츠(近江大津) 출신의 히사다 레이이다. 히사다는 어렸을 때 교토에서 수학했다. 하지만 누구의 문하에 들어가 무엇을 배웠는지는 알려져 있지 않다. 히사다는 오직 서책을 읽고 경학을 강구했다. 또한 맹자를

---

17 松下忠, 앞의 책, 133쪽.

18 松下忠, 앞의 책, 156쪽.

19 高瀬學山,『非聖學問答』상권, 1쪽(關儀一郎編纂,『日本儒林叢書』第4冊, 東洋図書刊行會, 1929).

추존하고 힘써 소라이 설을 논박하는 것을 자신의 임무라 자임했다.[20]

　　나는 소년 시절에 일찍이 다자이의 『성학문답』을 읽고 그 설을 기뻐했
　　다. … 지금 나이가 사십 줄에 접어들어 비로소 그 잘못을 후회하며 오
　　직 생각을 경학에 두고 맹자를 읽었으며, 또한 다자이의 책을 취하여
　　이것을 읽으니 구구절절 모두 사악한 설(邪說)로 선왕의 뜻에 어긋나지
　　않은 것이 없다. 이로 인해 『성학문답변』을 지어 같은 동학들에게 보이
　　니 바라기는 동학들이 소라이학의 화를 면했으면 하는 것이다.(『성학문
　　답변』, 1~2면)

　　히사다는 비교적 이른 시기부터 슌다이 및 소라이학을 배웠다. 그는 오
랜 세월동안 슌다이에 사상적으로 매력을 느꼈다. 그러나 히사다는 나이
사십 줄에 접어들면서부터 슌다이의 비판자가 된다. 그 이유는 슌다이의
『성학문답』이 "구구절절 모두 사악한 설"로 "선왕의 뜻에 어긋난다."는 것에
있다. 그는 사십이 될 때까지 오랜 세월동안 '정학' 혹은 '보편학'을 찾고 있
었다. 그리고 드디어 슌다이설이 갖는 문제점을 직시하게 되었는데 그러한
사고를 갖게 만들어준 것이 바로 『맹자』였다. 즉 반슌다이와 반소라이를 견
인하는데 『맹자』가 중요한 역할을 한 것이다. 이 부분은 뒤에 다시 설명하기
로 하자.
　　마지막으로 칸슈의 경우를 보자. 『성학문답유의』의 각 권의 처음에 「信
陽 木貫州定」라 되어 있는 것을 보면 그는 슌다이와 같은 이다번(飯田藩) 출신
임을 알 수 있다.

20　東寺乞士無性, 「聖學辨叙」(久田犁, 『聖學問答辨』雲箋堂・熙文堂出版, 京都大學付屬図書
　　館所藏本, 1791 간행).

다자이의 성학문답이 있다. 나는 처음에 고학을 배워 천리를 잃고 의리를 배신한 것을 알고는 이 유의(諭義)를 지어 배우는 자들에게 이익(利)과 바름(義)의 분별을 확실하게하고 소인과 군자의 군별을 바로 하며 사람의 사람되는 길을 알게 하고자 한다. … 단 성학의 시비를 분명히 하는 것을 추구하는데 있을 뿐이다.(『성학문답유의』서문)

일찍이 칸슈는 "나는 다년간 불도에 뜻을 두었다."[21]고 하여 불교에서 유교로 전향한 사실을 알 수 있다. 그는 불교에서 유교로 전향하여 슌다이의 『성학문답』을 읽고 고학을 배웠다. 이때의 고학은 소라이학을 지칭한다. 그러나 고학이 "천리를 잃고 의리를 배신하는" 것을 알고 『성학문답유의』를 저술했다. 그리고 "사람의 사람되는 길을 알게"하고자 했다. 이러한 칸슈의 말에는 소라이와 슌다이의 가르침을 따른다면 사람이 사람되는 길을 알 수 없다는 의미도 들어 있는 것이다. 칸슈는 성학의 시비를 밝히는 것에 『성학문답유의』의 의의가 있다고 했다.

이상 가쿠산, 히사다, 칸슈의 『성학문답』 비판서를 읽다보면 그들의 슌다이 비판에는 학설에 대한 비판을 넘어 인신공격으로도 비칠 수 있는 감정적인 비난이 강하게 드러나 있다는 것을 알 수 있다. 예를 들어 슌다이가 "슌은 소라이 선생을 따라 그 담론을 들었다고는 해도 아직까지 그것이 그러한 이유를 알지 못한다."고 하자 가쿠산은 "다자이가 이때에는 양심이 아직 있었다. 처음으로 생선 시장에 들어가 비린내를 안 것과 같구나!"라고 했다. 또한 슌다이가 "반복 궁리하기를 십 여년, 의심이 비로소 풀렸다."고 하여 소라이 문하에서 십여 년을 공부한 끝에 성인의 도를 알게 되었다고 하자, 가

---

21 『성학문답유의』권7, 13면. 키 칸슈의 자서는 1764(宝暦14)년에 이루어졌고 책은 1766(明和3)년에 끝마쳤다. 사료는 1832(天保3), 山鶯卿의 사본으로 서사는 불명(木貫州, 『聖學問答諭義』(京都大學付屬図館所藏本, 1766년 저술, 1832년 사본)

쿠산은 "여기에 이르러 비린내를 잊어 버렸으니 다자이는 그 양심을 잃은 것이다. … 다자이는 오십 가까이 되어 사십 구년의 옳음을 잃었구나. 심히 슬퍼하지 않을 수가 없다."고 말을 받았다.[22] 이러한 슌다이에 대한 비판은 "모케이(茂卿:소라이)의 제자 등은 아주 우매한 자이기에 모케이가 이러한 설을 세워 바보로 만들고 이 책의 작자 또한 모케이의 설을 옳다 하니 이 책에서 말하는 것은 우매한 것 중에 가장 심한 것이다."[23]라고 하는 등 인신공격적인 비난의 언사로 가득 차 있다. 가쿠산에게는 슌다이나 소라이가 우매한 것들 중에 가장 우매한 자들로 밖에는 보이지 않았던 것이다.

『성학문답』의 사건성

그렇다면 슌다이의 비판자들은 왜 인신 공격적인 양상을 띤 언사까지 동원하면서 슌다이를 비판하려는 것일까? 슌다이는 소라이학의 약점을 보완하기 위한 도덕학을 제시한 것 뿐이다. 이 슌다이에 대한 비판이 『성학문답』에 집중되어 있다는 것은 무엇을 의미하는 것일까? 소라이의 주장이 인신 공격적인 언설을 생산해낼 정도로 충격이 컸기 때문이다. 이것은 코야스의 말을 빌리면 소라이학이 '사건'이었던 것처럼 슌다이의 『성학문답』의 간행도 상당히 큰 사건성을 내포하고 있었다고 할 수 있다.

소라이가 주자학을 비판할 때에 보여준 주자학의 사상 체계를 무너뜨리고 거기서부터 고문사학이라는 새로운 사상의 지평을 연 것과 비교해 본다면 반소라이학의 언설은 소라이학을 대체할 수 있는 새로운 사상의 지평을 제시하기 까지는 이르지 못했다고 할 수 있다.[24] 그럼에도 사상사에 등장하

---

22 『비성학문답』상권, 4~5쪽.
23 『비성학문답』상권, 20쪽.

는 반소라이설 혹은 반슌다이설의 중요함은 어느 특정한 문제 의식 아래 '비판'이 이루어졌다는 점에 있다. 소라이나 슌다이의 가르침에 따르는 것이 '왜', 그리고 '무엇'이 문제가 되는 것일까? 그러한 문제의식이란 유자에 열려진 '세계'라는 '장'(場)과 그리고 그 '장'에서 유자로서 '살아가는' 것의 고뇌일 것이다.

가쿠산, 히사다, 칸슈의 『성학문답』 비판서는 18세기 후반, 즉 소라이학이 쇠퇴하고 절충학의 융성과 그에 대한 비판이 높아지면서 주자학을 정학으로 하는 관정이학의 금으로 이행해가는 시기에 이루어 졌다. 18세기 후반은 무사교육의 일반화, 번교의 급증, 유학의 교양화등 유학 교육은 무사에서 서민층으로 확대되었으며 또한 번정 개혁 등의 요구도 높아졌다. 소라이학의 도덕주의의 결함에 불만의 소리가 높아가던 시기와 궤를 같이 한다. 예를 들어 "절충학에 의한 자연적 질서사상의 부활"[25]의 모색이나 또한 비토 지슈나 라이 슌수이등 정학파 주자학자들은 소라이학의 "법과 제도에 의한 강제와 술책적인 방법에 의하지 않고 인심에 직접 나아가 민심에 내면화되는 형태"[26]의 유학을 추구했다.

『성학문답』 비판서의 간행은 위와 같은 사상사의 문맥에서 이해할 수 있다. 반 「성학문답」서들은 주자학으로의 부활을 목표로 했다. 이것은 "인심에 직접 나아가 민심에 내면화"되는 형태의 학문이 필요하게 되었기 때문이

---

24 예를 들어 나카무라는 "소라이학이 주자학을 사상체계의 구도 그 자체에 대항하는 형태로 비판하여 또 하나의 세계상을 명쾌하게 보여준 것에 비해 반소라이학을 표방한 절충학적 유학자들은 소라이학의 체계를 대신할 수 있는 또 하나의 세계상을 명쾌하게 제시한 것은 아니었다."는 점을 지적하고 있다. 中村春作, 『江戸儒教と近代の知』, ぺりかん社, 2002, 134쪽.

25 衣笠安喜, 『近世儒學思想史の研究』, 法政大學出版局, 1976, 180쪽.

26 辻本雅史, 『近世教育思想史の研究-日本における「公教育」思想の源流』, 思文閣出版, 1990, 221~222쪽.

다. 그리고 슌다이로 계승되는 소라이학의 도덕학인 인간 이해가 비판의 대상이 되었다고 볼 수 있다. '인간'을 생각하는 기준에 대한 물음이 표면화한 것이다. 이러한 가운데 그들의 사상을 지탱해준 것은 슌다이가 배격한 『맹자』였다. 즉 슌다이 비판은 『맹자』를 둘러싼 논의의 양상을 띠면서 전개되어 갔다. 이 부분에 주목할 필요가 있다.

3. 『맹자』 해석에서 나타난 엇갈린 시선

맹자는 선왕의 도가 아니다

『성학문답』은 가공의 인물, '혹자'의 물음에 슌다이가 답하는 형식을 취하고 있다. 먼저 '혹자'는 슌다이에 "정자와 주자가 맹자를 대현(大賢)이라 하고 또는 명세(命世:그 시대에 가장 훌륭한 이름 높은 사람)와 아성(亞聖)의 대재(大才)라 칭하여 공자 이후에 공자의 도를 얻은 자는 맹자 한 사람이라 한다."[27]고 했는데 이들의 말은 틀림이 없다. 또한 송유를 배격하는 일본의 진사이 조차도 맹자를 존숭하여 『어맹자의』를 저술했는데 오직 소라이 한 사람만이 맹자를 배격하여 맹자가 공자의 도에 위배된다는 것을 강조하는 것은 왜인가? 슌다이는 이 물음에 대해 "맹자의 말은 선왕의 법언이 아니다."[28]고 단언한다. 이것은 슌다이가 전략적으로 설정한 의도한 질문이다. 이 의도한 질문에 주목하는 이유는 소라이학에서 차지하는 『맹자』의 평가와 관련되기 때문이다.

소라이에게는 『맹자식(孟子識)』이라는 제명의 『맹자』 비판서가 존재한다.

---

27 『성학문답』상권, 61쪽.
28 『성학문답』상권, 63쪽.

이 저작은 쿄호 3년(1718) 무렵에 저술한 것인데 미완성의 원고로 「양혜왕편」 일부의 주해에서 그쳤다. 이러한 사실은 소라이가 『맹자』를 그다지 중요하게 여기지 않았다는 것을 짐작하게 한다. 『맹자식』이라는 서책은 소라이학에서 『맹자』가 차지하는 비중이나 평가, 그리고 위치를 가늠해볼 수 있는 것이다. 소라이는 『맹자식』에서 "당의 한유가 노장과 불교를 배격하는 것을 자신의 임무라 자임하면서 처음으로 맹자를 추존하여 송유의 도통의 설이 일어났다."[29]고 했다. 그것은 곧 맹자를 계승한 송유의 근간을 흔드는 것이 된다. 송유를 비판하는 소라이의 비판의 화살은 맹자를 향해 있다.

소라이가 생각하기에 노자와 대항하기 위해 『중용』을 지은 사람이 자사이며 그 계보를 잇는 맹자도 당시의 제자백가를 상대로 공자의 도가 올바르다는 것을 역설한 논쟁가에 지나지 않았다. 맹자는 송유가 말하는 것처럼 유가의 도통을 계승한 자는 아니다. 소라이는 성인의 도가 흐려지게 된 원인을 바로 자사와 맹자에 돌리고 있다. 이것이 소라이학에서 맹자의 위치였다. 슌다이는 『성학문답』의 서문에서 자신이 소라이를 따라 선왕의 도를 듣고 맹자부터 그 이하의 설이 선왕의 도가 아님을 알았다고 했다.

그렇다면 슌다이가 생각하기에 『맹자』의 무엇이 문제가 되었던 것일까? 맹자의 행보는 공자와 비슷한 면이 있는데 『사기』의 「맹자순경열전」에 따르면 맹자가 살던 시대는 바야흐로 천하가 합종과 연횡에 힘쓰고 서로 공격하고 정벌하는 것을 현명한 것으로 여겼다. 맹자는 당우 삼대의 덕으로 돌아갈 것을 역설했지만 받아들여지지 않았다. 그래서 맹자는 물러나 만장 등의 제자들과 『시경』과 『서경』을 정리하고 공자의 뜻을 기술하여 『맹자』7편을 지었다. 맹자가 살던 전국시대는 시대를 이끌어 갈 이념이나 정신 혹은 도덕이 무너지면서 맹자는 시대의 표준을 새롭게 세워야하는 시대적 사명에 직면

---

29 『맹자식』, 463쪽(『荻生徂徠全集』, 河出書房新社, 1975).

했다. 맹자가 인정과 왕도를 사상의 중핵으로 삼은 것도 이와 같은 시대적 과제가 있었기 때문이다. 『맹자』는 정치 문제에 있어서 군주의 정치적 책임의 여부를 따지면서 역성혁명을 정당화하는 입장에 서 있다. 이에 대해 슌다이는 다음과 같이 말한다.

> 맹자가 제나라의 선왕에 고하여 말하기를 군주가 신하 보기를 개와 말처럼 하면 신하는 군주 보기를 국인과 같이 여기며, 군주가 신하 보기를 흙과 풀처럼 하면 신하는 군주 보기를 원수처럼 여긴다. (맹자의)이 말은 사람의 군주된 자를 훈계하는 데에는 도움이 되겠지만 사람의 신하된 자에게 들려줄 수는 없는 말이다. 고어에 군주가 비록 군주답지 못하다 할찌라도 신하가 신하답지 못하면 안된다(君雖不君, 臣不可以不臣)고 한 것은 선왕의 법언이다. 공자의 말에는 군주는 신하를 부림에 예로 하고 신하는 군주를 섬김에 충으로 한다고 했다. 만약 맹자의 말을 옳다고 하면 신하가 그 군주를 원망할 일이 생겨 원수처럼 생각하여 (군주를)시해하는 대악을 저질러도 맹자의 말을 이끌어 증거로 삼는다면 그 죄는 없어지는 것이다. … 맹자의 말처럼 군주에는 이익이 되겠지만 신하에게는 들려주기 어려운 말이라면 통하지 않는 논리이다.(『성학문답』상권, 63~64쪽)

슌다이가 인용하는 『맹자』의 말은 군주와 신하 사이에는 지켜야 할 도리, 즉 인의가 있다는 점을 강조한 것이다. 『맹자』는 군주가 신하에 대해 무조건적인 충을 강요할 수 없고 오직 인의로 대접해야 하며 그래야만 신하도 군주에게 충을 다한다고 밝히고 있다. 그런데 윗 글에서처럼 군주를 훈계하고 경계하는 데에는 유효하지만 신하에게는 아무런 도움도 되지 못한다는 슌다이의 생각의 이면에서 역성혁명의 부정이 엿보인다. 슌다이는 "군주가 비록 군주답지 못하다 할지라도 신하가 신하답지 못하면 안된다."는 『고문효경』 서문의 말을 '고어'라 인용하면서 『맹자』의 견해에 반대의사를 표명한다.

이와 관련하여 슌다이의 『맹자론』에 반론을 제기한 『숭맹(崇孟)』의 저자 야브 코잔(藪孤山, 1735~1802)은 "군주가 신하와 친밀하면 신하는 반드시 군주와 친밀하다. 군주가 신하와 소원하면 신하는 반드시 군주를 소원하게 여긴다. 이것은 인정의 필연적인 이치이다. 맹자가 선왕에 고한 것은 이것뿐이다. … 맹자를 의심하는 것은 또한 의가 아니다."고 하여 슌다이에 반론을 제시하고 있다.[30] 이러한 슌다이의 맹자론의 특징은 『맹자』의 정치적인 부분에 대한 언급을 될 수 있는 한 피하고 있다는 점이다. 슌다이에게는 『맹자』가 주장한 탕무방벌론은 찾기 어렵다.

그러면 슌다이가 생각하기에 『맹자』는 어째서 유학사에서 중요한 위치를 갖게 되었을까? 슌다이는 다음과 같이 말하고 있다.

> 후한의 조기가 맹자의 책에 주를 단 것을 시작으로 송의 손석은 정의를 지어 맹자를 경서에 배열하여 13경에 포함되었다. 그 후 정씨 형제가 또 맹자를 신봉하는 것이 대단하여 맹자를 존숭하여 성인처럼 여기자 주자 또한 이를 토대로 집주를 만들고 논어와 나란히 하여 논맹, 어맹이라 칭했다. 이후 육백 여년, 천하 사람이 맹자를 존신하여 공자와 나란히 배열하여 공맹이라 칭했다. 일본의 이토 진사이는 견식을 세워 송유를 비방하지만 맹자를 존신하는 것은 송유와 다르지 않다.(『성학문답』상권, 64~65쪽)

---

30 藪孤山, 『숭맹』, 362쪽(日本思想大系37, 岩波書店, 1972).

원래 『맹자』는 성인의 도에는 포함되지 않았다. 그것이 후한의 조기, 송의 손석 등에 의해 13경에 배열되고 나아가 정주에 의해 성인의 책(경서)의 위치로 올라가면서 존중되었다. 여기에는 『맹자』를 존신하는 송유나 진사이가 이단 사설로 폄하되고 있다. 이러한 잘못을 바로 잡은 자가 소라이였다.

맹자의 심성론은 사사로운 것

슌다이에 의하면 맹자는 두 가지의 병이 있다. 하나는 맹자가 양주나 묵적을 논파하기 위해 "성은 선하다.", "사람은 모두 요순이 될 수 있다.", "호연지기를 기른다."와 같은 신기한 설을 세웠다는 것이다. 둘째로 맹자는 제나라의 선왕이나 양나라 혜왕의 초대에 그들이 재화를 좋아하고 색을 좋아하면 그것도 좋은 것이라 하면서 왕의 마음을 기쁘게 하여 자신의 도를 가르쳐 사람을 유인하려 했다는 점이다.[31] 이러한 맹자의 수법은 불교가 법문을 세운 것을 의미하는 건립문(建立門)과 사람을 권면하여 사악한 것에서 나와 올바른 것에 들어가게 하는 권화문(勸化門)과도 같은 것이었다. 슌다이는 맹자와 불교를 근본적으로는 동일한 것으로 간주하는 것이다.

이렇게 유학사에서 맹자의 위치를 확인한 슌다이는 주자학의 사상적 근거를 지탱해주는 『맹자』의 심성론에 주목한다.

옛 성인의 도에는 심성을 논한 것이 없다. 심성설은 맹자에서 시작된다. 송유는 또한 석씨를 흉내 내어 심법으로 가르침을 삼았기에 맹자의 설이 자신의 종지(宗旨)에 맞는 것을 기뻐하여 이것을 존신하는 것이다. … 소라이에 이르러 선왕의 도를 육경에서 구하고 공자의 도가 선왕의

---

31 『성학문답』상권, 62~63쪽.

도임을 깨닫고 맹자의 말 중에 공자에 위배되는 바가 많음을 알았
다.(『성학문답』상권, 65쪽)

여기서 슌다이가 강조하고자 한 것은 애당초 성인의 도에는 없었던 심성
론이 맹자에 의해 유학사안으로 들어오고 주자학에 의해 "『논어』와 함께
온 세상에 나란히 행해지게" 되었다는 점이다.[32] 그런데 슌다이는 이렇게 말
하면서도 『성학문답』에서는 거의 대부분의 서술을 심성의 문제 해명에 할애
하고 있다.

　주자학은 사상의 최전선에 『맹자』를 내세워 심성론을 전개한다. 이러한
주자학의 방법에 대해 슌다이는 "옛 성인의 도에는 심성을 논한 것은 없다."
라고 단정 지으면서 "심성설은 맹자로부터 시작된 것"이라 하여 맹자 비판에
중층시킨다. 이는 성인의 도에서 주자학의 이단성을 지적하기 위함이다. 또
한 슌다이가 주자학의 연원에 맹자를 두고 있는 것은 다름 아닌 공자–증자–
자사–맹자–정주로 계승되는 이른바 '도통의 전'의 허위성을 강조하기 위함
이기도 했다.

맹자는 선왕의 도이다

　슌다이는 "맹자의 말이 공자에 위배되는 바가 많다."는 것을 찾아 논증한
다. 이로 인해 심성설이 맹자로부터 시작된다는 것이 왜 선왕의 도에는 없는
것인가, 선왕의 법언이 아닌가하는 점을 증명한다. 이에 대해 『성학문답』의
비판자는 당연히 심성설이 맹자로부터 시작된다는 것이 선왕의 도임을 증명
하는데 혼신을 다할 수 밖에 없다. 슌다이와 그 비판자 사이에는 『맹자』를

---

[32] 「맹자론」, 157쪽(日本思想大系37, 岩波書店, 1972).

사이에 두고 심성론에 의한 사상적 충돌이 깊어간 것이다. 가쿠산은 다음과 같이 말하고 있다.

　　속어에 이러한 것들을 눈먼 한 사람이 눈먼 여러 사람을 이끈다고 한
　　다. 대개 오규와 다자이가 힘써 맹자를 비난하는 이유는 맹자의 설이
　　서면 자신이 말하는 바의 인의도덕의 설은 횃불이 태양을 향하는 것과
　　같아진다. 이로 인해 먼저 맹자를 배격하고 공자의 본지가 아니라는 것
　　을 알게 하여 자신이 제시한 문제투성이의 설을 세우려 한다. 그 뜻을
　　세움이 간악하고 속이는 것이 이와 같으니, 이것을 도적(賊)이라 하지
　　않고 누구를 도적이라 하겠는가? … 옛 성인의 도에는 인성이라는 것은
　　말하지 않았는가 하면 공자는 성은 서로 가깝다(性相近也)는 말이 있다.
　　또한 공자의 말에 성과 천도를 얻어 들을 수 없다(性與天道不可得而聞也)
　　라는 말이 있다. 그렇다면 공자도 말하지 않은 것이 아닌데도 옛날에는
　　인성의 일을 말하지 않았다고 하니 자신의 말이 서로 상이한 것이 아니
　　고 무엇이겠는가?(『비성학문답』상권, 6쪽)

　가쿠산은 소라이와 슌다이가 맹자를 비방하는 이유는 맹자가 제시한 설이 세상에 알려진다면 맹자라는 거대한 태양에 가려져 소라이와 슌다이의 설은 보이지도 않게 될 것이라는 두려움 때문이라고 했다. 이러한 행위는 슌다이라는 '눈먼 봉사'(一盲)가 '눈먼 여러 봉사들'(衆盲)을 인도하려는 것과 같다. 여기서 가쿠산은 주자학의 정당성을 "성은 서로 가깝다."와 "성과 천도는 얻어 들을 수 없다."는 공자의 말을 근거로 주장하고 있다. 즉 심성설이 맹자로부터 시작된 것이 아닌, 원래부터 공자의 도의 본뜻이며 그것을 맹자가 계승한 것일 뿐이다. 가쿠산은 슌다이의 자기모순을 드러내려 한 것이다.

　한편 슌다이는 맹자의 성선설을 노장과 논쟁하기 위해 만든 것이라 했는

데 가쿠산은 이러한 견해에 대해서도 "맹자 시대에 노장의 설이 행해져 해가 된다면 『맹자』의 일부분에 그러한 설이 있어야 할 것인데 그러한 것이 없다는 것은 맹자시대에는 노장의 설이 행해지지 않았기 때문."[33]이라고 했다. 가쿠산은 맹자가 노장과의 논쟁을 위해 자신의 설을 제시한 것이 아니라는 점을 분명히 하고 있다. 이러한 순다이의 견해는 결국 "소인배의 마음"으로 "대현 맹자의 마음"[34]을 취하려 한 뒤틀린 생각에서 발생한 문제일 뿐이다. 가쿠산은 순다이의 맹자 비판을 학문적 근간에 관계된 문제로서 받아들이고 있다.

다음으로 히사다의 견해를 보자.

> 배우는 자는 먼저 선이 선하다는 것을 알고 서책을 읽어야 한다. 성이 선하다는 것을 알고 책을 읽으면 성인의 뜻과 자신의 견해가 부합하기에 제자백가도 모두 선왕의 도를 돕는 자가 된다. … 성선설은 맹자로부터 시작된 것이 아니며 요순에서 공자에 이르기까지 배우는 자를 가르치는 길은 이것 외에는 없다. … 그러나 다자이는 이것을 비방하여 성선 두 글자는 맹자가 세운 건립문으로 육경 안에서 찾아보니 성선이라는 두 글자는 일찍이 보이지 않는다.(『성학문답변』, 1~3면)

히사다는 성선설을 전면에 내세우면서 맹자를 정통한 유학의 도에 위치시킨다. 나아가 심성의 문제는 요순에서 공자에 이르는 가르침의 길이었으며 이것을 벗어나지 않았다. 그럼에도 성선을 맹자가 새롭게 만든 것이라 생각하고 〈육경〉에는 성선설이 없다고 하는 순다이는 성인의 도를 모르는 것

---

33 『비성학문답』 상권, 9쪽.
34 『비성학문답』 상권, 9쪽.

이라고 비판한다. 이러한 이유로 히사다는 "소라이는 문인과 전식(前識)의 둘을 겸한 학자이지 도의를 아는 학자는 아니다. 그 도의를 설한 것은 모두 순자와 고자의 사설을 주로 삼아 옛 성인의 학과 더욱 부합하지 않다."[35]고 강변하는 것이다. '전식'(前識)이란 "오직 널리 많은 서책을 읽어 앞 시대의 일을 아는 것만을 주로 삼기 때문에 이익됨을 배워 점점 어리석은 것에 이르는"[36] 자를 가리킨다. 히사다는 소라이학파의 사상적인 근원을 순자와 고자에 있다고 보고 "경학에서 맹자를 비방하고 순자를 취하는" 것은 "오만한 지병에서 나오는"[37] 것이라 했다.

한편 칸슈는 다음과 같이 말한다.

> 다자이는 도를 작위하기 때문에 옛 성인의 성리에 어긋나며 공맹정주는 서술하지만 작위하지 않는다 했다. 언어로는 여러 가지 다양하게 서술하지만 이전의 성인이 제시한 심성에서 나오는 것이기에 작위하지 않는다고 하는 것이다. 성리는 정주가 작위한 것이 아니며 공맹이 작위한 것도 아니고 선왕이 작위한 것도 아니다. 만고불역의 태극, 천리의 당연까지 성인이 제시한 천구만언이 성리를 제외한 것에서 나오는 것은 없다.(『성학문답유의』권1, 2~3면)

칸슈에 의하면 심성론은 정주나 공맹이 마음대로 작위한 것이 아닌, 만고불역의 태극, 천리의 당연한 것이라는 점을 강조한다. 슌다이는 심성의 설이 맹자로부터 시작된다하여 도의 작위를 바탕으로 비판의 도구로 삼았는데

---

35 『성학문답변』, 4면.
36 『성학문답변』, 3면.
37 『성학문답변』, 4면.

칸슈는 애당초 심성설 자체가 보편성에 기초한 것임을 강조한다. 칸슈는 서술만 하며 작위하지 않는다는 술이 부착하는 공자의 태도로 슌다이의 도의 작위성을 비판하고 있다.

그리고 칸슈는 "성인은 사람의 사람되는 이유이다. … 공자가 이것을 서술하고 맹자가 이것을 발했으며 정주가 이것을 밝혔다. … 다자이는 덕의의 근본을 모른다. 서책을 많이 읽지만 소인이기 때문에 성인의 말을 모두 이익에 비유하니 성인의 마음을 모른다. 사람으로서 사람의 사람되는 길을 잃었으니 슬프구나!"라고 한탄하고 있다.[38] 공자와 맹자, 그리고 그것을 계승한 정주가 성인의 도의 정통성을 갖고 있다는 점이 다시 한 번 강조되어 있다. 이른바 도통의 전을 근거로 슌다이의 『맹자』 이해 및 유학사의 문제점을 지적하고 있다.

결국 슌다이의 『맹자』 비판을 위해 "의도된 물음"은 슌다이의 비판자에 의해 다시 비판의 표적이 되고 있다. 그것은 슌다이를 포함하여 소라이학의 출발점이 애당초 성인의 도에서 이탈하여 공자의 본지를 모르는 이단이라는 것을 다시 확인하려는 것으로 이해할 수 있다. 그것은 이른바 사상사 안에서 소라이학의 이단성을 확인하는 작업인 것이다. 이렇게 슌다이의 비판자는 슌다이가 성인의 도에서 배제시키려 한 맹자를 다시 부활시켜 맹자를 성인의 도의 정통한 계승자로 자리매김한다. 이렇게 하여 반슌다이론자는 『맹자』를 사상의 근간에 두는 심성에 의한 인간론을 인간 이해의 표준으로 정식화해가는 것이다. 그것은 슌다이가 정립하여 표준을 세운 소라이학의 인간론을 해체하는 작업임에 틀림없다.

여기서 주의할 것은 슌다이는 『맹자』와는 다른 형태의 심성론을 전개했으며 결코 심성설 그 자체를 배제한 것은 아니라는 점이다. 심성론은 슌다이

---

38 『성학문답유의』서문.

에게도 없어서는 안되는 중요한 위치에 있었다. 그것은 이른바 슌다이만의 독자적인 사회공동체를 하부에서 지지해주는 인간론의 구축으로 이해할 수 있다. 가쿠산 등은 슌다이가 구축하려한 고자에 기초한 심성론을 다시 『맹자』를 근거로 하면서 탈구축하고 있는 것이다.

4. 성은 서로 가깝고(性相近) 습관에 의해 서로 멀어진다(習相遠)

인간을 보는 시선

『성학문답』은 슌다이가 서문에서 "가나로 글을 쓰는 것은 초학자들에게 편하게 하기 위함"이라고 말하고 있는 것에서 알 수 있듯이 이제 학문에 들어서는 초학자들을 주된 대상으로 하고 있다. 『성학문답』이 초학자들을 대상으로 하는 배경에는 소라이학에 기초한 인간 이해 및 인간을 보는 시선을 초학자에게 가르쳐 소라이학적 인간을 양성하기 위한 의도가 보인다.

전술한 것처럼 슌다이는 유학사에서 맹자의 성선설, 순자의 성악설을 이단이라 간주하고 나아가 선악혼재설을 주장한 양자까지 배격했다.[39] 그리고 "성론은 고자가 말하는 것이 모두 옳다."[40]라고 하여 무선무악설을 주장한 고자를 수용한다. 즉 슌다이가 재정립하고자 했던 소라이학적 인간이란 이른바 고자를 규구준승으로 삼는다. 슌다이는 특히 맹자의 성선에 강한 반

---

39 "양자는 천하의 성에는 모두 선악이 혼재한다고 하는데 이것은 또한 도리에 맞지 않는 한쪽으로 치우친 견해이다. 인성에는 선하기만 하고 악함이 없는 것도 있고 악하기만 하고 선함이 없는 것도 있는데 어떻게 천하 인간에 모두 선악 혼재만이 존재하겠는가?(『성학문답』상권, 71쪽)

40 『성학문답』상권, 82쪽.

론을 전개하면서 자설을 정립했다.

> 맹자가 하는 말을 옳다고 하는 것은 송유가 크게 미혹된 것이다. 맹자
> 가 성선을 제창했지만 천하에는 성이 악한 사람이 있다. 사람은 모두
> 요순이 될 수 있다고 하지만 공자 이래로 요순과 닮은 사람도 없는데
> 이것도 또한 허탄무실한 말이다.(『성학문답』상권, 72쪽)

　맹자는 성선을 주장했는데 실제로 현실에는 악인이 존재하며 마찬가지
로 공자 이래로 요순을 닮은 사람이 없다는 점, 이러한 사실을 어떻게 설명
하겠는가? 슌다이의 반문이다. 슌다이는 맹자의 성선설이 성인의 도에는 없
는 것이라는 점을 증명하려는 것이다. 맹자가 작위한 심성론을 탈구축하여
고자를 토대로 하는 심성론을 전개하려는 슌다이의 의도가 여기에 분명하
게 드러나 있다. 슌다이가 맹자의 성선론을 수용할 수 없었던 것은 후천적
으로 습숙하는 대상에 의해 선악이 정해진다고 판단했기 때문이다. 슌다이
는 소라이와 마찬가지로 인간의 내부에는 도덕적 근거가 없기 때문에 선한
인간이 되기 위해서는 예약이라는 외부의 통제에 의할 수 밖에 없다는 점을
강조한다. 외부에 의한 통제란 구체적으로는 성인이 작위한 예약을 모든 것
의 기준으로 삼는다는 것을 의미한다.
　『논어』「양화편」의 "성은 서로 가깝고 습관에 의해 서로 멀어진다."에 대
한 슌다이의 주해를 보도록 하자. 여기서 슌다이는 "인성은 대개 비슷한 것
으로 크게 다른 것은 없다. 단지 어렸을 때부터 성장하기까지의 사이에 부
모의 교육방침과 부형과 선생의 가르침과 습관 이 두 가지에 의해 그 사람
이 성장하는데 군자와 소인의 같지 않음이 발생한다."고 하여 "공자가 이것
을 말씀하신 뜻은 습관이 들면 서로 멀어진다는 구절에 있다."고 주장한

다.[41] 슌다이가 생각하기에 공자는 '성'에 관하여는 그다지 얽매이지 않고 오히려 '습관'(習)에 중점을 두었다고 판단했다. 무엇을 가르치고 무엇에 습관이 들게 할 것인가에 따라 선과 악이 결정되기 때문이다. 태어난 상태의 단계에 있는 인간은 무선무악한 상태이다. 그렇기 때문에 선악의 상이는 무엇에 습숙할 것인지에 달려있다. 그렇다고 한다면 군자와 소인의 차이는 가르침(敎)과 습관(習)에 의한다. 슌다이는 "성장하기 전까지는 부모의 교육방침과 부형과 스승의 가르침과 습관"의 이하에 방점을 두고는 후천적인 학습의 중요성을 강조하는 것이다. 여기서 말하는 가르침(敎)과 습관(習)의 대상이란 성인이 제정한 예악에 의한다.

내면주의와 외면주의의 충돌

이와 관련하여 가쿠산은 '성상근'이나 '공자의 말에서 성과 천도에 대해서는 듣지 못했다.'라는 말은 슌다이가 말하는 것처럼 성은 천성이라는 의미가 아니라는 것을 강조한다. 즉 가쿠산은 "성을 천성이라 본다면 비속한 말에 천성이 음란한 자를 성이 나쁘다고 하고 악한 자를 악성자라 한다. 이것을 두고 천성이라 하는 것인데 이것은 성의 본설은 아니다. … 오규와 다자이의 학문의 본원이 대체로 이러한 것이 많다."고 했다.[42] 가쿠산이 보기에 소라이와 슌다이의 잘못은 고자가 주장하는 성을 천성이라는 것을 받아들인데 있다. 슌다이가 주장하는 것이 성의 본설이 아니라는 말은 바로 고자의 무선무악설을 염두에 둔 발언이다. 그리고 이어서 그는 다음과 같이 말하고 있다.

---

41 『성학문답』상권, 67쪽.
42 『비성학문답』상권, 8쪽.

공자의 뜻이 습관이 들면 서로 멀어진다는 한 구절에 있다는 것은 아주 잘못된 것이다. 문의를 모르기 때문이다. 이 뜻은 성상근의 구절에 있다. 인성은 본래 선한데 기품에 의해 변하는 것은 있지만 본래 선하기 때문에 특별히 현격하게 먼 것은 아니다. 서로 가깝다. … 그런대도 배우는 바가 나쁘면 그 가까운 것을 잃어 악한 사람이 된다. 배우는 것이 선하면 그 가까운 것부터 선한 사람이 된다. (『비성학문답』상권, 7쪽)

여기에는 성은 서로 가깝다는 문장에 중점을 둘 것인지 습관이 서로 멀어지게 한다는 것에 중점을 둘 것인지의 입장의 차이가 선명하게 드러나 있다. 가쿠산은 공자의 의도가 성은 서로 가깝다는데 있다고 간주한다. 다시 말하면 인성은 선하기 때문에 기품에 의해 가려진 성을 극복하여 본연의 성을 회복하는 것에 공자의 의도가 있다고 본 것이다. 이와 관련하여 주자는 "기질의 성은 원래 좋고 나쁜 차이가 있으나 그 처음을 가지고 말한다면 모두가 그렇게 멀지 않다. 단 선한 것에 습관이 들면 선해지고 악한건에 습관이 들면 악해진다. 이것으로 인해 비로소 서로 멀어지게 된다."(『논어집주』「양화편」)고 주해하고 있다. 가쿠산의 해석은 주자를 따르고 있다. 슌다이가 주장하듯이 후천적인 학습에 의해 군자가 되는 것이 아니라 원래부터 선한 성을 어떻게 잘 보존할 것인가에 의한다는 것이 가쿠산의 생각이다. 선한 성의 회복이 무엇보다도 중요하다고 판단한 것이다. 여기에는 학습의 대상의 차이가 선명하게 드러나 있다. 인성의 내면주의와 인성의 외면형식주의가 서로 충돌하고 있는 부분이다.

이어서 가쿠산은 "덕은 천으로부터 받은 건순 오상의 덕"이라 보고 "도는 사물당행의 리"라 했다. 이것이 바로 "성문전수의 법"이다. 소라이가 주장하는 "사물을 이루어 자신이 사물에 물드는 덕"도 아니며 "도는 선왕이 천하를 다스리는 법"도 아니다. 가쿠산은 소라이의 도와 덕의 정의를 이렇게 해석하면서 나아가 소라이와 슌다이의 사단설을 부정한다. 여기에는 마음의 내면의 덕과 재능으로서의 덕의 개념이 충돌하고 있다는 것을 알 수 있을 것이다.

> 송유는 자신을 돌아보아 사람에 사단이 있다는 것을 안다. 그렇기에 덕이라 보고 의심 하지 않는다. … 오직 모케이가 그렇지 않다고 한다. 이것은 다른 것이 아니다. 모케이가 자신을 돌아봄에 자애의 뜻이 조금은 있다 손치더라도 수오, 사양, 시비의 마음은 조금도 없으며 마음 안에는 모친도 없고 딸도 범하고 도덕질도 하며 임금을 죽이려고 하며 일체의 일에 시비도 분별하지 못하기 때문에 남도 자신처럼 짐승과 같은 마음일 거라 생각한다. 따라서 사단은 본래 없는 것이라 단정하여 맹자를 믿지 않는다. … 지금 다자이도 모케이를 믿는다면 똑같은 비인이 되는 것이다. (『비성학문답』상권, 12~13쪽)

사단은 인성에 본래부터 갖추어져 있는 이치이다. 그럼에도 이것을 부정하는 슌다이와 소라이를 따르는 한 "모친도 없고 딸도 범하고 도덕질도 하며 임금을 죽이려고 하며 일체의 일에 시비도 분별하지 못하는" 인간이 출현하게 된다. 그것도 사단지심이 없고 일체의 시비판단을 분별할 줄 모르는 인간이 사회에 만연한다면 어떻게 되겠는가? 윗 글에는 이처럼 소라이학적 인간에 대한 위기감이 강하게 드러나 있다.

기준의 재설정

마음에 대한 강한 불신을 가진 소라이는 사단지심이 인성에 본래부터 갖추어져 있는 자연성이 아니라 성인의 가르침에 의한다고 했다. 습관이 들면

서로 멀어진다는 것을 공자의 뜻이라 간주한 것도 성인의 가르침에 의해 인간은 도덕적 존재가 된다고 판단했기 때문이다. 이러한 소라이의 문제점은 성에는 일정한 기준이 없다는 점에 있다. 소라이를 계승한 슌다이 역시 다종다양한 인성에는 정체(定体)가 없기 때문에 성인이 제작한 도에서 정체를 찾았다. 슌다이는 『중용』의 솔성(率性)을 고자를 근거로 이해하고 있는데 이에 따르면 각각 서로 다른 인성을 외부의 힘에 의해 선한 인간으로 교화될 수 있다는 것으로 이해했다. 이러한 슌다이의 인간 이해를 따르는 한 선악의 판단기준이 없는 상태로 인간을 양성하게 된다. 슌다이가 재정립하여 완성하려 한 소라이학적 인간은 선악의 판단 기준이 없는 비인(非人)이며 슌다이는 비인을 양성하기 위해 『성학문답』을 공간한 것이 아닌가라는 가쿠산의 슌다이 비판의 포인트는 여기에 있다. 사물의 판단 기준의 설정이 슌다이에 부과된 과제였다. 이와 관련하여 히사다는 다음과 같이 서술하고 있다.

> 오직 자신의 사심에 따르기 때문에 열 명에 열 가지의 시비가, 백 명에는 백 가지의 시비가, 천 명에는 천개의 시비가 있는 것으로 이 시비는 옳다고도 틀리다고도 정하기 어렵다. 이것을 정체(定体)없는 시비라 한다. 맹자의 시비는 정체가 있는 시비인데 정체가 있는 시비란 군자 공도의 마음으로 시비를 정하는 것이다. 군자 공도의 마음이란 사욕을 떠나 천하의 공(公)에 따르는 것이다.(『성학문답변』, 33면)

히사다는 슌다이가 성인의 가르침을 비판 기준으로 설정한 것에 강한 반발을 보이는데 이러한 슌다이의 주장을 "정체없는 시비"이외에는 아무것도 아니라고 판단했다. 슌다이처럼 판단의 근거가 인성의 내부에 갖추어져 있지 않기 때문에 사람마다 제각각의 판단기준을 가질 수 밖에 없다. 히사다는 이러한 "정체없는 시비"를 가르치게 될 때 나타나는 문제점을 지적하여

"본래 (사람에게) 수오지심이 없다고 한다면 천하 사람이 모두 걸주와 도척이 될 것이다. 그렇게 되면 성인이 말하길 사람은 만물의 영이라 한 것을 어떻게 해석할 수 있겠는가?"[43]라는 질문에 슌다이는 어떻게 답할 수 있을까? 결국 슌다이처럼 인성의 내부(마음)에 만사 사물에 대한 수오의 판단 기준이 없게 된다면 걸주나 도척과 같은 '비인'이 늘어날 것이 아닌가? 그러나 맹자의 성선론을 판단의 근거로 삼는다면 "정체있는 시비"가 되고 그것이 "공도의 마음"이 된다. 인성의 내부에 도덕적 판단의 근거를 갖지 않는 '인간에게 아무리 성인의 도를 가르쳐도 도덕적 존재가 될리 없다는 것이 히사다의 슌다이 비판이다.

전술한 것처럼 슌다이의 성은 기본적으로 활물성을 전제로 하고 있다. 슌다이의 활물성은 소라이의 활물관을 계승한 것인데 "필경 송유는 천지가 활물임을 모른다. 리로 추측하려 하면 천지를 사물(死物)로 여기는 것이 된다."는 인식, 혹은 "인성도 활물"[44]이라 하여 언제나 유동적이며 흔들리는 불안한 성을 그대로 긍정적으로 기를 것을 상정하고 있다. 이에 대해 히사다는 강한 반발을 보인다.

한쪽으로 치우친 견해(僻見)와 바른 견해(正見)의 분별은 완전히 여기에 있다. 성을 활물이라 본다면 천지가 활물인 것을 알 것이다. 천이 활물이라면 천의 성이 선하며 천의 성이 선하면 나의 성도 선하다. 나의 성이 선하면 내 마음에 인의예지가 있고 내 마음에 인의예지가 있다면 성인의 가르침은 인성에 따라 가르친다는 것을 알 것이다. 성에 따라 가르치는 것을 안다면 참으로 믿어 효제를 행하여 군자가 되며 군자를

43 『성학문답변』, 27쪽.
44 『성학문답』하권, 109쪽.

힘써 성인에 이른다면 사람은 모두 요순이 될 수 있다는 것은 사람을 교화하기 위한 방편이 아닌 것이다.(『성학문답변』. 39쪽)

천지와 성이 활물이기 때문에 천의 성이 선함을 알고 인간의 성도 선하다는 것을 알 수 있다. 그러한 인성에 인의예지가 성으로서 품부되어 있고 그러한 성에 따라 가르치면 요순 같은 성인이 될 수 있다. 슌다이는 천지활물을 통해 무선무악한 인간을 성인의 도로 가르쳐 교화하는데 중점을 두었다. 이에 비해 히사다는 슌다이의 활물적 세계를 역전시켜 거기에 인성이 선한 근거를 찾아 요순에 이를 수 있는 인간을 읽어내고 있다. 사물의 판단기준은 본래 인성에 갖추어져 있는 본연의 성을 근거로 해야 한다는 논리이다.

다시 말하면 반슌다이론자들에 의해 슌다이처럼 습관에 의해 서로 멀어진다는 것에 중점을 둔 학습이 아니라 성은 서로 가깝다는 것에 중점을 둔 학습의 당위성이 전개되어 있다. 습관에 의해 서로 멀어진다고 한 공자의 의도를 읽어내고 예악에 의한 인성의 교화를 추구하려는 슌다이의 소라이학적 인간은 '비인'을 양성할 뿐이라는 것이 반슌다이론자들에 의해 다시 한 번 강조되고 있다.

5. 군자의 행방

수신의 공론화

그의 문인(소라이의 문인) 다자이 모씨는 수신의 일까지도 역설하여 그 몸도 방정하게 했다. 그러나 그 (견해의) 편벽됨이 아주 심해 소라이가 감히 말하지 않는 것까지도 주장했다.(『정학지장』. 345쪽)

비토 지슈는 소라이가 말하지 않았던 수신의 문제를 슌다이가 언급하고 있다는 것을 지적한다. 지슈가 생각하기에 소라이의 고문사학은 공리(功利)에 기초해 있으며 선왕의 도도 안천하의 도구였다. 선왕의 도는 사물당행의 리가 아니라 공리와 관련되어 있다고 지슈는 판단한 것이다.[45] 확실히 성인의 도가 안천하의 실현에 의미를 갖는다고 생각한 소라이는 개인의 수신을 그다지 문제삼지 않았다. 소라이의 인간론에 대한 비판은 이 부분에 집중되어 있다. 18세기 후반기 이후 번교가 급증하고 유학 교육이 확대되면서 번의 정치를 담당할 위정자 계층에 유학적 군자상이 요구된 것도 이러한 분위기에서 였다. 이렇게 보면 반소라이학의 흥기는 유학적 군자상을 소라이학에서는 기대하기 어렵다는 것을 말해준다. 이러한 문제를 생각하기 앞서 먼저 소라이의 군자상을 검토해 보자.

소라이에 의하면 "군자된 자는 아래를 다스리는 자"이다. 여기에서는 위치(位)의 유무가 군자와 관련되어 있다. 한편 "밑에 있어도 그 덕이 사람의 위에 있기에 충분하다면 또한 이것을 군자라 한다."고 했다.[46] 여기에서는 덕의 유무가 군자와 관련되어 있다. 이어 소라이는 "군자는 치민자의 호칭"[47]이라 하였는데 이것을 종합해보면 소라이가 생각하는 군자란 치자의 위치에 있는 덕을 갖춘 자가 된다. 전술한 것처럼 이때의 덕이란 재지(才智), 재(材), 재능(才能), 기량(器量), 장점 등의 의미와 같은 개념이라 할 수 있다. 다시 말하면 소라이는 덕을 안천하의 도를 실현시킬 수 있는 정치적인 유용성의 관점에서 파악하고 있는 것이다.[48] 소라이의 안민론에는 정치적 의미의

---

45 『정학지장』, 344쪽. "그 학문이 주로 삼는 바는 공리에 있는데 성인의 말을 빌린다면 겉모양을 꾸미는 것이다. 도는 선왕이 제작하신 것인데 그러한 이치가 없으며 안천하의 도구도 당행의 길이 아니라고 하는 것이 그 골자로 모두 공리에 근거한 것이다."

46 『변명』 「군자소인」

47 『논어징』 「학이편」, 374쪽.

덕을 가진 군자가 무엇보다도 필요했기 때문에 군자의 (마음을 다스리는) 수신은 그다지 문제삼지 않았다. 이어 소라이는 "사람의 위에 있는 자가 몸의 행의를 올바르게 하지 않으면 밑에서 존경하고 믿지 않아 명령이 행해지지 않으며 안민의 공을 이루기 어렵게 되기 때문에"[49] 군자의 수신이 필요하다는 인식은 갖고 있었다.

그러나 지슈는 "지금 시험삼아 옛 성현의 서책을 상고해 보자. 덕의를 나중으로 하고 사공(事功)을 먼저 한다는 가르침이 있는가? 또 천하를 먼저하고 수신을 나중으로 한다는 가르침이 있는가? 또 서민들에게 믿게 하기 위해 수신한다는 설이 있는가?"[50]라고 하여 수신이 결여된 소라이의 군자상을 문제 삼고 있다.

이러한 문제를 직시한 슌다이는 소라이가 방치한 군자의 수신을 더욱 논리화 했다. 그러나 슌다이가 논리화한 군자의 수신이란 주자학처럼 인간의 내면(마음)을 다스리는 것이 아니다. 그것은 신체와 관련된 수신이다. 다음의 예를 보자.

심중에 악념이 일어나는 것을 죄라 하지 않는다. 만약 그 악념으로 인해 예법을 범하여 몸에 불선한 짓을 하는 것을 소인이라 한다.(『변도서』, 62쪽)

예의로 밖을 다스리는 것이지 마음을 다스리는 것은 없다. 외면에 예의를 지켜 범하지 않는 자를 군자라 한다.(『성학문답』하권, 116쪽)

---

48 辻本雅史, 「荻生徂徠の人間觀-その人材論と敎育論の考察」, 『日本史硏究』164호, 1976, 31~35쪽.
49 荻生徂徠, 『太平策』, 467쪽.
50 『정학지장』, 347쪽.

순다이는 군자에게 마음의 수신을 요구하지 않는다. 성인의 가르침인 예의를 신체의 외면에 체득하면 군자가 된다. 가령 마음속에서 악념이 일어난다 해도 문제 되지 않는다. 내심이 어떠한지는 묻지 않는다. 여기서 성인의 예의란 "먼저 군자의 의복을 입고 군자의 용의(容儀)로 습관이 들게 하고 다음으로 군자의 언어를 가르쳐 점점 군자의 덕을 이루게 한다. 덕이란 다른 것이 아니다. 의복, 용의, 언어의 덩어리이다."[51] 그것은 성인의 외면적인 행동거지를 의미하며 성인의 행동거지를 그대로 모방하여 행하는 동안에 군자가 된다는 것이 바로 순다이가 재정립한 소라이학적 군자이다. 이러한 군자는 성인의 예악으로 외면만을 수신한 군자라 할 수 있다. 여기서 주의해야할 것은 순다이가 덕을 의복, 용의, 언어의 덩어리로 본다는 것은 곧 소라이적인 유용성을 기초로 한 덕의 개념의 전환이 일어나고 있다는 점이다.

순다이는 이 점을 더욱 논리화하여 "요의 의복을 입고 순의 말을 암송하여 요의 행동을 하면 요"라는 『맹자』「고자편」을 인용하여 "맹자의 이러한 말은 공문전수의 올바른 설로 선왕의 가르침이 이와 같다."[52]고까지 하고 있다. 순다이는 외면에 예의를 범하지 않은 자를 군자라 한다는 것을 "요의 의복을 입고 순의 말을 암송하여 요의 행동을 하면 요"라는 『맹자』를 인용하여 정당화하고 있다. 여기서 주의할 필요가 있는 것은 요의 옷을 입고 요의 말을 암송하며 요의 행동을 한다는 것이 곧 모든 사람이 성인이 될 가능성을 갖고 있다는 것을 말하려는 데에 순다이의 의도가 있지 않다는 점이다. 순다이는 주자학의 성인이 될 수 있다는 언설을 허탄무실의 말이라 폄하하고 있다.

---

51 『성학문답』상권, 95쪽.
52 『성학문답』상권, 95쪽.

내면세계로의 전환

그러면 슌다이의 비판론자들은 슌다이가 재정립하려한 '소라이학적 군자' 를 어떻게 받아들이고 있었을까? 가쿠산은 다음과 같이 말하고 있다.

> 내심에 얽매이지 않고 외면만 좋다고하여 군자라고 한다면 … 벽을 뚫 고 담을 넘는 도적과 같은가라고 공자가 선언했는데 말은 위엄이 있으 면서 마음이 유약한 자도 또한 공자가 덕을 해치는 자라고 싫어한 향원 (鄕原)도 모두 군자란 말인가? … 예는 외형을 제어하기 위해 만든 것인 가 아니면 내심을 제어하기 위해 만든 것인가? 예로 마음을 제어한다 (以礼制心)고 했는데 마음을 위해 만든 것으로 보인다. 그런데도 마음은 상관 없다면 무엇으로 말하겠는가? 이것을 보라. 중한 것은 마음에 있 다는 것을! 그런데 외면에 예만을 지키면 마음은 어떠하든지 어렵지 않다고 하는 것은 무슨 설인가? … 문의를 해석하지 못하고 뜻을 잃어 버린 것, 이보다 심한 것은 없다. 정자와 주자는 이러한 뜻을 모른다고 한다. 나는 이렇게 근거가 없이 날조한 설은 만나지 못했다.(『비성학문답』 하권, 39~40쪽)

가쿠산은 슌다이처럼 내심을 철저하게 무시하고 외면의 수신을 강조한다 면 말은 위엄 있는데(원문은 色厲) 마음이 유약한 자, 도적, 향원같은 자도 모 두가 군자인가라고 반문한다. 『논어』 「양화편」에 전거를 갖는 이 문장은 공 자가 군자와 대비시켜 소인을 일컬어 한 말이다. 슌다이에 따르면 표면에만 위엄을 갖추어 위세가 좋지만 내실은 없는 자, 향원처럼 군자의 흉내만 내는 자도 군자의 범주에 들어가게 된다. 여기서 가쿠산이 날카롭게 문제제기 하 는 슌다이의 문제점은 내심을 무시한 수신으로도 군자가 된다는 점에 있다.

그런데 슌다이의 외면 중시 경향은 『서경』의 예로 마음을 제어한다(以礼制心)는 문장을 슌다이가 오독했기 때문이다. 가쿠산은 슌다이가 수신의 근거로 삼는 예로 마음을 제언한다는 『서경』의 말을 외면을 다스리기 위한 것이 아니라 내심을 다스리기 위한 것으로 해석하고 있다.

여기서 선왕의 예의에 관하여 가쿠산은 "예의로 일(事)과 마음을 제어하는 것은 대덕을 밝히기 위한 것이다. 그 예의도 다자이등이 세운 예의가 아니라 우리들에게 갖추어져 있는 마음의 덕(心德)의 예의를 가리킨다."고 말한다.[53] 소라이와 슌다이가 강조하는 성인이 세운 예의는 사사로운 예의에 지나지 않으며 참된 예의는 우리들에게 갖추어져 있는 마음의 덕이다. 슌다이처럼 성인의 의복, 성인의 용의, 성인의 언어를 충실이 모방하고 지킨다고 하여 군자가 될 수는 없다. 왜 그런가?

> 세상의 예는 같지 않다. 각 나라들마다 예는 각각 서로 다르며 앉고 서
> 는 것도 같지 않고 매장하는 예도 인도와 중국의 제도도 다른 것은 토
> 지와 풍토가 다른 것에서 기인한다. 그러나 내가 공경하여 마음을 쓰는
> 것은 하나이다. 이것으로 예의는 내 마음에서 나오는 것을 알아야 한
> 다.(『비성학문답』상권, 14쪽)

각 나라마다 문화권마다 풍토가 다르다고 해서 서로 다른 예를 기준으로 삼는다면 향원 같은 자도 군자의 범주에 속하게 된다. 슌다이가 논리적 근거로 삼는 성인의 의복, 성인의 용의, 성인의 언어는 결국 가변적인 것일 뿐이다. 따라서 내 마음에 갖추어져 있는 심덕의 예의를 기준으로 삼아 군자는 수신 공부를 해야 한다는 것이 가쿠산이 말하고자 하는 바다. 외면의

---

53 『비성학문답』상권, 11쪽.

수신에 얽매인 슌다이의 수신론에서 내면의 수신으로의 전환이 보인다.

그렇다면 내심은 어떠하든지 외면에 예의를 지켜 범하지 않으면 군자라는 슌다이의 인간론에서 내심은 완전히 방치된 것일까? 슌다이는 성(誠)의 주해에서 주자의 심법의 논리에 의한 진실무망(眞實無妄)의 주해를 반대하고는 소라이의 표리일치설을 수용하여 "일과 마음이 통철(洞徹)하여 일치하는 것을 성"이라 했다. 이어 "일을 하는데 그 마음이 없다면 성실함(誠)이 아니다. 마음이 있어도 그 일을 이루지 못하는 것도 성실함이 아니다. 일은 밖이며 마음은 안이다. 내외가 부합하는 것을 성(誠)이라 한다."고 했다.[54] 슌다이는 성실함을 천성이라 하는 정현의 설을 받아들여 천성을 본성이라 하면서 "천성으로 하는 일은 무슨 일이든지 겉과 속이 나뉨없이 내외 통철하여 일치하는 것"으로 보고 있다. 그런데 이러한 성에는 선한 성(誠)과 악한 성(誠)이 있기 때문에 성인의 가르침에 의해 "불선한 성실함을 버리고 선한 성실함"을 취할 것을 강조한다. 왜냐하면 "천성의 성실함과 가르침으로 이루는 성실함에는 차별"[55]이 없기 때문이다.

슌다이가 성의 해석에서 확인하고자 한 것은 결국 선한 성(誠:내심)은 성인의 가르침에 의해 형성된다는 점이다. 다시 말하면 인위적인 조장에 의해 자연성(천성)이 얻어진다는 것이다. 이것은 내심의 방치가 아니라 내심에 대한 적극적인 관여라 할 수 있다. 그 결과 내심은 사물의 도덕 판단의 기준이 될 수 없다는 것을 확인하고는 외면에 예의를 지켜 범하지 않는 것으로 내심이 규정된다는 쪽으로 발전해 갔다. 외면을 바르게 하는 것으로 내심이 바르게 된다는 인식을 보여주고 있다.

이러한 슌다이의 내심과 외심에 대한 논리에 대해 칸슈는 심성의 내면이

---

54 『성학문답』하권, 100쪽.
55 『성학문답』하권, 99~101쪽.

아닌 외면을 다스리는 것으로 내외가 부합한다는 슌다이의 주장을 받아들이기 어려웠다. 내면을 묻지 않는 내외부합은 모순으로 보일 수 밖에 없다. 이러한 부분에 대해 칸슈는 다음과 같이 말하고 있다.

사람의 내심과 부합한다는 것은 무엇을 가지고 하는 말인가? 가령 선을 이루는 것도 이익을 위해서 혹은 명성을 위해서 라고 하여 내심에 돌아보아 부끄럼이 없다면 내심과 부합한다고 말할 수 없다. … 안의 본심의 덕에 위배되면 내외일치라 할 수 없다. 그렇다면 오규와 다자이가 내심이라 하는 것은 안으로 반성하여 마음으로 사려하는 성(誠)은 아니다. 형기(形氣)의 사사로움에서 나오는 마음을 말하는 것이다.(『성학문답유의』5권, 31~32면)

칸슈는 반드시 마음에 돌아보아 부끄럼이 없는지 자기 성찰한다. 이러한 경우 마음과 일이 부합하게 된다. 심덕에 위배되면 내외일치가 될 수 없다. 이러한 입장에서 있는 슌다이의 심사부합(心事符合)의 설은 본심의 덕에 위배될 수 밖에 없다고 칸슈는 말한다. 내면을 묻지 않는 내외일치란 애당초 불가능한 것이다.

성(誠)처럼 자연성 조차도 성인의 가르침에 의한다는 슌다이에 대해 칸슈는 "주자의 성을 진실무망이라고 하는 것은 지선의 극치이며 만고불역의 이치"[56]라 하면서 "주자의 진실무망한 마음이 체용을 겸하여 천리의 본연에 따라 인욕의 사사로움이 없다는 것을 말한다. 성은 대극(大極)으로 하나이다. 망령된 일이 없는 선"[57]이라고 했다. 슌다이가 일부러 배척한 주자의 진

---

56 『성학문답유의』5권, 18면.
57 『성학문답유의』5권, 18면.

실무망한 성이 칸슈에게는 사상의 근거가 되고 있다. 칸슈가 강조하는 성은 선하고 선하지 않는(선불선) 성이 아니다. 기질의 성을 천성이라 간주하는 슌다이의 성(誠)은 사람마다 제각각 서로 다른 성(誠)이다. 결국 외면에 예의를 지키고 범하지 않는 것을 군자라 하는 슌다이는 금수와 동일하게 사물의 이치에 마음이 없고 선악도 분별할 수 없는 군자를 추구한 것이 된다.

외면의 수양으로 향원 같은 자가 군자가 되어 그러한 인간이 위정자가 된다면 세상은 위기에 빠질 것이다. 인간성에의 불신, 불안, 회의 등을 조장하는 한 위기에 직면한 지방 향촌의 질서는 바르게 될 수 없다. 사회는 성선을 기준으로 하는 마음의 내적 수양을 함양한 군자가 무엇보다도 필요했던 것이다.

주자학으로의 복귀를 표방한 관정이학의 금이 목적으로 한 것 중의 하나로 유학으로 도덕학을 회복하는 것에 있다고 한 것도 이러한 문제와 관련되어 있다.[58] 관정이학의 금은 사상적으로는 주자학으로의 복귀였기 때문에 이 때의 도덕학은 주자학적인 도덕학이다. 결국 슌다이에 의해 재구성되는 소라이학의 도덕학이나 군자상도 또 다른 저항에 직면할 수 밖에 없었다.

6. 맺음말

초학자들을 대상으로 한 『성학문답』은 슌다이가 목적한 소라이학적 인간을 극론적인 형태로 제시한 것으로 볼 수 있다. 즉 초학자에 대해 단적인 내용들을 제시한 것이다. 그것은 일종의 극론이었다는 것만으로도 반소라이학의 유학자들에게는 어떤 의미에서는 도전적인 언설이었을지도 모른다.

---

58 中野三敏, 『十八世紀の江戸文芸』, 岩波書店, 1999, 49쪽.

반슌다이론자는 인간 내면을 바르게 하는 것으로 선한 인간을 양성할수 있다는 슌다이적인 논리, 도덕론에서 떠나 도덕은 인간 내면에 천리로서내재해 있다는 것을 다시 확인하고 있다. 그들은 슌다이가 주장한 내심은묻지 않는다, 외면에 예의를 지켜 범하지 않으면 군자라는 도발적인 언설에맹렬한 반론을 전개했다. 선한 본성을 회복하는 것으로 바람직한 인간과 군자가 형성된다는 것을 주장하고 있는 것이다. 슌다이가 제시한 방법에 의해군자가 된다는 것을 철저히 부정하고 있다.

슌다이와 반슌다이론자 사이에는 개인 도덕을 강조하는 면에서는 서로동일한 문제의식을 공유하고는 있었지만 개인 도덕의 어떤 부분에 중점을둘 것인가에 대해서는 확실히 다른 인식적 차이를 보여주고 있다. 이러한 입장의 차이는 기본적으로 성인의 도는 무엇인가에 대한 근본적인 차이에서생기는 것이다. 인간을 어떻게 볼 것인가라는 인간이해의 근본적인 물음이발생했다. 이 인간의 창출을 둘러싼 논의는 내심의 덕성의 판단근거를 둘것인지 혹은 외면의 덕성에 판단 근거를 둘 것인지를 둘러싼 논쟁이며 군자상에 대한 논쟁이다.

반슌다이론자는 인성론에서는 소라이와 슌다이에 의해 철저히 배제된『맹자』를 부활시켜 주자학의 부활을 추구했다. 주자학으로 복귀하는 과정에서『맹자』가 반슌다이론을 견인하는 사상의 동력적 존재로 부상한 것이다. 그들은『맹자』의 성선론에 서서 인간의 내심의 자율적 통제를 통해 선한 인성을 보존할 수 있다면 누구라도 성인이 될 수 있다는 점을 강조한다.여기에는 18세기 후반기 유학 교육이 확대되어가는 과정에서 정치의 담당자가 되는 위정자에 요구된 군자상이 있었다고 보인다. 이러한 논쟁은 슌다이가 제시한 인간을 보는 기준을 주자학적 기준으로 수정해 가는 과정으로이해할 수 있다. 반슌다이론자에 의해 주자학적 인간 이해가 인간 이해의 표준으로 다시 부상해 오는 것이다.

제3부
소라이학과 조선실학의
경서해석과 인간

제8장

정약용과 오규 소라이의 경서해석

1. 일본지식인과의 조우

일반적으로 조선후기 실학자들은 조선통신사가 가져온 일본 유학 관련 서적을 통해 일본 유학에 관한 정보를 얻었다. 조선통신사와 일본 유학자 사이에 이루어진 필담에 의한 교류도 『창화집(唱和集)』이라는 형태로 간행되어 전해오고 있다. 이러한 필담이라는 장을 통해 조선의 지식인들은 일본의 문화뿐만이 아니라 일본 지식인들의 학문과 사상을 접했다. 일본에서 돌아온 통신사는 일본의 풍습이나 사회 문화 전반에 걸쳐 파악한 내용을 보고서로 제출했는데 그것이 현재 『해행총재』라는 서명으로 전해온다. 통신사들의 보고서를 통해 얻어진 일본의 학문과 사상에 대한 정보가 조선의 학문계에 전해지면서 조선의 지식인들 사이에서 일정한 논의를 불러 오게 된다. 그것은 곧 조선이라는 학문의 세계에 '일본의 유학'에 대한 일정한 논의의 장이 형성된 것으로 이해할 수 있다. 여기에서 다루고자 하는 정약용(1762~1836)도 조선의 지식인 세계에 형성된 일본 유학의 '공간'을 체험한 인물이다. 그는 『일본고』, 「일본론」, 『논어고금주』 등 일본 유학과 일본 사정을 언급한

저작물을 남겼다.[1]

알려진 대로 정약용은 「고시 24수」(22번째 시)에서 진사이, 소라이, 슌다이를 명유라 하면서도 편파된 음사로 경서를 어지럽혔다고 했으며, 「일본론」(1)에서는 진사이의 글이나 소라이, 슌다이가 논한 경의를 탁연하다고 칭찬한다. 또한 자신의 두 아들에게 보낸 편지글인 「시이아(示二兒)」에서도 소라이를 비롯한 일본 유학자들을 칭찬하면서 오히려 조선보다 그들의 학문이 뛰어나다고까지 했다. 이어 「발태재준논어고훈외전(跋太宰純論語古訓外傳)」에서는 슌다이를 일본의 명유라 평했다. 정약용과 깊은 교유 관계에 있었던 김매순은 「재일본인논어훈전(題日本人論語訓傳)」에서 정주와 맹자를 비난하고 내면보다 외면을 중시하는 사고, 정주학을 불교, 노장과 같은 것으로 보는 소라이를 맹렬하게 비난했다. 정약용과 김매순 사이에는 슌다이의 『논어고훈외전』을 둘러싸고 어느 정도 논쟁이 오간 듯하다.

조선 주자학의 안티테제로 성장해오는 실학적 사유가 논리적인 체계를 토대로 18세기 이후의 사상계를 주도해가게 되는데 그 정점에 선 지식인이 정약용이라는 것이 일반적이다. 정약용은 육경 사서를 비롯하여 『경세유표』, 『목민심서』, 『흠흠신서』로 대표되는 경세학 관련 저작을 포함하여 오백여권에 이르는 방대한 저작을 남겼다. 정약용은 경학 연구를 통해 성인의 도의 총체를 확인하고 국가 제도에서 국가 경영에 이르는 전반적인 방향성을 제시했다. 이러한 평가를 받는 정약용의 저작중에, 특히 『논어고금주』에서는 일본의 고학자들의 경서 주석의 인용이 보인다. 그렇다면 정약용은 왜 일본의 지식인들, 그 중에서도 특히 오규 소라이를 비롯한 고학파들의 경서 주석을 다량으로 인용하는 것일까?

---

1 정약용의 일본 인식에 관하여는 하우봉, 『조선후기 실학자의 일본관 연구』, 일지사, 1989, 참조.

조선에서는『사서집주』와『사서대전』,『오경대전』등 성리학 주석이나 주자의 저작을 집성한『성리대전』,『주자대전』등이 유학 학습의 텍스트가 되었다.『주자대전』은 성종 7년(1476)에 처음으로 조선에 들어왔으며 기묘사화 이후인 중종 18년(1523)에 처음으로 간행된다. 하지만 이때의 간행본은 부실한 교정으로 유포되지 못하다가 이황과 유희춘의 교정으로 선조 6년(1573)에 다시 간행 보급되었다.『주자대전』의 간행과 보급은 주자학이 학문의 대종으로 자리 잡는데 중요한 역할을 했다. 주자학의 주석서인 이른바『대전판』에 의한 경서 학습이 보급된 것이다.

『대전판』에 의해 이루어지는 유학의 학습은 주자의 경서 해석의 학습이었다. 다시 말하면 '경 자체'(經自體)에 의한 유학의 공부라기보다는『대전판』등에 의한 '주소텍스트 중심'의 학습이었다. 이러한 학습은 주석(주소)에 의한 경서의 원형의 변용을 초래한다. 이러한 경학에 대해 근본적인 면에서부터 이의를 제기하고 그 경학의 방법을 전환시킨 학자가 정약용이었다.

일찍이 정약용은 "유자가 경을 해석함에 잘못이 있으면 그 화는 천하에 이르고 독은 후세에까지 미친다. 이처럼 경이란 세교(世教)의 근본(本)이며 풍속의 바탕(原)이 된다. 따라서 군자는 이것을 신중히 하는 것이다."라고 표명했다.[2] 즉 경은 "세교의 근본"이자 "풍속의 바탕"이기 때문에, 천하에 "독"이 될 지, 구세주가 될 지는 유자의 경의 해석에 전적으로 달려 있다는 것이다. 그러한 인식에는 경서를 '주소'로 이해하려는 '주소 중심'의 경학에서 '경 자체'로 이해하려는 '경 중심'의로의 전환이 보인다. 이렇게『논어고금주』(이하『고금주』)는 '경 중심'의 경학을 확립해 가려는 과정에서 저술되었기 때문에 그의 경학관이 분명하게 드러나 있는 저술이다. 이러한 의미를 갖는『고금주』에 일본의 고학파의 경서 주석이 인용되고 있는 것이다.

---

2 정약용,『논어고금주』「공야장」, 190쪽(『與猶堂全書』권5, 驪江出版社, 1985).

후마 스스무(夫馬進)에 따르면 조선의 유학자들은 청조의 고증학을 수용하기 이전의 단계에서 이와 아주 유사한 소라이학을 체험했다는 점을 지적하고 있다.[3] 알려진 것처럼 조선의 유학자들은 소라이학이 주자학을 비방한다는 점에 대단히 놀랐다. 그렇지만 소라이학이 청조의 고증학과 유사한 부분이 있다는 점이나 고문사학이 주자학과 다른 경서주해의 '새로운 방법'이라는 것에 관한 관심은 적었기 때문에 조선의 유학자들에게 '소라이학 체험'은 경서해석의 '새로운 방법'에 대한 체험이 되지는 못했을 것이다. 중요한 것은 '소라이학 체험'이 조선의 지식인들과 사상계에 가져다 준 것은 무엇이었는가에 있다.

정약용과 일본 유학의 관계에 대한 지금까지의 선행연구는 일본의 고학사상과의 비교사상적 관점, 예컨대 정약용은 주자학을 극복하는 과정에서 다자이 슌다이의 『논어고훈외전』을 읽고 슌다이를 통해 전개된 소라이학의 '탈주자학적 경향'이나 '고학 지향에 공명'했다고 지적한다.[4]

이러한 문제는 정약용이 소라이학에 주목한 이유를 좀 더 구체적으로 고찰할 필요성에 직면하게 된다. 조선사상사에서 이루어진 '소라이학 체험'은 어떠한 형태로 진행되면서 소라이학, 나아가 일본 유학을 통해 무엇을 '체험'하고 그것이 남긴 것은 무엇인지를 점검하는 것이다. 정약용이 소라이학의 어떠한 부분에 주목하여 그것을 긍정적으로 보았는지, 마찬가지로 부정적인 비판은 왜 그러했는가 등을 좀 더 생각할 필요가 있다. 에도의 유학사상이 일본의 밖에서는 또한 어떻게 인식되고 있었는지를 전망하는 것으로 일본 유학이 동아시아의 사상과 학문의 세계와 연동하는 것이 갖는 의미에 대

---

3 夫馬進, 「朝鮮通信使による日本古學の認識」-朝鮮燕行使による淸朝漢學の把握を視野に入れ一」, 『思想』981호, 2006, 25~26쪽.

4 하우봉, 앞의 책과 김언종, 「다산 『논어고금주』에 수용된 훤원학파 논어설」, 『茶山學』3호, 2002, 등을 참조.

한 중요한 시사점을 제공해 줄 것이다.

2. 한국 근대의 정약용상과 조선학 운동

조선학운동

정약용 사후 50년 후인 고종(1852~1919)은 정약용 같은 인재와 시대를 함께 하지 못함을 안타까워하면서 『여유당전서』의 편찬을 명했다. 1902년에 『목민심서』, 1907년에는 『흠흠신서』가 간행된다. 또한 순종 4년인 1910년에는 「정헌대부규장각제학(正憲大夫奎章閣提學)」이 추증되어 박학다문하면서 제사합의(制事合義)했다고 평가되어 문도공(文度公)이라는 시호가 내려졌다.

1866년 10월 프랑스군의 강화도 상륙과 분쟁, 운양호 사건(1875)이 발생하고 1876년 2월에는 조·일 강화도 조약을 체결하는 등 위기의식이 높아졌다. 이러한 위기 의식아래 정약용의 사상과 학문은 특히 양명학자로 계승되었다. 강화학파의 이면백(1767~1830)과 그의 후손들은 『목민심서』를 거의 외울 정도로 정약용에 심취했다.

한편 한국근대 양명학을 정초하면서 『한국통사』(1914~1915), 『한국독립운동지혈사』(1919)를 써서 민족정신을 고취시킨 박은식(1859~1925)은 양명학을 바탕으로 실천에 의한 개혁의 논리를 제시한다. 박은식은 양지(良知)를 '성우무간지지'(聖愚無間之知)라 해석하여 인간의 무한한 가능성을 확인한다. 그리고 왕양명이 치(致)를 '확충도저'(擴充到底:확충하여 밑바닥까지 채운다)라 해석하는데 반해 그는 행(行)이라 해석하여 양지의 사회적 실천을 강조했다. 성인과 우인 사이에 차별이 없는 지(知)로서의 양지에는 중국(聖)과 조선(愚)의 선천적 불평등성을 부정하는 논리가 담겨 있다. 양지는 박은식의 민족주의를 논리적으로 정당화시킨다. 이러한 과정에서 그는 정약용의 경세학을 양명학과 연결시켜 민중들에게 애국계몽정신을 고취시켜 독립이라는 시대적 과제를 달성하려 했다. 그는 1880년 정약용의 제자 신기영(申耆永)과 정관섭 (정약용의 자손)에게 정약용의 경세학을 배웠다.

강화학파의 마지막 시대에 속하는 이건방(1861~1939)은 정약용을 민권사 상가로 간주하여 루소나 몽테스키외에 비유한다. 그의 제자 정인보(1892~ 1950)에 의해 정약용은 조선말기의 중심사상으로 부상한다. 강화학파는 실 심실학을 중시하여 중국적 세계관에서 점차 탈피하면서 조선중심주의로 발 전해 갔다. 이러한 정신이 정인보에게 계승되어 가면서 현실에 바탕을 둔 민 족주의의 입장에 선 유학 연구를 심화시켰다. 그는 『양명학연론』에서 조선 의 학문적 태도를 자신과 가족의 편의만을 도모하려는 사영파와 중화의 문 화로 나라를 뒤덮어버리려는 존화파로 구분하는데 이러한 경향이 결국 심 성론에 빠지고 자신의 인격도야에만 힘을 써 실심과 실행은 학문영역에서 구차한 것으로 치부되고 허학만이 세상에 가득 차게 되었다고 비판한다.[5]

한편 1935년 정약용 서거 100주년을 기념하여 『동아일보』, 『조선일보』 및 여러 잡지에서는 정약용 붐이 일어나는데 그 붐을 주도한 중심인물이 정인 보이다. 정인보는 1934년 9월 「조선학과 정다산의 지위」라는 강연에서 정약 용에 대한 연구를 "조선사의 연구이며 조선 근세 사상의 연구이며 조선심 혼의 명의, 혹은 전조선 흥망성쇠 존멸에 대한 연구"라 평했다. 일찍이 그는 양지를 "자아를 아는 것"이라 보고 얼이라 규정했다. 이 얼을 "우리 민족 오 천년간 살아온 민족정신, 민족혼"이라고 강조한다.[6] 그는 조선 민족의 원동 력을 얼에서 찾고 있는데 한국사의 연구도 민족혼의 얼을 찾는 것일 뿐이

5 권상우, 「일제강점기 민족성과 유학의 관계성 담론을 통한 한국적 유학시론」, 『퇴계학
　과 유교문화』, 2011, 300쪽.
6 정인보, 「다산선생의 생애와 업적」(김영호, 「다산학연구사서설」, 『다산학논총』에서 재
　인용)

다. 역사는 눈에 보이는 사건의 역사가 아니라 얼의 역사이며 조선의 정체성이 바로 얼에 있는바 모든 행위에서 얼이 표현될 수 밖에 없다. 조선의 역사의 바탕에도 얼이 존재하기 마련이다. 얼은 민족성이자 민족의 지혜이며 그것의 전개과정이 조선 오천년의 역사임을 천명했다.[7] 정인보는 그 민족혼의 핵을 정약용에 연결시키고 있다. 그는 조선 독립운동의 사상적 기반을 정약용에서 찾고 있었다. 정인보는 「유일한 정법가 다산선생 서론」(『동아일보』 1934년 9월 10일자)을 시작으로 신문지상에 다산관련 글들을 게재하기도 했다.[8]

정인보에 의해 시작된 조선학 운동은 먼저 『여유당전서』의 간행작업을 목표로 1934년부터 1938년에 걸쳐 신조선사에서 출판된다. 『여유당전서』 편찬에 관여한 인물로 정인보, 문일평, 최익한, 안재홍이 있는데 정인보는 「여유당전서 총서」라는 글에서 안재홍과 함께 교정을 맡아 1939년에 76책이 완성되어 『여유당전서』라 했다고 밝히고 있다.[9] 정약용 사후 103년 후의 일이다. 최익한은 65회에 걸쳐 「여유당전서를 독(讀)함」이라는 기사를 발표하기도 했다. 최익한의 이 글에 대해 다산에 관한 최초의 연구서 『정약용의 정치경제사상 연구』(1959)를 쓴 홍이섭은 "최익한 씨의 여유당전서 독후감이 감명 깊었던 것으로 아직도 잊을 수 없는 글"이라 하면서 "당시로는 다산이

---

7 권상우, 앞의 논문, 306쪽.
8 정인보의 다산 관련 글들에 관한 박홍식의 조사에 의하면 「다산 선생의 일생-정다산 서세백년 기념」(『동아일보』석간, 1935년 7월(6?)월 1일), 「정다산 선생의 뜻깊은 부촉-서세 백년인 이 해에 유서교간이 군출없이 잘 되기를 바라면서」(『신동아』12호, 1935년), 「정다산 선생 서세 백년을 기념하면서」(『동아일보』조간사설, 1935년 7월 16일), 「다산의 자찬지명 집중본」(『신동아』, 1935년 9월), 「다산서전재료고주(茶山敍傳材料考註)」(『신동아』, 1935년 9월)등이 있다. 박홍식, 「일제강점기 정인보·안재홍·최익한의 다산 연구」, 『다산학』17호, 2010, 참조.
9 정인보, 『담헌문록』중, 태학사, 2006년, 215쪽.

해의 새로운 국면을 열었다."고 높이 평가했다.[10] 그러면 여기서 당시의 신문 잡지 등에서 다룬 정약용에 관한 기사를 보자.[11]

「유일한 정법가 정다산 선생서론」(6회, 『동아일보』, 1929년 12월22일~12월25일, 정인보), 「고증학상에서 본 정다산」(『조선일보』, 1935년 7월16일, 문일평), 「문화건설상에서 보는 정다산의 업적」(『조선일보』, 1935년 7월16일 , 김태준), 「丁茶山의 사상」(『동아일보』, 1935년 7월16일, 백남운), 「茶山先生의 일생-丁茶山逝世百年記念」(『동아일보』, 1935년 7월 16일, 정인보), 「李朝儒學史上의 丁茶山과 그 지위」(『동아일보』, 1935년 7월 16일, 현상윤), 「茶山先生著述年表」(『동아일보』, 1935년 7월16일 미상), 「與猶堂全書를 독함」(『동아일보』, 1938년 12월9일~1939년6월4일, 최익한), 「茶山先生과 현대와의 관계」(『동아일보』, 1938년 12월 9일, 안호상), 「茶山의 井田考(上)」(『新興』, 1930년 10월 7일, 윤용균), 「茶山의 井田考(下)」(『新興』, 1931년 1월 5일, 윤용균), 「丁茶山先生과 그 생애의 회고」(『新東亞』, 1934년 10월 1일, 안재홍), 「茶山先生逝年100년을 맞이하며」(『카톨릭 청년』, 1935년 8월 25일, 안재홍)

위에서 열거한 기사 이외에도 다수가 존재한다. 이 조선학운동의 결과 실학이라는 용어가 역사적 용어로서 규정되면서 실학에서 자본주의의 맹아론도 제기되었다. 따라서 조선학운동은 단순한 학술적인 논의가 아니라 조선의 고유한 것, 조선 문화의 특색, 조선의 전통을 학문적으로 체계화하는 것이었으며 그것은 곧 일본 제국주의의 동화정책에 대한 학문적, 문화적, 사회적 대응과 저항의 성격을 갖는 운동이었다.

---

10 박홍식, 앞의 논문, 47쪽.
11 최재목, 「일제강점기 丁茶山 재발견의 의미-신문·잡지의 논의를 통한 시론」, 『茶山學』 17호, 2010 참조.

그렇다면 조선학운동으로 규정된 '조선학'이란 무엇일까? 이와 관련하여 정인보의 『성호사설유선(星湖僿說類選)』(1929)의 서문에 잘 나타나 있다. 이 서문에서 정인보는 '의독구실지학'(依獨求實之學)이라는 말을 사용하고 있다. '의독구실지학'이란 조선학운동이 조선의 독자성(주체성)과 실심(조선의 마음)을 추구한 학문을 지칭한다. 정인보는 『동아일보』에 게재한 「唯一한 政法家 丁茶山先生 敍論」을 6회에 걸쳐 연재하면서 정약용에게 정법가라는 이미지를 중첩시켰다. 안재홍은 『신동아』에 「丁茶山 先生과 그 생애의 회고」를 게재하여 "조선의 대선각, 대선구자"라 평하면서 "현대의 식자와 선구자, 청년 학도들은 조선사회의 병의 유래를 돌아보면서 현대 조선이 아직 남아 있는 구사회의 잔존을 그들의 혈관으로부터 청산케기하고 스스로 지성보세의 영원한 봉사의 길로 나아가야 한다."고 서술하고 있다.[12]

근현대의 한국 양명학자들은 양명학을 실천이나 민족혼의 관점에서 수용하면서 민족주의를 형성했다. 그들은 조선 주자학자들을 중화주의자로 비판하면서 실학을 민족주의로 규정했다. 이 과정에서 양명학자들이 정약용에 주목한 것은 정약용의 인간관, 역사의식, 경세학이었다.

이렇게 근대 한국에서 정약용 붐 현상은 조선 주자학적 세계관에 종말이 도래했음을 예고하는 것이었다. 그것도 양명학자들에 의해 실학자 정약용이 새롭게 재발견된 것이다. 정약용이 양명학을 신봉한 것은 아니었지만 양명학이 새로운 시대의 시대적 사명을 정약용에 기댄 것은 시대적 소명에 부응한 것이었을까?

---

12 최재목, 위의 논문, 참조.

청구학과 조선학

여기서 지적해 두고 싶은 것은 30년대에 일어난 조선학운동은 조선 문화의 부흥을 목적으로 했는데 그것은 문화제국주의의 일환으로 형성된 이른바 '청구학'(靑丘學)을 극복하기 위한 운동이기도 했다는 것이다. 이와 관련하여 다음과 같은 견해가 존재한다.

일제의 관학자에 의해 한국학이라는 범주가 어느 정도 설정되었다. 1925년에 설립된 조선사편수회의 직원과 1926년에 개설된 경성대학 법문학부의 사학과 교수들이 중심이 되어 1930년에 창설된 청구학회는 계간으로 『청구학총(靑丘學叢)』을 발행했다. 청구학의 청구란 조선의 별칭으로 청구학은 조선학이다. … 일본이 1931년 만주사변을 일으켜 만주를 침략강점하고 1937년에는 중국을 침략하여 중일전쟁을 일으킨 후인 1939년에 청구학회가 대륙발전의 기지로서의 새로운 사명앞에 선 반도로서는 이 방면에서도 새로운 참신한 연구가 강하게 요청된다고 하면서 해체된 사실에서도 분명히 보이는 것처럼 이 학회는 일본의 대한식민정책상 필요에 부응하여 활동의 방향을 결정한 문화제국주의의 첨병이었기 때문에 따라서 청구학=한국학은 침략을 위한 문화제국주의적 지역학이었다.[13]

위 인용문을 통해 경성대학 법문학부의 사학과 교수를 중심으로 문화제국주의의 이념을 전파하기 위해 지역학 연구로 한국학 연구가 시작되었다는 것을 알 수 있다. 그들이 만들려고 한 '한국학'이란 근대 일본문명이 곧 절대

---

13 이가원외, 『한국학연구입문』, 지식산업사, 1981, 12쪽.

선, 식민지 원주민 문명이 곧 절대악이라는 이원론의 구조를 갖는다. 결국 청구학회는 "일본의 근대 문명과 한국 문화 사이에는 질적 차이가 존재하며 이 차이를 극복할 능력이 한국에는 없기 때문에 타력(일본)에 의존할 수 밖에 없다."는 점을 일본 제국에 의한 조선 지배의 정당성을 증명하기 위함에 있었다.[14] 이 청구학회의 한국학 개념을 극복하기 위해서는 새로운 '조선학'의 이념의 창출이 무엇보다도 중요한 과제였다. 이 조선학의 창출은 정약용 붐과 함께 한국사상사 안에서 일정한 공간을 형성하게 된다. 문화제국주의가 일으킨 '폭력'의 최전선에 '청구학'이 있었던 것이다. 이 시기 신문 등에서는 조선심, 조선의 혼, 조선 정신, 조선의 학풍 등의 용어가 자주 등장했는데 이것은 바로 일본제국주의가 만든 '청구학'이 그 배경에 있었다. 이 조선학운동은 민족주의적 사학을 표방했다.

3. 조선 지식인들의 소라이학 체험

일본유학과 소라이학

명·청 교체기 이후부터 조선에서는 중화 문명의 계승자라는 자기인식이 확대되어 주자학적 가치관은 더욱 강화되어 갔다. 이 때문에 화이관에 기초한 일본 멸시관은 여전히 강했다. 적어도 17세기 전반까지는 그러했다. 임진왜란을 겪은 조선의 지식인들에게 일본은 오랑캐나 금수의 나라이며 야만국이라는 인식이 강할 수 밖에 없었다. 하지만 17세기 중기 이후부터는 일본에 대한 냉정한 평가를 할 수 있는 분위기가 형성되었고 18세기에 들어오면서 좀 더 객관적인 시각에서 일본을 이해하려는 노력이 보이기 시작한다.[15]

---

14 이가원외, 위의 책, 13~14쪽.

그렇다면 조선통신사가 12차례 일본을 방문하면서 접한 일본의 학문과 사상, 그 중에서도 소라이학에 대한 인식은 어떠한 양상으로 전개되었을 까? 조선통신사가 소라이학파를 인지하는 것은 1711년 통신사 때 부터이다. 1711년 내빙한 통신사들의 접대를 위해 발탁된 야마가타 슈난(山縣周南, 1687~1752)은 아카마가세키(赤間關, 지금의 시모노세키)에서 이들과 만났으며 몇 차례 필담이 오갔다.[16] 아카마가세키는 통신사들이 내빙할 때 기항지로 삼은 곳으로 하기번(萩藩, 지금의 야마구치현)의 관할에 속해 있었다. 당시 슈 난은 하기번의 번교 명륜관의 2대 학주로 있었으며 소라이의 제자로 훤원칠 자[17] 중의 한 사람이었다. 명륜관은 주자학에서 소라이학으로, 소라이학에 서 다시 주자학으로 학풍이 변모하는데 명륜관 설립에 슈난도 상당한 기여 를 한 것으로 알려져 있다.[18]

슈난이 제술관 이동곽을 비롯해 서기 홍순연, 엄한중, 남성중에게 보낸 글에 의하면 "동도의 오규 모케이라는 사람이 나의 스승이며 안도 토야(安 藤東野)와 오구라 사다(小倉貞)는 모두 나의 벗이니, 에도에 가면 만날 것이 다."[19]라 하여 자신의 학문적 스승인 소라이와의 만남을 기대하고 있었다. 여기에 등장하는 안도 토야는 슈난과 함께 일찍부터 소라이 문하에서 동문 수학한 문인이다.

---

15 하우봉, 앞의 책, 51~53쪽.

16 『周南文集』권4, 「赤關賓館 呈朝鮮書記嚴韓重」(京都大學図書館所藏本, 1760)에는 "정덕 신묘년에 조선 사절이 내빙하여 우리 번의 아카마가세키에서 묵었다. 나는 동료 유학 자들과 명을 받아 객관으로 가서 시문을 증수했다."는 문장이 있다. 통신사들은 이 듬 해 돌아갈 때도 아카마가세키에서 슈난과 만나 시문에 의한 필담교류를 했으며 이 때의 필담집이 간행되었다는 사실도 전하고 있다.

17 훤원칠자는 핫토리 난카쿠, 다자이 슌다이, 우사미 신수이, 안도 토야, 야마카타 슈 난, 히라노 긴카(平野金華, 1688~1732), 반앙겐시(万庵原資)의 7인이다.

18 若水俊, 『徂徠とその門人の研究』, 三一書房, 1993, 168~169쪽.

19 『周南文集』권10, 「與朝鮮李嚴洪南四子」

통신사들은 슈난을 통해 소라이라는 이름을 들었는데 필담이 오고가는 과정에서 '소라이'라는 유학자의 학문적 경향이 어떠한 지에 대해서도 조금씩 알 수 있었다. 슈난이 이동곽에게 보낸 글을 참고로 한다면 통신사들은 슈난의 시문에 대한 인식이 어디에서 비롯되었는지를 추측할 수 있었을 것이다. 그 내용을 간단히 살펴보자.

당송 사이에 문학이 더욱 융성하여 훌륭한 선비들이 줄줄이 나왔는데 그 중에서 시에는 이백, 두보, 소식, 황정견, 문장에는 팔대가가 있다. … 명대에 이르러서는 사걸이 나왔는데 오직 고문으로 호를 삼았다. 사걸중에는 왕세정, 이반용이 가장 성했다. 시의 풍격과 체재가 사자(이백, 두보, 소식, 황정견을 지칭)와 팔대가의 옛것으로 돌아가지 않고 재주가 뛰어나고 훌륭하며 발군하여 높고 크고 탁출했다.(『周南文集』권9, 「稟朝鮮東郭李公」)

여기서 보면 슈난은 이반용과 왕세정의 수준 높음을 평하고 있는데 그것은 곧 자신이 명대 고문사파들의 영향을 받았다는 것을 시인하는 꼴이다. 위 인용문에 이어지는 후반부에서는 조선의 문교(文敎)가 융성하면서 중국과 더불어 백중지간을 다투는 사이로까지 발전했으며 치국과 교화가 더욱 밝혀졌다고 하면서 조선의 문단이 당송을 따르는지 명나라 제자(諸子)들을 따르는지를 묻고 있다. 이 글에서는 명대 후칠자, 특히 이·왕의 고문사 운동에 영향받은 소라이학을 간접적으로 드러내려고 한 슈난의 의도를 엿볼 수 있다.

슈난은 통신사들과 이루어진 필담의 사정을 에도에 있는 소라이에게도 알리고 있는데, 그 글에서 슈난은 "조선의 사절들에게 망신당할 일은 없었다."[20]고 하여 자신감을 드러내고 있다. 소라이에게 보낸 서간에는 조선 문사들의 시문에 대한 슈난의 평이 있는데 그는 조선 사절들의 시작(詩作)을 형편없는 것으로 치부했다.

> 평이하여 나약한 기색이 있다. 또한 멀리 왕의 깃발을 바라보나 무기를 질질 끌고 다니는 것처럼 전혀 싸울 기색이 없고 놀라서 물러나는 것과 같다. 또한 여객을 전전하는 고달픔에 가득 찬 탓으로 돌리지만 그 본령은 피할 곳이 없다.(『周南文集』권10,「答徂徠先生」)

소라이에 배운 슈난은 적어도 자신이 조선 문인들보다는 한 수 위라는 것을 자신감있게 소라이에 알린 것이다. 그런데 슈난은 시문뿐만이 아니라 소라이학의 인성에 대한 견해까지도 밝히면서 통신사들에게 소라이학의 실체를 열심히 전달하려고 애를 쓰고 있다. 위의 이동곽에게 보낸 글은 다음으로 이어진다.

> 근래에 한 유사(儒師)가 있어 별도로 문호를 열고 스스로 학문을 세웠다. 그 말이 혹은 정주의 설과 합하지 않은 것이 있다. 성(性)을 논함에 교(敎)로 하고 인의를 논함에 덕으로 하여 맹자가 성선을 말한 바를 기질위에 있다고 했다. 정주의 본성의 설과 배치된다. 나는 요즘에 그의 책을 읽고 흡연히 만족하여 기쁜 생각이 들었다.(『周南文集』권9,「稟朝鮮東郭李公」)

슈난은 소라이가 주자학과 다른 학문으로 자기형성하여 문호를 세웠다는 것을 말하면서 그 구체적 내용으로 예를 들고 있는 것이 소라이의 성설

---

20 『周南文集』권10,「答徂徠先生」

이다. 여기에는 인의예지의 성은 인간에게 선천적으로 내재해 있는 본성이 아니라 교학의 영역에 있다는 것이나 맹자의 성선을 기질의 문제로 본다고 하여 주자학과 정면으로 배치된다는 소라이의 성론이 분명하게 제시되어 있다. 이러한 슈난의 성론에 대해 이동곽은 어떻게 반응했는지는 알 수가 없다. 조선이 철저한 주자학으로 자기형성하고 있다는 사실을 알고 있는 슈난이었다. 그럼에도 그가 주자학과 정면에서 배치되는 소라이학에 만족하여 기쁘다고 언급하는 것이다.

이러한 슈난과 통신사들 사이에 이루어진 시문의 응수는 슈난의 시문이 수준높다는 것을 알리는 기회였으며 나아가 서일본에 소라이학을 알리는 계기로 작용했을 정도로 상당한 의미가 있었다. 이 때까지만 해도 서일본에서 소라이학의 영향력이 그리 크지는 않았기 때문이다. 이러한 점에서 보면 슈난이 소라이학의 서일본 전파에 끼친 영향은 간과할 수는 없다.

1711년 통신사 일행은 9월15일 오사카에 도착하여 숙사인 본원사(本願寺) 츠무라별원(津村別院)에서 26일까지 묵었다. 통신사들은 오사카에서도 일본의 문인들과 필담을 했는데 이때의 필담집이 『계림창화집(鷄林唱和集)』이라는 제명으로 정덕2년(1712) 5월에 간행되었다. 여기에 등장하는 일본의 문인들은 총 16인이다. 『계림창화집』에는 소라이 문인인 슈난이나 이리에 자쿠수이(入江若水, 1671~1729)의 시가 보일뿐 안도 토야의 시는 들어 있지 않다. 『계림창화집』의 속편으로 간행된 『칠가창화집』은 기몬(안사이) 계열의 시문이 대부분이다. 여기에 불만을 품은 소라이 문인들이 슈난, 토야를 중심으로 간행한 시문집에 『문사기상(問槎畸賞)』이 있다.[21] 이러한 사정을 보면 통신사들과의 시문 창화에서 소라이 문인들이 어떠한 위치에 있었는지를 가늠할 수 있을 것이다.

---

21 日野龍夫, 『服部南郭傳攷』, ぺりかん社, 1999, 114쪽.

1711년의 통신사들과 필담한 소라이 문인에 이리에 자쿠수이가 있다. 자쿠수이는 소라이에 시를 배워 시에 능통했다. 자쿠수이는 이동곽 등 네 명의 통신사들과 창화할 수 있는 기회를 얻었다. 자쿠수이는 이 당시의 사정을 소라이에게 서간으로도 알렸다. 그 서간에 따르면 자쿠수이는 아메노모리 호슈와 친분관계에 있었는지 통신사와의 필담도 호슈가 중간에서 주선한 것으로 되어 있다. 호슈가 아카마가세키에서 슈난을 만난 사실과 슈난이 소라이의 문인인지를 물었다는 내용도 보인다.[22]

비록 1711년 통신사들이 에도에서 소라이를 만나지는 못했지만 슈난이나 자쿠수이를 통해 소라이학을 접했다는 것과 소라이의 이름을 들었다는 것은 중요한 시사점을 준다. 조선의 문인들은 소라이학의 실체가 반주자학적 성격을 갖는다는 것도 분명하게 인식했으며 소라이학이 명대 고문사파들의 영향을 받았다는 사실도 알았다. 통신사들에게 소라이학파에 대한 정보가 흘러가기 시작했다.

신유한과 『해유록』, 그리고 소라이학파

1719년 통신사로 일본을 다녀온 신유한(1681~1752)이 쓴 『해유록』의 「문견잡록」에는 일본의 학문에 대해 "일본의 성리학은 하나도 들을 만한 것이 없다."고 하면서 "문묘와 향교, 공자를 제사지내는 곳이 없으니 백성들이 착한 본성을 타고 났지만 도덕을 들을 수 없음"을 안타까워하는 내용이 있다. 신유한은 유시마(湯島) 성당(聖堂)의 대학두였던 하야시 호코(林鳳岡, 1644~1732)의 문장을 형편없는 것으로 치부할 정도였다. 이어 그는 야마자키 안사이가 정주학을 사모하여 『소학』의 목차에 의거하여 송유의 언행을 편찬했다는

---

22 日野龍夫, 위의 책, 470쪽.

사실이나, 주자학자인 "기노시타 쥰안의 학식이 넓고 행실을 닦았으며, 교토의 이토 진사이가 성리존양의 가르침을 무익하다 하면서 일상에 실지로 도를 행하는 것만을 힘쓰게 한다."는 내용을 전하고 있다.[23]

신유한이 언급하는 일본 유학자로는 하야시 호코나 기노시타 쥰안, 아메노모리 호슈, 아라이 하쿠세키, 이토 진사이 정도인데 그들에 대한 간략한 정보전달에서 그치고 있다. 그런데 오규 소라이에 대해서는 전혀 언급이 없다. 이 당시 이미 54세였던 소라이는 『역문전제』, 『학칙』, 『변도』, 『변명』 등 주요 저작들을 탈고하였으며 소라이의 저서를 접한 젊은 유학자들이 에도에 있는 소라이에 대거 몰려들던 시기이다. 1711년 통신사들이 소라이에 대해 이미 들었기 때문에 8년 후 다시 내방하는 통신사들이 소라이에 대한 정보를 몰랐다고는 하기 어렵다. 그런데도 신유한이 소라이에 대해 전혀 언급하지 않는 사정은 알 수가 없다. 그렇다면 신유한은 정말 소라이를 몰랐던 것일까?

신유한을 비롯한 통신사들이 오사카의 서본원사(西本願寺)에 머물 때 자쿠수이가 찾아왔다. 그는 자신의 시를 신유한에게 보여주었고 신유한은 이들의 시가 약간 운치가 있다고 평가했다는 기록이 있다.[24] 이 무렵 자쿠수이는 가업에는 그다지 열심히 없었는지 40대 중반(享保初年, 1716년 무렵)에는 파산하여 교토의 사가(嵯峨)에서 살았다. 물론 신유한은 자쿠수이가 소라이 문인이라는 사실은 몰랐다. 신유한은 에도에 갔다 돌아오는 길에 오사카에서 자쿠수이와 조석으로 필담을 나누었는데 그가 자신의 시고(詩藁) 한권을 가지고 와 서문을 청하여 서문까지 써준다. 결국 신유한은 자쿠수이를 통해 소라이를 간접 체험한 셈이다.

---

23 신유한, 『해유록』하, 「문견잡록」, 90~91쪽(『국역해행총재』Ⅱ, 고전국역총서, 민족문화추진회, 1977)
24 신유한, 『해유록』상, 482쪽.

1719년 통신사들이 에도에 와서 소라이나 그 문인들을 만났는지에 대해 신유한의 『해유록』에서는 정보를 얻을 수 없지만 일본 측이 남긴 필담집인 『한관창화고(韓館倡和稿)』를 보면 슌다이가 통신사와 필담을 나눈 사실이 확인된다. 1711년 통신사가 일본에 왔을 때 통신사가 묵는 객관을 찾았으나 통신사를 만나지 못하고 쫓겨난 적이 있는 슌다이는 이 번에는 호슈와 함께 통신사를 찾았다. 이 날은 공교롭게도 대학두인 하야시 호코가 객관을 방문했기 때문에 통신사와의 필담은 시간에 쫓겨 빨리 끝나고 말았다.[25] 슌다이와 필담에 응한 통신사로는 제술관 신유한, 정사 서기 강백, 부사 서기 성몽량, 종사 서기 장응두와 호위무사 정후교 5인이었다.

이 필담에서 중요한 대목만을 간단히 언급해 두자. 성몽량이 슌다이의 개인 신상에 관한 것을 묻자 슌다이는 자신은 어렸을 때부터 독서를 즐겼으며 장성하여서는 소라이 선생에게 고문사를 배웠다고 했다. 여기서 슌다이는 소라이의 고문사를 언급하고 있는데 통신사들은 이러한 슌다이의 대답에 별다른 반응을 보이지는 않았다. 하지만 슌다이를 통해 소라이의 이름과 고문사라는 명칭을 들었다는 것은 중요하다. 이후 슌다이는 이들 5인에게 각각 편지를 써서 호슈에게 맡겼으며 이들로부터 답장까지 받았다.

슌다이가 신유한에게 보낸 서간중에는 음악에 관한 내용이 있는데 이것이 상징하는 바가 크다. 그것은 소라이학이 예악중심에 서 있기 때문이다. 슌다이는 서간에서 음악은 선왕의 기쁨을 드러내 즐거움을 절제하는 것이라 하면서 과도한 즐거움과 기쁨의 추구를 선왕이 제정한 음악으로 적절하게 절제해야 한다고 했다. 필담에는 중국에서도 사라져 없는 고대 선왕이 제정한 예악인 고악(古樂)이 일본에는 존재하고 있다는 말도 덧붙이고 있

---

25 『해유록』(중)에는 9월29일 대학두 하야시 호코가 두 아들을 데리고 와서 만나기를 청하였다는 기사가 있다. 위의 책, 528쪽.

다.[26] 여기에는 더 이상 일본은 야만의 나라가 아니라 선왕이 제정한 예악이 살아 있는 문명국이라는 슌다이의 의도가 드러나 있는 것이다.[27]

한편 장응두에게 보낸 서간에는 훤원(소라이학파)의 문사들은 일본식 훈독을 버리고 중국식의 한문읽기를 한다는 사실과 자신들은 송유라 불리는 것을 부끄럽게 여기며 중국과의 차이는 습속뿐으로 언어 문자는 모두 배워 능하다는 점, 선왕의 예악은 지금 여기(일본)에 전해오고 있다는 등의 내용을 전하고 있다. 슌다이와 통신사들간의 필담은 1719년이 마지막이었다. 다음 통신사가 1748년에 오지만 슌다이는 1년 전인 1747년에 세상을 뜨기 때문이다.

신유한이 슌다이와 필담을 하면서 서간이 오고 갔다는 사실은 중요하다. 자쿠수이를 통해 소라이학을 간접 체험한 신유한이 에도에서 소라이학의 정통한 계승자인 슌다이와 직접 대면까지 한 사실이 그에게는 어떠한 의미로 다가왔던 것일까? 『해유록』은 이러한 내용을 기록하고 있지 않기 때문에 알 수는 없다. 하지만 이러한 사정을 보면 조선 통신사들은 소라이의 경학과 경세학을 계승한 슌다이를 직접 만남으로써 주자학이나 진사이학을 대신한 새로운 경향에 서 있는 학문의 출현을 목격한 것은 사실이다. 다만 어떠한 내적 반응이 일었는지는 분명하게 알 수는 없다.

---

26 슌다이가 신유한 등에게 보낸 서간은 『春台先生紫芝園前稿』권2에 채록되어 있다. 선왕이 제정한 정확한 예악은 중국에는 이미 존재하지 않으며 일본에 존재하고 있다는 내용은 『韓館倡和稿』에 수록되어 있다. 이 부분은 小島康敬, 「太宰春台と朝鮮通信使─『韓館倡和稿』を素材として」, 『國文學』, 學燈社, 2001, 참조. 이 논문은 슌다이와 통신사 사이에 오간 음악에 관한 필담에도 주목하고 있다.

27 小島康敬, 위의 논문 참조.

소라이학 내부로 들어가다

1748년의 통신사들은 1719년 통신사들에 비해 일본의 학문에 대한 많은 정보를 접하게 된다. 이들은 이미 진사이의『동자문』을 읽고 일본에 왔기 때문에 일본 학술의 변화에 대해 좀 더 적극적인 관심을 표명하고 있었다. 이토 진사이의 아들 바이우(梅雨)가 1719년 통신사에게 진사이의『동자문』을 전했기 때문이다. 하기번 아카마가세키에서 제술관 박경행과 일본의 유자 오다무라 모치유키(小田村望之)와의 대화는 조선의 지식인들에게 소라이학에 대한 정보를 듣는 기회였다. 박경행이 일본의 학술 변화에 대해 오다무라에게 질문하자 그는 "우리나라의 문학이 융성하여 40여 년 전에 소라이 선생이 복고의 학문으로 홀로 세상에 나갔다. 그를 따라 배우는 자가 구름 같았는데 그 중에 효시는 에도의 난카쿠, 슌다이, 우리 번의 슈난으로 모두 경학과 문장에 뛰어나다."[28]는 대답이 돌아왔다. 이미 소라이와 슌다이는 세상을 뜨고 말았지만 소라이학의 영향력을 짐작할 수 있을 것이다. 박경행과 오다무라와의 대화는 소라이와 그 문인들이 화제가 되고 있었다.

한편 에도에서는 슌다이 문인으로 유명한 마쓰자키 칸카이(松崎観海)와 제술관 박경행, 서기 이봉환 사이에 필담이 이루어졌다. 이 필담의 주된 내용 역시 소라이에 관한 것이었다. 마쓰자키 칸카이는 이들에게 진사이 이후에는 소라이가 천하의 일인자이며 슌다이는 그의 고제(高弟)라는 점, 소라이와 슌다이가 야마자키 안사이에 비해 훨씬 뛰어나다는 점, 소라이와 슌다이의 저서를 읽어보기 바란다는 내용을 전하면서 소라이의『변도』와『변명』3부를 교토 천룡사(天龍寺) 승려 쇼켄(承堅:접반승으로 에도까지 동행)에게 전하

---

28 후마 스스무 지음·하정식외 옮김,『연행사와 통신사』, 2008, 신서원, 174쪽에서 인용. 이 대화는 일본측 기록인『長門戊辰問槎』에 나와 있다.

게 했다. 이 필담에서 마쓰자키는 송학이 '고언'을 알지 못한다고 했으며, 이 봉환에게 보낸 편지에는 후세의 선비는 반드시 고문사를 닦아 비로소 고언에 통했다는 글이 들어있다.[29] 주자학적 입장에 서 있는 조선통신사들이 반주자학인 소라이학을 긍정적으로 평가하지는 않았으며 일본 학계를 우려한 것은 사실이다. 하지만 이러한 필담을 통해 조선통신사들은 소라이학이 어떤 학문인지 대략은 파악했을 것이다.

『문회잡기』에는 1748년 통신사들의 시문의 수준을 평가한 내용이 보인다. 여기에 따르면 "조선인은 일종의 풍습이 있는데 시도 문장도 들쑥날쑥하다. 그 중에서도 작년(1748년을 지칭)에 내빙한 한인이 훨씬 나쁘다. 군슈(마쓰자키 칸카이)를 상대하기도 부족하다. 난카쿠도 문인들에게 일러 한 사람도 나가지 못하도록 했다."[30]는 말을 전하고 있다. 소라이 문인들이 통신사들의 시문 수준을 폄하하는 내용이 있는 것을 보면 소라이 문인들이 통신사와의 필담에서 상당한 자신감을 가지고 있었던 것으로 보인다. 난카쿠가 자신의 문인들에게 통신사들과의 필담에 나가지 말라고 한 것을 어디까지 사실로 받아들여야 할지는 의문이기는 하다. 하지만 소라이학의 대유행이 가져온 소라이 문인들의 자신감이 마쓰자키 칸카이로 하여금 소라이 저서를 읽어보도록 자신있게 권하게 만든 것은 단순한 에피소드로 끝날 문제만은 아니다. 조선과 일본의 주자학과 소라이학의 사상적 충돌이 발생한 것이다.

소라이학에 대한 논쟁

다음으로는 1763년 통신사(계미통신사)들, 예컨대 조엄, 남옥, 원중거, 성대

29 후마 스스무, 위의 책, 189~192쪽.
30 『문회잡기』권상, 193쪽.

중이 남긴 일본 사행록을 참고로 소라이학 인식에 대해 살펴보자. 소라이가 세상을 뜬 지는 35년이 지났고 슌다이가 세상을 뜬 지는 16년이 지났다. 먼저 조엄(1719~1777)의 『해사일기』이다. 그는 응신천황 때에 백제가 경전과 오경박사를 파송한 것, 일본의 불교가 백제의 불상과 불경으로 시작되었다는 점, 왕인과 아직기가 일본에 가서 글을 가르친 점 등을 소상이 전하면서 일본 유학자들에 대해 언급하고 있다. 그 내용을 보면 강항이 일본에 포로로 잡혀가 후지와라 세이카에 학문을 가르친 것을 계기로 일본에 문교의 길이 열렸다고 하면서 기노시타 쥰안, 무로 큐소, 아라이 하쿠세키, 아메노모리 호슈, 하야시 라잔, 가이바라 에키켄 등을 간략하게 언급하고 있다. 이어 일본의 고학자들에 대해서는 비교적 비판적인 견해를 보인다.

> 이른바 그들의 학술이란 대대가 이단에 가깝다. 호를 인재(仁齋)라고 한 이등 유정(伊藤維貞)이란 자는 『동자문』이란 책을 저술하여 정주를 헐뜯는다. 근래에 호를 조래(徂徠) 또는 훤원이라 한 물쌍백(物雙栢), 자를 모경(茂卿)이라 하는 자가 있는데 비록 법받아 이을 만한 것은 없지만 그 문장은 모든 사람들 중에서 뛰어나다. 그는 『논어징』을 저술하여 맹자 이하를 다 헐뜯고 주자주를 위주(僞注)라 했다. 이 두 사람의 말은 사람들에게 깊이 들어 있고 그 유파는 길다.(『해사일기』, 313쪽)[31]

주자학의 입장에 서 있는 조엄의 눈에 진사이, 소라이는 이단일 수 밖에 없다. 그럼에도 조엄은 이단인 진사이, 소라이의 문장이 뛰어나다는 것과 그들의 학문을 추종하는 자들이 많다는 것을 확인하고 있다. 이어 그는 소라이 제자인 슌다이를 언급하고 있는데 슌다이의 저서로 소개하고 있는 것

---

31 조엄, 『해사일기』(『국역해행총재』Ⅶ, 고전국역총서, 민족문화추진회, 1977)

이 『시론』과 『문론』이다. 조엄은 슌다이의 두 저서를 읽었을 것으로 추정되는데 왜냐하면 "그 기세는 스승에 미치지 못하지만 논의는 스승보다 낫다."는 평가를 내리고 있기 때문이다.[32] 만약 조엄이 슌다이의 『시론』과 『문론』을 읽었다면 소라이의 고문사학을 비판하는 슌다이의 입장을 알았을 것이다. 그렇다면 소라이의 고문사학의 문제점 역시 조엄은 어느 정도 파악하고 있었다는 것이 된다. 슌다이로 계승되는 소라이학의 한 단면을 조엄이 인지하고 있었다는 점은 중요할 수 밖에 없다. 반소라이학의 융성도 이와 관련되어 있기 때문이다.

한편 제술관 남옥(1722~1770)은 『일관기(日觀記)』에서 『소라이집』을 읽었다는 사실과 함께 소라이에 대해 다음과 같이 기록하고 있다. 아래의 인용문은 나바 로도(那波魯堂, 1727~1789)가 남옥에게 『소라이집』을 가져와 보여주자 남옥이 『소라이집』을 읽은 후에 평한 글이다.

『소라이집』은 물쌍백의 글이니 이른바 켄엔이라는 자로 사서징을 지어 주자를 공격하느라 남은 힘이 없었다. 제멋대로 치우치고 간사한 말을 지어 온 나라를 선동시키니 사람들이 그를 추종하여 명성이 그보다 앞서는 자가 없었다. 그 문장을 보니 한 무리 안의 우두머리가 되지 아니함이 없어 광염이 찬란하게 빛나고 변설이 크고 트였다. 그러나 이 반용을 알게 된 후에 비로소 고경의 수사와 입언의 의리를 얻었다고 하는데 그 연구한 설이 이치에 맞지 아니하여 시에도 가깝지 못하고 문장에도 미치지 못하면서 우리나라 사람들을 기롱하고 폄하하는 말이 많았다.(『일관기』권8, 3월2일자)[33]

---

32 조엄, 『해사일기』, 314쪽.

33 남옥, 『일관기』권8, 435~436쪽.(김보경 옮김, 『붓끝으로 부사산 바람을 가르다』, 소명출판, 2006)

남옥은 소라이에 대해 익히 들어 알고 있었다고 보이는데 나바 로도가 찾아오자 유사들이 찾아오지 않은 이유를 물으면서 "부츠 모케이가 시를 창수하는 것은 시의 도가 아니라 했으니 그 풍문을 들어서 오지 않는 것인가?"라고 했다. 남옥은 소라이가 문단에 상당한 영향력을 행사하고 있다는 소문을 들어 알고 있었다. 윗 글에 의하면 남옥은 소라이의 경서 주석 방법이 어떠한 것인가를 대략적으로 알고 있었던 것 같다. 남옥은 소라이가 이 반용을 알고 난 후에 소라이의 경서 주석 방법이 나왔다는 사실을 언급하고 있는데, 소라이 자신도 수사나 입언에 대해 정확히 알지 못한다는 것과 도리에 어긋난다는 점을 부연한다.

여기서 남옥은 소라이가 『사서징』을 지었다고 했는데 이것은 『논어징』의 오기로 보이기는 하지만 『일관기』권10에는 소라이가 『학칙』, 『변도』, 『변명』, 『논어징』을 지었다는 내용도 존재한다.[34] 남옥의 소라이 평가는 상당히 부정적인데 "이반용의 문집을 얻어 성경의 가르침으로 여기고 이것에 의거해 경서를 해석하고 이것이 없으면 말을 세우는 의리를 얻지 못해서 오로지 그것을 알겨내고 우려먹는데만 힘쓴다."거나 "시는 대체로 경박하며 명나라 사람의 문자가 유입된 뒤로부터 수사에 천착한다."거나 하는 평가가 그러하다.[35] 그러면서 오직 슌다이만이 소라이의 잘못을 비판하고 있다는 말도 덧붙인다.[36]

서기 원중거(1719~1790)는 『화국지(和國志)』라는 저서를 남겼다. 원중거는 후지와라 세이카가 강항과 교류한 사실, 하야시 라잔과 나바 갓쇼(那波活所), 호리 쿄안(堀杏庵), 스가하라 도쿠안(菅原德庵)등이 그의 문인이라는 사실, 하

---

34 남옥, 『일관기』권10, 581쪽. 소라이에게는 사서의 주해서(『논어징』, 『대학해』, 『중용해』, 『맹자식』)가 있다.

35 남옥, 『일관기』권10, 580쪽, 582쪽.

36 남옥, 『일관기』권10, 582쪽.

야시 라잔이나 기노시타 준안, 무로 큐소, 아메노모리 호슈, 하야시 호코(林鳳岡) 등에 대한 간단한 소개와 함께 진사이, 소라이의 학설이 이단이라는 것을 비교적 많은 지면을 할애하여 설명하고 있다. 그 내용을 보면 이토 진사이가 『동자문』을 지어 정주를 헐뜯고 배척하였고, 『중용』은 성인의 책이 아니며 『대학』의 보망장(補亡章)은 중복해서 덧붙여 놓은 것에 불과하다는 내용을 들고 있다.

한편 오규 소라이에 대해서는 "왕세정과 이우린의 문장을 나가사키의 당나라 선박에서 얻었는데 다만 그 시문을 흠모할 뿐만 아니라 그것을 일러 정학이라 하여 배웠으며 드디어 스스로 이왕의 학문(李王之學)이라 이름 붙였다. 그가 지은 『논어징』에는 맹자로부터 그 이하로 한결같이 모두 결점을 들추고 경멸했는데 정주에 이르러서는 더욱 심했다."고 하여 왕세정과 이우린에 경도된 소라이가 정주학을 배척한다는 사실을 기록하고 있다. 이어 슌다이에 대해서도 기록하고 있는데 그 내용을 보면 "무리중에 호를 춘대(春臺)라 하는 태재순(太宰純)이라는 자가 있는데 시문이 쌍백에 버금간다. 비록 문장의 기운은 그 스승에 미치지 못하지만 의론은 비교적 그가 낫다."고 한 것을 보면 원중거는 슌다이의 문장까지도 접했다는 것을 알 수 있다.[37] 원중거는 당시 일본에는 소라이에 견줄만한 문인이 없다는 사실도 덧붙이고 있는데 소라이의 고문사학에 대해서는 다음과 같은 견해를 보여준다.

중국 음으로 그 무리에게 운서를 가르쳤는데 중국 음이 통한 후에야 책으로 가르쳐서 드디어 새가 우는 소리 같은 음을 변화시켰으니 고서를 송독하기가 열 배가 간편해졌다. 그가 후생에게 끼친 공이 또한 크

---

37 이상 원중거, 『화국지』, 274~275쪽(박재금 옮김, 『와신상담의 마음으로 일본을 기록하다』, 소명출판사, 2006).

다.(『화국지』, 276쪽.)

여기서 보면 원중거는 소라이가 이·왕의 고문사 운동에 영향을 받았다는 사실과 경서를 중국 음으로 읽어야 한다는 소라이의 고문사학의 내용을 알고 있었다.

한편 원중거에게는 『화국지』 이외에도 『승사록』이라는 사행록이 있다. 『승사록』에는 주자학적 입장에 서 있는 원중거가 '소라이학의 문제'를 심각하게 받아들이고 있는 부분이 있다.

> 그는 호걸의 재주를 지니고 기이하고 편벽된 논의를 좋아하였다. 그런데 나가사키에 배가 통하게 된 뒤의 황명(皇明)의 이우린과 왕세정의 글을 얻어 기뻐하고는 드디어 스스로 이름을 번창시켜 이우린과 왕세정의 학문을 하였고 이우린과 왕세정을 참된 선비라고 여겼다. 정주를 비방하고 미친 듯이 패악스럽고 흉악하여 사리에 어그러짐이 이르지 않음이 없었다. 지은 책이 많아 130여권에 이르는데 정주를 비방하지 않는 것이 하나도 없었다. … 66주의 사람들이 무리지어 급속하게 그를 닮아가며 무경을 해동의 부자라 일컫는 데까지 이르게 되었다. … 멀고 가깝고 귀하고 천하고 늙고 어리고를 막론하고 다만 물조래(物徂徠) 선생 무경이 있음만을 알뿐이었다.(『승사록』권2[38])

『승사록』의 소라이학의 문제를 지적하고 있는 부분은 『화국지』보다 훨씬 강도가 강할뿐만이 아니라 훨씬 많은 지면을 할애하여 소라이에 대해 기술

---

[38] 원중거, 『승사록』, 349쪽(이혜순 옮김, 『조선후기 지식인, 일본과 만나다』, 소명출판, 2006).

하고 있다. 윗 글에서는 소라이 출현이후 소라이학이 대유행하고 있는 일본의 학계를 감지할 수 있다. 원중거는 『소라이집』을 읽었기 때문에 소라이가 어떤 유학자인지 알고 있었다. 원중거는 소라이 학문의 문제점, 예컨대 "그의 문학은 서사체를 잘하고 자못 사실을 적고 자료를 모으는 것은 잘하지만 입론을 모르고 명의를 펼치지 못하며 착종변화를 모른다. 서사를 하고 비흥(比興)과 아속(雅俗)과 격률(格律)과 사지(辭識)를 모른다."[39]고 하여 고문사학에 입각한 그의 시문체의 문제를 지적하고 있다.

한편 원중거는 소라이가 문제점도 많이 있지만 학계에 공을 세운 부분도 있다는 점을 언급하고 있다. 그 내용을 보면 첫째 일본의 훈독에 의한 독서의 문제, 예를 들어 자구는 뒤집어지고 섞이며 뜻은 능히 유통되지 못하여 음운 같은 것은 처음에 끊어지고 스스로 아는 도리가 없었는데 소라이가 중국의 운서를 얻어 문도들에게 중국의 음으로 읽을 수 있게 하고 중국의 음으로 고서를 가르쳤다. 이렇게 되자 그의 문인들은 모두 중국의 음으로 옛 시문을 읽게 되면서 이들이 간행하는 책에는 가타카나에 의한 방주를 달지 않아도 읽을 수 있게 된 점. 둘째로는 그들의 문장이 문기(文氣)는 분방하고 사물을 묘사하는 것이 몹시 절실하다는 것이며 셋째는 그들의 학문이 허황되기는 하지만 능히 옛것을 인용하여 지금을 증명하고 사실을 미루어 마음과 몸에 적용한다는 점을 들고 있다.[40]

원중거는 소라이가 일본 학계에 남긴 공을 이렇게 요약하면서 "후에 말로 글을 엮고 글을 통해 도를 깨닫는 사람 가운데 오랑캐를 중화로 변화시키고 제나라를 노나라로 변화시키는 사람이 없으리라고 어찌 알겠는가?[41]"

---

39 원중거, 『승사록』, 350쪽.
40 원중거, 『승사록』, 350~351쪽.
41 원중거, 『승사록』, 355쪽.

라 하여 소라이학의 긍정적인 면에 기대를 걸고 있었다. 그러면서도 한편으로 대학두에게는 이단들이 정주를 헐뜯고 배척하여 그 흐름이 넘쳐 장차 일본을 어렵게 만들 것이라고 하면서 경서대전과 정주의 책을 발간 배포하여 이단을 엄하게 금지할 것을 요청하기도 했다.[42] 원중거의 소라이 인식의 명암은 그가 『소라이집』을 읽고 난 후에 소라이가 비록 "기이한 재주를 가졌지만 애석하다."[43]고 한 평에 잘 드러나 있다.

원중거와 같은 계미통신사의 서기로 일본을 방문한 성대중(1732~1809)에게는 『일본록』이라는 사행록이 있다. 성대중의 일본 학문에 대한 기록을 보면 원중거와 유사하다. 후지와라 세이카가 강항과 교류한 사실이나 그의 제자 하야시 라잔, 기노시타 쥰안, 나바 갓쇼, 무로 큐소, 이토 진사이 등에 대해 간단한 이력을 기록하고 있다. 그 중에 소라이에 대해서는 다음과 같이 평하고 있다.

> 문장이 준수하고 아름다워 거의 일본 제일이라고 할 수 있으나 학문은 편벽되어 맹자 이후는 모두 업신여겼다. 그리고 스스로 왕세정과 이반룡으로 인하여 도를 깨달았다 하며 문사 또한 오로지 왕, 리를 숭상하여 왕, 리를 종사로 삼았으니 그 식견의 낮음이 이와 같다.(『일본록』[44])

성대중은 이·왕의 고문사 운동에 경도된 소라이의 문제점을 지목하고 있다. 그러면서도 소라이 이후로 일본의 문학이 크게 진작되었다는 사실을 언급하고 있으며 소라이 출현 이전의 일본 문인들의 수준이 조선 문인들에 비

42 원중거, 『승사록』, 354쪽.

43 원중거, 『승사록』, 354쪽.

44 성대중, 『일본록』, 166쪽(홍학희 옮김, 『부사산 비파호를 날 듯이 건너』, 소명출판, 2006).

해 크게 낮았지만 "지금은 에도 인사들의 시문이 매우 발달하여 예전과 비교할 바가 아니니 참으로 무경(소라이)이 왕, 리의 학문으로 창도한 것이다."라는 점을 밝히고 있다. 이어 그는 "왕, 리가 비록 부화하여 알맹이가 없으나 우리나라의 문장도 참으로 그에 힘입은 것이 많았는데 이제 또 동쪽으로 건너가서 그 효과를 바로 보게 되었으니 이른바 진나라가 하나라의 음악에 능하게 된 것과 같다. 이후에 사신으로 가는 이들은 반드시 곤경에 처하게 될 것임을 알 수 있다."[45]라고 하여 소라이 이후 일본 학문과 문단의 흐름을 비교적 상세하게 파악하고 있었다.

성대중은 소라이의 전집과 『변도』, 『변명』을 이미 읽었으며 『훤원수필』이나 『논어징』, 『학칙』은 아직 보지 못했다.[46] 남옥 역시 『소라이집』과 『변도』, 『변명』을 읽었다는 사실도 확인된다.

실학파들과 소라이학

원중거와 성대중은 북학사상에 관심을 가져 홍대용, 박지원, 이덕무, 유득공, 박제가 등과 교유하면서 이들의 북학사상 형성에 큰 영향을 끼친 것으로 알려져 있다. 이러한 소라이가 제창한 중국 음에 의한 경서읽기 문제는 전혀 일본을 방문한 적이 없었던 이덕무(1741~1793)에 의해서도 문제가 되고 있었다.

이덕무는 185 종류에 달하는 일본 서적을 참고하면서 일본 관계 저작을 남겼다. 그는 주자학을 비판하는 오규 소라이에 부정적이었는데 소라이의 문장이나 학문이 일본에 유행하고 소라이가 '해동부자'(海東夫子)라 칭함을

---

45 이상 성대중, 『일본록』, 176쪽.
46 성대중은 귀국길에 하기번의 유자 타키 카쿠다이(瀧鶴台)에게 『훤원수필』이나 『논어징』, 『학칙』을 구할 방법을 물었다. 후마 스스무, 앞의 책, 221쪽.

받는다는 사실을 소개하고 있다. 아울러 슌다이의 문장이 소라이에 버금간다고 하면서 소라이에 대해서는 다음과 같이 말하고 있다.

> 시문은 이창명, 왕엄주를 따라서 체격이 기건하고 그 학풍은 제 본성으로 돌아가는 방법을 얻어서 정자, 주자의 학문을 자못 헐뜯었다. …
> 대개 쌍백(雙栢)은 특이하게 빼어난 재주로 덕천막부의 여러 대에 걸쳐 특별한 예우를 받아 엄연히 전국의 문장가의 종사가 되었으니 역시 해외의 걸사이다. 일찍이 그 제자들에게 먼저 중국 음으로 운서를 가르친 뒤에야 다른 글을 가르쳤다.(『국역청장관전서』권64, 「蜻蛉國志」一, 〈인물편〉)

청령(蜻蛉)은 일본의 형상이 잠자리를 닮았다는 데서 붙여진 일본의 별칭이다. 이덕무의 「청령국지(蜻蛉國志)」는 대부분이 일본에 대한 다양한 정세와 정보를 소개한 글이다. 여기서 보면 이덕무 역시 원중거와 마찬가지로 소라이가 명의 이반용과 왕세정 등이 제시한 고문사설의 영향을 받았다는 것을 알고 있었다. 이것은 그가 명의 고문사 운동과 소라이의 고문사학이 어떠한 상관성을 갖고 있는지를 파악하고 있었다는 것을 의미한다.

이처럼 원중거와 이덕무가 말하는 "소라이가 제자들에게 중국 음으로 운서를 가르친다."는 것은 소라이의 고문사학의 출발이 되고 있는데 이러한 소라이의 독서법에 대해 조선의 지식인이 일정한 견해를 피력하고 있다는 것은 그냥 지나칠 수만은 없을 것이다. 조엄이나 남옥, 원중거, 성대중과 이덕무가 소라이의 고문사학적 방법에 대해 어디까지 인식하고 있었는지는 알수는 없지만 당시 조선의 학계에 소라이의 고문사학적 방법의 한 단면이 알려져 있었다는 것만으로도 중요성은 크다고 할 수 있다. 소라이의 방법이 반주자학이라는 점을 들어 비판적인 입장에서 우려를 표명하고 있으면서도 한편으로는 소라이의 저서를 읽고 싶은 바람도 함께 교차하고 있었다. 물론 그러한 바람에는 소라이학의 우수성을 확인하려는 의도는 없다. 일본의 학술이 변화되고 있으며 그러한 변화의 중심에 소라이학이 있다는 것을 확인하고 싶은 바람이라 볼 수 있다.

이처럼 통신사들에 의해 전달된 소라이학의 실상은 단순히 이미지로만 그친 것이 아니다. 조선 주자학지와는 이질적인 소라이학지가 조선 지식인들 사이에서 일정한 담론을 형성하면서 일정한 공간을 만들어 가는 형태로 전개되어 가고 있었다.

4. 『논어고금주』와 조선시대의 경서 주석

『한국경학자료집성』이 말해 주는 것

그러한 공간이 본격적인 논의의 장으로 전환되는 것은 정약용에 의해서라고 할 수 있다. 이미 통신사들에 의해 일본 유학에 관한 저서나 정보가 상당했으며 이에 관한 논의도 진전되고 있었다. 이러한 분위기에서 정약용이 경서를 주해하면서 일본 유학자들의 저서를 참고하는 것은 어려운 일도 아니었을 것이다.

정약용이 저술한 5백 여권의 저작 중에 그 절반에 해당하는 것이 경서의 주석서이다. 그는 23세(1784) 무렵에 형수(약현의 처)의 1주기 제사를 마치고 돌아오는 배안에서 이벽(1754~1786, 약현처의 동생)으로부터 크리스트교에 관해 전해 들었다. 이후 그는 『천주실의』나 『칠극』 등 크리스트교 관계 서적을 탐독했다. 그의 세례명은 요한으로 알려져 있다. 그러나 그는 이 문제로 인해 당국에 체포되어 전라도 강진으로 유배되어 1801년부터 18년 동안 유배생활을 했다. 그의 경서 주석은 이 시기에 대부분이 이루어졌다.

그의 방대한 저서 중에서 경학적 방법을 가장 잘 알 수 있는 저서에 『고금주』40권이 있다. 이것은 강진 유배기의 제자 이강회와 윤동의 협력을 얻어 1813년(52세) 겨울에 완성된 저작이다. 『고금주』는 3부로 구성되어 있는데 먼저 해석의 방향성을 알 수 있는 「원의 총괄」175조와 논어 본문의 주석, 그리고 마지막에 「춘추성언집(春秋聖言蒐)」이 부록으로 첨부되어 있다.[47]

정약용의 『고금주』의 한국 경학사에서의 위치를 생각하기 위해서는 먼저 조선 시대의 경서 주석을 검토할 필요가 있다. 조선 시대에 간행된 방대한 사서주석서를 알수 있는 사료로 『한국경학자료집성』(성균관대 대동문화연구소 간행, 1990)이 있다. 『한국경학자료집성』에는 저작의 간행 연대가 기재되어 있기 않기 때문에 저자의 생몰 연대를 기준으로 사서부를 분류했다. 『한국경학자료집성』은 조선시대에 간행된 모든 저작이 빠짐없이 망라되어 있다고는 말할 수 없다. 또한 간행 연대가 기록되어 있지 않기 때문에 정확한 출판 시기도 애매하다. 하지만 이 사료로부터 조선시대의 경학에 관한 한 측면을 어느 정도 파악할 수 있다.

	논어	대학	맹자	중용
16세기	3	4	3	4
17세기	11	11	12	7
18세기	33	27	30	32
19세기	60	64	60	56

※ 『한국경학자료집성』(성균관대학교 대동문화연구원간행, 1990)필자 작성

『한국경학자료집성』을 기준으로 조선시대의 경학사를 보면, 17세기부터 경서 주석이 증가하기 시작하여 18세기에서 19세기에 걸쳐 급증하고 있는

---

47 「春秋聖言蒐」은 『춘추』3전과 『국어』에 있는 공자의 말 중에서 공자의 말로 알려진 문장을 63장으로 분장하여 실었다.(『좌전』46장, 『공양전』4장, 『곡량전』5장, 『魯語』8장)

것을 알 수 있다. 정약용과 동시기에 경서 주석이 다량으로 저술되었다고 하겠다. 정약용이 활약한 시기와 맞물려 경서 주석이 대량으로 이루어진 것이다.

『논어』부를 예로 살펴보면, 실학파의 『논어』 주석은 아주 적다. 예를 들어 박세당(朴世堂)의 『사변록(思辨錄)』은 사서를 주석한 저작이며, 『논어』는 제3권 째에 있다. 『사변록』은 주자의 해석과 다른 부분이 많았기 때문에, 경서를 회손했다는 이유로 문제시된 책이다. 『사변록』 이외에 이익의 『논어질서(論語疾書)』와 이익의 문인 4명(『고금주』를 포함)과, 홍대용 등의 실학파 2명이 있었다. 이익의 『논어질서』는 주자장구 중에서 241장을 선정하여 여기에 주석을 가한 저서이다. 그러나 『논어질서』는 『논어』 전체를 주석한 것이 아니라 주자장구와 견해를 달리하는 부분만을 대상으로 했다는 점에서 주석서로서는 불충분하다. 이외에 『논어』 주석은 대체적으로 주자학적 입장에서 쓰여진 저작이었다. 『논어』 이외에 『대학』, 『맹자』, 『중용』의 경우도 실학자보다는 주자학자의 저작이 압도적이었다. 그 이유로 실학파는 경세학 관련 저술이 많았다는 것을 들 수 있다. 예를 들어 유형원의 『반계수록(磻溪隨錄)』, 홍대용의 『의산문답(醫山問答)』, 박지원의 『열하일기』, 박제가의 『북학의』 등은 대체적으로 성리학을 비판하면서 농업·제도·정치개혁·천문·지리·수학 등에 관한 논의가 주된 내용을 이루고 있다.

이렇게 보면 정약용의 『고금주』 40권은 신·고주(新古注)가 빠짐없이 망라되어 있어 조선 경학사에서도 아주 중요한 저작에 속한다. 이 부분을 좀 더 살펴보자. 17세기 이후의 조선에서는 크리스트교나 서학의 유입에 의해 중국을 정점으로 하는 중화의식이 변화되면서 조선 성리학의 폐쇄성, 사회 내부의 모순과 제도의 개혁 요구가 고양되었으며 민란에 의한 민심의 이반등 사회적 혼란이 깊어갔다. 예를 들어 1801년 발생한 크리스트교의 박해(신유박해)에서는 백 여명이나 사형에 처해졌으며 사백 여명이 유형처분을 받았다. 조선 왕조는 1801년부터 적어도 3회 이상의 크리스트교 박해를 단행했다. 그리고 1811년의 홍경래의 난에 의한 민란의 발생 등 조선왕조는 위기에 직면했다. 정조의 비호 아래 크리스트교를 신앙한 혐의로 이가환, 권철신, 정약용 등은 처형 또는 유형처분을 받았다. 조선왕조는 위기에 대해 정학(주자학)을 밝히면 사학(크리스트교)은 소멸될 것으로 보고 그러한 방침을 취했다.[48] 이러한 방침으로 주자학의 세계관을 더욱 강화시키는 방향으로 위기를 극복하는 정책이 취해졌다. 그리고 정학을 밝히기 위해 주자학자는 경서의 주석에 전력을 기울였다고 할 수 있다.

새로운 기준

『한국경학자료집성』의 예에서 알 수 있듯이 주자학자는 『사서집주』와 이에 관련된 주석서를 저술하여 주자학적 기준의 틀을 확고히 하면서 자신들의 경서 주석을 정당화해 갔다. 조선시대에 걸쳐 논의되었던 '사단칠정론'이나 '인물성동이론' 등도 이러한 맥락에서 이해 가능하다. 이러한 논쟁을 통해 주자학적 경학관은 더욱 확대, 재생산되어 갔다. 정약용은 이러한 주자학적 기준의 해체를 증명해가려는 사상적 과제를 안고서 경학(경서 주석)으로 맞섰다고 할 수 있다. 17세기 이후부터 조선 유학계가 주자학적 세계관을 더욱 강화시켜가는 가운데 그러한 체계를 극복하려는 힘이 『고금주』에 응집되었다고 말할 수 있기 때문이다. 『고금주』는 전통적인 성리학적 기준과 이와는 다른 기준의 사상적 저항이나 전개를 보여준다. 조선주자학의 질서기준과는 다른 기준의 확립이 필요했던 것이다. 그가 경학 연구를 통해 찾고자 한 것은 조선 주자학의 질서 기준을 대신할 수 있는 기준의 모색이었다. 조

---

48 금장태, 앞의 책, 325~336쪽.

선 주자학의 질서 기준을 극복할 수 있는 유학에 의한 사회통합을 전망하고 있었던 것이다. 17세기 이후 더욱 강화되어가는 주자학적 질서 기준의 해체와 이에 따르는 새로운 질서 기준에 의한 사회의 재편이 강하게 의식되었다.

정약용은 경학이 단순히 학문에만 머무르는 것이 아니라, 국가의 존망에 관련된 문제로 파악하는 학문관에 서 있었다. 즉 정약용은 "폐정 학정이 일어나는 것은 모두 경지(經旨)의 불명(不明)에 기인한다. 그렇기에 치국의 요는 경을 분명히 하는 것보다 먼저 할 것은 없다고 하는 것이다."[49]라고 하여 경서의 주석여부와 정치를 표리의 관계에서 파악하고 있었다. 정약용은 경서의 잘못된 해석이 망국을 초래한다고 단정하고 있었다. 그러한 인식에는 정치 제도의 표준에 해당하는 기준을 경서를 근거로 하여 재확인하려는 의도가 있었던 것이다. 그러한 의미에서 정약용은 경서 주석을 절실한 학문적 실천과 관련된 문제로 받아들이고 있었다. 그에게 있어 경서는 선왕의 제도가 담겨있는 일종의 경세서였다. 그는 경서를 통해 선왕이 제정한 제도의 전체상을 밝혀내는 것이 과제였다. 정약용의 경학 연구는 방대하여 먼저 〈육경〉에 대한 주석서를 시작으로 하여 사서의 주석에서 완성되었다. 이러한 〈육경〉 사서를 주석하는 기준은 고경(古經)이었다.

5. 『논어고금주』와 『논어고훈외전』

경서를 통한 대화

정약용이 『고금주』를 저술하는 과정에서 소라이의 『논어징』을 계승한 슌다이의 『외전』은 중요한 참고서 중의 하나였다.[50] 그것은 『고금주』에서 인용

---

49 정약용, 『経世遺表』, 「地官修制二」, 『전서』15권, 109쪽.

된 슌다이와 소라이의 인용횟수만으로도 그 중요성을 엿볼 수 있지만, 그것 이상으로 『고금주』에는 『외전』을 상당히 의식하면서 저술한 점이 보인다. 이러한 사실을 염두에 두면서 『고금주』에서 인용되고 있는 여러 주석서가 소라이, 슌다이와 어느 정도 연관성을 갖고 있는지를 검토해 본다.

(1) 子曰, 攻乎異端, 斯害也已.(위정편)

공자가 말하길 이단을 전공하면 해가 될 뿐이다.

본문은 무엇을 이단으로 규정할 것인가 하는 문제를 다루고 있다. 주자는 "성인의 도"가 아닌 "양묵불로(楊墨佛老)"를 이단으로 단정한다.[51] 정약용은 이단에 대한 정의를 문제화하면서 다음과 같이 해석하고 있다.

보(補)왈, 단(端)이란 단서이다. 이단은 선왕의 단서를 계승하지 않는 것을 말한다. 백가중지(百家衆技)로서 성명(性命)의 학과 경전의 가르침이 아닌 것은 모두 이단이다. 비록 민생의 일용에 도움이 된다할찌라도 만약 오직 이러한 일만을 일삼으면 이에 또한 군자의 학문에 해를 끼침이 있는 것이다. 양묵불로와 같은 것을 이단이라 하는 것이 아니다.(『고금주』 「위정」, 『전서』5권, 63쪽)

---

50 하우봉은 정약용이 소라이의 『논어징』을 직접적으로는 읽지 않았다고 단정하고 있다 (하우봉, 앞의 논문, 「다산 정약용의 일본 유학 연학 연구」, 59쪽). 『고금주』에 인용된 유자들의 인용횟수를 보면 주자 398회, 형병 372회, 공안국 305회, 정현 150회, 포함 117회, 하안 93회, 마융 87회, 황간 84회 등이다. 이 조사를 근거로 생각해보면 일본 유학자들의 경설 인용 빈도, 예컨대 이토 진사이 3회, 다자이 슌다이 148회, 오규 소라이 50회로 일본 유학자들의 경설 인용 도수는 결코 적다고 할 수는 없다. 정종, 「정다산저 『논어고금주』의 구조적 분석과 공자사상(1)」, 『다산학보』3호, 1980, 23쪽.

51 『논어집주』 「위정편」

정약용은 "선왕의 단서를 계승하지 않는 것"을 이단이라 했다. 그리고 "백가중지(百家衆技)로서 성명(性命)의 학과 경전의 가르침이 아닌 것"이 "선왕의 단서를 계승하지 않는 것"에 해당된다고 했다. 그러면서 "민생의 일용"에는 도움이 되지만, 이러한 일에만 힘쓰면 군자의 학문을 해치게 된다고 강조한다. 정약용은 이단을 "양묵불로(楊墨佛老)"와 같은 것이 아니라고 단언하면서 주자의 해석을 배척하고 있다. 본문의 주석에서 정약용은 주자와 달리 이단을 규정하는 전거로서, 『공자가어』나 『한시외전(韓詩外伝)』·원료범(袁了凡)·『진서(晉書)』·두여(杜預)·범녕(范甯) 등을 들고 있다.[52] 그런데 여기서 정약용이 제시하는 많은 인용들은 소라이·슌다이와 연관성이 깊다.

이 점에 관하여 슌다이는 『외전』에서 다음과 같이 말한다.

> 이단이란 더욱이 다단(多端)을 말하는 것과 같다. 소라이선생이 논어의 이단을 해석함에 가어에 의존하여 설을 제시했는데 옳다. 한시외전에 말하길, 이단을 순서대로 하여 도리에 어긋나지 않게 한다고 했다. … 무릇 군자는 학은 널리 하고자 하며, 전공하는 바는 오로지 하고자 한다. 만약 전공하는 바가 다단이라면 한갓 무익할 뿐만이 아니라 반드시 우리의 도에 해가 있을 것이니, 그러므로 공자가 이것을 미워한 것이다.(『외전』「위정편」)

슌다이는 『공자가어』나 『한시외전』을 근거로 하여 이단에 대하여 주자와는 전혀 다른 정의를 한다. 슌다이도 정약용과 마찬가지로 주자처럼 "양묵불로"가 "이단"이 아니라 "다단"이라고 했다. 그리고 "만약 전공하는 바가 다단이라면 한갓 무익할 뿐만 아니라 반드시 우리의 도에 해가 있다."고 하여

---

52 『고금주』「위정편」(『전서』5권, 63쪽)

군자는 한길로 전념해야 함을 강조한다. 더욱이 슌다이는 원료범을 인용하여 "이단"에 대해 소라이보다 상세하게 설명하고 있다. 슌다이는 원료범의 "이단은 양묵불로가 아니다."라는 견해를 옳다고 판단하고, "양묵불로 등을 가리켜 이단이라 한 것은 한대(漢代)에는 아직 그러한 말이 없었다. 후유(後儒)들의 잘못된 설일 뿐이다."라고 부연하고 있다.[53] 소라이는 이단에 대하여 다음과 같이 규정하고 있다.

> 이단에 대해 비록 분명한 해석이 없다 할찌라도 선도(善道)에 대하여 말하는 것이다. 정의(正義, 형병의 소)는 제자백가의 책을 말한다고 했다. 주자는 이에 의거하여 오직 불로를 언급했다. 그러나 공자 당시에 어찌 제자백가가 있었겠는가? … 이단을 한진(漢晉)의 여러 사서에서 생각해보건대 대부분은 이심(異心)을 품는 자를 말한다. 이에 다기(多岐)라고 한다. 이심을 품어 몰래 그것을 전공하면 반드시 격변에 이르게 된다. 그러므로 공자가 그것을 경계한 것이다. 이단이란 글자는 다른 곳에선 보이지 않는다. 오직 논어, 가어에 보인다.(『논어징』「위정편」, 『전집』3권, 427~428쪽)

소라이는 『공자가어』의 기술을 근거로 이단이란 '양묵불로'가 아니라, "사람에게 다른 마음을 품게 만드는 것"이라고 했다. 그리고 공자의 시대에는 아직 "양묵"과 같은 제자백가는 없었다는 사실(史實)을 부연한다.

본문의 주석에서 주목하고자 하는 것은 정약용이 소라이나 슌다이가 의존하고 있는 『공자가어』, 『한시외전』이나 원료범 이외의 전거, 『진서』, 두여, 범녕까지 폭넓게 이단의 의미를 구하여 주자학과는 다른 이단설을 제시하

---

53 『외전』「위정편」

고 있다는 것이다. 또한 정약용의 해석에서 주의할 것은 주자에 대한 직접적인 비판을 하고 있지 않다는 점이다. 정약용은 소라이나 슌다이와 대비하면서 "선왕의 단서를 계승하지 않는 것"을 이단이라 강조하고 있다. 이 해석을 통해 선왕의 도를 모른 채 학문과 정치가 강하게 결합된 조선 주자학이야말로 이단이 아닌가라는, 그의 의도된 인식을 엿볼 수 있다.

(2) 子曰, 禮云禮云! 玉帛云乎哉! 樂云樂云! 鐘鼓云乎哉(양화편)

공자가 말하길 "예다. 예다 하지만 옥백을 이르는 것이겠는가?
음악이다. 음악이다 하지만 종고를 이르는 것이겠는가?"

정약용은 본문의 해석에서 "예는 옥면을 숭상할 뿐만 아니라 귀하게 여기는 것은 안상치민(安上治民)을 귀하게 여기는 것이다."고 하는 정현의 주와 "음악이 고귀한 것은 이풍역속(移風易俗)에 있지 종고(鐘鼓)에 있는 것은 아니다."고 하는 마융의 주를 제시한다. 이어 『효경』을 인용하여 다음과 같이 말한다.

『효경』에 의하면 이풍역속은 음악보다도 안상치민은 예보다도 더 훌륭한 것은 없다고 했다. 마씨와 정씨는 이를 취하여 이 장을 해석한 것이다. 그러나 안상치민과 이풍역속은 모두 예의 공용이지 어떻게 예악의 근본이라 할 수 있겠는가? 예악이란 효제충신에 근본하므로 공자는 사람으로서 어질지 못하다면 어찌 예악을 행할 수 있겠는가라고 말 했던 것이다.(『고금주』「양화편」, 『전서』6권, 144쪽)

여기서 정약용은 정현과 마융의 주를 효경에 전거를 둔 해석이라고 하면서도 안상치민과 이풍역속은 예악의 근본이 아니라 예의 공용(功用)이라 했다. 한편 질의란을 두어 주자의 해석을 인용하고 있다. 주희의 해석은 "공경하는 마음으로 옥면을 갖추면 예이며 조화롭게 하여 종고를 연주하면 악이다. 그 근본을 잃고 오로지 그 끝만을 힘쓴다면 어찌 예악이라 할 수 있겠는가?"이다. 주희는 공경하는 마음과 조화로운 면이 갖추어진 것을 예악이라 했는데 정약용은 공경하는 마음과 조화로운 것을 예악이라 할 수 없다고 하여 주자주에 반대한다.

순다이는 정약용이 인용하고 있는 『효경』의 본문을 인용하면서 이어 정현과 마융이 효경의 문장을 취하여 본문을 해석하고 있다는 것을 밝힌다. 『외전』에는 "『효경』에서 말하는 이풍역속은 음악보다 좋은 것은 없고 안상치민은 예보다 좋은 것은 없다. 마융과 정현은 이것을 취하여 이 장을 해석했는데 옳다."고 되어 있다.[54] 마지막으로 순다이는 『순자』의 「대략편」을 인용하여 자신의 관점을 논리적으로 관철시키고 있다.

> 순자는 남의 군주된 자는 어진 마음을 지녀야 한다고 했다. 지혜는 그 수족이고 예는 그 다 드러낸 모습이다. 그러므로 왕이 된 자는 인을 먼저 하고 예를 뒤로 한다. 이는 하늘이 베푼 그대로이다. 빙례기록에 말하길 폐백이 후하면 덕이 상하고 재화가 넘치면 예의 본뜻이 없어진다. 예! 예라 말하지만 옥면을 말하는 것이겠는가? 라고 했다.(『외전』「양화편」)

소라이는 『논어징』에서 주자의 해석을 비판하면서 "마융과 정현은 안상치민과 이풍역속을 말했다. 이장의 주된 곳은 인군에게 있다. 그러므로 이 해석이 뜻을 얻었다."[55]라고 하여 정현과 마융의 주를 수용하고 있다. 이렇

---

54 『외전』「양화편」

게 보면 슌다이는 소라이의 해석의 틀안에서 본문을 해석하고 있다는 것을 알 수 있다. 소라이와 슌다이는 '예의 공용'의 측면에서 공자의 언설을 해석하고 있는 것이다. 또한 소라이가 정현과 마융의 주만을 취하여 자신의 주장의 근거로 삼는데 비해 슌다이는 『순자』까지 인용하면서 소라이설을 철저히 보충하고 있다.

이에 대해 정약용은 '예의 공용'이라는 측면에서 본문을 해석하는 소라이와 슌다이의 해석의 문제점을 지목하면서 예의 근본에는 인이 있으며 그것은 인륜에 근본하고 있다는 점을 강조한다. 이어 슌다이가 인용한 순자주를 인증란에 제시하면서 다음과 같이 말한다.

> 이제 빙례기에 보면 재물이 많으면 덕을 손상하고 폐백이 아름다우면 예가 없게 된다고 말하였을 뿐 예, 예라 말하지만 옥면을 말하는 것이겠는가라는 구절은 없다. 순자가 보았던 책은 별본이었을 것이다. 그러나 순자는 예를 말하면서도 인으로 근본을 삼았다.(『고금주』 「양화편」)

정약용은 슌다이가 자신의 주장을 정당화하기 위해 끌어들이는 순자주의 문제점을 지적한다. 그러면서 순자 역시 예의 근본은 인에 있다고 했다는 말을 덧붙이고 있다. 이처럼 본문의 해석을 둘러싸고 '예의 공용'과 예의 근본이라는 문제에 대한 정약용과 소라이, 슌다이 사이에서 벌어진 첨예한 대립을 볼 수 있다.

---

55 『논어징』 「양화편」(『전집』4권, 643쪽)

『논어』에 소라이, 슌다이를 중층화시키다

이러한 사례는 정약용이 『고금주』에서 자신의 주장을 위해 근거로 제시하는 주석서의 인용이 소라이와 슌다이를 의식한 부분이 존재한다는 사실을 보여준다. 번잡함을 피하기 위해 몇 가지의 예시만을 들었는데 이러한 형태는 사실 『고금주』 전체를 통해 자주 발견된다. 이러한 사실로부터 정약용은 『외전』에서 슌다이가 인용하고 있는 많은 중국 고대 이래의 주석서를 일일이 확인하여 거기에 동의 또는 반대의 견해를 표명하면서 보다 정확한 경의 해석을 해 갔다고 볼 수 있다. 정약용이 『고금주』를 저술하는데 『외전』은 중요한 참고서의 역할을 했음을 짐작할 수 있다.

『외전』은 슌다이의 학적 역량이 총동원된 결정체이다. 『외전』에 대한 이러한 평가가 있다고 해도 슌다이는 『논어』의 주석에서 주석가들과 논쟁이 발생하는 경우는 대부분이 소라이 설을 지지하여 수용하고 있다. 물론 소라이의 주석에 반대의견을 표명하는 경우도 존재한다. 즉 소라이학의 완성을 위한 수용이라는 형태로 『논어징』은 슌다이에 계승되면서 『외전』에 흡수되어 있다. 슌다이는 소라이의 주해만이 아니라 하안, 정현, 형병, 황간 등 고주를 포함하여 널리 제가들의 주석을 인용, 참고 하면서 슌다이주를 완성했다. 이러한 의미에서 『외전』은 슌다이의 관점에서 선택적으로 수용된 저작이다.

이처럼 소라이의 『논어징』은 슌다이에 의해 비판적으로 포섭되어 『외전』에서 『논어』 해석의 일정한 공간을 만들었다. 슌다이에 의해 만들어진 소라이의 공간은 정약용의 『고금주』에도 흡수되어 소라이나 슌다이에 찬성 혹은 반대하는 정약용의 생생한 육성이 고스란히 전해오고 있다. 정약용은 소라이나 슌다이를 빌려 주자를 포함한 제가의 주석을 비판하거나 또는 제가의 주석을 빌려 소라이와 슌다이를 비판하면서 소라이와 슌다이에 자신의 소리를 실어 『논어』를 중층적으로 해석해 간다.

6. 성인의 경지(經旨)와 소라이학

성인의 경지

정약용이 "폐정 학정"이 일어나는 것을 '경지(経旨)'가 분명하지 않은 것에 있다고 했듯이, 그는 경의 주석에서 독특한 '경지' 개념을 제시한다. '경지'란 성인이 의도하는 경의 '본지(本旨)'나 본의(本意)등의 의미일 것이다. 정약용은 경을 어떻게 해석해야만 되는가라는 '경지'의 행방을 쫓아가는 과정에서 성인의 도의 참모습이 분명해진다고 생각했다. 그러면 이러한 '경지'는 어떻게 하면 분명해질 수 있을까?

『논어』「팔일편」"子曰射不主皮, 爲力不同科, 古之道也(공자가 말하길, 활을 쏘는데 가죽 뚫는 것을 주장하지 않음은 힘이 동등하지 않기 때문이니 옛날의 활쏘는 도이다)"장에 대하여 『고금주』에는 "공자 시절의 사례(礼射)는 혹은 가죽을 주로 삼았다. 때문에 고경(古経)을 암송하면서 이것을 탄식하며 말하기를 옛 도는!"이라고 주석하고 있다.[56] 이 주석에서 주목을 끄는 것은 공자가 '고경' 의 세계에서 '도(古道)'를 파악한 점이다. 성인의 '도'는 '고경'의 세계에 펼쳐져 있었다고 정약용은 보았던 것이다. 이에 대한 다음의 예문을 살펴보자.

집주에서 말하기를 오상은 인의예지신을 말한다. 슌다이가 말하길 …
오전(五典)이란 오상(五常)의 가르침이니 부의(父義), 모자(母慈), 형우(兄
友), 제공(弟恭), 자효(子孝)라고 했다. 그러나 즉 오상은 오전이다. 반고(班

---

56 『고금주』「팔일편」(『전서』5권, 112쪽)

圄)이래 인의예지신을 오상이라 했는데 형병과 주자가 모두 이를 근거로 삼았다. 이것은 고훈이 아니다. (『고금주』「위정편」, 『전서』5권, 75쪽)

정약용은 인의예지신이 오상(五常)이라는 주자의 해석을 부정하고 "부의·자애·형우·제공·자효"를 오상이라 하였다. 그것이 바로 '고훈'이라고 강조하는 슌다이의 설을 인용하고 있다. 슌다이는 오상을 오전(五典)이라 하여 인의예지신이 오상이 아님을 인증하고 있다. 슌다이는 반고 이래 인의예지신이 오상이라 간주되기 시작했다는 것을 역사적으로 검토하여 형병과 주자가 모두 여기에 의존하고 있다고 강조한다. 정약용은 그러한 슌다이의 해석에 자신의 오상 해석을 중층화시키고 있는 것이다. 이렇게 정약용은 고훈을 밝히는 것으로 고경의 세계에 펼쳐져 있는 성인의 '경지'가 확연히 드러난다고 생각한 것이다. 하지만 고훈은 자의의 고증의 차원에서 논의될 성질의 것은 아니었다. 정약용은 오학론(五學論)에서 훈고학은 자의와 구독만에 머무를 뿐 경의 본지를 획득하지 못했다고 비판하고 있기 때문이다.[57] 따라서 정약용이 고증을 초월한 경의 세계를 추구하고 있었던 것은 분명하다.

고훈은 공자가 인용하는 고어(古語)나 고언(古言)을 철저히 밝히는 과정에서 분명하게 드러날 수 있다. 왜냐하면 고경의 세계는 『논어』에서 단편적으로 존재하는 고어나 고언 등에 중층화되어 있기 때문이다.

실학적 방법과 고문사학적 방법

그러면 정약용이 '경지'를 분명히 밝혀가는 과정에서 소라이의 고문사학에 의한 경학의 방법과 어떠한 관련성을 맺고 있었을까? 정약용의 반응을

---

57 「五學論二」(『전서』2권, 242쪽)

몇 가지의 예를 통해 살펴보자.

(1) 공자가 안연에게 말했다. 써주면 도를 행하고 버리면 은둔하는 것은 오직 나와 너만이 이러한 능력을 가지고 있구나! 자로가 말했다. 선생님께서 삼군을 통솔하신다면 누구와 같이 하시겠습니까? 공자가 말했다. 맨손으로 범을 잡으려 하고 맨몸으로 항하를 건너려다가 죽어도 후회함이 없는 자와는 함께 하지 않을 것이다. 반드시 일에 임하여 두려워하고 도모하기를 좋아하여 성공하는 자와 함께 할 것이다.(子謂顏淵曰, 用之則行, 舍之則藏, 惟我爾有是夫. 子路曰, 子行三軍, 則誰與. 子曰, 暴虎馮河, 死而無悔者, 吾不與也. 必也臨事而懼, 好謀而成者也)(술이편)

본문에 대해 소라이는 "써주면 도를 행하고 버리면 은둔한다."(用之則行, 舍之則藏)는 문장을 '고어'라고 보고 있지 않았다. 이 부분은 슌다이의 독자적인 '고어'설로 보인다. 슌다이는 다음과 같이 견해를 밝히고 있다.

用之則行, 舍之則藏. 이 두 구절이 고어인지 의심이 간다. 행(行)과 장(藏) 두 자는 운(韻)이다. 공자는 안연을 위해 고어를 암송하면서 오직 나와 네가 이러한 일이 있구나!라고 말한 것이다. 시(是)자는 위의 두 구를 가리킨다.(『외전』「술이편」)

슌다이는 "用之則行, 舍之則藏"이 '고어(古語)'가 아닐까 하는 약간의 의문이 있었다. 그러면서도 공자는 안연에게 "用之則行, 舍之則藏"이라는 '고어'를 읊조리면서 "오직 나와 네가 이러한 일이 있다"라고 슌다이는 보고 있다. 이 부분에서 슌다이가 "用之則行, 舍之則藏"을 '고어'라고 본 이유로 운(韻)을 근거로 삼고 있다. 이와 관련하여 "다른 고전적에서 문사의 형태로서 운을

근거로 하고 있는 문체가 있는 점", 또는 "운을 근거로 한 대구표현의 구전가
능성"을 지적한다.[58] 슌다이는 '자법(字法)'이나 '구법(句法)'을 근거로 '고어'설을
제시하고 있는 것이다.

이 부분에 대한 정약용의 해석을 보자.

> 행과 장 두 구는 고어이다. 행과 장은 압운(叶韻)이다. 그를 등용하였는
> 데도 행하지 않으면 자신을 깨끗이 하고자 하여 윤리를 어지럽히는 자
> 이며, 그를 버렸는데도 감추지 않으면 이에 부끄러워함이 없이 녹을 구
> 하는 자이다.(『고금주』「술이편」, 『전서』5권, 257쪽)

정약용은 슌다이보다 더 강한 어조로 "用之則行, 舍之則藏"이 '고어'라고
말하고 있다. 그리고 정치에서 등용되었는데도 행하지 않으면 자신의 몸만
을 깨끗이 하고 윤리를 어지럽히는 것이 된다. 또한 정치에서 등용되지 못했
는데도 감추지 않는다면 부끄러움 없이 녹을 구하는 자이라고 정약용은 해
석하고 있다. 여기서 주목을 끄는 것은 본문의 해석이 아니다. "用之則行, 舍
之則藏"이 '고어'라고 하는 전거에 있다. 정약용도 슌다이와 마찬가지로 "用
之則行, 舍之則藏"이 '고어'라는 것은 "압운"을 근거로 하고 있다. '자법'이나
'구법'에 의한 정약용의 '고어' 인식이 슌다이와 동일한 맥락에서 이해되고
있음을 볼 수 있다.

(2) 공자가 말했다. 나에게 몇 년을 더해주어 오십에 주역을 배운다면
큰 허물이 없을 것이다.(子曰, 加我數年, 五十以學易, 可以無大過矣)(술이편)

---

58 白石眞子, 「『論語古訓』『論語古訓外伝』における古語」, 『漢文學解釋與硏究』제5집, 2002,
74쪽.

본문에서의 논쟁은 "加我數年, 五十以學易"의 읽기와 해석을 둘러싸고 일어났다. 소라이는 '加'를 '假'로 읽고 있는데 비해, '五十'을 '卒'로는 읽지 않았다. 왜냐하면 '五十'을 '卒'로 읽을 수 있다면 본문에서는 "当曰以卒學易"이라고 해야 할 것이기 때문이다. 그러나 그러한 읽기는 "결국 통하지 않는다."라고 소라이는 주장한다. 소라이는 공자가 "易을 배워 50세에 이르러서야 비로소 처음으로 이루는 것이 있는 것으로 역을 배우기가 어렵다는 것을 극언한 것이다."라고 토로하고 있는 것으로 해석하고 있다.[59]

슌다이의 해석은 기본적으로 소라이에 의존하고 있다. 슌다이는 '五十'을 '卒'의 오자라고 인정하지 않는 소라이의 견해를 바탕으로, '五十'을 '卒'로 바꾸면 "말이 되지 않는다."라고 부연하고 있다. 그러나 장의 첫머리의 "加我數年, 五十以學易" 두 구의 문의가 상세하지 않기 때문에 무리하게 경을 해석하는 것을 경계하고 있다.[60] 본문의 해석에서 소라이나 슌다이는 "加我數年, 五十以學易"을 '고어'라고는 인정하지 않았다.

이 부분에 대해 정약용은 다음과 같이 해석하고 있다.

> 보왈, 五十學易은 대개 예로부터 내려온 구절이다. 내측 편에서 10세에 글쓰기와 셈을 배우고, 13세에는 음악을 배우며, 20세에는 예를 배운다고 했는데 또한 이러한 것과 같다. … 이때까지 공자가 역을 배우지 않은 것은 아니지만, 특히 고경에 '五十學易'이라는 말이 있었기 때문에, 고어를 암송하면서 이렇게 말한 것이다. 오십은 오자가 아닌 것이다.(『고금주』「술이편」, 전집5권, 267~268쪽)

---

59 『논어징』「술이편」, 『전집』권3, 620~621쪽.
60 『외전』「술이편」

정약용은 '가(加)'를 '가(假)'로 읽는 것에는 위화감이 없었는데, 그가 문제
시 한 것은 "五十以學易"에 있었다. 먼저 정약용은 "五十以學易"을 "古之遺文"
이라 인정하면서 『예기』의 「내측편」을 근거로 하고 있다. 「내측편」에는 연령
에 따라 배워야만 될 순서가 제시되어 있다. 정약용은 그것과 비슷한 경우
라고 하고 있다. 그리고 공자가 『역경』을 배우지 않은 것은 아니지만, '고경'
에 "五十學易"이라는 말이 있기 때문에 공자가 50세 가까이 되어서 '고어'를
암송하면서 말하는 장면이라고 해석하고 있다. 정약용은 슌다이가 "문의가
상세하지 않기 때문에 억지로 해석할 수 없다"라고 표명한 것에 대해, 훨씬
더 분명한 어조로 '고어'임을 분명히 밝히고 있다.

> (3) 안연이 인에 대해 물었다. 공자가 말하길 자기를 극복하여 예로 돌
> 아가는 것이 인이다. 하루를 극기하여 예로 돌아가면 천하가 인으로 돌
> 아갈 것이다. 인함은 자기에 의한 것이지 남에 의한 것이겠는가!(顏淵問
> 仁, 子曰克己復礼爲仁, 一日克己復礼, 天下歸仁焉, 爲仁由己, 而人乎哉)(안연편)

본문에서 소라이와 슌다이는 동일한 '고어' 인식을 갖고 있었다. 슌다이
는 "춘추에서 공자는 옛날에 극기복례에 뜻을 두면 인할 수 있다 라고 했다.
이것을 따라 보면 극기복례는 옛 뜻이 있는 말이다."라고 서술하고 있다. 슌
다이는 "극기복례"가 "古志의 語"라는 것을 『좌전』(소공12년)에 의해 인증하
고 있다. 슌다이는 『좌전』12년에 "古志의 語"인 "극기복례"라는 말이 있기
때문에, 공자가 그것을 기억하여 한 말이라고 보고 있다. 슌다이는 '고어'를
"古志의 語"라고 하여 기본적으로 소라이의 '고어'설을 계승하고 있다. 소라
이는 다음과 같이 말한다.

> 좌전에서 말하기를, 자신을 극복하여 예로 돌아가는 것을 인이라 한다.

고서(古書)의 말이 이와 같은 것이다. … 극기복례와 이 장(出門如見大賓章) 모두 고어이다. 따라서 모두 "바라건대 이 말을 따를 것이다."라고 했다. 공자는 선왕의 법언이 아니면 감히 말하지 않는다는 것을 볼 수 있다.(『논어징』「안연편」, 전집4권, 480~482쪽)

여기서 소라이는 "극기복례"라는 표현이 『좌전』의 말로서 모두 "請事斯語"라는 표현이 있기 때문에 '고어'라고 보고 있다. 또한 이러한 공자의 '고어'에 의한 어투는 『효경』의 "선왕의 법언이 아니면 감히 말하지 않는다."라는 "선왕의 법언"에 기초하고 있다고 소라이는 강조한다.

정약용도 슌다이와 마찬가지로 "극기복례, 원래 이것은 고어이다. 공자가 다시 그것을 사용한 것이다"라고 하여 "극기복례"가 '고어'라고 인식하고 있다.[61] 정약용이 근거로 삼는 것도 슌다이와 마찬가지로 『좌전』인데 정약용은 다음과 같이 인증하고 있다.

춘추(春秋) 소공(昭公)12년 조에 의하면, 초영왕이 기초(祈招)의 시를 듣고 스스로 극복하지 못하고 난에 이르렀다. 중니가 이를 듣고 탄식하며 말하기를 옛날에 극기 복례에 뜻을 두면 인할 수 있다고 했다. 초영왕이 만약 이와 같았다면 어찌 간계(乾谿)에서 욕을 당했겠는가?(『고금주』「안연편」, 『전서』5권, 453쪽)

『좌전』 소공 12년에는, 기초의 시를 들은 초영왕이 스스로를 극복하지 못한 채, 난에 휘말린 사실이 기록되어 있다. 이것을 들은 공자는 만약에 초영왕이 "극기복례가 인"이라는 것을 알았더라면 간계(乾谿)에서 욕(사망)을 당

---

61 『고금주』「안연편」, 『전집』5권, 453쪽.

하지 않았을 것이라고 한탄하는 기사이다. 정약용은 이 기사를 근거로 "극기복례"가 고어임을 인증한 것이다.

이상으로 『논어』를 소재로 하여 소라이와 슌다이의 경서 해석을 둘러싼 정약용의 반응을 살펴보았다. 소라이가 "선왕의 법언"인 '고어'이나 '고언'으로 『논어』를 해석해 나갈 때, 그러한 인식에는 "공자를 통하여 보이는 '선왕의 도', '선왕'의 세계의 모습"이 있었다.[62] '사물(物)'로서 존재하는 선왕의 도를 그대로 습숙(習熟)하면 되는 것으로, 선왕의 도는 '고어'나 '고언'을 통해 구체화된다고 소라이는 생각했다. 이러한 소라이적인 경서해석론은 슌다이에 의해 지속적으로 논의되면서 이어지고 있었다.

물론 정약용이 소라이와 경서 해석 면에서 동일한 인식을 갖고 있었다고 말하기는 어렵다. 그러나 적어도 소라이의 고문사학에 의한 경서 해석의 방법은 소라이의 설을 하나 하나 부정 혹은 긍정한다고 해도 정약용이 경서를 주해하면서 가장 중요하게 여겼던 성인의 경지의 행방을 쫓아가는 과정에서 자신과 유사한 방향성을 보여준 소라이에 주의를 했다고 볼 수 있을 것이다.

7. 맺음말

정약용은 경의 '고훈'을 밝혀 그 속에서 펼쳐져 있는 성인의 '경지'를 읽으려 했다. 정약용은 주소가 배제된 경의 모습, 고경에 존재하는 선왕의 도에서 정치적 세계를 전망하고 있었다고 보인다. 이 과정에서 정약용은 '고언'이나 '고어'의 의미를 밝힘으로써 성인의 도의 완전한 모습을 체현하고자 한

---

62 中村春作, 「荻生徂徠の方法」, 『日本學報』5호, 大阪大學, 1986, 5쪽.

소라이학을 의식하고 있었다고 할 수 있다.

그런데 소라이가 주장한 고문사학의 방법이란 육경을 '사물'로 파악하는 전제위에 성립되어 있다. 소라이는 육경이 고문사로 쓰여져 있다고 보았다. 이 때문에 소라이는 오직 고문사를 모방과 습숙에 의해 '의고(擬古)'할 것을 강조했다. 이를 통해 '사물'로서 존재하는 육경이 완전히 체득될 수 있다고 상정한 것이다. 경에 대한 이러한 파악방법은 정약용에게는 없었다. 정약용은 육경을 소라이가 말하듯이 '사물'이라고 생각하지는 않았기 때문이다. 정약용의 경학은 공자를 통해 보여지는 선왕의 도에서 '치국의 요체'를 분명히 밝히는 것에 목적이 있었기 때문이다.

정약용의 경학은 경서의 주해를 통해 주자학의 체계를 극복하면서 새로운 세계관의 제시를 목표로 했다. 주자학의 형이상학적이면서도 의리론적인 경서 해석에서 벗어나 공자로 돌아가기 위한 방법의 제시가 급선무였다. 그가 경서의 주해에서 자의의 훈고와 철저한 고증 등 실증정신을 강조한 것은 주자학적인 경서의 관념화는 결과적으로 경서안에 제시되어 있는 성인의 도가 무엇인지를 파악하기 어렵게 만들기 때문이다. 그렇다고 해서 정약용이 훈고와 고증에서 머무른 것은 아니다. 경서속에 담긴 천지 만물의 이치와 국가를 다스리기 위한 예악형정의 제도 등 경서 전체상을 온전히 파악하여 현실에 적용하는데 목적을 두었다. 그가 자신의 학문을 가리켜 오직 수기와 치인에 있다고 선언한 것도 이와 관련되어 있다. 육경사서로 수기하며 〈일표이서〉(『경세유표』·『흠흠신서』·『목민심서』)로 천하 국가를 위한다면 본말이 갖추어진 것이라는 자신감도 그가 발견한 유학의 세계상에서 나온다고 할 수 있다. 경학과 경세학의 통일된 체계가 바로 그가 제시한 새로운 세계상인 것이다.

그렇다면 이러한 세계상 아래 그가 구상한 사회와 그 사회를 구성하는 '인간'은 어떠한 인간이어야만 하는가? 그가 구상한 통일학으로 자기형성하면서 새로운 시대를 열어갈 인간이 필요한 것은 당연하다. 이는 기존의 인간과는 다른 질을 가진 인간이어야만 했다. 이 부분에서는 소라이학과 상당한 차이점이 보인다. 다음 장에서는 정약용과 소라이의 인간이해의 문제를 중심으로 고찰하면서 조선 유학과 일본 유학에서 나타나는 인간이해의 차이의 문제로 확대하여 해석할 수 있는가 하는 가능성을 볼 것이다.

제9장

정약용의 인간학과 소라이의 인간학

1. 자기 수양과 사회적 수양

신체의 규율화

조선은 자기수양에, 일본은 사회적 수양에 특징이 있다는 견해(예를 들어 澤井啓一)가 존재하는 것처럼 한국과 일본의 인간을 보는 시선은 한일간의 유교 문화를 이해하는데 중요한 요소로 작용한다. 정약용의 인간 이해와 소라이의 인간 이해는 조선과 일본의 동일한 학문으로 자기 형성한 유학자들의 인간을 보는 시선을 알 수 있다는 점에서도 중요하다.

루스 베네딕트는『국화와 칼』에서 일본 문화를 '수치심'(恥:하지)의 문화로 규정한다. 일본인들은 자신의 이름이나 명예가 더럽혀졌을 때 '하지'라 한다. 베네딕트는 일본인을 꽃잎 한 장 한 장을 재배자의 손으로 정돈하고 때로는 작은 철사로 만든 고리를 꽃 속에 집어넣어 고정시켜 출품하는 품평회에 전시되는 국화에 비유한다. 철사로 국화를 고정시켜 자신이 원하는 형태를 만드는 것처럼 일본인들은 자기 자신에게 엄격한 규제를 통해 '하지'를 당하지 않으려고 노력한다. 이것은 곧 신체의 일정한 틀(가타·型)을 만드는 것으로 이어진다. 베네딕트의 일본인론을 따르면 일본인들은 마음의 규율 보다는 외면에서 분명하게 보이는 신체의 강한 규율에 주안점을 두어 왔음을 알 수 있다. 국화의 성장을 국화의 내적 생명 법칙에 맡기지 않고 소유자가 원하는 대로 형태를 만들어 버려야 한다는 생각, 즉 외부적 힘(철사)으로 단단하게 고정시켜야 한다는 인식은 어떻게 하여 가능한 것일까? 여기에는 인간을 변화시키는 원리, 즉 신체의 규율을 통한 마음의 규율이 가능하다는 인식이 엿보인다.

이러한 신체의 규율이 마음의 규율로 작용한다는 것은 가이바라 에키켄이나 야마자키 안사이 등 여타 유학자들에서도 나타나고 있다. 에키켄은 인간의 마음은 불완전 하여 지성, 판단력에 의존할 수 없다고 보는 등 마음에 대한 강한 불신을 보여준다. 인간을 규율하기 위해서는 신체의 통제에 의존할 수 밖에 없다. 야마자키 안사이 역시 마음이 몸을 주재하는 것은 위험하다고 판단했다. 그는 마음에서 나쁜 짓을 생각하는 것은 형벌의 대상이 되지 않지만 몸으로 나쁜 짓을 실행한다면 형벌의 대상이 된다고 했다. 이것은 옳고 그름을 마음의 동기에 두는 동기주의가 아니라 결과에 두는 결과주의이다. 이러한 외면 중시의 도덕은 이 책에서 다루고 있는 소라이에게서도 강하게 나타난다. 이처럼 신체의 규율화에 중점을 두는 외면 중시의 사고는 일본의 사회 문화사의 저변에서 찾아볼 수 있다.

내면의 규율화

한편 성리학이 사회 문화 전반을 지탱한 조선의 경우는 어떠한가? 리가 인성에 내재해 성이 된다는 논리는 주자학이 마음에 강한 신뢰성을 두고 있다는 것을 말해준다. 주자학이 인간의 성을 본연과 기질로 구분하여 순선무악한 상태인 본연의 성을 회복하려는 복초주의에 서 있는 것은 바로 마음의 내면에 집중하려는 사유이다. 마음의 도덕성을 드러내는 것, 도덕적으로 자각하는 것에 중점을 두고 있기 때문이다. 마음에서 일어나는 아주 조그마한 욕심도 악으로 간주한다. 인격수양에 성공한 자를 군자라 부르며 군자가 국가의 위정자로 설 때에 나라는 저절로 다스려진다는 낙관주의가 주자학이 인성론에 사활을 걸게 만든 요인이기도 하다. 이처럼 마음의 강한 규율이 신체의 규율로 나타나며 마음의 도덕성을 확충하면 신체의 행동거지도 바르게 된다는 이른바 안(마음)에서 밖(신체)로의 사고가 주자학의 수양론이다. 이러한 주자학을 철저히 밀고 나간 조선은 사회적 실천을 위한 자기 수양에 몰두 할 수 밖에 없었다. 사단칠정론쟁이나 인물성 동이논쟁은 그러한 자기 수양론을 극대화시킨 사건이라 할 수 있다. 심성론 분야에서 조선의 성리학이 중국 주자학의 수준을 초월했다는 지적도 있다.[1] 조선 주자학이 심성론에 몰두한다는 것은 그만큼 심성의 문제를 철저하게 해부해보면 우리 마음의 심층까지도 알 수 있다고 판단했기 때문일 것이다.

정약용의 '인간'에 대한 시점

그런데 정약용이 그러한 심성의 문제를 포함하여 인간의 문제를 다시 논쟁의 장으로 가져온 것은 주자학에 의해 해부되어 규정된 '인간'을 다시 해부하려는 것이다. 인간을 해부하는 도구는 동일하지만 방법은 다르다. 그리하여 인간 이해도 달라진다. 그렇다면 왜 인간이 문제인가가 중요해 질 수밖에 없다. 이 문제는 조선시대의 유학 사상사를 조망하면서 정약용의 '시대'를 다시 관조해야만 해답을 얻을 수 있을 것이다.

정약용의 인간론에 대해서는 지금까지 축적된 방대한 연구가 말해주듯

---

1 윤사순·고익진, 『한국의 사상』, 열음사, 1984, 38쪽.

이 정형화된 상이 존재한다. 일반적으로 정약용의 인간이해는 성리학과 질적으로 다른 새로운 인간관을 정립하였다는데 중점이 두어져 있다. 예를 들어 "천과 상제 개념을 강조하면서 인간의 본성을 선천적 실재가 아니라 기호로서의 성으로 이해하여 의지의 자유로운 결단과 노력을 통하여 도덕구현을 추구"한 정약용의 인간이해를 "실학적 인간론"이라 규정한다.[2] 그런가 하면 "마음의 자율적 판단에 따라 정당한 욕구의 실현을 적극적으로 추구한 자아 각성론"[3], "향외적 인간"[4], 혹은 "인간적 현실을 떠나지 않은 채 인간에 고유한 자유로운 자아의 독립성과 초월성"[5], "인간이 가진 자주적 권능을 강조하여 도덕적 결정주의를 타파하여 인간의 해방을 지향하고 있었던 한국적 근대성의 선언"[6]등의 평가가 내려져 있다. 이것은 정약용이 주자학적 인성론을 해체하면서 제시하는 상제, 기호지성, 리의 새로운 해석이나 인성의 자주적 권능성 등을 어떻게 사상사적으로 정립할 것인가가 반영된 결과이다.

이러한 기존의 연구를 염두에 두면서 먼저 정약용의 인간이해가 한국사상사에서 차지하는 위치를 다시 점검하는 것에서부터 시작하자. 여기서 얻어진 정약용의 인간론을 소라이의 인간론과 비교 검토해 보는 것으로 한일간 지식인들이 전망하는 인간의 문제를 새롭게 생각해 보는 계기로 삼고 싶다. 이를 통해 신체와 마음의 역학 관계와 윤리 도덕의 문제가 새롭게 부상해 올 것이다.

---

2 금장태, 「다산과 혜강의 인간이해–실학적 인간관의 두 유형」, 『조선후기의 유학사상』, 서울대 출판부, 1998, 참조.
3 김태영, 『실학의 국가 개혁론』, 서울대 출판부, 1998, 참조.
4 장승구, 『정약용과 실천의 철학』, 서광사, 2001, 참조.
5 한형조, 『주희에서 정약용으로』, 세계사, 1996, 참조.
6 정일균, 『다산 사서경학연구』, 일지사, 2000, 참조.

2. 정약용의 인간론

1) 마음의 규율

일이관지

정약용은 공자의 도를 수기치인의 학이라 규정한다. 그가 공자의 도를 수기치인의 학이라 강조하는 것은 그의 실학적 인간 이해와 깊이 관련되어 있다. 정약용의 수기치인론의 특징은 주자학처럼 수기하여 치인에 이르는 구조를 갖지 않는다는 점이다. 오히려 치인 그 자체가 수기가 되는 구조라 하는 편이 가깝다. 정약용의 학문은 경학과 경세학이라는 이분법적 구조가 아니라 경학과 경세학이 일관되어 있기 때문이다. 이 수기치인의 학을 구성하는 방법론을 『고금주』에서 찾아보자. 이하의 인용문은 『논어』의 〈일이관지장〉이다.

공자가 말하길 참(參)아! 우리 도는 한 가지 이치로 만 가지 일을 꿰뚫고 있다. 증자가 말하길 예라 대답했다. 공자가 나가자 문인들이 무슨 말인가 하고 물었다. 증자는 대답하길 공자의 도는 충서뿐이다.(『논어』 「리인편」)

공자가 말하길 사(賜)야! 너는 내가 많이 배우고 그것을 기억하는 자라고 생각하느냐? 대답하기를 그렇습니다. 아닙니까? 아니다. 나는 하나의 이치가 모든 사물을 꿰뚫은 것이다.(『논어』 「위령공편」)

본문에서 논쟁의 쟁점이 되는 것은 '일이관지'의 내용과 공자가 증자와 자공에게 말한 '일이관지'가 동일한 의미인가에 대한 문제이다. 본문의 해석을 둘러싸고 정약용은 주희와 격렬하게 충돌한다.

　주희의 일관(一貫)의 해석에는 리가 전제에 있다. 주희는 일관으로서의 충서(忠恕)를 리라 보고 충을 천도에, 서를 인도라는 이원론적 구조로 파악한다. 이러한 구조에서 충을 체, 서를 용(用)이라는 체용론의 관점으로 나아간다.[7] 주희는 체용론에 입각하여 충을 진기(盡己)＝체, 서를 급물(及物)＝용으로 해석하여 자신을 다하여 사물에 이르는 수기치인론을 전개한다. 이러한 이분법은 주자학을 구성하는 방법론이다. 주자학이 『대학』의 팔조목인 격물·치지·성의·정심·수신·제가·치국·평천하 중에서 격물치지·성의정심은 수신의 내용이 되며 제가·치국·평천하는 치인의 내용으로 보는 것도 이원론적인 수양론이 전제에 있기 때문이다. 주자학에서 수신에 의한 치인이 가능하다고 하여 마음의 수양에 집중하는 이유가 여기에 있다. 그러나 정약용은 이러한 구조를 받아들이지 않았다. 그의 일관의 해석에는 체용론이나 이원론적 구조는 철저하게 배제되어 있다.

　　지금 사람이 이것을 아는 것은 만약 하나의 사물이 안에 있어 충이 되고 그런 후에 이로부터 미루어 전발하여 이것을 서라 하는 것은 어찌 크게 잘못된 것이 아니겠는가? 이처럼 분명하다면 공자는 둘을 가지고 꿰뚫었다고 하지 어째서 하나로 꿰뚫었다고 했겠는가?(『고금주』「리인편」, 『전서』5권, 454쪽)

　정약용의 일관에 관한 언설에는 천도·인도·체용이라는 이원론적 구조가 보이지 않는다. 충서를 자신을 다한다는 것과 사물에 이른다는 것으로 구별한다면 그것은 일이관지가 아니라 이이관지가 된다고 주희의 해석의 문제점

---

7 『논어집주』「리인편」

을 지적하고 있다.

> 성의정심(誠意正心) 이것은 배우는 자가 아주 정교하다 해도 항상 일에
> 서 이것을 성실하게 하며 일로 이것을 바르게 한다. 지금 벽을 향하여
> 마음을 보고 스스로 그 허령한 것을 체험하여 담연하고 공명하게 하여
> 한조각의 먼지에도 오염되지 않는 것을 성의정심이라 하는 것은 아니
> 다.(『대학공의』, 『전서』4권, 19쪽)

> 불씨의 치심(治心)의 법은 치심으로 사업을 이룬다. 그러나 우리들의 치
> 심의 법은 사업으로 치심을 이룬다.(『대학공의』, 『전서』4권, 19쪽)

정약용이 말하는 성의정심의 근거의 기준이 되는 것은 마음이 아니라 구
체적 행위에 의한 일(事)에 입각해 있다. 행사(行事)에 입각하여 마음을 다스
릴 수 있다. 치심을 행사에서 찾는 이러한 논리는 수기를 치인에서 찾는 논
리이다. 정약용은 수신이란 실제의 일을 하는 과정에서 자연스럽게 습득된
다고 보았기 때문이다. 여기에는 성의정심하여 행사를 이룬다는 이분법적
구조는 보이지 않는다. 오히려 행사를 통해 성의정심할 수 있다는 의미가 표
출되어 있다.

그런데 정약용의 치인에는 '치민'이나 '치죄'와 같은 정치적 의미는 퇴색되
어 있다. "치는 마땅히 치직치사(治職治事)의 치(治)로 읽어야 한다. 치민치죄
(治民治罪)의 치가 아니다. 사친사군(事親事君)은 모두가 치인"[8]이라고 말하고
있기 때문이다. 이것은 곧 정약용의 치인은 "자아의 인격적 실현방법"으로
수기가 치인이 되는 것이라 볼 수 있다.[9]

---

8 『중용강의』권1, 『전서』4권, 272쪽.

『심경밀험』의 저술

그런데 정약용의 이러한 인격 실현의 방법으로서의 치인의 강조가 내면의 수기가 아닌 외면의 행사와 관련된 것이라면 그가 만년에 『심경』을 탐독하면서 『심경밀험』을 저술한 이유를 어떻게 설명하면 좋을까? 그는 죽는 날까지 마음을 다스리는 방법에 힘을 다하고자 심경을 저술했다고 밝히면서 경서의 주해는 『심경』에서 끝을 맺는다고 했다.[10] 이것은 그가 강조하는 치심이 과연 성리학에서 말하는 치심과 같은 맥락으로 이해해도 좋은가의 문제이기도하다. 이 『심경밀험』은 경학에서 경세학으로 넘어가는 마지막 단계에 위치한다.[11] 이러한 의미에서 보면 그의 경학은 『심경』으로 완성된다고 할 수 있다. 그렇다면 정약용은 『심경밀험』을 통해 무엇을 확인하려 한 것일까? 결론을 먼저 말한다면 조선 성리학이 강조해온 '마음'의 이해와는 다른 토대위에 서는 '마음'의 수신을 제시하기 위함에 있었다고 할 수 있다.

『심경』은 송의 진덕수(眞德秀, 1178~1235)가 자신의 수양을 위해 『서경』·『시경』·『역경』·『논어』·『중용』·『대학』·『맹자』 등의 경서와 주돈이에서 주희에 이르는 송 대 유학자들의 문헌 등에서 핵심이 되는 내용만을 뽑아 책으로 엮었다. 후에 명 대 정민정(程敏政, ?~1499)이 진덕수의 『심경』에 정호·정이 형제와 주희의 해설을 보충하여 『심경부주(心經附註)』(1492)네 권으로 간행했다. 조선에서 『심경』이라 하면 바로 『심경부주』를 말한다. 조선시대를 통하여 『심경부주』는 퇴계의 『심경부주후론(心經附註後論)』(1600)을 시작으로 허목(許穆, 1595~1682)의 『진심학도(進心學圖)』(1675), 윤병이(尹秉頤, 1775~1843)의 『계문

---

9 금장태, 앞의 책, 427쪽.

10 『심경밀험』, 『전서』4권, 141쪽.

11 서근식, 「정약용의 소학지언과 심경밀험에 관한 연구」, 『한국철학논집』23집, 2008, 223쪽.

심경강의(溪門心經講義)』, 정약용의『심경밀험』등『심경』관련 주석서나 해설집 등을 망라하면 백 수십 여 종에 이른다.[12] 이러한 것을 보면 조선에서『심경』이 수양의 도구로 중요한 위치에 있었음을 짐작할 수 있다.

정약용은 마음을 신·영·혼이라는 말과 같은 의미로 사용하면서 인간의 육체를 영체(靈體)라 했다. 마음은 기와 영명의 합일이다. 이것은 마음을 성과 정의 결합으로 이해했던 주자학의 마음 이해와는 질적으로 다른 차원이다.『심경밀험』에 의하면 하늘은 인간에게 선할 수도 악할 수도 있는 권형을 부여했지만 한편으로는 선한 일이란 어렵고 악에 빠지기 쉬운 도구(육체)를 주었고 또 한편으로는 선을 좋아하고 악을 수치로 여기는 성을 부여했다.[13] 영명한 육체와 마음을 가진 인간의 수양은 주자학에서 수양의 방법이 되는 주일무적이나 정좌, 경이직내, 의이방외 같은 수양법으로는 불가능하다. 이러한 수양법은 정약용에 의하면 "고요히 앉아 일이 없을 때에는 향하여 나아갈 곳이 없는 것"[14]으로 유혹이나 욕심을 물리칠 수 없다. 대신에 "마음과 생각을 묵묵히 순회하기도 하고 천도를 상상하며 귀신의 이치를 궁구하기도 하고 옛 허물을 반성하기도 하고 새로운 뜻을 생각하는 것"[15], 다시 말하면 끊임없이 생각하고 생각하면서 반성하는 자세가 필요하다. 이것은 마음을 텅 비게 하여 아무런 상념도 발생하지 않게 하는 것이 아니다. 인간은 정적인 존재가 아니라 동적인 존재라는 것이며 인간이 어떤 대상을 향하여 행동하는 자세에 대한 확립이 나와 있다. 그러한 자세가 실심으로 경천하는 것이라는 말도 덧붙이고 있다. 이처럼 마음속으로 자신이 해야 할 일들은 경천으로 모아지고 있다. 이러한『심경밀험』에 나타난 마음의 수양

---

12 홍원식외,『조선시대 심경부주 주석서 해제』, 예문서원, 2007, 13쪽.

13 『심경밀험』,『전서』4권, 147쪽.

14 『심경밀험』,『전서』4권, 153쪽.

15 『심경밀험』,『전서』4권, 153쪽.

은 정약용에 일관된 행사의 윤리와 통저하고 있다.

> 공자는 하루 종일 먹지도 않고 밤새도록 자지 않고 생각해 보았으나 아
> 무런 유익함이 없었다. 배우는 것만 못하였다. 어찌 하나의 일조차 없
> 는 것을 마음을 다스리는 것이라 하겠는가? 공자는 하루 종일 배불리
> 먹고 마음 쓸 곳이 없다면 어렵게 된다. 장기와 바둑이라도 두는 것이
> 나을 것이라 했으니 마음속에 한 가지 일도 없는 것을 성인도 또한 경
> 계했다.(『심경밀험』『전서』4권, 162쪽)

정약용이 주자학적인 수양론을 비판하기 위한 근거로 공자의 사색법을
제시하고 있는 것이다. 주일무적이나 정좌, 경이직내, 의이방외처럼 하루 종
일 먹지도 않고 밤새도록 자지도 않으면서 생각하는 방법은 마음을 다스리
는 법이 될 수 없다. 여기서 제시하는 마음의 적극적 활동은 주자학적인 마
음의 활동이 아닌 것은 틀림없다. 대상을 향한 마음의 적극적 활동으로 이
해해야 한다. 그가 인을 사람과 사람이 직분을 다하는 것으로 이해하는 것
에서 보면 관계의 윤리라는 틀 속에서 행사의 윤리를 생각할 수 있지만 행
사의 윤리를 가능하게 만드는 최종적 요인은 경천에 있다.

경천과 신독

경천은 신독(愼獨)하는 군자가 마음을 간직하고 성품을 배양하는 공부로
중화(中和)와 연결된다. 정약용에 의하면 중화를 이룰 수 있는 방법이 신독인
데 이때의 신독은 "상제를 섬기는데 항상 신명이 옥루를 굽어보는 듯 삼가
고 두려워하여 잘못이라도 있을까 하고 과격한 행동을 저지를까 하고 편벽
된 감정이 싹틀까 두려워하여 마음가짐을 공평하게 하는"[16]것이 된다. 상제

가 인간을 굽어 내려보고 있다는 것을 마음으로 자각하는 자세가 바로 신독하는 이유가 된다. 신독에는 상제를 향한 신앙심이나 경외심이 들어 있다. 이처럼 『심경밀험』은 상제의 존재와 상제의 주재 아래 살고 있는 인간이 가져야할 마음의 자세를 상세히 논하고 있다. 신독은 혼자 거처하는 곳에서 삼가는 것을 극진하게 하는 것이 아니다.[17] 악을 행하는 것은 항상 사람과 접촉하는 곳에서 발생하는데 신독은 이러한 행위를 방지하기 위함에 있지 자신의 허물을 없애기 위한 것이 아니다. 인간의 악한 행위를 방지하기 위해서 상제가 인간을 굽어 내려본다는 인식이 필요해지는 것이다.

여기에서 보면 주자학적인 내면만을 응시하는 성찰은 정약용에게는 무의미하다. 마음이 무엇인가에 대한 답을 찾기 보다는 외적인 신체의 성찰, 곧 신독을 통한 경의 자세를 확립하는 것에서 마음의 규율을 찾고 있다고 할 수 있다. 행사의 윤리, 수기를 치인에서 찾는 것이 바로 그러하다. 마음을 다스리는 법을 마음의 내적인 것에 원인을 두지 않는다는 것은 주자학적인 수양론에서 탈각한 것으로 이해된다. 물론 그렇다고 하여 정약용의 이러한 사유가 소라이처럼 심의 자율적 통제의 불가능을 말하고자 하는 것은 아니다. 또한 신체위주의 사고라고도 단정하기 어렵다. 이 문제와 관련하여 정약용은 예악의 필요성을 강조하는 주장을 한다.

법이면서 명칭을 예라 한 것은 왜인가? 선왕은 예로써 나라를 이루고 예로써 백성을 이끌었다. 예가 쇠해지자 법이라는 명칭이 생겼다. 법은 나라를 이루는 것도 아니고 백성을 이끌 수고 없다. 천리에 비추어서 합당하고 인정에 시행해도 화합한 것을 예라 한다. … 선왕은 예로써

---

16 『중용자잠』권1, 『전서』4권, 186쪽.
17 『심경밀험』, 『전서』4권, 151쪽.

법을 삼고 후왕은 법으로써 법을 삼았으니 이것이 이들의 같지 않음이
다.(『경세유표』권1, 『전서』14, 3쪽)

여기서 보면 정약용은 '인정(人情)'에 맞는 예에 의한 통치를 선왕의 통치
술로 이해하고 있다. 그러면서도 정약용은 "예의가 있다 하더라도 만일 도심
이 없으면 어찌 예의를 실천할 수 있겠는가"(『고금주』권8〈계씨편〉)라 하여 내면
을 성찰하는 주체가 마음이라는 것을 확인시켜주고 있다. 그런데 정약용이
『고금주』에서 예의의 실천을 위한 도심을 전제로 하고 있는 것은 슌다이에
대한 비판적 언사였다.[18] 정약용은 소라이 및 슌다이가 주장하는 예악에 의
한 외면의 통제의 문제점을 잘 인식하고 있었다. 예악의 운용주체가 마음이
라는 것은 위에서 말한대로 마음이 자율적 통제기능을 갖고 있다는 인식이
다. 이러한 점에서는 소라이의 예악에 대한 사고와는 질을 달리 한다고 할
수 있다. 그리고 외적인 신체의 성찰은 곧 마음에 주체를 두고 있다는 점이
다. 그런데 여기서 그치지 않는다. 정약용에서 보이는 마음의 주체성은 상제
라는 절대적 타자에 의해 지탱되어 있다는 점이다. 여기에는 마음의 자율성
이나 자발성이 열린 자세로 펼쳐져 있다고 할 수 있다.

2) 택선의 윤리

인의예지의 실천

정약용에 의하면 사단이 밖으로 발현된 것이 인의예지가 된다.[19] 그러나

---

18 『고금주』, 「계씨편」은 〈君子有三戒〉에 대한 정약용의 주해이다. 이 부분은 슌다이가
『와전』에서 예의만을 강조하는 주해에 대한 정약용의 반론이다.

19 『고금주』, 「학이편」, 『전서』5권, 20~21쪽, "측은수오지심은 안에서 발하고 인과 의는
밖에서 이루어진다. 사양시비지심은 안에서 발하고 예와 지는 밖에서 이루어진다."

"인의예지의 이름"은 "행사 후에 이룬다."고 정의한 것에서 알 수 있듯이 그 것은 내재적 원리가 아닌 실제의 행사(신체의 실천행위)를 통해 얻어지는 것이다. 그는 "인의예지를 본심의 전덕이라 생각한다면 사람의 일은 벽을 향해 자신의 마음을 관찰하여 빛에 비추어 보는 것 뿐"[20]이라고 했다. 이어서 사단을 마음이라 하는 것은 좋은데 성이나 리, 혹은 덕이라 하는 것은 잘못된 것이라 했다.[21] 인의예지를 본심의 전덕, 성이나 리, 덕으로 보는 것을 전부 부정하는 것이다. 정약용은 인의예지의 실천을 통해 인의예지가 마음에서 얻어진다고 보고 있다. 그렇다면 그는 왜 인의예지가 인성에 내재한 리가 될 수 없다고 생각했을까?

> 이른바 상지라는 것은 혹은 아둔하면서도 덕을 이룬 자가 있고 이른바 하우라는 것은 혹 총명하지만 덕을 상실한 자도 있다. 옮겨가지 못하기 때문에 상지라 하는 것이지 상지이기 때문에 부득불 옮겨가지 않는다는 것이 아니다. 옮겨가지 못하기 때문에 하우라하는 것이지 하우이기 때문에 부득불 옮겨가지 않는다는 것이 아니다. 지와 우는 신상의 공출을 도모하는 것이지 어찌 성품이겠는가?(『고금주』「양화편」, 『전서』6권, 105쪽)

정약용의 상지와 하후의 해석은 흥미롭다. 상지중에도 어리석은 자가 있다면 덕을 이룬 자도 있다. 하우중에도 총명한 자가 있는가 하면 덕을 상실한 자도 있다. 옮겨가지 못하기 때문에 상지와 하우가 되는 것이지 상지와 하우이기 때문에 옮겨가지 못하는 것이 아니다. 지와 우는 인간의 능력에

---

20 『맹자요의』「공손추편」, 『전서』4권, 414쪽.
21 『맹자요의』「공손추편」, 『전서』4권, 416쪽.

있는 것이지 성품에 관련되어 있는 것은 아니다. 이러한 의미에서 보면 상지와 하우의 차이는 인간 본성에 원인이 있는 것이 아니라 개인의 우열에 있다. 예를 들어 만약 천이 어떤 사람에게 순미순청(純美純淸)한 기질을 부여하여 요순이 되며 어떤 사람에게는 순악순탁(純惡純濁)한 기질을 부여하여 걸주와 같은 악인이 된다고 하면 그것은 천의 불평등을 의미하는 것으로 그러한 것은 애당초 있을 수 없는 일이라고 했다.[22] 상지와 하우의 차이는 순미순청(純美純淸)한 기질이나 순악순탁(純惡純濁)한 기질의 차이에 있는 것이 아니라 재리(財利)와 주색(酒色)같은 유혹에 빠지는 것에서 발생한다. 맹자가 성을 말할 때 '함닉'을 염두에 두고 있었다고 정약용은 생각했다.[23] 즉 상지와 하우의 차이는 천에서 부여받은 성품이나 기질의 차이에서 생기는 것이 아니다. 그것은 하우라도 노력한다면 충분히 상지가 될 수 있다는 의미이다. 그렇다면 왜 그렇게 생각했을까?

선택의 문제

정약용에 따르면 본연의 성은 주자학처럼 만물에 동일한 본연의 성(리)이 부여되어 있는 것은 아니다. 그것은 예를 들어 "인간은 선을 좋아하고 악을 부끄럽게 생각하여 수신하여 도를 향하는 것이 인성의 본연이라면 개가 밤을 지키고 도둑을 향해 짖는 것은 물성의 본연"[24]이다. 즉 인간을 포함하여 모든 만물은 처음부터 다른 성을 가지고 있다. 성에 차등성이 있는 것은 선천적인 것으로 기질의 차이에 의한 것이 아니다.

---

22 『맹자요의』「고자편」『전서』4권, 541쪽.
23 『맹자요의』「고자편」, 『전서』4권, 541쪽.
24 『맹자요의』「고자편」, 『전서』4권, 531쪽.

주자학의 본연의 성과 기질의 성론을 비판하는 정약용은 성을 "인심의 기호(嗜好)"[25]라 주장한다. 마음이 악을 기호할지 혹은 선을 기호할 것인지에 의해 인간의 본질이 결정된다. 그런데 인심의 기호로서의 성에는 "형구(形軀)의 기호"와 "영지(靈智)의 기호"[26]가 있다. 형구의 기호란 육체적인 욕망 등을 지칭하는데 그것이 인심(人心)이다. 영지의 기호란 선한 선을 지칭하는데 그것이 도심(道心)이다. 도심과 인심 사이에는 갈등이 끊임없이 발생한다. 따라서 도심과 인심의 갈등 국면을 어떻게 해소할 수 있을 것인가가 정약용이 안고 있었던 인간 이해의 과제였다.

정약용이 주장하는 기호의 성의 배후에는 성의 선악에의 '지향가능성'이 있다고 할 수 있다.[27] 다만 이러한 가능성에는 인성의 의지에 달려 있는 것이기도 하면서 한편으로는 전술한 것처럼 인간은 선을 좋아하고 악을 부끄러워하여 도를 향한다는 언설과 함께 생각해보면 인간은 언제나 선을 좋아하기 마련이다. 여기에 성선의 논리적 근거가 있다. 인간이 언제나 선을 좋아하고 악을 부끄럽게 여기는 이유는 인성이 선을 지향하고 있기 때문이다.

그런데 인간은 언제나 선을 기호하도록 되어 있지만 실제로는 악한 행위도 서슴지 않는다. 여기서 정약용은 이른바 '자주의 권'이라는 개념을 도입한다. '자주의 권'이란 천이 인간에게 부여한 권리이다. 그것은 "인간이 선을 욕구하면 선을 이루고 악을 욕구하면 악을 이룬다. 그러므로 선을 이루는 것은 자기의 공이며 악을 이루는 것은 자기의 죄가 된다."[28]는 것이다. 정약용은 선악의 문제를 인간의 선택의 문제로 파악하고 있다. 왜냐하면 개인의 선택과 의지의 결과로서 즉 인간의 실천행위(행사)에 의해 상지와 하우가 결

---

25 『맹자요의』「고자편」,『전서』4권, 364쪽.
26 「자찬묘지명」,『전서』2권, 659쪽.
27 금장태, 앞의 책, 393쪽.
28 『맹자요의』「고자편」,『전서』4권, 438~439쪽.

정되기 때문이다.[29] 이러한 의미에서 인간의 선천적 불평등성은 사라진다. 그러한 한에 있어서 정약용은 모든 인간은 요순과 같은 성인이 될 가능성을 갖고 있다는 점을 적극적으로 주장한다. 즉 선과 악, 지와 우는 인간 주체의 행위나 마음가짐 여부에 달려있는 것으로 여기에는 인간의 주체 의식이 강하게 반영되어 있다고 할 수 있다.

3) 천-해석의 대상으로

상제천-불가지천

정약용은 태극, 리, 기 등의 주자학적 개념을 부정하는데 천에 관하여는 특별한 위치를 부여하고 있다. 주자학에서는 천을 리의 범주로 파악한다. 이러한 관점에서는 의지나 인격 등을 가진 천이 아닌 원리로서의 천이 상정되어 있다. 주자학의 근본주의를 벗어나지 않은 조선 성리학은 천이 무엇인지에 대해서는 해석할 필요가 없었다. 주자학에서 완성된 원리가 있기 때문이다. 그러나 정약용은 이 원리로서의 천을 부정하여 인격신으로서의 천을 상정한다. 그것을 상제천이라 한다. 물론 유학에서 상제천은 『서경』 중에 상제라는 말이 30곳이나 나올 정도로 흔한 표현이다. 이 상제천적 천인식은 주자학의 시대에 와서는 엷어지고 원리로서의 천으로 변용되었다. 정약용은 그렇게 이해하고 있었다. 그런데 정약용이 상제천을 도입하였다는 것은 단순히 유가 본래적 천인식으로의 복고만을 의미하지는 않는다. 조선성리학이 천리라는 원리로서의 천인식을 보여준 것에는 중화인식의 확대와 확립이라고 할 수 있는 유교 문화의 정착에 대한 강한 열망이 있었다. 정약용의 상제천 인식 역시 그러한 관점에서 볼 수 있다. 다시 말하면 그것은 수백 년을

---

29 정일균, 앞의 책, 367쪽.

고수해온 천 인식에 대한 사상사적 도전이다. 정약용이 천을 새롭게 해석의 대상으로 삼고 있다는 것, 이것은 이전에는 불가능했던 사유라 할 수 있다. 그렇다면 정약용은 왜 천을 다시 사유의 장으로 가져와 다시 해석의 대상으로 삼으려고 하는 것일까?

> 리는 본디 알지도 못하고 또한 위엄과 권능도 없는데 무엇을 경계하고 그것을 근신하며 무엇을 무서워하고 두려워하겠는가?(『중용자잠』권1, 『전서』4권, 183쪽)

리에는 인식능력이나 위엄, 권능이 없다. 그것은 세계를 주재하는 주체가 될 수 없다. 정약용은 그렇게 단정하고 있다. 이 정약용의 리의 인식에서 세계를 주재하는 주체, 인간의 마음과 행동의 모든 것을 꿰뚫고 있는 위엄과 권능을 가진 존재가 별도로 존재한다는 것을 읽을 수 있다.

> 우러러 하늘을 살펴보면 일월성신이 죽 늘어 줄지어 저기에 있고 굽어 땅을 살펴보면 초목과 금수가 질서 있게 저기에 있다. 이 모두가 사람을 비춰주고 사람을 따뜻하게 해주고 사람을 길러 주고 사람을 섬기지 않는 것이 하나도 없다. 이 세상을 주관하는 것은 인간이 아니고 누구겠는가? 하늘은 이 세상을 한집으로 생각하여 사람으로 하여금 선을 실행하고 일월 성신 초목 금수는 이 집을 받들어 주는 만물이다.(『고금주』「양화편」, 『전서』권6, 112쪽)

일월성신이나 초목금수 등은 질서 정연하게 존재하고 있는데 그 모든 것은 인간을 위해 존재한다. 세계를 주관하는 존재는 인간이다. 여기에서는 세계의 주인으로서 단독자로서 세계앞에 서 있는 인간의 모습이 형상화되어 있다. 천은 세계를 하나의 집으로 삼아 인간에게 선을 행하게 한다. 정약용은 세계를 주관하는 인간의 위에 서서 인간의 행위를 주재하는 존재로서 천이 있다고 보고 있다. 의지를 갖는 천과 그 아래에서 생을 영위하는 인간의 모습이 있다.

정약용은 천을 두 가지로 구분하는데 창창유형지천(蒼蒼有形之天)과 영명주재지천(靈明主宰之天)이 그것이다. 이러한 구분에는 주자학적인 의리지천(義理之天)이나 역리지천(易理之天)과 같은 천의 해석은 보이지 않는다. 정약용의 두 천의 구분에서 천의 본질은 영명주재지천에 있다. 자연으로서의 천을 주재하는 천이 존재하는 것이다.

천을 주재하는 것을 상제라 하는데 그것을 천이라 하는 것은 왕을 國(임금)이라 하는 것과 같다.(『맹자요의』권2, 『전서』4권, 568쪽)

상제는 누구인가? 천지와 신, 인간의 밖에서 천, 지, 신, 인, 만물의 종류를 조화하고 재제(宰制), 안양(安養)하는 자이다.(『춘추고징』권4, 『전서』8권, 709쪽)

초목과 금수는 천이 생을 부여한 처음에 낳고 낳는 이치를 부여하여 종으로 종을 전하여 각각이 성명에 온전히 할 수 있을 뿐이다.(『중용강의』권1, 『전서』4권, 240쪽)

천의 주재자는 상제이다. 나라에 왕이 주인인 것처럼 천에도 주재하는 상제가 있다.[30] 상제는 세계의 밖에서 천지만물을 조화하고 주재하며 화육한

---

30 천의 주재자가 상제라는 것은 마테로 리치가 『천주실의』의 서문에서 "나라에 주인

다. 초목금수등의 만물에 생생의 이치를 부여하고 만물은 상제가 부여한
질서와 법칙에 의해 살아간다. 우주만물은 상제가 부여한 질서법칙에 의해
운행되는 것이다. 천, 지, 신, 인은 우주안에 존재하는 모든 만물인데 이들
을 조화하고 편안하게 기르는 존재가 상재라는 것은 상재가 전 우주를 주재
한다는 것을 의미한다. 상제는 천지의 귀신들 중에서 가장 지존지대한 자이
다. 다시 말하면 정약용에게 있어서 상제는 모든 신들을 통섭하는 존재로
인식되어 있으며[31], 이러한 의미에서 상제는 초월자나 절대자, 나아가 유일
신적 성격이 부여되어 있다고 할 수 있다.[32] 여기에서 보면 천에서 시작하는
인륜질서는 주자학과는 다른 질서위에 서 있다는 것을 읽을 수 있다.

공경의 대상

옛 사람은 실심으로 천을 섬기고 실심으로 신을 섬기며 한번 움직이고
한번 정하는 일념의 조짐이 있을 때 마다 혹 성실하고 혹 거짓되며 혹
선하고 혹 악한가 하여 그것을 경계하여 나날이 굽어 살핌이 여기에 있
다고 했다. 그러므로 계신공구하는 신독은 참으로 진실하고 참으로 독
실하여 진실로 천덕에 달한다.(『중용강의』권1, 『전서』4권, 277쪽)

천이 사람의 선악을 관찰하는 바는 항상 인륜에 있다. 그러므로 사람
이 이른바 수신하여 천을 섬기는 것은 역시 인륜으로 힘을 다함이
다.(『중용자잠』권1, 『전서』4권, 179쪽)

이 있는데 천지에는 홀로 주인이 없겠는가?"라는 문장과 유사성을 지적한다. 김영일,
『정약용의 상제사상』, 경인문화사, 2003, 132쪽.
31 김영일, 위의 책, 98쪽.
32 금장태, 「다산의 천개념과 천인관계론」, 『철학』25집, 1986, 44~47쪽.

여기에는 인간이 항상 계신공구해야만 하는 이유가 있다. 그것은 천이 인간을 관찰하고 있기 때문이다. 마음을 다하여 천을 섬기는 것이 신을 섬기는 것이 된다. 인간이 도덕적으로 선한 행위를 해야만 하는 것은 천이 항상 인간의 선악적 행위를 보고 있기 때문이다. 정약용은 상제가 사람의 마음 속을 꿰뚫어 안다(直通人心)는 말을 하고 있는 것이다. 여기서 정약용이 『중용』의 솔성(率性)을 어떻게 인식했는지를 보도록 하자.

> 하늘이 나에게 성을 품부하되 호덕의 정과 택선의 능력을 부여했다. 이것은 비록 내게 있는 것이나 그 근본은 천명이다. 모든 사람은 내게 있는 본성이라 인식하여 이를 태만히 하지만 한 번 미루어 규명하여 이를 되찾으면 그 성이란 본래 하늘이 명한 것으로 인식하게 되는 그것이 이에 빛나고 빛나는 천명이다. 그 성의 하고자 하는 것을 어기고 그 성이 부끄러운 바를 행함이 천명을 태만히 하는 것이며 천명을 거스르는 것이니 그 죄는 하늘에 통한다.(「중용자잠」권1, 『전서』4권, 181쪽)

전술한 것처럼 천은 인간에게 호덕(好德)의 정을 부여하고 나아가 선과 악을 선택할 수 있는 능력도 함께 주었다. 이러한 성은 자신에게 갖추어져 있는데 그 근본은 천이 명한 것(천명)이다. 이러한 능력을 천이 준 것이라고 생각하지 않고 자신의 본성의 능력이라고 사람들은 생각하지만 잘 살펴보면 이 성은 본래 천이 나에게 품부해준 것임을 알게 될 것이다. 성이 해야 할 일을 거스리고 욕되게 한다면 이것은 천명을 거스리는 것이 되며 결국 죄가 된다. 여기에는 성을 통해 천을 따르고 순응하는 자세가 요구된다.

천명을 따르기 위해서는 도심에 귀 기울이지 않으면 안된다. 도심은 항상 선을 욕구하는데 도심의 소리를 듣고 그것에 따르는 것이 솔성이 되며 솔성하는 것이 천명에 따르는 것이다.[33] 도심의 소리에 귀 기울이면 천이 명하는 것을 듣게 된다. 그것은 원리로서의 리에 따르는 것이 아니며 천을 영명적 대상으로 생각하여 그것을 따르는 것으로 이는 천을 초월적 존재로 보고 있다는 것을 의미한다. 정약용이 천명을 본심에서 구하는 것을 성인이 천을 밝게 섬기는 학문(聖人昭事之學)이라 한 것도 이러한 이유가 있다.[34] 즉 인간이 성을 통해 성의 근원이 되는 천을 보고 그리고 천의 소리를 도심으로 듣는다. 여기에는 일종의 신앙심마저 보인다.[35] 신앙심이라 할 수 있는 자세는 다음의 문장에 잘 나타나 있다.

> 천의 영명함은 인심에 직통하여 숨은 것도 살피지 않는 것이 없고 아무리 은미한 것이라도 밝히지 않음이 없다. 이 방안을 비추어 굽어보고 날마다 살피고 있으니 사람이 진실로 이것을 안다면 비록 대담한 사람이라도 삼가고 두려워하지 않을 수 없을 것이다.(『중용자잠』권1, 『전서』4권, 184쪽)

여기에서 천은 이 방안을 비추어 굽어본다(照臨此室)거나 날마다 살핀다(日監在玆)는 언설에 분명한 것처럼 감시자로서 이미지화되어 있다. 천은 인심과 직접 소통하며 인심이 행하는 모든 행위를 꿰뚫어 본다. 천이 인간의 감시자적인 존재라는 것을 안다면 계신공구하지 않을 수 없다. 인간이 도덕적인 존재가 되는 근거를 천이 인간을 언제나 내려다보고 있다는 것에서 찾고 있다. 신독은 천, 상제가 강림하여 인간을 감시하는 것을 믿는 인간이기에 가능하다. 정약용에게 『중용』은 실로 상제를 섬기는 것을 제시한 의미를

---

33 『중용자잠』권1, 『전서』4권, 180쪽.

34 『중용자잠』권1, 『전서』4권, 181쪽.

35 금장태, 『道와德-다산과 오규소라이의 『중용』『대학』해석』, 이끌리오, 2004, 42~43쪽.

갖는 경전이었다.

천과 인간의 소통

천을 두려워하듯이 항상 공경하며 계신공구하는 자세는 만민에게 열려 있다. 이것은 천자에서부터 백성 한 사람 한 사람에 이르기까지 누구나 가져야할 자세이다. 천자는 천을 섬기듯이 백성을 섬기며 백성도 천을 섬기듯이 천자를 섬긴다. 사천의식은 사인(事人)의식으로 연결된다. 따라서 정약용이 상제천이라 간주하는 배경에는 사농공상으로 구분되는 계급적 불평등성의 폐지가 전망되어 있었다고 할 수 있다. 인간의 행위가 정당성을 얻기 위해서는 천에 들어맞아야 한다. 천에 들어맞기 위해서는 천을 섬기듯이 도덕성을 자각하고 그 자각은 행위로서 실천해야한다. 그렇지 않으면 천을 섬긴다고 할 수 없기 때문이다.

정약용은 이러한 자세야말로 조선이 새로운 시대를 맞이하는 길이 되는 방법이라 단정했다. 정약용이 리를 대신하여 상제천을 우주만물의 주재자로 자리매김한 이유는 인간이 상제천의 대리자로서 세계를 지배하는 책임을 보증하기 위한 것이라는 사실을 잊어서는 안될 것이다. 즉 조선 주자학의 폐쇄적 세계를 극복하여 열린 세계관을 제시하며 조선을 새로운 방향으로 이끌어 가기 위해서는 전 사회 계층을 통합하는 인식이 이러한 상제천과 상제천의 영명성을 받은 인간에 들어 있다고 봐야한다. 정약용은 상제천이 아닌 '인간'에 주안점을 두고 있다.

정약용에 있어 "천의 영명은 인심에 직통한다"는 천의 해석은 "전통적인 유교의 교의 체계에서 자유롭게 된 정약용에 의해 비로소 가능하게 된 해석"이라는 견해가 있다. 정약용 이전의 단계에서의 천의 해석은 예를 들어 퇴계는 천을 거경의 대상으로 보았으며 천이 무엇인지에 대한 해석을 회피하고 있다고 보고 오로지 마음이 향하는 거경의 대상으로의 위치에 있었다는 것이다.[36] 이 견해를 따른다면 퇴계에서 정약용에 이르는 한국사상사에 커다란 변동이 있었음을 짐작할 수 있다.

4) 동일성주의에서 개별성주의로

개인의 발견

그렇다고 한다면 정약용은 왜 우주 만물의 구성이나 질서의 원리라 간주된 리를 인정하지 않았던 것일까? 물론 가장 큰 이유는 주자학이 상정하고 있는 리의 개념이 원래 고경에 없다는 점에 있다. 고경을 상세히 고증한 결과 리는 우주만물의 모든 질서 개념의 원리가 아닌 다른 것에 의존할 수 밖에 없는 존재자였다.

> 기는 자유적인 사물(自有之物)이며 리는 의부적인 것(依附之品)으로 의부
> 하는 것은 반드시 자유자에 의존하기 때문에 기가 발하면 곧 리가 있
> 다.(『중용강의』권1, 『전서』4권, 365쪽)

정약용에 있어서 기는 '자유지물', 즉 독립적인 실체이며 리는 '의부지품', 즉 기에 의존하여 존재하는 사물이다. 주자학에서는 당연히 리는 보편성의

---

36 井上厚史는 "전통적인 유교의 교의를 지키는 한 한국에서는 천을 자유롭게 해석할 수 없었다. 또한 정약용은 마음을 서양 의학의 영향에서 장기로서의 심장으로 또한 크리스트교의 영향에서 천상의 영적인 것에 직결하는 장소로서 파악했으며 서양사상을 경유함으로서 마음은 지금까지 금지되어 온 천과의 관계성을 회복할 수 있었다."고 했다. 나아가 그는 "천이 정약용에 의해 한국유학계의 해석의 대상이 되었다."는 견해를 제시하고 있다. 井上厚史, 「韓國近代儒教改革運動における近代的思惟の形成」, 『北東アジア研究』10호, 島根縣立大學北東アジア地域研究センター, 2006, 81쪽.

원리로 파악된다. 이 리를 정약용처럼 '의부지품'이라 보는 한 거기에는 리가 갖는 보편성의 원리는 중시되지 않는다는 것을 알 수 있다. 정약용의 관심은 리 보다는 기에 있었다. 마찬가지로 기를 '자유지물'이라 보는 한 거기에는 개별자를 본질적 존재체로 보려는 의도가 들어 있음을 알 수 있다. 즉 개별자(기)가 보편자(리)위에 위치하고 있다. 존재하는 것은 구체적인 개별자이다. 이러한 생각은 곧 정약용이 리의 근원성을 부정하는 것이 된다. 이렇게 보면 정약용의 심신관은 기를 근원적 실체로 하는 심신일원론이라 할 수 있다.[37] 나아가 그는 인간처럼 영명성을 갖는 정신적 존재와 초목같은 영명성을 갖지 못하는 존재로 구분하고는 영명성을 가진 인간이 세계의 주재자의 위치에 있음을 천명하고 있다. 모든 만물은 질서 정연하게 운행하는데 이 모두가 결국 사람을 위해 존재하는 사물이라는 것, 그러한 사물이 바로 "사람을 비춰주고 사람을 따뜻하게 해주고 사람을 길러 주고 사람을 섬기지 않는 것이 하나도 없다. 이 세상을 주관하는 것은 인간"(『고금주』「양화편」) 이라는 점을 분명히 하고 있다. 인간은 상제의 명령(천명)을 받아 세계를 다스리는 대리자가 된다.

이러한 정약용의 이기론을 주자학에서 실학으로의 사상적 전환과 연결시켜 볼 경우 어떻게 생각하면 좋을까? 예를 들어 주자학이 본연의 성으로 돌아갈 것을 목적으로 삼는 한 인간은 근본적으로 동일한 존재라는 동일성주의에 서 있다고 할 수 있다. 상지와 하우의 구분이 있음에도 불구하고 모든 인간은 동일한 리를 갖고 있기 때문이다. 주자학은 모두가 성인이 될 수 있다는 '성인'의식을 강조하기 때문에 그러한 사회안에는 '성인'이라는 공통되고 정형화된 인간이 이미지화되어 있을 수 밖에 없다. '성인'이라는 공통

---

37 장승구, 『정약용과 실천의 철학』, 서광사, 1977, 59쪽; 정일권, 『다산사서경학연구』, 일지사, 2002, 287쪽.

된 지향성아래 '개인'은 묻혀버리기 때문에 '개인'이 보일 리가 없다. '개인'의 존재가 드러나지 않게 되는 것이다. '개인'을 보기 위해서는 '성인'이라는 거시적 안목을 포기하고 미시적 안목으로 전환해야 가능하다.

정약용에서 보는 것처럼 기와 리의 관계를 '자유지물'과 '의부지품'으로 본다는 것은 주자학의 '동일성주의'가 퇴색되면서 이를 대신하여 새롭게 '개별성주의'로의 지향이 활력을 얻으면서 사상사의 전면에 등장하고 있는 것으로 볼 수 있다.

다시 말하면 주자학에서 실학으로의 전환을 인간론의 면에서 보는 경우 동일성주의에서 개별성주의로의 전환으로 볼 수 있다는 것이다. 동일성주의에 매몰되어 보이지 않았던 '개인'이 정약용에 의해 비로소 새롭게 부상한 것이다. 이것은 위로부터의 시선이 아닌 밑으로부터의 시선에 의해 '개인'을 생각하려는 자세이다. 개별성이나 다양성을 속성으로 하는 인간이 사상사에서 처음으로 논의의 대상이 된 것으로 '개인'의 존재가 사상사적으로 '발견'된 것이다.

정약용의 시대는 욕망이 분출하는 시대였다. 그러한 분출하는 개인의 욕망을 조절하고 통합하는 존재가 상제천이었다. 상제 아래 서 있는 단독자로서의 개인이 발견된 것이다. 이때의 개인은 사회 공동체 안에서 구성원들과 연대감을 갖으면서 함께 숨쉬며 살아가는 개인이다. 거기에는 공동체의 시점이 들어 있다. 덧붙인다면 정약용의 이러한 시점의 바탕에 기독교가 존재한다고 말할 수 있다.

개인에서 타자로

상제천을 정점으로 세계를 포섭한다는 생각에서는 인간의 주체의식의 성장을 어떻게 보고 있는 것일까? 이 문제를 인의 해석과 관련시켜 생각해 보

자. 정약용의 학문에서 인의 문제는 대단이 중요한 위치에 있다.

> 집주에서 인자는 본심의 전덕이라 했는데 생각해보면 인은 사람이다.
> 두 사람이 인을 이룬다. 부자는 그 분한을 다하면 인이다. 군신이 그 분
> 한을 다하면 인이다. 부부가 그 분한을 다하면 인이다. 인이라는 이름
> 은 반드시 두 사람 사리에서 생겨난다. 단 한 사람이라면 인이라는 이
> 름은 설 수 없다.(『고금주』「안연편」, 『전서』5권, 452쪽)

정약용은 인을 본심의 전덕이라 하는 〈집주〉의 해석에 반대하여 인간의
관계성 안에서 다시 읽고 있다. 부자, 군신, 부부 사이에 주어진 분한을 다
하는 것이 바로 인이다. 그것은 선천적으로 내재하는 원리(리)로서의 인이
아니며 군주의 덕목으로서의 인도 아니다. 인은 "인륜의 지극함"[38], "인륜의
지선, 천하의 지선(至善)"[39]이라 표현되고 있다. 즉 인간관계 안에서 자신에게
부여된 분한을 다하는 비근한 성격의 인을 지선이라 강조하고 있다. 그런데
정약용이 인의예지의 이름을 행사 후에 이룬다고 정의하고 있는 것처럼 인
은 실로 행사를 동반한다. 이러한 인은 "효제충신의 총명"[40]이 된다. 효제충
신 그 자체가 인인 것이다. 이러한 인의 해석에는 학문의 실천 지향적 성격
을 여실히 반영하고 있다.

정약용의 『대학』삼강령의 명명덕에 대한 해석을 보면 그가 왜 인을 인간
각각에 부여된 분한을 다하는 것이라 했는지를 알 수 있을 것이다.

---

38 『고금주』「헌문편」, 『전서』권5, 555쪽.
39 『고금주』「옹야편」, 『전서』권5, 262쪽.
40 『고금주』「팔일편」, 『전서』권5, 136쪽.

인륜을 밝힌다는 것은 효제를 밝힌다는 것이 아니겠는가? … 비록 배우고 익히는 것은 여러 가지 예(藝)에 있다 해도 그 교육의 근본은 효제일 뿐이다. 그러니 명덕이란 효제가 아니겠는가? 허령불매와 심통성정을 리라 하고 기라 하고 명(明)이라 하고 혼(昏)이라 한 것은 비록 군자가 여기에 뜻을 두는 것이기는 하지만 단연코 옛날 태학에서 사람을 교육하던 제목은 아니다. 뿐만 아니라 성의와 정심이라는 것도 또한 효제를 실천하는 묘한 이치이며 방략일 뿐이며 교육하던 제목은 아니다. 교육하던 제목은 효제자일뿐이다.(『대학공의』권1, 『전서』4권, 15쪽)

인륜을 밝히는 것을 효제라 했는데 명덕이 바로 효제이다. 주자학에서는 허령불매, 심통성정, 성의정심 등을 명덕과 관련시키지만 그것은 결코 옛 대학에서 가르치던 과목이 아니다. 성의정심 등도 효·제·자를 이루는 묘리방책이다. 여기에서는 명덕을 마음의 문제와 관련시켜 생각하는 주자학의 방법이 부정되어 있다. "선을 행한 후에 덕이라는 이름이 서며 행하기 전에 어찌 몸에 명덕이 있겠는가"[41]라고 하여 명덕을 실천의 문제와 관련시키고 있다. 효·제·자를 실천하는 것이 명덕이다.

정약용이 효·제·자를 명덕이라 주장하는 근거로서 『서경』의 「요전」에 삼가 오전을 징험하여 경하여 오교 오전을 베푼다는 것을 인용하고 있다. 서경에서는 오전이나 오교를 부의, 모자, 형우, 제공, 자효라 했는데 정약용은 "형우제공 이것을 합하여 말하면 제이며 부의 모자 이것을 합하여 말하면 자이다. 그렇다면 효·제·자 이 세 글자는 즉 오교의 총괄"[42]이 된다. 정약용은 『서경』에 근거를 갖는 오교와 오전이란 효·제·자를 실천하는 것으로 간

---

41 『대학공의』권1, 『전서』권4, 17쪽.
42 『대학공의』권1, 『전서』권4, 15쪽.

주하고 있는 것이다. 요는 효제자의 덕을 극이 밝혀 수신의 공부를 다하여 집을 바르게 하고 나라를 다스려 천하가 마침내 평탄하게 되었다고 하여 허령불매의 덕으로 구족을 친히 한다는 말은 없다. 요가 효·제·자의 덕을 분명히 하여 이로 인해 제가, 치국, 평천하를 달성한 것이다. 평천하의 전제가 되는 명덕은 효·제·자를 실천하는 것으로 가능해진다.

이 명덕의 주해가 갖는 또 하나의 주의할 점은 요가 효·제·자로 수신을 이루었다고 정약용이 보고 있는 부분이다. 이것은 주자학적인 허령불매·심통성정·성의정심과 같은 마음의 내면을 다스리는 것도 아니지만 소라이처럼 예악에 의한 수신도 아니다. 정약용이 인을 "효제충신의 총명"이라 한 점에서 생각해보면 인을 다하는 것이 수신으로 연결되는 것이다. 이러한 경우의 수신은 효·제·자의 실천이 된다. 정약용은 『대학』의 3강령, '친민'의 주해에서도 천하에 명덕을 밝히는 것을 친민[43]이라 하고 효·제·자로 백성을 친히 하는 것을 명명덕이라 했다. 나아가 지선을 해석하여 '인륜의 지덕'이라 하고 "지선에 머무르는 것은 자신의 수신을 주로 하여 내가 이미 지선을 하면 백성은 스스로 나를 따라 선에 이른다. 그렇기 때문에 백성의 지선은 내가 강요할 바가 아니다.'[44]는 점을 밝히고 있다. 명덕·친민·지지선의 3강령은 효·제·자를 벗어나지 않으며 스스로가 효·제·자로 수신하는 것으로 평천하가 가능하게 된다. 평천하의 전제에 자수(自修), 즉 수신이 강조되어 있는데 그것은 효·제·자의 실천과 관련되어 있다.

정약용은 마음의 수신에 대해 예컨대 "불씨의 치심하는 법은 치심으로 사업(事業)을 이루지만 우리의 치심(治心)하는 법은 사업으로 치심을 이룬다.[45]"에 잘 나타나 있는 것처럼 '사업'을 통한 치심이다. 이것은 실천윤리에

---

43 『대학공의』권1, 『전서』권4, 23쪽.
44 『대학공의』권1, 『전서』권4, 27쪽.

통저하는 '행사'의 윤리이다. 그가 치민하는 것이나 치죄하는 것을 치인이라 하지 않고 사친이나 사군 같은 실천윤리를 치인이라 했다는 것도 정치적 의미의 치인보다는 효·제·자와 같은 실천윤리의 실현이 무엇보다도 중요했기 때문이다. 그가 인의 해석에서 보여준 것처럼 인륜의 지선과 천하의 지선이 치인의 덕이 된다. 여기에는 일종의 보편성을 가진 인간이 제시되어 있다고 할 수 있다.

3. 정약용과 소라이의 인간론의 상극

1) 덕 개념의 차이—명덕을 밝힌다는 것의 의미

예의 실천

『대학』의 명덕에 대한 정약용과 소라이의 입장의 차이를 생각해보자. 여기서 비교의 접점으로 명덕을 소재로 삼은 것은 인간의 이해면에서 덕의 문제를 어떻게 보고 있는가를 알고자 함에 있다.

소라이는 "명명덕으로 효제를 가르친다고 하는 것일 뿐 실제로 명덕의 정훈이 아니다."[46]고 하여 명덕을 효제라 보는 것에 반대하고 있다. 제2장에서 논한 것처럼 소라이는 군주라는 위정자의 입장에서 수신을 제시하고 있는데 그것은 정치적 관점, 즉 안천하를 위해 군주에게 기대된 일종의 장치였다. 이러한 면에서 명덕을 군주가 가져야만 되는 위엄이 있는 덕으로 보는 것이다. 이러한 견해는 곧 정약용이 『서경』 「요전」과 「고요모편」을 근거로 명

---

45 『대학공의』권1, 『전서』권4, 19쪽.
46 荻生徂徠, 『대학해』, 371쪽.

덕을 밝힌다는 것의 명덕을 효·제·자라는 실천 윤리의 측면에서 보는 것과는 차이가 있다.

소라이와 정약용은 명덕을 실제적인 '행사'의 측면에서 보고 있으며[47], 허령불매나 심통성정, 리나 기, 명(明), 혼(昏) 등 마음과 관련된 것으로 해석하는 주자학에 반대하는 면에서는 유사하다. 하지만 그 내용면에서는 서로 다르다. 정약용이 명덕을 효·제·자로 본다는 것은 인간관계 안에서 지켜야만 되는 도덕규범으로 보고 있다는 것을 의미한다. 거기에는 개인과 개인을 둘러싼 사회 공동체에 시선이 두어져 있음을 알 수 있다. 이에 반해 소라이는 통치의 주체인 군주가 자신의 수양을 통해 백성위에 군림하는 것의 당위성의 측면을 강조하는 것에 시선이 있다.

한편 명덕을 실현하는 방법에 대해서도 소라이와 정약용은 차이가 있다. 정약용은 『서경』의 「요전편」에서 요임금이 큰 덕을 밝혀 구족을 화친하게 하고 백성들을 빛나게 하여 우방을 화평하게 했다는 말을 수신, 제가, 치국, 평천하의 의미로 받아들이고 있다. 요가 효제자의 덕을 잘 밝히어 수신의 공부를 지극히 했기 때문에 제가, 치국하여 천하가 화평하게 된 것이지 요가 허령불매한 덕을 잘 밝히어 천하가 화평하게 된 것은 아니다.[48] 명덕의 방법을 요의 행사, 즉 효제자의 덕을 밝혀 구족을 화친하게 하고 백성들을 빛나게 한 것에서 찾고 있다.

소라이는 일을 시행하여 백성들에게 밝게 보여주는 것을 '명덕'이라 하면서 주희의 해석에 '연마하여 밝힌다'는 것은 정이의 천리인욕설에서 나온 것으로 불교의 진여무명설과 같은 것이라 했다.[49] 소라이에 의하면 태학이란

---

47 소라이는 명덕을 밝힌다는 것을 여러 행사를 시행하여 백성에게 명시하는 것이라 주해하고 있다. 『대학해』, 371쪽.

48 『대학공의』권1, 『전서』4권, 15~16쪽.

49 『대학해』, 371쪽.

천자와 제후가 학궁을 설치하여 양로와 향사의 예를 행하여 사람을 가르치는 곳으로 실제적인 형태의 덕의 수양이 이루어지던 곳이었다. 예를 몸에 익혀 그것을 실천하는 것이 명덕을 밝히는 것(명명덕)이 된다. 그것이 곧 인륜을 밝히는 것이었다. 이러한 사실이 시대가 흐르면서 후에는 의리를 강구하면서 성리의 설을 주로 하여 가르침의 내용을 삼게 되면서 변질되어 갔다. 그런데 소라이는 "양로의 예는 요순에서 시작되었다."고 하면서 "맹자(고자 하)의 요순의 도는 효제뿐이다."는 말을 언급한다.

또한 소라이는 『예기』 「문왕세자편」의 세자가 태학에서 높은 지위임에도 불구하고 사양하고 나이에 따라 차례를 정하여 의례를 행하는 것을 백성들이 보고 부자, 군신, 장유의 도리를 알게 된다고 했다. 이어 「제의편」에서는 대학에서 삼로(3공으로 늙어서 벼슬을 내놓은 자), 오경(고경으로서 늙어서 벼슬을 내놓은 자 5인)에 음식을 대접함에 천자가 친히 팔을 걷어 희생을 잘라 간장을 취하여 보내고 술잔을 들고 잔을 올리며 관을 쓰고 총간(摠干:춤추는 자가 방패와 창을 손에 쥐는 것)을 드는 것으로 제후에게 제(弟)를 가르치는 것이라는 문장에 근거하여 군주가 몸소 양로의례를 하여 나이에 따라 사양하면 백성들이 임금의 덕이 효제임을 알게 되어 교화가 될 것이라는 점을 부연하고 있다.[50] 소라이는 '군주가 몸소 가르쳐 보이는 것', 일종의 연출에 중점을 두고 있다. 교화가 핵심이 된다. 백성들은 군주를 모방하여 따라 배워 실천하는 것이다.

주체의 실천과 교화의 시선

그런데 정약용이 강조하는 효·제·자의 덕목의 실천이란 것도 결국 예의

---

50 『대학해』, 372쪽.

실천이 된다. 그는 『소학』으로 외면을 다스릴 것을 강조했는데 거기에는 예의 신체화와 그것의 실천이 제시되어 있는 것이다. 이렇게 보면 소라이와 정약용은 모두가 명덕을 예라는 측면에서 보고 있는 것이 되며 다만 그 내용면에서는 효·제·자의 예와 양로의 예라는 차이가 있을 뿐이다. 군주가 몸소효·제·자를 실천하는 것과 군주가 양로의 예를 실천하는 것, 실천의 측면에서만 본다면 차이는 없다. 또한 군주가 효·제·자의 모범을 보이면 백성들이 감화되어 백성들도 효·제·자를 실천하게 된다는 점에 있어서도 양자의 차이는 없다.

하지만 정약용에서 보듯이 명덕을 밝히는 일은 군주로부터 백성 모두에게 열려 있지만 소라이에 있어서 명덕을 밝히는 일은 군주 한 사람에게만 해당된다. 여기에는 일반화와 특수화의 충돌이 존재한다고 할 수 있다. 이것은 모든 개개인의 실천을 염두에 둔 정약용과 모든 사람의 교화에 중점을 둔 소라이의 차이라 할 수 있다. 교화의 측면에 중점을 둔다는 것은 위로부터의 강한 개입을 의미하며 이렇게 되면 개인은 소극적 자세를 취하게 될 것이다. 거기에는 백성 일반의 책임의식은 약화될 수 밖에 없다. 하지만 개인에게 윤리의 실천이 강조되고 위로부터의 개입이 약화된다면 개인은 적극적 자세를 취하게 될 것이며 책임의식도 강해질 것이다. 정약용이 명덕에서 확인하려 한 것은 책임의식을 가진 '개인'이 변혁의 주체로 성장해 가는 것이었다고 할 수 있다. 반면 소라이가 확인하고자 했던 것은 군주의 권위(힘) 아래 복종하는 '개인'이며 자신의 분한을 넘지 않고 처해진 현실에서 자신의 책무를 감당하는 '개인'이었다고 할 수 있다.

2) 기질변화와 기질불변화

경향성과 기질의 문제

『고금주』「양화편」의 〈성상근장〉은 『고금주』에서도 가장 분량이 많다. 그 것은 그만큼 정약용이 〈성상근장〉의 논제인 인성론을 대단히 중요한 문제로 받아들였다는 것을 보여준다. 먼저 〈성상근장〉에 대한 정약용의 주해를 요약해두자. 정약용은 다음과 같이 주해하고 있다.

성은 본심의 호오(好惡)로 덕을 좋아하고 악을 부끄러워하는 성은 성인이나 보통 사람 모두가 기본적으로 같지만 습관이 다르기 때문에 서로 멀어진다. 외물에 작용을 받는 바가 없으면 모든 사람은 서로 비슷하다. 이것을 상근(相近)이라 한다. 외물에 작용을 받아 익힘에 따라 성을 형성하게 되는데 선을 익히면 군자가 되고 악을 익히면 소인이 된다. 이것을 상원(相遠)이라 한다. 그러므로 군자는 무엇을 익힐지 익히는 것을 삼가야 한다. 상지는 아무리 악인과 어울려도 물들지 않고 하우는 아무리 선한 사람들과 함께 익혀도 교화되지 못한다. 상지와 하우는 지혜의 우열에서 발생하는 차이이며 인간이 태어나면서부터 선천적으로 차이를 갖는 것은 아니다. 그것은 전적으로 개인의 판단능력, 즉 욕구하는 경향성(기호)에 의한다. 물론 이 때의 욕구하는 경향성이란 호덕치오(好德恥惡)의 경향성이다. 이어 정약용은 성삼품설에 대해 다음과 같은 견해를 피력하고 있다.

상지와 하우는 성품에 있어서는 또한 서로 같지만 지혜에서 우열이 있을 뿐이다. 효자로서 묻는다면 순도 선하다하고 도척도 또한 선하다 할 것이며 모반한 신하로서 묻는다면 순도 악하다 하고 도척도 또한 악하다 할 것이다. … 상지와 하우의 선의 동일성이 이와 같은 것이지만 오직 순은 간악한 일을 익히 보고도 그에게 오염되지 않았고 도척은 유하

혜의 지혜를 자주 보고도 감화되지 않는 것이 이른바 옮겨가지 않는다

(不移)고 하는 것이다.(『고금주』「양화편」,『전서』6권, 102~103쪽)

여기에서 보듯이 정약용의 상지와 하우의 인식을 보면 성의 동일성 중시
에서 개별성을 강조하는 방향으로 전환되고 있음을 볼 수 있다. 또한 개별
자들 사이에서 발생하는 우열의 차이는 각 개인의 지적인 능력에서 발생한
다. 지혜의 우열은 각 개별자들의 욕구하는 경향에서 나온다. 상지와 하우
의 성이 동일하다는 것은 선을 지향하는 경향성에서 동일하다는 것이며 인
성과 물성이 동일하다는 의미에서의 동일성은 아니다. 주자학적인 논리에
따른다면 인성과 물성이 동일한 본연성을 갖기 때문에 "본연성을 갖는 모든
만물은 요순이 될 수 있다."[51]는 결론이 나와야 한다. 주자학의 본연성이 옳
다면 일월 성신, 금수나 초목 등도 요순 같은 성인이 될 수 있어야 한다는
정약용의 반론이 존재하기 때문이다. 모든 인간은 선을 좋아하고 악을 부끄
럽게 여기는 경향성을 갖는다. 정약용의 해석을 따르면 인성을 상중하 삼품
으로 구별하는 것은 무의미할 수 밖에 없다. 성삼품설은 결국 인간을 고정
화시키는 결과를 초래할 뿐이다.

성삼품설

이렇게 성삼품설에 대해 강한 반론을 제기하는 정약용은 인증란을 두어
성삼품설을 제기한 순열(荀悅)의 「신감(申鑑)」과 한유의 「원성(原性)」을 인용
하여 그들의 문제점을 조목조목 반박하는데 상삼품설이 천고의 폐단이라
고까지 격한 반응을 보이고 있다.[52] 그런데 이처럼 정약용이 성상품설의 문

---

51 『고금주』「양화편」,『전서』6권, 112쪽.

제점을 집요하게 드러내면서 천고의 폐단이라는 용어까지 사용하며 강하게 반대하는 이유는 무엇일까?

이 문제를 슌다이의 『논어고훈외전』과 비교해서 읽어보면 그 해답을 알 수 있다. 먼저 슌다이의 해석을 요약하면 다음과 같다. 슌다이에 의하면 사람의 성은 만 가지로 서로 다르지만(人性万殊) 대체적으로 상중하 삼품이 있다. 송유들이 맹자의 말을 신봉하여 인성을 본연지성과 기질지성의 두 가지로 나누었지만 맹자는 불교의 도를 실체로 삼았기에 신용할 수 없으며 인성에는 기질이 있은 후에 성이 있는 것이지 기질 이외에 본연지성이 있을 수 없다. 성삼품설은 순열이 처음 제기했고 한유가 상세히 논했다. 이렇게 의견을 피력한 슌다이는 순열의 「신감」과 한유의 「원성」을 인용하여 그들의 견해를 자세히 제시하고 있다.[53] 이어 슌다이는 오직 순열과 한유만이 성에 대해 제대로 알았다고 하면서 비록 이들의 견해에 문제가 전혀 없다고는 할 수는 없지만 그들의 요체는 공자의 뜻을 잃지 않았다는 점도 덧붙이고 있다.[54] 슌다이는 소라이와 마찬가지로 기질지성만을 인정하여 각각 개별자들의 다양성을 인정한다. 이처럼 기질지성만을 본래성으로 간주하는 것은 소라이 인성론의 계승인 것이다.

이러한 사실을 놓고 보면 정약용이 〈성상근장〉에서 인증란을 두어 순열과 한유의 설을 제시하여 인증하는 배후에는 슌다이의 『외전』이 있었다고 할 수 있다. 이것은 곧 슌다이로 계승되는 소라이의 인성론에 대한 비판으로 이해할 수 있다.

그러면 소라이는 〈성상근장〉을 어떻게 주해하고 있을까? 소라이에 의하

---

52 『고금주』「양화편」, 『전서』6권, 117쪽.
53 『외전』「양화편」
54 『외전』「양화」

면 성은 성질이다. 사람의 성질은 처음에는 서로 그다지 멀지않지만 익히는 것(학습)이 달라짐에 따라 현명함과 어리석음의 차이가 심하게 된다. 소라이의 해석을 따르면 습상원(習相遠)에서의 습(習)자는 '습관'으로 이해하기 보다는 학습의 의미로 보아야 한다. 학습의 내용에 따라 사람의 모습이 달라지게 된다.[55] 소라이는 『변도』에서 기질을 천성이라 하면서 사람이 잘 하지 못하는 것을 강제하면 하늘을 원망하고 부모를 원망하게 될 것이라 했다. 이어 그는 공자가 제자들을 훈육하는데 각각의 재질을 잘 파악하여 그것을 이루게 했다는 점을 부연한다.[56] 이러한 관점이 〈성상근장〉에서도 그대로 나타나고 있다.

하우는 백성을 말한다. 하우는 바꿀 수 없기에 백성으로 삼으며 사(士)의 자리에 오를 수 없다. 공자는 백성을 따르게 할 수는 있으나 알게 할 수는 없다고 했는데 학습에 의해 바꿀 수 없기 때문이지 애당초 그 어리석음을 미워한 것은 아니다. … 대개 바꾼다는 것은 성질을 바꾸는 것이 아니다. 바뀌는 것도 성질이고 바뀌지 않는 것도 또한 성질이다. 그러므로 상지와 하우는 바뀌지 아니한다고 한 말은 성질이 다름을 말한 것이다. … 잘 모르는 자들은 성질을 바꿀 수 있다고 하는데 성질이 어찌 바꿀 수 있는 것이겠는가? 배워서 기르고 기른 후에 그 재질이 완성된다. 완성되면 이전과는 차이가 있으니 이것을 일러 바꾼다고 하는 것이고 변화시킨다고 하는 것이다.(『논어징』「양화편」)

소라이는 사람이 갖고 있는 재능이나 소질을 계발하여 완성시키는 것을

55 『논어징』「양화편」
56 『변도』14.

공자의 학습법으로 이해하고 있었다. 이러한 것을 보면 소라이는 습(習)자를 학습이라는 의미로 받아들이고 있었다는 것을 알 수 있다. 무엇을 학습할 것인가에 따라 사람의 성질에 차이가 발생하게 된다. 여기에는 기질을 변화시켜야 한다는 주자학적인 강박관념은 보이지 않는다. 대신에 각각의 기질을 잘 파악하여 그 사람의 기질에 맞는 것을 학습할 필요성이 대두된다. 개별성 그 자체에 대한 인정이다. 각각의 사람이 잘 하지 못하는 부분을 억지로 강제할 필요가 전혀 없다.

그렇다면 소라이에서 보듯이 각각의 개별자를 인정한다는 것과 개별자들의 능력이나 소질을 파악하여 그것을 계발해준다는 것이 곧 개별자들의 무한한 자기 계발이나 자유의지를 반영하고 있다고 할 수 있을까? 소라이에 의하면 인간의 성은 만가지로 다양한데 강하거나 유약하거나 경박하거나 중후하고 더디거나 빠르거나 활발하거나 고요하며 이러한 다양성은 변화시킬 수 없다. 성인은 사람들의 성을 이끌어서 가르침을 세우고 배워 익히도록 했을 뿐이다. 기질은 변화시킬 수 없기 때문이다.[57] 마찬가지로 개별자들의 무한한 자기 계발이나 자기실현은 소라이에게는 찾아보기 어렵다. 그는 개별자들의 다양성을 인정하면서 개별자들의 사회적 분한을 자각하여 실천하는 것에 중점을 두고 있었다. 이러한 점에서 기질을 변화시킨다는 것은 불필요한 것이 된다. 기질을 변화시키기 위해서는 부단한 자기 수양이 필요하기 때문이다. 인성의 자기 수양보다는 성인이 제작한 예악을 학습하여 신체화하는 것이 더 중요하다. 고정화된 사회 질서와 이를 바탕으로 한 공동체의 유지와 공동체를 유지하기 위한 윤리가 더욱 중요했기 때문이다.

이러한 점은 정약용과 확연히 차이가 나는 부분이다. 정약용은 기질을 변화시켜 누구나 요순같은 성인이 될 수 있다는 것에 중점을 두면서 한편으로

---

57 『변명』「성정재」1.

는 사회적 수양을 통해 개인의 수양을 도모하는 방향으로 전환해 갔다. 여기서 말하는 사회적 수양이란 효제자의 사회적 실천을 말한다. 치인이 수기가 되는 정약용의 '전략'이 그것이다. 정약용의 수양론을 행사의 윤리라 하는 것은 이러한 의미가 있다. 그에게서 중요했던 것은 주자학적인 개인의 수양에 머무는 것이 아니었기 때문이다.

3) 분(分)과 역(役)의 신체지와 보편적 인간

분한과 덕

'행사의 윤리'에서의 윤리는 실천의 문제와 결부된다. 효제의 마음을 겉으로 드러내는 것이 중요해진다. 그 마음을 직접 표현해야 한다는 것이다. 여기에는 주자학적인 인의 해석, 즉 사랑의 원리와 마음의 덕은 추상적이라 알 수 없다. 정약용은 이러한 추상적인 논의를 구체적으로 형상화 시켰다. 예를 들어 부자가 그 분한을 다하거나 군신이 그 분한을 다하는 것, 부부가 그 분한을 다하는 것이 인이다. 그렇기 때문에 인은 두 사람 사이에서 생겨나는 것이다. 자신에게 맡겨진 분한을 다하는 것, 정약용은 인간의 관계성으로 인을 가져와 해독하고 있다. 그리고 인간관계안에서 자신에게 맡겨진 분한을 다하는 것이 지선이 된다. 인간관계 안에서 발생하는 인은 효제충신으로 대표된다. 효제충신이라는 개별 덕목을 실천하는 것이 바로 인한 상태가 되는 것이다.

여기서 인이 주자학적인 마음의 덕이 아니라고 한다면 덕의 의미는 달라질 수 밖에 없다. 이것이 중요한 이유는 주자학에서 덕의 개념이 정약용에와서 변화하고 있기 때문이다. 정약용은 인을 본심의 전덕이 아니라 사공(事功)을 이루는 것[58], 즉 인륜의 실천을 통해 얻어지는 결과물을 덕이라 간주했다. 선한 것을 쌓아 일로 드러나지 않는 것은 덕이 아니다. 정약용에게 선험적으로 주어진 덕은 존재하지 않는다. 사람을 사랑한 후에 인이라는 이름이 성립되는 것이며 사람을 사랑하기 이전에는 인이라는 이름은 성립되지 않는다. 인의예지는 사람의 마음에 잠복해 있는 것이 아니다. 만일 주자학처럼 인의예지가 본심의 전덕이라 한다면 사람들은 오직 벽을 향해 마음을 관조하여 마음의 본체를 밝고 맑게 하는데 힘쓸 뿐이다. 이러한 견해는 주자학이 만들어낸 '선험적'인 덕의 존재를 부정하는 것이다. 그가 사단의 단(端)자를 내면의 사덕이 밖으로 드러나는 말미로 보지 않고 덕을 이루기 위한 시작이나 머리로 해석한 것도 그러하다. 사단의 실천으로 덕이 얻어지는 것이다. 이것은 조선시대를 통하여 끊임없이 사람들의 윤리적 잣대가 되어왔던 전통적인 덕 개념의 변화이다. 정약용은 덕을 성과 관련시켜 심덕이라 하거나 마음에 내재하는 리로 이해하는 주자학적인 심법의 논리에서 벗어나 있다.

> 요즘 사람들은 덕자에 대한 인식이 원래 명확하지 못하여 경전을 읽다가 덕자와 마주치면 도대체 그것이 무엇을 의미하는지 멍하니 알지 못했다. 이에 다만 순후하고 혼박하여 청탁도 구분하지 못하는 자를 덕의가 있다고 하며 또한 이러한 기상으로 정좌를 한 채 천하를 다스리기만 하면 저절로 만물이 감화되어 돌아올 것이라 기대할 뿐이다.(『고금주』「위정편」, 『전서』5권, 46~47쪽)

인륜을 돈독히 하는 것이 덕인데 정좌하여 거경궁리하는 것으로는 인륜을 돈독히 할 수가 없다. 인륜을 돈독히 하기 위해서는 구체적인 실천행위가 수반되어야만 한다. 여기에서 덕을 실천하는 신체가 부상해 오는 것이다. 주

---

58 『고금주』「헌문편」, 『전서』5권, 20쪽.

자학에서 상실된 신체의 회복이라 할 수 있다. 그가 경을 거경의 의미로 보지 않고 대상을 향한 공경의 의미로 받아들인 것 역시 그러하다.

신체와 마음

정심하는 것에 주안점을 둔 주자학적인 윤리관에서는 신체보다는 마음이 우선시 된다. 왜냐하면 인간의 정서나 의지 또는 사유 등 모든 정신활동을 성의 발현으로 보기 때문이다. 이때의 성을 본연지성이라 하며 본연지성은 때가 묻지 않은 순선한 상태이다. 인간의 본연한 상태를 유지하기 위해서는 천리를 보존하고 인욕을 멸해야함을 강조한 이유도 여기에 있다. 주자학은 마음의 미세한 움직임까지도 철저하게 통제하려 했다. 조금의 미동도 허락하지 않는 엄격주의가 대두되는 것이다. 정약용은 이러한 주자학적인 수양론에서 벗어나 신체의 활동을 통한 마음의 변화로 수양의 방향을 전환시키고 있다. 그가 덕을 내 마음을 바르게 하는 것이나 본심의 정직, 마음의 정직 등으로 해석하는 것은 덕의 실천을 통해 마음이 바르게 된다는 것으로 이해할 수 있다. 정약용은 『심경밀험』에서 마음에 대해 다음과 같이 말하고 있다.

> 신(神:정신)과 형(形:육체)이 오묘히 결합하여 사람을 형성한다. 그러므로 고경에서 이를 통괄하여 신체(身)라 하기도 하고 나(己)라 하기도 한다. 이른바 허령지각은 한 글자로 이를 가리키지는 못했던 것인데 후세에 이를 구분지어 말하려는 사람들이 다른 글자를 빌어 쓰기도 하고 더러는 몇 개의 글자를 연결 지어 말하기도 했던 것이다. 심이라 하기도 하고 신이라 하기도 하고 영이라고도 하며 혼이라고도 하는 것은 모두가 다른 글자를 빌어서 썼던 말이다.(『심경밀험』)

여기에서 보면 마음은 신체와 분리되어 존재하는 것이 아니다. 인간은 신체와 마음의 이분법적으로 분리될 수 있는 존재체가 아니라 오묘하게 결합된 존재이다. 이러한 면에서 본다면 어느 한쪽의 변화가 다른 한쪽의 변화를 가져온다는 논리는 그다지 중요하지 않을 수도 있을 것이다. 다만 윗 글에서 정약용이 강조하고자 한 것은 마음에 집중되는 주자학적인 사유에서 벗어나 인간의 신체에 주안점을 두려한 점에 있다. 그가 그러한 뒷받침을 고경에서 찾아 신체(身) 혹은 나(己)라는 말로 인간을 설명하려 한 점은 주자학에서 상실된 신체를 다시 회복시키는 것으로 이해할 수 있다. 신체의 활동을 통한 인간형성을 신체지라 한다면 정약용이 덕을 신체와 연관시켜 생각한 것은 바로 신체지의 회복이라 할 수 있다.

여기에는 인간형성 과정의 변화가 불가피할 수 밖에 없다. 마음(리)중심의 사고에서 기(신체)중심의 사고로의 전환이다. 자신에게 맡겨진 분한을 다하는 것과 기 중심주의는 일정한 연관성을 갖는다.

기질지성과 내면의 자율

그런데 이처럼 기(신체) 중심적 사고라는 측면에서 본다면 정약용과 소라이는 유사성을 갖는다. 소라이 역시 기질지성을 본연의 성으로 인식하고 있기 때문이다. 그러나 그 본질면에서는 차이점이 확연해 진다. 전술한 소라이의 인용문을 다시 생각해 보자. "하우는 백성을 말한다. 하우는 바꿀 수 없기에 백성으로 삼으며 사(士)의 자리에 오를 수 없다."는 것에서 보면 하우는 상지인 사의 지배를 받는 존재로 인식되고 있다. 인성의 차등성을 인정하기 때문이다. 유명한 소라이의 "쌀은 어디까지나 쌀이며 콩은 어디까지나 콩"(『답문서』중)이라는 명제는 인성의 차등성을 전제로 하여 인간에 부여된 각각의 분한이 있다는 것을 보여준다. 소라이는 인간의 내면적 자율성을 인정하지 않는다. 여기에는 정약용에게서 보이는 자율적 주체는 성장하기 어렵다. 슌다이에 있어서도 사정은 다르지 않다. 슌다이가 강조한 예악에 의한 신체의 수양과 그것에 의한 인심에 물들게 하는 것도 애당초 불안한 인심은 자율적 주체로서 일할 수 없다. 소라이는 인의 해석을 군주의 시점에서 보기 때문이다.

> 인은 사람의 장이 되어 백성을 편안하게 하는 덕을 말한다. … 군(君)은 군(郡)이다. 사람을 모아 이것을 통일하는 것은 인이 아니면 무엇으로 가능하겠는가?(『변명』㊁)

사람의 장이 되는 군주가 안천하를 위해 몸에 익히는 덕이 인이 된다. 인군이 민중을 통일하기 위해 체득해야하는 덕이다. 소라이의 인은 어디까지나 위정자의 입장에서 해석되고 있다. 이러한 점은 정약용과 확연히 차이나는 부분이다.

이러한 인간관의 차이는 정치사상에서도 커다란 간격을 가져온다. 정약용은 인심의 자율적 통제가 가능한 인간, 그것도 자기 책임을 갖는 보편적 인간을 전망하고 있었다. 정약용의 인간 이해에서 자기 책임을 갖는 인간을 전망하는 근거는 바로 인의 해석에 있다. 인륜의 지극함이나 인륜의 지선, 천하의 지선으로 정의하는 인은 보편성을 갖으며 그것에 의한 보편적 인간이 전망되어 있다고 볼 수 있다. 이러한 인을 바탕으로 하여 인간을 사회적 관계성 안에 위치시켜 각각에 부여된 분한을 제시하고 있다. 이 사회적 관계를 벗어나 자신의 분한을 망각하게 된다면 사회는 성립하기 어렵다. 인을 다하는 것으로 책임있는 주체가 비로소 형성되는 것이다. 따라서 마음의 자율적 통제가 가능한 인간, 혹은 자기 책임을 갖는 보편적 인간이란 사회적 관계를 벗어나지 않는다. 결국 인간의 자기 책임은 사회적 책임을 수반한다. 이러한 경우의 분한이란 인륜을 다하는 의미가 되며 소라이적인 역과는 다르다.

정약용의 인간관에서 보이는 무한한 인간의 가능성을 갖는다는 것의 배후에는 지역적 중화를 상대화시키고 문화적 중화를 환기시키는 논리까지도 들어있다. 상지와 하우의 차별이 없는한 조선은 이적의 오랑캐가 아니다. 정약용은 이적의 도를 행하는 것을 이적이라 하고 제하(중국)의 법을 행하면 중국이라 했다. 화이사상의 극복이 내포되어 있는 것이다.[59] 이에 비해 소라이는 개개의 능력에 한계를 인정하여 성인에 의한 통치, 그것도 강력한 정치적 군주에 의한 통치를 구상했다. 그것은 막부중심의 정치사상이었다. 상호성, 다양성, 조화성을 속성으로 하는 인간은 반드시 집단을 형성하며 집단적으로 존재한다. '집단'안에서 존재하는 '개인'과 그 개인의 가능성의 전망이라는 논리에서 본다면 정약용에게서 보이는 보편성은 약화될 수 밖에 없다.

이렇게 보면 인간론에 있어서 정약용과 소라이는 추구하는 바가 달랐다는 것을 알 수 있다. 그것은 조선사회가 새로운 방향을 향하여 나아가기 위한 실천적 주체로서의 인간이 기대되었기 때문이다. 정약용의 인간이해에는 조선 주자학이 안고 있던 민중과의 괴리성을 극복하여 책임있는 주체 육성이 목적이었다는 것을 확인할 수 있다. 이러한 것은 소라이학의 인간이해에서는 결코 볼 수 없는 점이다.

---

59 『고금주』「팔일편」, 『전서』5권, 89쪽.

4. 한국사상사와 일본사상사의 거리

　정약용이 인간 관계안으로 인의 실천을 강조한 것과 소라이가 인간 각각에 부여된 분한이나 역할이 있다고 한 면에서는 유사성이 보인다. 그러나 정약용이 인을 인륜의 지선이나 천하의 지선, 인을 효제충신의 총명으로 규정한 것은 천과 인성을 연속적으로 파악하는 것을 의미한다. 이러한 점에서 인간의 도덕주체의식이 강하게 전제되어 있었다고 할 수 있다. 이 경우의 인은 인간 일반에 요구된다. 도덕성은 인간의 내면(마음)에 근거를 두는 것이다. 그러나 소라이는 인을 사람의 장이 되어 백성을 편안하게 하는 덕이라 하여 위정자의 덕으로 한정시켰다. 소라이에게 인의 일반화의 시선은 없다.

　개개의 책임을 동반하는 주체성을 부여하여 사회 전체를 움직이는 주체성을 추구한 정약용에 비해 소라이는 인간은 사회 전체의 공동체를 이루는 집단적 존재라는 의미를 부여하는 입장에 서 있었다. 그것은 사회안에 각 개인의 역할을 분담시켜 인재를 적재적소에 배치하여 질서를 강화하고 정치의 유효성을 확대하는데 유효하다. 소라이의 인간론에 문제점을 파악하여 보완하려한 슌다이에게도 인간 내면에 도덕의 근거는 없다. 마음을 예악에 의한 인간 외부의 통제에 맡겨 버린 슌다이의 인간이해는 정약용에 의해 비판당하는 것이다.

　인을 인간 일반까지 확장하는 정약용은 당연 군주의 도덕성을 강조한다. 명덕을 효제자의 실천으로 파악하여 군주 스스로 효제자의 덕을 실천할 것을 강조하는 방향에서 치국이나 안천하의 가능성을 이끌어 낸다. 여기에 치국 안천하는 유덕자왕에 의해 실현될 수 있다는 인식이 보인다. 이에 비해 소라이는 명덕을 효제라 주해하는 것에 반대하여 외면에 분명하게 드러나는 덕, 현덕이라 보고 있다. 정치적인 의미에서의 군주가 갖어야만 하는 덕이 소라이의 명덕이다. 군주의 절대성이나 위엄성이 강조되는 것이다. 소라이에게는 유덕자왕 이라는 사고는 약화되어 있다. 소라이가 제시한 것은 군주의 위엄의 강조, 이를 위해 군주는 도덕성의 연출도 가능하다고 보았다. 단 백성이 백성의 부모인 군주를 신뢰하여 따르기 위해서는 군주에의 절대적인 믿음이 필요하다. 백성에 신뢰를 얻기 위해서는 군주의 유덕성을 무시할 수 없는 면도 소라이에게는 보인다.

소라이, 슌다이처럼 맹자를 부정하고 순자와 고자를 긍정적으로 수용하는 인성론의 전개는 한국사상사 전체를 살펴봐도 드러나지 않는다. 조선 시대의 유자들은 맹자를 근간으로 하는 인성론이 인간 이해의 표준이었다. 이러한 점은 주자학자나 실학자들에게서도 공통된다.

이러한 정약용의 강한 주체의식은 이 책에서 서술한 것처럼 이후의 한국 근대 양명학의 사상적 동력원이 된다. 근대의 한국 양명학자들은 양명학을 실천과 민족혼의 관점에서 수용하면서 민족주의를 형성했는데 그 사상적 기반을 정약용에게서 찾았다. 정약용이 강조하는 인간의 주체의식이 시대적 위기와 함께 되살아 난 것이다.

1.

　본서에는 소라이 이후의 소라이학의 전개 및 반소라이학의 사상 동향을
일본사상사의 내부와 한국사상사라는 외부의 두 방향에서 고찰하여 일본
사상사와 한국사상사 쌍방에서 소라이학의 제상을 생각하는 것으로 동아
시아 사상사 구축의 가능성을 전망하고 있다.

　소라이는 주자학을 극복하여 새로운 학문의 방법론을 모색하는 과정에
서 명대의 고문사파로부터 많은 영향을 받았으며 여기에서 고문사학적 경
서 해석 방법론이 탄생했다. 그러나 그 방법론에 의해『정담』이나『태평책』
등에서 정치제도나 법률에 의한 사회통합을 주장한 소라이학은 다양화, 복
잡화되어 가는 사회 상황아래서 사회와 민중 통합의 기능을 상실하면서 점
차 유효성을 잃어갔다. 한때 일세를 풍미했던 소라이학이 쇠퇴하고 소라이
학의 세례를 받았던 많은 유학자들이 소라이학에서 사상적으로 전향해 갔
다. 소라이학에 대한 반성과 성찰이 절충학이라는 다양한 지적 실험을 양산
해내는 현상을 만들어 냈던 것이다. 한편 소라이학이 쇠퇴해가는 원인에 소

라이학파의 내부 분열도 관계되어 있다. 경학은 다자이 슌다이, 시문은 핫토리 난카쿠로의 분열이 그러하다. 슌다이가 핫토리 난카쿠를 비판한 것을 상기한다면 쉽게 이해될 것이다.

소라이학이 사상계에 남긴 문제점, 고문사학의 방법론과 도덕 부재의 인간론이 그대로 소라이 비판의 쟁점이 되었다. 고문사학과 도덕 부재의 인간론을 사상적으로 극복하는 것이 소라이 이후의 유자들이 풀어내야할 과제였다. 이러한 사상사의 변동과정에서 소라이학의 문제점을 자각하여 소라이학을 재구성해 가는데 심혈을 기울인 것이 소라이 문하의 다자이 슌다이였다. 슌다이의 『왜독요령』이나 『시서고전』, 『문론』, 『시론』, 『논어고훈외전』 등은 실로 소라이의 문제점을 사상적으로 극복하기 위해 저술된 일종의 '전략적' 저술에 속한다. 슌다이는 이러한 저작들을 통해 명의 이반용, 왕세정의 고문사 주장에 철저히 비판적인 시선을 두고는 소라이 보다도 더욱 실증적인 분석을 통해 올바른 고문사의 학습이나 고훈을 밝히는 방법을 철저화했다. 그 결과 고문사학은 경서 해석의 방법론으로서 보다 정치화되고 논리화 되었다고 할 수 있다.

한편 슌다이는 예악을 개인 단위의 심성의 수신과 관련시켜 생각했다. 그것이 개인 도덕에 주안점을 두지 않았던 소라이학의 약점을 보강하는 것이 된다고 판단한 것이다. 슌다이가 생각한 사회의 풍속 교화는 인성의 교화에서 시작되어 사회 전체로 확대해가는 방법이었다. 즉 슌다이는 풍속을 올바르게 만들기 위해 예악에 의한 인성의 내면 세계로의 관심을 소라이 보다도 더욱 철저하게 밀고 나간 것이다. 이러한 의미에서 소라이의 경세론을 개인의 차원에서 새롭게 생각한 것이 슌다이의 경세론이다.

그러면 소라이 이후 소라이, 슌다이의 사상은 어떻게 읽혀지고 변용, 수용되어 가는 것일까? 소라이 이후의 사상계가 절충학으로 흘러갔다는 것은 특정한 사상 체계가 세계를 포섭할 논리의 부재를 역설적으로 말해준다. 그것은 기존 사상에 대한 일종의 종합적 성격을 내포하지만 반대로 생각해보면 사상을 종합하기 위한 방법론은 무엇인가가 다시 물어질 수 밖에 없다. 이러한 방법론의 부재를 극복하기 위한 학문적 노력으로서 우노 메이카, 이노우에 긴카, 가타야마 겐잔, 미나가와 기엔, 오타 긴죠를 들 수 있다. 이러한 움직임이 학적 체계로 보다 강렬한 형태로 나타나기 시작한 것은 가타야마 겐잔과 오타 긴죠에 의해서이다.

겐잔과 긴죠는 슌다이, 난카쿠 등의 문인이 고문사가 무엇인지를 모른 채 단순하게 이·왕의 문장을 모방하고 표절하는데 급급했다고 판단했다. 소라이 고문사학의 문제점을 직시한 이들은 경서의 정확한 이해를 통해 성인의 도의 내용을 확립하려 했다. 그러한 방법이 문헌 고증학적이었다. 이러한 방법에 의해 소라이학의 극복이 모색된 것이다. 겐잔과 긴죠는 다양한 학문적 실험의 장이었던 소라이 이후의 사상계에서 경서 이해의 기준을 제공하는 것을 자신들의 과제로 인식한 것이다. 소라이학의 고문사학이라는 경학에 대한 반성과 새로운 경학의 방법론의 모색이 이들에게 맡겨진 과제였다고 할 수 있다. 이러한 점이 경세학에 문제축을 두었던 호소이 헤이슈, 카메이 난메이, 쓰카다 다이호, 라이 슌수이, 비토 지슈 등과 차이나는 부분이다.

소라이 이후의 학문의 동향을 청조 고증학의 수용기로 볼 때 청조 고증학의 수용 가능한 토대를 앞서서 준비한 것은 겐잔과 긴죠의 문헌 고증학적 방법이었다고 할 수 있다. 겐잔이 문헌고증학적 경학 방법의 발견이라고 한다면 긴죠는 겐잔의 방법을 더욱 밀고 올라가 고증학적 방법론을 보다 치밀하고 철저하게 구성했다고 평가할 수 있다. 그런데 이러한 겐잔과 긴죠의 방법은 소라이 고문사학의 발전 혹은 철저화로도 볼 수 있다.

한편 소라이학의 인간론을 재구성한 슌다이의 인간론이 다시 비판의 대상이 되는 것을 어떻게 이해하면 좋을까? 슌다이와 그 비판자 사이에는 유학으로 자기형성하는 유학자의 본질과 관련된 물음이 논쟁의 중심이 되고 있다. 관정 이학의 금에 이르는 사상사의 변동과정에서 군자를 비롯한 인간의 본질에 관한 논의가 부상해 온 것이다. 반슌다이론자에 의해 인간의 내면에는 본연의 성이 천리로서 갖추어져 있다는 주자학적 인간론이 소라이학을 대신하여 다시 인간 이해의 표준이 되는 필연성이 여기에 있었다. 슌다이가 재확인한 마음의 자율성에의 불신이 다시 신뢰의 대상으로 전환한 것이다. 이 논의를 통해 소라이, 슌다이로 계승되는 인간론이 갖는 의미가 보다 한층 분명하게 드러났다고 할 수 있다.

그런데 슌다이의 인간론은 맹자 인성론의 부정에서 출발한다. 소라이나 슌다이에 의해 맹자는 이단이 되었다. 반슌다이론자는 소라이, 슌다이에 의해 이단시된 『맹자』를 성인의 도의 정통한 계승자로 복권시켰다. 이 『맹자』를 둘러싼 수용사는 소라이 이후 『맹자』가 사상사의 전개과정에서 어떻게 이해되고 읽히는가 라는 문제와 관련된다. 에도 시대를 통해 『맹자』 관계 서적의 출판과 『맹자』 수용을 소라이학과 관련시켜 생각해 볼 때 소라이학의 인간 이해의 특징은 보다 분명하게 드러나게 될 것이다. 나아가 일본사상사에서 『맹자』의 해석사도 이해될 것이다. 소라이 이후 절충학에서 주자학으로 전환해가는 사상사의 변동과 『맹자』 해석사의 관계도 새롭게 고찰해야만 하는 과제를 남겨주고 있다.

다음으로는 에도사상사의 외부에서 소라이학의 문제를 정약용을 소재 고찰했다. 정약용은 소라이의 고문사학에서 선왕의 도의 양태에 대해 공감을 보였다. 정약용에게는 겐잔, 긴죠나 슌다이와 같은 소라이의 고어설이 올바른지 어떤지에 대한 논의는 보이지 않는다. 정약용은 『논어』에서 고경의 세계를 있는 그대로 복원하는 것으로 성인의 경지가 구체적으로 보인다고 생각했다. 무엇보다도 해결해야만 되는 문제는 조선 주자학의 경서 해석의 문제를 극복하여 그것이 성인의 경지와 다르며 이단이라는 것을 확립하는데 있었기 때문이다. 즉 공자를 통해서 보이는 선왕의 도, 정치적 세계의 상을 발견하는 것이었다. 조선주자학에 의해 변질된 성인의 전장제도의 복원이 절실했다. 이 방법의 발견을 통해 그때까지의 주자학적 사서주소중심의 경학관에서 경중심의 경학관으로 학문의 전환을 추구했다. 그는 유학을 정치적 시선에서 파악하고 있었는데 이 점에서는 소라이에 공감할 수 있었을 것이다. 정약용이 고금주에서 소라이와 슌다이설을 인용하는 이유도 여기에 있다고 할 수 있다.

여기서 정약용과 소라이의 『논어』의 자리매김에 대해 부연해 둔다. 소라이는 공자가 〈육경〉을 편찬할 때 많은 전기나 기록 등에서 선별하여 〈육경〉을 엮었으며 『논어』는 그 남은 것들을 모아놓은 것이다. 불완전한 상태의 〈육경〉이 의가 되는 『논어』를 통해 완전한 것이 된다. 소라이는 『논어』를 〈육경〉으로 들어가는 입구로 생각한 것이다. 그러나 정약용은 소라이와 같은 이해는 없었다. 정약용에게는 성인 공자의 언행 일체가 수록된 것으로 후학이 오직 존신체행 해야 할 서책이 논어였다. 성인 공자를 배우는 것이 실천윤리로 연결된다. 정약용은 공자를 포함하여 성인의 경지를 발견하는 것에 노력하여 이를 위해 『논어』 주석이 중요한 위치에 있었다. 즉 『논어』의 자리매김에 대해 정약용과 소라이는 커다란 거리가 있었다고 할 수 있다.

여기서 주목할 필요가 있는 것은 소라이 이후의 일본사상사는 주자학으로 돌아가려는 방향으로 진행되어 갔음에 비해 한국사상사에서는 주자학을 해체하는 방향으로 전개되어 갔다는 것이다. 즉 조선 심학은 이기심성론(심학) 중심의 조선 주자학이 잉태한 모순을 국가제도 제작의 불비에 있다고 단정하여 경서에 대한 전면적인 재해석 작업에 들어갔다. 그 정점에는 정약용에서 보이듯이 경서로 돌아가 경서 안에서 올바른 성인의 도를 확인하고 국가제도에 적응시켜 가려는 자세가 보인다. 여기에는 국가제도의 정비가 문제의 중심에서 논의되는 것이다.

한편 일본사상사는 심학이나 심성론 보다는 국가 제도의 작위에 중점을 둔 소라이학의 약점(도덕학)이 현저화되면서 이 때문에 국가 제도를 움직이는 인간에 시선을 두려는 움직임이 강해져 갔다. 반슌다이론을 주장한 유학자들에게서 보이듯이 인간의 본질에 대한 재검토 작업이 시작된 것으로 이해할 수 있다. 물론 관정이학의 금에 의해 주자학으로의 복귀가 주장되었다고는 하지만 조선 주자학에서 보이듯이 이기심성론으로 복귀하는 것은 없었다. 이 부분은 중요하다. 정약용과 소라이의 인간론의 차이는 결국 일본사상사와 한국사상사의 차이로서 확대 해석할 수 있을 것이다.

2.

지금까지 이 책을 통해 살펴본 것처럼 조선통신사가 가져온 에도 유학자들의 저작이 조선 유학자들 사이에 학문적으로 논의되면서 드디어 정약용에서 보이는 것처럼 에도 지식인들의 저작을 철저하게 읽어내는 지식인도 등장했다. 그것은 이른바 동아시아 사상사에서 지의 형성의 변화를 생각할 때 중요한 단서가 될 것이다. 동아시아라는 틀에서 유학지의 동태를 적극적으로 파악해야할 필요성이 제기될 수 밖에 없다.

마지막으로 앞으로의 전망을 언급해두는 것으로 이 글을 마치고자 한다. 소라이학을 둘러싸고 일본과 조선에서 벌어진 사상의 전개에 조선 유학자 사이에서 인식된 소라이학의 상과 조선 통신사와 소라이 문인들에 의한 필담의 내용을 더하고 나아가 중국의 유학자들에게서 소라이학의 인식을 포함하여 종합적으로 고찰한다면 소라이학 및 일본사상사가 종합적으로 보이지 않겠는가 하는 점이다. 동아시아에서 소라이학의 무엇이 긍정되고 무엇이 부정(비판)되는가를 생각하는 것으로 일본사상사를 생각하는 시선의 전환이 가능해진다. 동아시아 사상사를 일국에 갇혀 단절된 사상체로 보는 것이 아니라 동아시아 사상과의 연동성에 주목하는 시선이 필요하다. 유학을 둘러싼 동아시아 사상의 비교 연구의 가능성도 보다 풍부해질 것이다. 본서에서는 한일관의 사상적 논의의 일단을 살펴보는 것에 지나지 않았지만 이 문제를 동아시아의 사상 공간으로 확대하여 동아시아의 지의 양태와 그 움직임을 생각하는 것으로 새로운 동아시아 사상사를 구상할 수 있을 것이다.

사 료

韓國篇

李瀷, 『星湖全集』51권(『韓國文集叢刊』199卷, 民族文化推進會, 景仁文化社, 1997)

____, 崔錫起譯注, 『성호사설』, 한길사, 1999.

丁若鏞, 『與猶堂全書』, 驪江出版社, 1985.

洪大容, 『湛軒書』(『韓國文集叢刊』248卷, 民族文化推進會, 景仁文化社, 2001)

신유한, 『해유록』(『국역해행총재』II, 고전국역총서, 민족문화추진회, 1977).

조엄, 『해사일기』(『국역해행총재』VII, 고전국역총서, 민족문화추진회, 1977)

원중거, 『화국지』(박재금 옮김, 『와신상담의 마음으로 일본을 기록하다』), 소명출판사,
    2006.

____, 『승사록』(이혜순 옮김, 『조선후기 지식인, 일본과 만나다』), 소명출판, 2006

성대중, 『일본록』(홍학희 옮김, 『부사산 비파호를 날 듯이 건너』), 소명출판, 2006.

日本篇

宇野明霞, 『明霞先生遺稿』(『明霞先生遺稿』전8권, 平安書肆, 京都大學付屬図書館所藏本,
    1748년 간행)

_____, 『論語考』, 平安書肆, 寬延2년(1749) 간행(京都大學付屬図書館所藏本).

江村北海, 『授業編』3卷(玉樹堂·文綿堂書林, 京都大學付屬図書館所藏本, 1783년 간행)

荻生徂徠, 『四家雋』(京都大學付屬図書館所藏本, 1761년 간행)

_____, 『譯文筌蹄初編卷首』, 『徂徠先生文戒』, 『論語徵』, 『経子史要覽』, 『徂徠先生答問
    書』, 『蘐園隨筆』(『荻生徂徠全集』전6권, みすず書房, 1973~87)

_____, 『徂徠先生學則』, 『徂徠集』, 『弁道』, 『弁名』, 『學則』, 『太平策』, 『政談』(日本思想大

　　系36, 岩波書店, 1973)

_____, 『讀荀子』, 『大學解』, 『中庸解』, 『孟子識』(『荻生徂徠全集』전5권, 河出書房新社,
　　1973~77)

_____, 『徂徠集』(平石直昭篇, 『近世儒家文集集成』3, ぺりかん社, 1985)

片山兼山, 『山子垂統』(上哲次郎編纂, 『日本倫理彙編』, 金尾文淵堂, 1903)

_____, 『論語徵癈疾』(『崇文叢書』第二輯, 1930~1931년판)

木貫州, 『聖學問答諺義』(京都大學付屬図書館所藏本, 1766년 저술, 1832년 사본)

藪孤山, 『崇孟』(日本思想大系37, 岩波書店, 1972)

太宰春台, 『春台先生紫芝園稿前後稿』(小島康敬篇, 『近世儒家文集集成』6, ぺりかん社,
　　1986)

_____, 『論語古訓外伝』(嵩山房版, 京都大學付屬図書館所藏本, 1745년 간행)

_____, 『経濟錄』, 『経濟錄拾遺』(『日本経濟叢書』卷6, 日本経濟叢書刊行委員會, 1914)

_____, 『倭讀要領』(須原屋, 京都大學付屬図書館所藏本, 1728년 간행)

_____, 『文論・詩論』合刻本(再刻)(稱觥堂, 京都大學付屬図書館所藏本, 1773년 간행)

_____, 『聖學問答』(日本思想大系37, 岩波書店, 1972)

_____, 『六経略說』(崇山房, 京都大學付屬図書館所藏本, 1745년 간행)

_____, 『六経略說』(井上哲次郎・蟹江義丸共編, 『日本倫理彙編』卷6, 育成會, 1902)

_____, 『詩書古伝』(嵩山房, 京都大學付屬図書館所藏本, 1758년 간행)

_____, 『弁道書』(『日本思想鬪諍史料』, 名著刊行會, 1969)

_____, 『老子特解』(崇山房版, 京都大學付屬図書館所藏本, 1783년 간행)

高瀨學山, 『非聖學問答』(關儀一郎編纂, 『日本儒林叢書』第4冊, 東洋図書刊行會,
　　1929)

塚田大峰, 『聖道得門』(『近世後期儒家集』, 日本思想大系47, 岩波書店, 1972)

那波魯堂, 『學問源流』(『日本文庫』6, 博文館, 1891)

服部南郭, 『近世儒家文集集成』7, ぺりかん社, 1985

久田轲, 『聖學問答辨』(雲箋堂・熙文堂出版, 京都大學付屬図書館所藏本, 1791년 간
　　행)

尾藤二州, 『正學指掌』, 日本思想大系37, 岩波書店, 1972.

廣瀨淡窓, 『淡窓全集』(日田郡教育會編, 『淡窓全集』全3卷, 思文閣, 1926)

湯淺元禎, 『文會雜記』(『日本隨筆大成』14, 吉川弘文館, 1975)

堀田璋左右・川上多助編, 『先哲叢談續編』, 友文社, 1916.

賴春水, 「學統論」(『近世後期儒家集』, 日本思想大系47, 岩波書店, 1972)

著者未詳, 『譴園雜話』(『續日本隨筆大成』第4卷, 吉川弘文館, 1979)

山縣周南, 『周南文集』전10, 京都大學図書館所藏本, 1760.

藤原惺窩, 『大學要略』(『藤原惺窩・林羅山』, 日本思想大系, 岩波書店, 1975)

林羅山, 『三德秒』(『藤原惺窩・林羅山』, 日本思想大系, 岩波書店, 1975)

熊澤蕃山, 『日本教育思想大系』, 日本図書センタ , 1970.

中井竹山, 『非徵』(『近世後期儒家集』, 日本思想大系47 ,岩波書店, 1972).

太田錦城, 『梧窓漫筆』上下, 小林新造藏版, 1879.

_____, 『梧窓漫筆』三編上下, 小川尙榮堂, 1897.

_____, 『梧窓漫筆』後編下, 小川尙榮堂, 1897.

_____, , 『九經談』, 京都大學付屬図書館所藏本, 전10권, 京都伏見屋, 1804.

_____, 『疑問錄』, 『洙泗仁說』, 『부록삼조』, 『日本倫理彙編』第9卷, 金尾文淵堂, 1903.

_____, 『中庸原解』, 『大學原解』, 『日本名家四書註釋全書』卷12, 東洋図書刊行會, 1923.

_____, 『尙書紀聞』, 『漢籍國字解全書』第6卷, 早稻田大學出版部, 1910.

伊藤仁齋, 『語孟字義』, 日本思想大系33, 岩波書店, 1971.

中國篇

程樹德, 『論語集釋』, 中華書局, 1997.

何晏, 『論語集解』(武江書肆, 京都大學付屬図書館所藏本, 1732년 간행)

皇侃, 『論語集解義疏』(大阪書林河內堂, 京都大學付屬図書館所藏本, 1750년 간행)

邢昺, 『論語注疏』(『十三経注疏』19, 新文豊出版, 민국80년).

程樹德, 『論語集釋』, 中華書局, 1990.

朱熹, 『四書章句集注』, 中華書局, 1983.

단행본

韓國篇

고희탁, 『일본 근세의 공공저 삶과 윤리』, 논형, 2009.

강만길, 『다산학의 탐구』, 민음사, 1990.

_____, 『정다산과 그 시대』, 민음사, 1986.

김영호,『다산의 논어해석연구』, 심산출판사, 2003.

김영일,『정약용의 상제사상』, 경인문화사, 2003.

김태영,『실학의 국가개혁론』, 서울대출판부, 1998.

김형효편,『다산의 사상과 그 현대적 의미』, 한국정신문화연구소, 1998.

금장태,『조선 후기의 유학 사상』, 서울대학출판부, 1998.

_____,『도와 덕-다산과 오규 소라이의『중용』『대학』해석』, 이끌리오, 2004.

_____,『조선후기유교와 서학』, 서울대학출판부, 2003.

文錫胤,『호락논쟁형성과 전개』, 동과서출판사, 2006.

實是學舍経學研究會篇,『다산과 문산의 인성논쟁』, 한길사, 1996.

이광래,『한국의 서양사상 수용사』, 열린책들, 2003.

_____,『일본사상사연구』, 경인문화사, 2005.

이가원편,『한국학 연구 입문』, 지식산업사, 1981.

원우한,『조선후기 실학의 생성, 발전 연구』, 혜안, 2003.

정일균,『다산 사서 경학 연구』, 일지사, 2000.

정병련,『다산 사서학 연구』, 경인문화사, 1994.

정옥자,『조선후기 문화운동사』, 일조각, 1988.

_____,『조선후기 지성사』, 일조각, 1991.

장승구,『정약용과 실천의 철학』, 서광사, 2001.

지두환,『조선시대 사상사의 재조명』, 역사문화, 1998.

천관우,『실학연구입문』, 일조각, 1973.

한형조,『주희에서 정약용으로』, 세계사, 1996.

韓國思想史研究會篇,『실학의 철학』, 상지사, 1996.

베네딕트 앤더슨지음 · 윤형숙역,『상상의 공동체』, 나남, 2002.

윤사순 · 고익진,『한국의 사상』, 열음사, 1984.

日本篇

今中寬司,『徂徠學の基礎的研究』, 吉川弘文館, 1966.

大庭脩,『漢籍輸入の文化史』, 研文出版, 1997.

_____,『江戸時代における中國文化受容の研究』, 同朋舎出版, 1984.

荻生茂博,『近代 · アジア · 陽明學』, ぺりかん社, 2008.

王家驊,『日中儒學の比較』, 六興出版, 1988.

河宇鳳著·井上厚史譯,『朝鮮實學者の見た近世日本』, ぺりかん社, 2001.

衣笠安喜,『近世儒學思想史の研究』, 法政大學出版局, 1976.

木岡伸夫·鈴木貞美編,『技術と身体-日本「近代化」の思想』, ミネルヴァ書房, 2006.

黑住眞,『近世日本社會と儒教』, ぺりかん社, 2003.

小島康敬,『徂徠學と反徂徠』, ぺりかん社, 1994.

小島毅,『宋學の形成と展開』, 創文社, 1999.

子安宣邦,『「事件」としての徂徠學』, 靑木社, 1990.

_____,『江戶思想史講義』, 岩波書店, 1998.

_____,『徂徠學講義-『弁名』を讀む』, 岩波書店, 2008.

澤井啓一,『記号としての儒學』, 光芒社, 2000.

佐野公治,『四書學史の研究』, 創文社, 1988.

平石直昭,『徂徠先生年譜考』, 平凡社, 1984.

佐久間正,『德川日本の思想形成と儒教』, ぺりかん社, 2007.

島田虔次,『朱子學と陽明學』, 岩波新書, 1967.

田原嗣郎,『徂徠學の世界』, 東京大學出版會, 1991.

田尻祐一郎,『荻生徂徠』, 日本の思想家15, 明德出版社, 2008.

辻本雅史,『近世教育思想史の研究-日本における公教育思想の源流-』, 思文閣出版,
    1990.

_____,『「學び」の復權』, 角川書店, 1999年(이기원옮김,『일본인은 어떻게 공부했
    을까』, 지와사랑, 2009)

辻本雅史·沖田行司篇,『教育社會史』, 山川出版社, 2002(이기원·오성철 옮김,『일본교육의
    사회사』, 경인문화사, 2011)

德田武,『江戶漢學の世界』, ぺりかん社, 1990.

中野三敏,『十八世紀の江戶文芸-雅と俗の成熟-』, 岩波書店, 1999.

野口武彦,『江戶人の晝と夜』, 筑摩書房, 1984.

_____,『王道と革命の間』, 筑摩書房, 1986.

白石眞子,『太宰春台の詩文論』, 笠間書院, 2012.

中村春作,『江戶儒教と近代の「知」』, ぺりかん社, 2002.

日野龍夫,『江戶人とユ トピア』, 朝日新聞社, 1977,

_____,『徂徠學派』, 筑摩書房, 1975.

藤實久美子,『近世書籍文化論』, 吉川弘文館, 2006.

眞壁仁,『德川後期の學問と政治-昌平坂學問所儒者と幕末外交変容』, 名古屋大學出版

會, 2007.

松浦章,『江戶時代唐船による日中文化交流』, 思文閣出版, 2007.

松下忠,『紀州の藩學』, 鳳出版, 1974.

宮川康子,『自由學問都市大坂』, 講談社, 2002.

宮城公子,『幕末期の思想と習俗』, ぺりかん社, 2004.

丸山眞男,『日本政治思想史研究』, 東京大學出版會, 1952.

山井湧,『明淸思想史の研究』, 東京大學出版會, 1980.

吉川幸次郎,『仁齋·徂徠·宣長』, 岩波書店, 1975.

若水俊,『徂徠とその門人の硏究』, 三一書房, 1993.

渡辺浩,『近世日本社會と宋學』, 東京大學出版會, 1985.

溝口雄三,『中國思想文化事典』, 東京大學出版會, 2001.

前田愛,『近代讀者の成立』, 岩波書店, 1993.

橫田冬彦編,『知識と學問をになう人びと』, 吉川弘文館, 2007.

佐野正己,『松江藩學芸史の研究』, 明治書院,

河村一郎,『長州藩思想史覺書-山縣周南前後』, 自費出版, 1986.

田尻祐一郎外,『太宰春台·服部南郭』(『日本の思想家』17), 明德出版社, 1995.

加地伸行,『皆川淇園·太田錦城』, 明德出版社, 1986.

山下武,『江戶時代庶民教化政策の研究』, 校倉書房, 1969.

日野龍夫,『服部南郭傳攷』ぺりかん社, 1999.

論文

韓國篇

금장태, 「다산의 천개념과 천인관계론」, 『철학』25집, 한국철학회, 1986.

김언종, 「다산『논어고금주』에 수용된 훤원학파 논어설」, 『다산학』3호, 2002.

김길락, 「백암 박은식의 양명학과 근대 정신」, 『양명학』7호, 2002.

김영일, 「정약용의 상제사상연구」, 『인문과학논집』제5집, 강남대학 인문과학 연구소, 1998.

김항수, 「16세기 사림의 성리학 이해-서적간행편찬을 중심으로」, 『한국사론』7호,

1981.

김영호, 「다산한 연구 서설」, 『다산학보』9호, 1987.

김상홍, 「다산의 천주교 신봉론에 대한 반론」, 『동양학』20호, 1990.

_____, 「정다산의 문학사상」, 『동양학』10호, 1980.

김태영, 「다산 정약용의 국정개혁론」, 『동양학 국제학술회의논문집』4호, 1990.

_____, 「다산의 경학과 성사상」, 『호서문화연구』5호, 충북대, 1985.

_____, 「다산의 성경사상연구」, 『호서문화연구』7호, 충북대, 1988.

김필수, 「다산의 이기론 비판」, 『철학사상』6호, 동국대, 1985.

김지용, 「다산 문학론」, 『국어국문학』72호, 1976.

김용직, 「다산 정약용의 문학과 문학관」, 『한국문화』3호, 서울대, 1982.

강재언, 「丁若鏞の日本觀」, 『アジア公論』11월호, 1983(『다산학보』9, 1987).

박충석, 「다산학에 있어서의 정치적 사유의 특질」, 『다산학보茶』9호, 1987.

박찬승, 「정단산의 정전제론 고찰-『경세유표』「전론」을 중심으로」, 『역사학보』110
　　　호, 1986.

박영택, 「다산의 민주체 정치사상의 이론적 현실적 근저」, 『민족사의 전개와 그 문화』,
　　　1990.

심윤홍, 「다산 정약용의 민족주체론」, 『다산학보』9호, 1987.

윤사순, 「다산의 인간론」, 『다산학보』9호, 1987.

이지형, 「다산 경학의 고증학 태도-梅氏書平을 중심으로」, 『민족사의 전개와 그 문화』,
　　　1990.

박석무, 「다산학의 연원과 그 시대적 배경」, 『다산학보』6호, 1984.

성태용, 「다산의 인성론」, 『철학연구』14호, 철학연구회, 1979.

_____, 「다산의 명선론에 대한 일고찰」, 『태동고전연구』창간호, 1984.

_____, 「다산의 인성론 연구」, 『다산학보』2호, 1979.

안진오, 「다산학과 주자학의 상이고(一)대학 경설을 중심으로」, 『다산학보』3호, 1980.

_____, 「다산학과 주자학의 상이고(二)」, 『다산학보』6호, 1984.

이을호, 「다산학의 전통성과 근대의식」, 『다산학보』5호, 1983.

_____, 「다산학서설」, 『다산학보』1호, 1978.

_____, 「중용사상 전개방향」, 『전남대논문집』5호, 1960.

_____, 「논어고금주의 수사학적 고찰」, 『철학』3호, 1969.

_____, 「개신유학과 다산 경학」, 『한국학』24호, 1981.

_____, 「다산의 대일관」, 『다산학보』7호, 1985.

오종일, 「다산의 이기론」, 『다산학보』6호, 1984.

이남영, 「다산의 경세사상」, 『철학』25호, 1986.

정 종, 「정다산저『論語古今注』의 구조적 분석과 공자사상(一)」, 『다산학보』3호, 1980.

조 광, 「정약용의 민권의식」, 『아세아연구』19호, 1976.

주명준, 「정약용 형제들의 천주교 신앙 활동」, 『전주사학』1호, 1984.

최석우, 「정약용과 천주교의 관계」『다산학보』5호, 1983.

최재목, 「일제 강점기 정다산 재발견의 의미-신문·잡지의 논의를 통한 시론」, 『다산학』17호, 2010.

하우봉, 「다산 정약용의 일본유학연구」, 『한국문화』9호, 서울대, 1988.

_____, 「정약용과 오규 소라이의 경학사상 비교연구」, 『다산학』3호, 2002.

한형조, 「정약용의 화이관-경학연구의 예시적 모형」, 『정신문화연구원』36, 1989.

권상우, 「일제강점기 민족성과 유학의 관계성 담론을 통한 한국적 유학시론」, 『퇴계학과 유교문화』, 2011.

水上雅晴, 「오타 긴죠의 경학에 관해서-에도의 절충학과 청대의 한송 겸채학」, 『다산학』11호, 2007.

日本篇

井上厚史, 「韓國近代儒教改革運動における近代的思惟の形成」, 『北東アジア研究』10호, 島根縣立大學北東アジア地域研究センタ , 2006.

_____, 「荻生徂徠の「物」をめぐる言説」『島根縣立國際短期大學紀要』제5호, 1998.

今村與志雄, 「丁若鏞と日本の儒者」, 季刊『三千里』冬, 16호, 1975.

宇野田尚哉, 「書を讀むは書を看るに如かず」, 『思想』809호, 1991.

岡田袈裟男, 「太宰春台と言語の學-『倭讀要領』の記述をめぐって」, 『立正大學大學院紀要』16호, 立正大學大學院文學研究科, 2000.

緒形康, 「『論語徵』の方法」, 『寺小屋語學文化研究所論叢』3호, 寺子屋語學文化研究所, 1984.

_____, 「荻生徂徠の言語觀」, 『寺小屋語學文化研究所論叢』2호, 寺子屋語學文化研究所, 1983.

黑住眞, 「活物的世界における聖人の道-荻生徂徠の場合」, 『倫理學年報』27집, 1978.

_____, 「荻生徂徠 差異の諸局面」, 『現代思想』10권12호, 1982.

東郷富規子, 「太宰春台の古文辭批判と文章論について」, 『季刊日本思想史』8, 1978.

白石眞子,「太宰春台『論語古訓外伝』における·文」の意味」,『解釋與研究』2집, 漢文學研究所, 1999.

_____,「太宰春台と荻生徂徠の「古言」「古語」-『論語古訓外伝』と『論語徵』」,『漢文學解釋與研究』제3집, 2000.

_____,「『論語古訓』『論語古訓外伝』における「古語」」,『漢文學 解釋與研究』제5집, 漢文學研究會, 2002.

_____,「太宰春台『文論』考」,『上智大學國文學論叢』32호, 1990.

澤井啓一,「習熟と思慮-徂徠學の方法論」,『寺小屋語學文化研究所論叢』2호, 1983.

_____,「方法としての古文辭學」,『思想』766호, 1988.

_____,「太宰春台の『誠』解釋」,『中國古典研究』32호, 中國古典研究會, 1987.

_____,「荻生徂徠の『大學』解釋」,『フィロソフィア』70호, 早稻田大學哲學會, 1982.

_____,「人情不変-徂徠學の基底にあるもの」,『寺子屋語學文化研究所論叢』창간호, 寺子屋語學文化研究所, 1982.

佐藤文四郞,「折衷學概括」(福島甲子三編著,『近世日本の儒學』), 1939.

末木恭彦,「荻生徂徠の『學』解釋」,『中國古典研究』32호, 1987.

_____,「論語徵の君子像」,『寺子屋語學文化研究所論叢』2호, 寺子屋語學文化研究所, 1984.

_____,「荻生徂徠の論語觀」,『寺子屋語學文化研究所論叢』창간호, 寺子屋語學文化研究所, 1982.

田尻祐一郞,「太宰春台『論語古訓外伝』のなかの命」,『季刊日本思想史』35호, 1990.

辻本雅史,「十八世紀後半期儒學の再檢討-折衷學·正學派朱子學をめぐって」,『思想』766호, 1988.

_____,「荻生徂徠の人間觀-その人材論と敎育論の考察」,『日本史研究』164호, 1976.

_____,「日本近世における四書學の展開と変容」, 季刊『日本思想史』, ぺりかん社, 2007.

豊澤一「太宰春台の思想の一側面-『聖學問答』を中心に」,『徂徠以後-近世後期倫理思想の研究』, 昭和62年度科學研究費補助金研究成果報告書, 1988.

中村春作「荻生徂徠の方法」,『日本學報』5호, 大阪大學, 1986.

_____,「氣質の性の行方-太宰春台論」,『廣島大學敎育學紀要』제2부40호, 1991.

_____,「徂徠における物について」,『待兼山論叢』15호, 大阪大學, 1981.

_____, 「古文辭の學から『政談』へ」, 『中國古典硏究』32호, 1987.

中山久四郞, 「淸朝考証の學風の近世日本」, 『史潮』제1권, 大塚史學會編, 國書刊行會, 1931.

尾藤正英, 「國家主義の祖型としての徂徠」(『荻生徂徠』, 日本の名著16, 中央公論社, 1974)

_____, 「太宰春台の人と思想」, 日本思想大系37, 岩波書店, 1972.

平石直昭, 「戰中·戰後徂徠論批判ー初期丸山·吉川兩學說の檢討の中心にー」, 『社會科學硏究』39권제1호, 東京大學社會科學硏究所, 1987.

_____, 「徂徠學の再構成」, 『思想』766호, 1988.

夫馬進, 「朝鮮通信使による日本古學の認識」ー朝鮮燕行使による淸朝漢學の把握を視野に入れー, 『思想』981호, 2006.

藤本雅彦, 「『論語』の聖典性の喪失」, 『季刊日本思想史』15, ぺりかん社, 1980.

宮嶋博史, 「朝鮮社會と儒敎ー朝鮮儒學思想史の一解釋」, 『思想』750호, 岩波書店, 1986.

ミヒャエル·キンスキ, 「片山兼山の思想的位置ー儒學的學問觀」, 『立命館大學人文科學硏究所紀要』59호, 1993.

山下龍二, 「徂徠『論語徵』について(一)」, 『名古屋大學文學部硏究論集』철학24호, 1977.

_____, 「徂徠『論語徵』について(一)」, 『名古屋大學文學部硏究論集』철학25호, 1978.

藍弘岳, 「德川前期における明代古文辭派の受容と荻生徂徠の古文辭學ー李·王關係著作の將來と荻生徂徠の詩文論の展開ー」, 『日本漢文學硏究』第3호, 二松學舍大學21世紀COEプログラム, 2008.

若水俊, 「太宰春台の老子觀」, 『茨城女子短期大學紀要』16호, 1989.

_____, 「春台における『論語徵』の引用について」, 『東洋の思想と宗敎』, 1989.

_____, 「徂徠の孔子觀ー論語徵の敎育觀を中心に」, 『フィロソフィア』70호, 早稻田大學哲學會, 1982.

小島康敬, 「太宰俊だいと朝鮮通信使 『韓館倡和稿』を素材として」, 『國文學』, 學燈社, 2001.

村上雅孝, 「近世漢文訓讀における一問題 荻生徂徠の訓讀の世界」, 『國語學』123호, 國語學會, 1980.

金谷治, 「日本考証學の成立」, 『江戶後期の比較文學硏究』, ぺりかん社, 1990.

권철순, 「礼訟の経學的分析ー茶山の「正体伝重弁」を手掛かりにして」, 『山口大學敎養

部紀要』27호, 人文科學篇, 1993.

李基原,「朝鮮儒者における徂徠學-丁若鏞の『論語古今注』を素材に」,『日本思想史學』38号, 2006.

_____,「太宰春台における徂徠學の再構築-治人から修己へ」,『教育史フォ ラム』제2호, 教育史フォ ラム·京都, 2007.

_____,「反太宰春台論-『聖學問答』の批判書を素材に」,『教育學研究科紀要』제54호, 京都大學大學院教育學研究科, 2008.

- 「오규 소라이의 고문사학」, 『일본사상』16호, 한국일본사상사학회.
- 「다자이 슌다이의 훈독을 통해서 본 소라이학파의 언어관」, 『일본학연구』 28집, 단국대 일본연구소.
- 「소라이학에서 고증학으로-가타야마 겐잔의 고증학적 방법」, 『일본사상』 19호, 한국일본사상사학회.
- 「오타 긴죠의 탈소라이학-고증학적 방법과 복고」, 『일본학연구』35집, 단국 대 일본연구소.
- 「오규 소라이의 인간학」, 『일본연구』14집, 고려대 일본연구센터.
- 「太宰春台における徂徠学の再構築-治人から修己へ」, 『教育史フォーラム』第2 号 教育史フォーラム·京都.
- 「反太宰春台論-『聖学問答』の批判書を素材に」, 『教育学研究科紀要』第54号, 京都大学大学院教育学研究科.
- 「朝鮮儒者における徂徠学-丁若鏞の『論語古今注』を素材に」, 『日本思想史学』 38号, 日本思想史学会.

ㄱ

ㄴ

ㅊ

이 기 원

강원대학교 철학과 및 석사과정 졸업.

교토(京都)대학 교육학 연구과 석사 및 박사과정 수료, 박사.

강원대 인문과학연구소 학술연구교수. 일본사상사 및 일본교육사 전공.

저서에 『徂徠学と朝鮮儒学―春台から丁若鏞まで』(ぺりかん社, 2011), 역서에 『일본인은 어떻게 공부했을까』(지와사랑, 2009), 『일본교육의 사회사』(경인문화사, 2011) 등이 있다.

知의 형성과 변용의 사상사
소라이학, 반소라이학, 그리고 조선유학

초판 인쇄 : 2013년 6월 10일
초판 발행 : 2013년 6월 20일

저　　자 : 이기원
펴낸이 : 한정희
펴낸곳 : 경인문화사
주　　소 : 서울특별시 마포구 마포동 324-3
전　　화 : 02-718-4831~2
팩　　스 : 02-703-9711
이메일 : kyunginp@chol.com
홈페이지 : http://kyungin.mkstudy.com

값 35,000원
ISBN 978-89-499-0944-8　93150
ⓒ 2013, Kyung-in Publishing Co, Printed in Korea
* 파본 및 훼손된 책은 교환해 드립니다